Dynamiques de l'ethnicité en Afrique

Langaa &
Centre d'Etudes Africaines

Dynamiques de l'ethnicité en Afrique
Éléments pour une théorie de l'État multinational

Pascal Touoyem

Langaa Research and Publishing Common Initiative Group
PO Box 902 Mankon
Bamenda
North West Region
Cameroon
Phone +237 33 07 34 69 / 33 36 14 02
LangaaGrp@gmail.com
www.africanbookscollective.com/publishers/langaa-rpcig

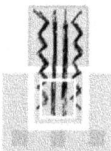

African Studies Centre
P.O. Box 9555
2300 RB Leiden
The Netherlands
asc@ascleiden.nl
www.ascleiden.nl

Couverture: Scènes de minipalabre au Nord Cameroun (technologie africaine de la palabre)
Photos : Pascal Touoyem, CIPAD – An African Peace Forum Service

ISBN : 9956-791-33-4

© Langaa et Centre d'Études africaines, 2014

Table des matières

0. INTRODUCTION *1*
    L'anthropologie politique et philosophique comme réflecteur
      herméneutique principal des structures et dynamismes fondamentaux
      de l'Afrique noire moderne *1*
    Cadre conceptuel et opératoire *3*
    Elucidation notionnelle *3*
    Prise en charge critique de la spécification du fait ethnique et ses
      corollaires en Afrique noire *7*
    Problématique et cadre théorique : champ de questionnement *8*
    Cadre méthodologique *9*
    Finalité de l'étude *11*
    Structure de l'étude *11*

PREMIERE PARTIE :
ENJEUX DE LA MODERNITE POLITIQUE EN AFRIQUE : BASES DE L'ORDRE
POLITIQUE CONTINENTAL DES ETATS-NATIONS, PROCES D'ETATISATION ET
ORDRES IDENTITAIRES *13*
    Liminaire *14*

1. REJET DE L'IDEAL DETERMINISTE ET REDUCTIONNISTE
   DE LA « STATOLITE » *17*
    Fondements théoriques et épistémologiques de l'État *17*
    L'avènement de l'État moderne en Afrique noire: présupposés
      épistémo-politiques *20*
    Institutions étatiques et legs de la pensée dominante *22*
    Implications idéologiques du « pouvoir » individuel :
      la pensée unique *23*
    Bilan de la faillite en Afrique noire *26*
    Les causes socio-historiques de la faillite *28*

2. LA MEMOIRE INTERNATIONALE DE L'AFRIQUE ET LES FIGURES
   DE LA DOMINATION *33*
    L'État-nation comme paradigme politique dominant *33*
    Organisation verticale de l'État *37*
    Examen des glaciations multiples des figures de l'État-nation *38*
    Repérage des catégories dominantes *40*
    État-nation et modernité négro-africaine : les voies de restructuration
      théorique et pratique *41*

Nature, structure et itinéraire de légitimation de l'État-nation dans la modernité négro-africaine *42*
Mutation de l'État-nation vers le moment ethnique : l'embargo contre Marx *45*
L'État postcolonial et la nécessité théorique d'une nouvelle construction politique *51*

3 MODALITES D'ERADICATION DU DOLORISME NEGRE *57*
Les impensés idéologiques *57*
Exclusivisme ethnique et micro-étatisme balkanisateur comme fossoyeurs de l'intentionnalité « palabrique » du pardon *61*
Pour un patrimoine constitutionnel commun des sociétés politiques *68*
Passage des positions hégémoniques à l'intercommunication *70*
De la conflictualité instituante à la tolérance *70*
En guise de conclusion *71*

DEUXIEME PARTIE :
LA « STATOLITE » A L'EPREUVE DES LOGIQUES IDENTITAIRES.
CRISE DE LA PERCEPTION ET DE LA SIGNIFICATION DE L'ETHNICITE *73*
Liminaire *74*

4 CONJONCTURE CRITIQUE DE L'ETHNICITE ET EBRANLEMENT DES FONDEMENTS DE LA FIGURE ETATIQUE *77*
Sortir de l'illusion transcendentale de l'ethnicité *77*
La gouvernance identitaire, un calembour sérieux dans la dialectique du progrès et du droit des peuples à l'autodétermination en Afrique *80*
De la fragilité théorico-pratique de la gouvernance aux croisements de la « question anglophone » au Cameroun *81*
Sociétés multi-ethniques et/ou plurales dans l'institution étatique en crise en Afrique *84*
Les dynamiques externes de la transnationalisation de la vie international des États *90*
Le paradigme d'Addis-Abeba et l'hypothèse du monde trans-étatique/trans-ethnique post-Addis-Abeba *92*
La fin des territoires politico-étatiques et la montée des territoires ethniques *94*

5 L'INTERETATIQUE TRANSNATIONALE ET SES DYNAMIQUES POLITICO-IDENTITAIRE *97*
L'épistémologie de la « structure » et ses implications sur le théâtre des opérations politico-identitaires *97*
Réseaux marchands trans-étatiques : les géographies réelles de la circulation *100*

      La consolidation d'une structure sociale régionale en Afrique noire :
         la montée d'une structure publique transnationale   *102*
      Dynamiques et figures de la publicité transnationale   *105*
      L'enchevêtrement des citoyennetés et dynamiques identitaires   *108*

6   REVALORISATION DE LA REFERENCE NATIONALE ET CITOYENNE
    DANS LES POSTURES TRANSNATIONALES   *115*

      Une transnationalité de plus en plus accrue des logiques
         politico-identitaires   *115*
      Les communautés trans-étatiques de sens ou l'émergence
         d'un espace délibératif et critique transnational   *117*
      L'émergence timide d'une société civile transnationale à travers
         les cadres trans-étatiques d'action collective   *119*
      Economie politique de la construction trans-étatique des sociétés
         civiles dans la modernité négro-africaine   *120*
      Les ordres étatiques au cœur de la civilité transnationale   *126*
      En guise de conclusion : De la crise globale à la prise du pouvoir local :
         recomposition transnationale du champ interétatique dans la politique
         contemporaine négro-africaine   *133*

TROISIEME PARTIE :
PERSPECTIVES NOUVELLES SUR LA COHABITATION ETHNIQUE DANS
LA POLITIQUE AFRICAINE CONTEMPORAINE   *135*
      Liminaire   *136*

7   FONDEMENTS ET ENJEUX D'UN ETAT MULTI-ETHNIQUE AFRICAIN   *141*
      Comment édifier l'État-nation africain ?   *144*
      Les tribus contre l'État   *153*
      Les limites de l'idéal démocratique et organisationnel   *153*
      Les ressources de la tribalité: assurer la consécration républicaine
         des micro-nations sociologiques   *154*

8   L'AFRIQUE DANS LE TEMPS DU MONDE. POUR UN ÉTAT
    TRANS-ETHNIQUE DANS UNE ESPACE PAN-ETHNIQUE   *159*
      Question de méthodologie   *159*
      Normes et politiques internationales africaines : la démocratie
         de transit   *166*
      L'obsolescence de l'équilibre ethno-régional ou le masque
         de dissimulation des pratiques politiques décivilisées   *167*
      La pertinence des équilibres politiques   *170*
      Emergence de nouveaux équilibres   *171*
      Le « power-sharing » comme technologie d'ordonnancement
         de la pluralité sociale?   *173*
      Repenser l'État et préserver la tribalité   *177*

9   Vers la formation d'un patrimoine constitutionnel commun dans les societes multi-ethniques ?   *181*

     Les fondements constitutionnels   *181*
     Pré-conditions pour une base de discussion sur les arts de gouverner dans les sociétés plurales aujourd'hui   *184*
     Libérer l'horizon de l'ontologie de la créativité culturelle et l'énergétique de la liberté   *198*
     Vers un pacte républicain rénové de la multi-ethnicité   *203*
     En guise de conclusion   *207*

10   Conclusion generale   *209*

     Pour une ontologie de l'altérité et d'intégration interculturelle comme dialectique normative de liberté, de responsabilité et de paix   *209*
     Bilan de la dissidence étatique dans la modernité négro-africaine   *210*
     Epilégomènes : des axiomes contre l'incurie générale   *213*
     Enrichissement théorique de l'État et de l'ethnicité dans l'ordre politique de l'immanence négro-africaine   *219*
     Plaidoyer pour une « alternative interculturelle » et pour un « interculturel radicalement alternatif »   *220*
     Thèses minimales sur le statut de la théorie interculturelle   *221*

References bibliographiques   *225*

Annexe   *235*

Introduction

L'anthropologie politique et philosophique comme réflecteur herméneutique principal des structures et dynamismes fondamentaux de l'Afrique noire moderne

Le projet épistémologique qui nous habite, est déterminé par deux considérations théoriquement distinctes mais pratiquement imbriquées : à savoir d'une part la nature problématique du domaine d'étude et d'action qu'est l'ethnicité et d'autre part, l'historique exceptionnelle ou marginale de l'objet Afrique. En s'interrogeant en sens inverse sur l'affirmation de Spinoza d'après laquelle l'ordre et la connexion des idées est le même que l'ordre et la connexion des choses, nous voudrions d'entrée de jeu, attirer l'attention sur le présupposé théorique d'après lequel l'ethnicité, comme objet de recherche ne participe pas du domaine des données consacrées et légitimées de la recherche en Afrique. Cette disposition de l'attention scientifique dominante est dans une large mesure en rapport de complicité avec la *doxa*. Le silence et partant l'interrogation ou l'absence de réflexion sur l'ethnie et/ou la tribu tels que cristallisés au fil du temps sont loin d'être neutres. Ce silence correspond à *l'émergence des savoirs dits indigènes, autochtones ou encore hétérodoxes*. Ce contexte est marqué d'une part, par le reflux des doctrines de l'émancipation, héritage des luttes nationales de libération et d'autre part, par l'affirmation des théories postcoloniales depuis la fin des années 1960. D'inspiration postmoderne, les théories postcoloniales ont emprunté leurs outils heuristiques et méthodologiques aux *Subalterns* et aux *Cultural Studies*. C'est l'éclatement des cadres analytiques de la modernité, qu'il s'agisse de l'ethnicité, de l'identité, de l'Etat, de la nation, de la citoyenneté, de la production des savoirs interculturels ou encore de l'universalisme *alias* mondialisation qui a suscité un vif intérêt pour le « monde d'en-bas ».

Notre démarche est guidée par la conviction qu'il ne faut point négliger le « monde d'en bas » qui est le lieu pertinent où l'on peut observer l'Afrique en mouvement aujourd'hui. Une Afrique qui, en marge des grands discours prophétiques sur son effondrement, ses crises, toutes les catégories pathologiques par excellence,...construisent des formes de transactions informelles et neuves, malmenant les civilités conventionnelles et officielles, mais qui justifient la *perdurance sociale*. Derrière les métamorphoses de la désintégration sociale et de l'anarchie, une vie sociale et créative se poursuit en Afrique. Un tableau complexe de la vie culturelle est entrain d'émerger. Des formes reconnaissables de développement coexistent avec des trajectoires originales de création ; des conceptions identitaires naissent ou se sont reformulées. Arc-boutée à une immense réserve d'endurance et d'imagination et portée par une extraordinaire puissance de résistance, contre la brutalité du destin, l'Afrique est au travail. Ni la prodigieuse singularité de l'expérience humaine en Afrique, ni les nouvelles formes d'engagement du marché avec les politiques internationales ne peuvent être restituées à partir des catégories et discours traditionnels. Plus que jamais, il faut une nouvelle stratégie de description et d'interprétation de nouvelles façons de percevoir ces réalités, de nouvelles catégories d'expression des potentialités et surtout un nouveau discours pour décrire l'Afrique et dépeindre les expériences et les souvenirs de ceux ou de celles qui sont au centre de ces transformations.

C'est donc à une objectivation plus approfondie de la dynamique anthropo-sociale et politique de la modernité négro-africaine que voudrait s'essayer la présente étude. Le titre éponyme de cette étude : « Eléments pour une théorie de l'Etat multinational », nous permet de scruter les diverses modalités de la cohabitation inter-ethnique en Afrique noire. Il est question de ressortir les lieux, les niveaux, les questions et les diverses médiations institutionnelles de la crise de l'ethnicité dans l'institution étatique elle-même en crise en Afrique. L'enjeu c'est de dégager désormais une sorte d'exploration, au sens de Balandier, des territoires de la socialité en Afrique, de les rendre descriptibles et intelligibles, afin de s'initier à la découverte de l'inédit. Le « fait ethnique », caractéristique des sociétés africaines, fait l'objet d'un silence épistémique néfaste. Ce silence, au niveau de la production des savoirs interculturels constitue pour nous, un obstacle quasi-infranchissable en même temps qu'il se présente comme la source de notre détermination. On ne peut tenter une telle étude sur les enjeux anthropologiques et épistémo-politiques des structures et dynamismes fondamentaux de l'Afrique noire, sans esquisser un inventaire de l'état des lieux. C'est une vieille démarche aristotelicienne qui recommande, pour chaque question, d'explorer sa topique, autrement dit l'ensemble de ses lieux communs.

Tout notre effort consistera donc à « sauver de l'oubli et de la négligence » un objet anthropologiquement pertinent. Ainsi constitué en réflecteur herméneutique principal, l'anthropologie politique poursuit un *projet* fort ancien orientant déjà la réflexion d'Aristote dans sa *Politique* : la définition de l'homme en tant qu'être « naturellement » politique. Elle apparaît, sous sa forme moderne, comme une *discipline* de constitution tardive ; elle délimite alors un domaine d'étude au sein de l'anthropologie sociale ou de l'ethnologie. Elle s'attache à la description et à l'analyse des systèmes politiques (organisations, pratiques et processus, représentations). Ce qui revient à dire que l'anthropologie politique est un instrument de découverte et d'étude des diverses institutions et procédures assurant le gouvernement des hommes, ainsi que des systèmes de pensée et des symboles qui les fondent et les légitiment ; mieux, c'est un dispositif théorico-paradigmatique de dissection et d'explicitation de la réalité anthropo-sociale. Définir l'anthropologie politique, c'est suggérer les buts principaux qui déterminent sa visée : une interprétation élargie du politique qui ne lie ce dernier ni aux seules sociétés dites historiques, ni à l'existence d'un appareil étatique ; une élucidation des processus de formation et de transformation des systèmes politiques, à la faveur d'une recherche parallèle à celle de l'historien ; une étude comparative appréhendant les différentes expressions de la réalité politique, non plus dans les limites d'une histoire particulière – celle de l'Europe – mais dans toute leur extension historique et géographique. Longtemps considérée comme une spécialisation marginale de l'anthropologie, cette discipline neuve a été le sujet de nombreux malentendus et débats, dont les principaux résidaient dans la définition et la détermination de l'instance politique. Ce nouveau mode d'appréhension de la réalité politique induit une nouvelle représentation scientifique des sociétés, y compris des sociétés qualifiées de primitives. Le politique est alors situé non plus sur le terrain des institutions formelles mais, dans une perspective dynamiste, sur celui des actions visant à maintenir ou modifier l'ordre établi. Si l'être humain est animal politique, les conditions de dépassement de cet être sont politiques et la philosophie, qui n'est rien d'autre que l'affirmation transcendantale de la nécessaire humanisation de ces conditions pour l'Homme valeur en-soi, est nécessairement politique. C'est dire que la philosophie est en dernier ressort anthropo-politique. Existentielle et contextuelle, certes, articulant théorie et pratique bien évidemment, la philosophie est tout cela. Cette perspective dynamiste s'inscrit dans le courant du renouveau analytique qui permet une reformulation africaine de ses structures et dynamismes fondamentaux et nécessite alors de déterminer son cadre conceptuel et épistémique de même que les éléments de la problématique.

Cadre conceptuel et opératoire

Le travail scientifique est avant tout une entreprise de nettoyage conceptuel. Celui-ci permet une maximisation du sens des mots qui, à son tour, garantit l'intelligibilité du discours scientifique. Il s'agit en fait d'un préalable méthodologique qui évite au chercheur, l'écueil d'un *emploi doxique* et erroné des concepts. Dans la pratique scientifique en effet, la reconduction du sens commun des mots est susceptible de renvoyer à ce qu'on pourrait appeler, dans l'univers des mots durkheimiens, un « suicide épistémologique » : les mots de la langue usuelle comme les concepts qui les expriment sont toujours ambigus et le savant qui les exploiterait tel qu'il les reçoit de l'usage sans les faire subir d'autres élaborations s'exposerait aux graves confusions (Durkheim 1930 :1). La précision sémantique des concepts ne constitue pas seulement le gage de l'intelligibilité de l'écriture scientifique ; elle garantit aussi l'opérationnalité des concepts définis. En fait, dans la perspective bourdieusienne de la définition contextualisée, *les concepts n'ont d'autre définition que systémique et sont conçus pour être mis en œuvre empiriquement de façon systématique* (Bourdieu & Wacquant 1992 : 71). C'est donc dire que bien qu'en prenant en compte son lieu ou son territoire scientifique d'élaboration, l'ethnicité sera empiriquement définie. La définition empirique et opératoire de l'ethnicité, de l'interculturalité, de l'Etat, appellera également celle de la configuration géo-spatiale à laquelle elle tente de s'appliquer, c'est-à-dire la modernité négro-africaine.

Elucidation notionnelle

Ethnicité et interculturalité : de leur prise en charge définitionnelle

L'ethnicité a été présentée comme obéissant à une rationalité instrumentale de modernisation autoritaire ; l'asseoir sur le paradigme marcusien de l'aliénation objective[1] (Marcuse 1968 : 288) ou de la « violence symbolique » de Pierre Bourdieu[2], semble heuristiquement fécond et

---

[1] Marcuse, Herbert (1898-1979), théoricien de la gauche radicale et membre de l'école de Francfort. Le mouvement estudiantin et la contre-culture de la fin des années 1960, contestataires et revendicateurs, se sont reconnus dans la pensée politique de Herbert Marcuse, qui affirme la nécessité de freiner le processus démocratique pour résoudre certains problèmes sociaux. Selon lui, le plus grand défi jeté à l'ordre établi dans l'avenir émanera des étudiants et de groupes minoritaires – voire marginaux – plutôt que des travailleurs, en passe d'après lui d'entériner le *statu quo* et de s'intégrer au système dominant.

[2] Les concepts fondamentaux de la sociologie de Pierre Bourdieu sont ceux d' « habitus », « champ » et « capital ». Dans la relation entre le sens vécu et le sens objectif, l'habitus est le système de dispositions durables et transposables dont sont dotés les agents sociaux. Les champs sont les espaces de la vie sociale qui deviennent relativement autonomes autour de relations, de ressources et d'enjeux qui leur sont propres (on parlera ainsi, par exemple, du « champ économique », du « champ scientifique » ou du « champ politique »). La notion de capital n'est pas, chez Pierre Bourdieu, uniquement économique. C'est ainsi qu'on trouve, dans ses analyses, des formes de capital symbolique ou culturel hétérogènes (il s'agit donc d'une sorte de généralisation de la notion marxiste de capital). La prise en compte de la dimension symbolique de la réalité sociale est donc né-

pertinent. Dans cette combinaison de paradigmes, l'ethnicité est un processus de changement fonctionnel du point de vue des intérêts de la bourgeoisie bureaucratique, un renouvellement des modes légitimes de domination. L'ethnicité se trouve en effet au cœur des interrogations qui nous ont préoccupées tout au long de nos recherches académiques et certainement de nos recherches ultérieures. De l'ethnie, il ne faut pourtant pas voir cet objet pathologique que l'on peut saisir soit sous son visage mortifère, soit sous son visage péjoré défini à partir d'un implicite culpabilisant. Il ne s'agit pas non plus, dans la perspective de la production des savoirs interculturels, de s'intéresser à l'ethnicité en tentant de cerner les occurrences les plus routinières de la vie en Afrique noire, dans l'intention d'avoir une idée plus juste de la « crise actuelle » de la participation politique. Notre analyse s'oriente vers un axe qualitativement différent. La perspective se veut plus modeste et moins évidente : interroger l'ethnicité en tant que lieu de mise en scène de la vie quotidienne à travers le prisme de l'interculturalité. Suivons le détour historique qu'en fait C. Coquery-Vidrovitch, D. Hemery et J. Piel (1988 : 4-5). En effet, le concept d'ethnicité

> serait apparu en 1787. Les variations de sens vont, en deux siècles, passer d'un extrême à l'autre, tantôt laudatif, tantôt péjoratif. Jusqu'au milieu du 19e siècle, le sens était aussi précis qu'il est oublié aujourd'hui : celui de « païen » (dictionnaire Littré). Les ethnies étaient les peuples non chrétiens : autant dire, à l'époque, les sauvages (la seule « civilisation » alors digne de ce nom étant la civilisation judéo-chrétienne…). C'est dans les années 1880 avec l'apparition de l'impérialisme colonial, que le mot est récupéré par les sciences humaines. Le concept d'ethnie est alors popularisé par les scientifiques allemands à partir d' « etnikum » ; on quitte pour désigner les « non-civilisés », le domaine strictement religieux ; mais à travers les thèses pseudo-scientifiques en vogue à l'époque, une confusion évidente s'établit entre le sens racial, linguistique et psychosocial. Changement de cap vers les temps des décolonisations, vers 1950 : les coloniaux ayant usé et abusé du mot « tribu » pour décrire les peuples autochtones, celui a fini par prendre, en Afrique noire, une connotation péjorative…. Il fut régénéré en Afrique noire, lié à l'idée que ces peuples précoloniaux avaient, comme les autres, une histoire aussi digne d'intérêt que les autres. Mais d'où vient qu'aujourd'hui tout ce qui a trait à l'ethnicité soit, à nouveau implicitement synonyme de sauvagerie ?

En effet, depuis la fin des années 1960, les débats théoriques sur l'ethnicité en Afrique ont beaucoup évolué. D'une manière générale, l'ethnie et la tribu correspondent à une communauté historique d'hommes partageant une même langue (correspondances phonétiques et sémantiques au niveau lexical et grammatical) une culture et une organisation sociale faite d'un corpus de normes, de valeurs, de symboles, de croyances, de rites et coutumes intériorisés, comme légitimes et indispensables pour la cohésion sociale, l'être et les fins du groupe. Examinons d'autres concepts connexes et convexes à celui d'ethnie :

- Le *lignage* regroupe les membres d'une lignée, mais les critères d'appartenance à la lignée sont à la fois sociologiques et biologiques. Les captifs de guerre, les esclaves de gage, les étrangers, les conquis, etc., sont progressivement intégrés dans un espace social et territorial où ils jouissent des droits correspondant à un groupe uni par un ancêtre commun, réel ou fictif.
- Le *clan* est une grande famille constituée par plusieurs lignages, exogames ou non, intégrés dans un espace territorial donné. Ses membres considèrent avoir en commun un ancêtre légitimé en tant que fondateur de la grande famille. La descendance peut se faire par les hommes ou les femmes (patrilinéaire ou matrilinéaire). Le clan est une extension d'un lignage.
- La *tribu* quant à elle, est constituée de plusieurs clans partageant la même langue et la même culture, occupant aussi un territoire qui lui est propre, notamment chez les peuples dont le mode de vie est sédentaire. Les fractions nomadisées et établies ailleurs permettent

---

cessaire pour comprendre les modes de domination et pour y déceler les formes de « violence symbolique » qui produisent, chez le dominé, l'adhésion à l'ordre dominant.

de considérer cette tribu comme un peuple, du grec *ethnos* renvoyant à ethnie. De la sorte, il apparaît bien qu'on peut parler par exemple, du *peuple* Bassa ou encore de la *nationalité* Bassa pour mettre en évidence cette réalité issue de la grande fresque migratoire étalée aux Bassa du Nigéria, du Zaïre, du Mozambique, du Togo ou du Sénégal. Cette même réalité s'appliquerait aux Foulbé de la Guinée jusqu'à l'Adamaoua camerounais. Pour Dika-Akwa (1982 : 77) que nous reprenons, la terminologie *tribu raciale* correspondrait alors aux stocks des clans et lignages recomposés, dont le XVIIe siècle voit aussi émerger les Douala du Cameroun. Par contre, *Larousse* nous apprend que la tribu constitue un regroupement de familles de même origine, vivant dans la même région ou se déplaçant ensemble, et ayant une même organisation politique, les mêmes croyances religieuses, et, le plus souvent, une même langue. En terme de repère dans l'histoire, la tribu renvoie ainsi en Grèce, à un groupe de plusieurs phratries, c'est-à-dire clans exogamiques ; à Rome, elle se rapporte à un ensemble de dix curies. C'est dire que la tribu représente une unité nucléaire ; l'Etat quand à lui n'est pas l'Etat en germination, c'est-à-dire un proto-Etat.

Par ailleurs, l'appréhension de l'ethnicité à partir de la figure de l'interculturalité peut maximiser le taux d'intelligibilité dans la compréhension des dynamiques sociales et peut contribuer à transcender plusieurs antinomies pérennes qui minent les sciences sociales en Afrique. On peut ainsi dans la perspective de « l'irrespect des frontières disciplinaires » qui caractérise la démarche scientifique bourdieusienne, étendre la théorie de l'interculturalité à d'autres territoires scientifiques ; en l'occurrence le terrain de l'anthropologie politique en Afrique sub-saharienne notamment. Cette démarche analytique pourrait parfaitement se légitimer à partir de l'érosion de plus en plus accentuée des frontières entre l'interne et l'externe (Gzempiel & Rosenau 1997 : 74). La mondialisation du local (Badie : 1999) et la « vernacularisation » du mondial (« glocalisation ») sont deux principales tendances qui caractérisent la société mondiale et qui, de ce fait, autorisent à lire le mondial avec les instruments internes et/ou de soumettre l'interne aux modèles cognitifs de l'analyse inter/trans/multidisciplinaire. L'opérationnalisation de la théorie interculturelle dans la compréhension renouvelée de la dynamique anthropo-sociale est de voir comment la pensée se redéfinit et se renouvelle sous le sceau du paradigme de l'interculturalité.

Paradigme transdisciplinaire et opératoire de par les multiples schèmes théoriques différents qu'il compulse, l'interculturalité en tant que modèle d'objectivation sociale, peut parfaitement être opérationnelle au niveau de la pratique des sciences sociales en Afrique noire où le culturel et son corrélat immédiat, le cultuel, jouit d'un très faible positionnement heuristique. Cette opérationnalité s'avère d'autant plus réalisable et indispensable que, de par certains de ses éléments fondamentaux – identité, différence, altérité, frontière, habitus, tribus, ethnies belligènes, allochtonie, autochtone, configuration historique, guerres civiles , génocides – la théorie interculturelle est un paradigme qui, *a priori*, appartient au champ anthropo-politique qu'elle veut analyser.

La théorie interculturelle se veut essentiellement une attitude prise afin d'empêcher toute forme particulière de revendiquer une position absolue. Du point de vue méthodologique, aucun système terminologique ou conceptuel ne devra se voir privilégier sans raison. La théorie interculturelle prend en compte la situation herméneutique nouvelle d'un monde où se développe le dialogue entre l'Asie, l'Afrique, l'Amérique latine et l'Europe, et elle encourage sur cette base la liberté de la parole. L'une des exigences les plus cruciales de toute herméneutique est la théorie en vertu de laquelle ni le monde, ni aucun concept, catégorie, méthode ou point de vue ne sauraient être considérés comme des *a priori* universellement valides, ni comme des entités immuables. A l'évidence, la démarche interculturelle telle que nous l'entrevoyons, n'accepte pas que l'étranger se voit réduit à un simple écho de ma propre identité. Elle conçoit plutôt l'herméneutique interculturelle comme un chemin sur lequel il faut cheminer, ce cheminement même étant l'un de ses éléments fondamentaux autant que son but le plus éminent.

Définition empirique et opératoire de l'Etat en rapport avec la modernité négro-africaine
L'analyse d'un phénomène comme celui de l'Etat, perçu comme un processus historique, donc complexe, discrédite désormais les thèses déterministes et fonctionnalistes. Les premières ont postulé un cheminement unilinéaire des sociétés humaines, tandis que les secondes ont réfuté la clause d'ouverture à la dynamique de l'histoire, se contentant d'une étude synchronique des sociétés en état de régression historique. Il est pour cela difficile de penser la modernité internationale africaine actuelle sans se référer à la conférence de Berlin de 1884-1885 comme son moment fondateur. Une ontogenèse de l'ordre étatique africain en général et de celui de l'Afrique noire en particulier doit pouvoir prendre nécessairement « l'Acte de Berlin » de 1885 – en tant que légitimation et officialisation européenne et donc mondiale du partage de l'Afrique – pour point de départ. La conférence de Berlin est au continent africain ce que le Traité de Westphalie est au monde occidental : *le moment fondateur de la modernité politique*. Tout comme le traité de Westphalie de 1648 a structuré l'ordre continental européen autour d'Etats souverains, la conférence de Berlin de 1884-1885 est au fondement du cadastre étatique actuel du continent africain. Le phénomène du « champ étatique africain » fondé sur la rationalité « tribalocratique » ou « communaucratique » ne revêt pas seulement un intérêt historique ; l'intérêt socio-anthropologique y devient manifeste : il engage le critère « clanique » ou « tribal » dans l'expression du choix des leaders ou des options d'équilibre politique à l'échelle régionale et nationale. De fait, le problème devient alors la non considération de la rationalité « tribalocratique » dans l'organisation du domaine étatique. Pour le politologue Mwayila Tshiyembe, ce qu'il y a lieu de mettre en cause, c'est la

> capacité d'invention politique des Africains de cette fin de XXe siècle, mis au défi d'imaginer une tension équilibrée entre la reconnaissance politique du pluralisme ethnique et la construction d'une société politique fondée sur un nouveau pacte républicain, unissant dans le même destin les citoyens et les nations dites ethnies (Tshiyembe 2000: 52-58).

Pour généraliser, nous affirmerons que l'avènement de l'Etat moderne en Afrique noire s'inscrit comme un dilemme anthropologique : le placage en Afrique d'un modèle institutionnel régi par le code du rationalisme individuel avec son culte du profit et de la matière sur un « réalisme communaucratique » dont font à peine cas les institutions dominantes quand celles-ci ne l'ignorent pas totalement.

Ces essais de définition, quoiqu'intelligibles, n'opèrent pas une distanciation critique, un décentrement heuristique, par rapport aux conceptions néo-impériales ; ils n'instaurent donc pas de ce fait, rupture épistémologique et retournement copernicien dans la façon de penser et d'apprécier la concrétude ethno-tribale. Ils se situent alors paradoxalement, dans une dialectique défavorable du rejet et de la continuité ou plutôt, de la continuité par le rejet dans le sillage de l'idéologie dominante qui érige le marivaudage, la falsification et le déviationnisme en cheminement heuristique. Nous sommes ici au cœur d'une dialectique de l'aliénation. Pour échapper aux pétitions de principe et aux digressions métaphysiques, il nous faut redescendre dans les abysses du « tribalisme moderne »[3] (Touoyem 2002 :155) pour en saisir la manifestation concrète. Quelle est donc la spécification du fait ethnique en Afrique noire ?

---

[3] Le tribalisme moderne en Afrique noire, est essentiellement le propre de la bourgeoisie bureaucratique, intellectuelle, industrielle, cléricale et médiatique dans une sorte de « *scramble for res-publica* » que nous nommons la « postocratie ». Le tribalisme est « au-dedans » de l'intelligentsia qui se confond avec ce que nous appelons « élites », c'est-à-dire les agents primaires de l'exécution de l'ordre néo-colonial. Le tribalisme moderne ou bourgeois est un néo-colonialisme structurellement parlant, une tentative de contrôle d'un groupe

Prise en charge critique de la spécification du fait ethnique et ses corollaires en Afrique noire

Pour l'essayiste et penseur camerounais Eboussi Boulaga en effet, les « nations ethniques » comme des singularités historiques, n'ont pas de traits définitionnels communs permettant d'être immédiatement reconnues et de se reconnaître entre elles. Elles manquent de concept et sont souvent des réalités équivoques, tantôt biologiques, tantôt objectives, tantôt subjectives, définies, délimitées par soi ou par d'autres. Elles sont le plus souvent, pour reprendre une tournure propre à Eboussi, des « fabrications mythopoïétiques labiles » (1996 : 21). C'est dans cette perspective que s'imposent, pour une intelligibilité on ne peut plus accrue, quelques remarques d'ordre épistémologiques :

1. La doctrine de l'identité adoptée par les intellectuels africains, est pour ainsi dire, celle de la mythologie nationaliste du 19eme siècle européen. Selon cette conception, le genre humain est, par nature ou du fait d'un processus évolutionniste nécessaire, divisé en différentes races, et à l'intérieur de celles-ci, en différents peuples ou entités ethniques nettement distinctes. Ces groupes, ainsi que tous les individus qui les constituent, ont l'obligation morale et un droit naturel absolu de préserver, d'affirmer et de cultiver leurs spécificités ou leurs entités.
2. L'action historique et son projet d'émancipation sont impossibles dans une telle perspective. Elle n'a de contenu que la lutte pour se donner un espace, la défense et la pérennisation de son identité spécifique. La victoire acquise est la perte de la Nation. L'Etat n'exprime d'aucune manière sa spécificité. Il est l'*Un* et elle est la *Multitude*. La Nation projetée est autre que les nationalités produites par une histoire non intentionnelle. L'*Etat* sans *Nation* entreprend de la construire avec les ingrédients que lui propose l'idéologie du nationalisme : la race, la langue, la religion, la culture. La violence est de règle pour cette tâche vaine, vouée d'avance à l'échec.
3. Ces concepts représentent autant que le concept Etat, des niveaux de langage adaptés à des contextes expressionnels mouvants, l'un exprimant la réalité de l'autre tant que la perspective généalogico-interprétative de l'histoire n'est pas affirmée. Ils mettent en œuvre une méthode de la complexité. Ce d'autant plus que la Nation ou l'Ethnie est indéfinissable. Ses critères de démarcation sont indécis et changeants. Il faut user d'arbitraires, renchérir sur les différences, en créer même d'arbitraires, les protéger de façon obsessionnelle sur des distinctions constamment menacées de s'effacer. On ne les fixe que par une violence extrême.
4. L'idéologie de la nation ethnique a été à la base du racisme, de l'impérialisme et du totalitarisme : l'ethnie conçue comme fin en soi et dépourvue de caractéristiques objectives se développe comme un mauvais infini, comme l'infini biologique qui n'est pas l'universalité. De même que les idéologies africaines de l'*authenticité*, de la *spécificité culturelle*, de l'*inculturation* n'ont pas contribué à l'émancipation des esprits, ont favorisé la confusion, la diversion et l'enfermement tribal.
5. Les génocides sont des abîmes qui s'ouvrent quand l'*Ethnie* se donne un *Etat* et les moyens pour réaliser et sécuriser son insaisissable essence.

Au demeurant, les années 1980 et 1990 ont vu la généralisation des conflits ethniques. Ceux-ci expriment la réaction d'une communauté à une menace réelle ou supposée.

---

ouvert en s'appuyant sur l'altérité diabolisée de l'autre, comme empêcheuse d'accéder aux cercles de jouissance des prébendes d'un Etat mou. Sa rationalité, purement instrumentale, obéit au principe de la recherche de la légitimité politique.

L'éclatement du bloc soviétique à la fin des années 1980 s'est traduit par la création de nouveaux Etats et la résurgence des revendications nationalistes. Pour autant, tous les conflits actuels ne sont pas réductibles à ces crises de nationalisme. Parmi ces conflits, certains revêtent davantage une dimension religieuse ou ethno-identitaire. C'est pourquoi, il a paru nécessaire de forger un nouvel outil conceptuel, le « *fait ethnique* ». Par *fait ethnique*, nous voudrions renvoyer au rapport entre les ethnies, à ce lien interstitiel qui n'est pas toujours perceptible à l'œil nue, mais qui s'exprime par des non-dits et dont les ravages souterrains n'éclatent à la lumière qu'au moment où il est trop tard pour endiguer les coulées dévastatrices de la xénophobie, de l'exclusion, et de la guerre...

Problématique et cadre théorique : champ de questionnement

Le cadre problématico-théorique renvoie, dans une entreprise de recherche, au site de référence du processus d'objectivation. Il renvoie à la logique disciplinaire, c'est-à-dire au modèle réflexif d'ordonnancement, de classement et d'intellection des données construites en objet d'étude. De manière pratique, énoncer le cadre problématique et théorique de l'ethnicité dans l'institution étatique dans la modernité négro-africaine, c'est indiquer l'orientation des questionnements, la construction des hypothèses et les procédés d'opérationnalisation.

Eléments d'une problématique de l'ethnicité et de l'Etat dans la modernité négro-africaine

La modernité négro-africaine constitue un cadre épistémique opératoire qui permet de lire, sur des bases renouvelées, la crise ethno-identitaire dans l'institution étatique elle-même en crise. En effet, la modernité négro-africaine est en crise, suite au mouvement profond d'imbrication du national et de l'international, crise des théories et des paradigmes, crise des modèles analytiques alternatifs du fait de l'ampleur des changements en cours. Cette turbulence est conceptualisée par Arjun Appaduraî (1993: 269-295) en termes de « flux culturel mondial ». Celui-ci est constitué de cinq dimensions : le *techno scape* (les flux technologiques qui transgressent les frontières) ; le *média scape* (la planétarisation des images, l'instantanéité de l'information) ; le *finanscape* (la globalisation des échanges et des transactions financières) ; l'*idéo scape* (l'unification des marchés idéologiques et notamment la monopolisation de l'offre éthique, politique et économique mondiale) ; l'*ethno scape* (la circulation et l'installation transfrontière des individus). C'est ce cadre marqué par une multiplicité structurale qui est désormais celui de la configuration internationale. Il constitue en soi un défi à la gnoséologie en ceci qu'il pose désormais la question de l'aptitude d'une discipline comme l'anthropologie politique à produire des connaissances fiables et opératoire sur objet changeant qu'est l'identité ethnique. Cette étude se justifie donc par la nécessité de répondre à une interpellation fondamentale actuelle. La conjoncture mondiale en cours semble en effet avoir reconnu avec Edgar Morin qu'il est indispensable de penser *l'unité du multiple* et la *multiplicité de l'un*; car les esprits incapables de concevoir l'unité du multiple et la multiplicité de l'un ne peuvent que promouvoir l'unité qui homogénéise et les multiplicités qui se renferment sur elles-mêmes. Dans l'un ou l'autre cas, l'on expose l'homme à des situations de conflits. Comment dès lors, construire l'un à partir du multiple? Telle est la question thématique fondamentale. Il peut être aberrant de soulever cette interrogation dans un monde qui en nie le principe même. Comme on peut le constater, le problème du rapport de l'ethnicité à l'Etat dans la modernité négro-africaine en crise est d'un intérêt certain en cette ère globale, surtout qu'elle suscite des interrogations engageant la forme de l'Etat en Afrique.

Question principale de la recherche

La question principale de cette recherche est la suivante : comment imaginer la forme de l'Etat dans sa gestion de la cohabitation ethnique sous un angle positif pour l'Afrique aujourd'hui et demain ? En réalité, celle-ci présuppose une autre et implique une autre encore : pourquoi et en quoi la forme de l'Etat détermine-t-elle fondamentalement les rapports interethniques en Afrique aujourd'hui ?

Questions secondaires

– Jusqu'où demain l'Etat dans le sous-continent africain pourra-t-il assumer – contre toutes les modélisations politiques contemporaines – la cohabitation tendue de ses ethnies et à quelles fins ? Comment sortir de ce cercle vicieux d'une cohabitation ethnique antagoniste, laquelle fait de l'Etat africain un enjeu de luttes d'intérêts de clan ? Comment refonder l'Etat africain sur ces deux piliers ?
– Comment concilier l'idée de l'Etat dont le fondement est institutionnel avec la domination de la conscience ethnique sur la conscience nationale ? Que faire de l'ethnie ? Plus concrètement, quelles possibilités ouvre-t-elle pour accéder au savoir, à la richesse et au partage du pouvoir en Afrique noire ? Alors interviennent le savoir et la créativité.

Des éléments de réponses appropriées à ces interrogations essentielles nous semblent résider dans le *type idéal* d'Etat africain. La forme de l'Etat africain, propice à une cohabitation ethnique harmonieuse et dynamique, est sans doute tributaire de l'aptitude des citoyens ou des ethnies à édifier un Etat-nation moderne. A cet égard, et en toute hypothèse, on peut postuler un *contrat social inter-ethnique* qui serve à fonder un Etat sur le modèle de Rousseau. Mais pour être plausible un tel pacte suppose que soit acquise la capacité juridique des ethnies à former une communauté supra-ethnique. Au sein d'une telle communauté, chaque tribu ou chaque ethnie contracterait avec elle-même et avec le corps social pour former un Etat pluriethnique. L'opérationnalité d'un tel Etat ne peut être rendue visible que dans le cadre d'une *gouvernance sous l'arbre*, c'est-à-dire une *gouvernance légitime*.

Aussi, pour sortir des impasses politiques actuelles en Afrique, un pouvoir politique à la mesure de la complexité des dynamiques ethno-identitaires et des pulsions sociales est nécessaire, de même qu'une reconstruction de la paix qui ne pourra se faire que dans le cadre d'une transformation sociale non-violente. Comment dès lors impliquer la démarche interculturelle comme *utopie positive* afin d'affronter de façon particulière les conflits et contribuer pour ainsi dire, à une transformation harmonieuse de la communauté des humains et singulièrement celle de l'Afrique noire.

Cadre méthodologique

Dans *Rethinking Anthropology* (*Critique de l'anthropologie,* recueil d'articles écrits de 1940 à 1959, publié en 1961), Edmund Ronald Leach remet en cause la méthodologie de l'anthropologie politique et prône la recherche de lois générales plutôt que la collecte systématique (qualifiant les fonctionnalistes comme Radcliffe-Brown de « collectionneurs de papillons anthropologiques »). À la recherche de modèles formels, qui ne soient plus susceptibles d'être taxés d'ethnocentrisme, il se penche sur les catégories rituelles indigènes et les formes d'expression rituelles (*Culture and Communication* 1976 ; *l'Unité de l'homme*, recueil d'articles, 1980). Parfois proche de la théorie structuraliste de Lévi-Strauss, notamment par son intérêt pour les modèles formels, il s'en écarte toutefois, et souligne dans un essai leurs différences fondamentales (Lévi-Strauss 1970). Sur la base de cette remarque, la méthode phénoménologique fonde notre approche.

La phénoménologie procède généralement par une étude descriptive préalable du donné phénoménal, de façon à en constituer l'inventaire. Cette description a ensuite pour but de déterminer les conditions générales de l'apparaître. De ce point de vue, il est en effet traditionnellement entendu qu'en Afrique, le collectif prime sur l'individuel. Il n'est pas d'africaniste qui n'ait consigné cette vérité dans ces conclusions. Il y aurait donc chez l'Africain quelque chose comme un « instinct de masse », cette tendance naturelle au *grégarisme* qui, par nature, justement, est incompatible avec toute idée d'individualisme, que ce dernier soit existentiel ou, par conséquent, méthodologique. Cette proposition ferait donc de la phénoménologie, l'approche des questions sociales et anthropologiques en Afrique. Les choses ne semblent cependant pas aussi simples : l'esprit d'analyse adhère difficilement à cet enfermement de l'Afrique dans une nature figée et statique où tout se définirait et s'expliquerait par le déterminisme dont la meilleure expression scientifique n'autorise de considérer les sociétés d'Afrique que comme des blocs innommables définitivement déterminés. L'exercice de la pensée en Afrique ou sur l'Afrique gagne à bouger avec l'Afrique. Les questions méthodologiques ainsi déclinées et afférentes à l'étude du fait ethnique en rapport avec l'Etat en Afrique, trouveraient un début de réponse dans une approche où se côtoient et se répondent l'un et le multiple, l'individuel et le collectif, le privé et le public, le divers et l'homogène, l'ordre et le désordre. Ce qui précède fonde donc, en raison, notre inclinaison pour une approche critique fondée sur la phénoménologie [4].

En tant qu'objectivation du phénomène, détermination de l'être à partir du paraître, la phénoménologie a pu être pour nous, un modèle d'intellection appropriée pour rendre compte du fait ethnique dans toute la splendeur de sa manifestation sociale. La méthode phénoménologique écrit M. Corvez est une tentative pour saisir les réalités dans leur lumière propre irrécusable. Faire une phénoménologie du fait ethnique dans l'institution étatique, c'est tenter de le saisir, mieux de restituer aussi fidèlement que possible ses figures et arènes sociales d'expression. Il s'agit, convient-il de le préciser, d'une phénoménologie qui ne s'embarrasse point de se dédoubler en une espèce d'archéologie du phénomène. La préoccupation à ce niveau, est de voir ce qui fonde le fait ethnique, ses racines ou mamelles nourricières, ses ressources de vivification et les manières dont elle affecte le lien socio-politique dans l'institution étatique en Afrique noire. Cette approche a l'avantage d'analyser les relations unissant les éléments de chaque système socio-politique et de mettre en relief les principes organisateurs, les niveaux d'organisation, les finalités, les anti-finalités, les principes d'autorégulation et de rétrocontrôles, ainsi que les non-dits idéologiques.

Nous n'avons pas la prétention de cerner, avec cette étude, l'essentiel de l'inépuisable question ethnique dans son rapport à l'Etat en Afrique. Mais nous espérons pouvoir seulement dégager quelques éléments qui permettront d'avancer un peu plus dans cette pensée qui se veut au service de la libération de l'homme et des peuples.

---

[4] Il s'agit également d'un choix méthodologique pour une école d'ouverture et de liberté qui s'efforce de soupçonner les mouvances et les impondérables des dynamiques sociales à partir de l'individu perçu comme être de liberté. S'ils sont unanimes à souscrire au mot d'ordre de « retour aux choses mêmes », les successeurs de Husserl se divisent sur la condition de possibilité de la réduction phénoménologique.

Mais le succès de la phénoménologie, dû au fait qu'elle constitue aussi une *méthode,* balaie aujourd'hui un *vaste* champ disciplinaire. Des approches phénoménologiques d'autres disciplines ont vu le jour, en esthétique (Mikel Dufrenne), en critique littéraire (Maurice Blanchot, Jean-Pierre Richard), ou encore en psychologie et en psychiatrie (Kurt Goldstein) ; et aujourd'hui en sociologie et en anthropologie.

Finalité de l'étude

Cette recherche poursuit un triple dessein : épistémologique, théorique et axiologique.
– *Sur le plan épistémologique* : rendre intelligible un fait social peu fréquenté par la recherche officielle et l'investigation scientifique et qui pourtant, constitue l'âme de la trame sociale en Afrique.
– *Sur le plan éthico-axiologique* : le projet d'un Etat multinational africain comme « garant métapolitique » au sens de Touraine, s'offre comme une « alternative radicale » de la modernité négro-africaine face à la standardisation mondialiste des catégories occidentales importées, imposées et diffusées au reste de l'humanité.
– *Sur le plan théorico-méthodologique* : ce projet, qui a comme principe directeur, l'épistémologie interculturelle basée sur le « pluralisme de la diversité et de la réalité », nous place au cœur de l'innovation scientifique. Car aujourd'hui, toute question qui n'est pas posée dans une perspective interculturelle est une question mal posée.

Structure de l'étude

Cette étude se déploie dans une dialectique ternaire :

La première partie : *Enjeux de la modernité politique en Afrique. Bases de l'ordre politique continental des Etats-nations, procès d'étatisation et ordres identitaires*, comprend trois chapitres. L'idée globale qui se dégage est celle de cesser de considérer l'ethnicité comme une « anomalie historique », pour en faire une « ressource épistémique et un moteur politique apte à éclairer et à évaluer les fondements et les mécanismes de fonctionnement de l'Etat en dépérissement en Afrique », au regard de l'évolution cosmopolitique même de la planète qui exige le passage de l'hégémonisme à l'intercommunication.

La deuxième partie : *La « statolité » à l'épreuve des logiques identitaires. Crise de la perception et de la signification de l'ethnicité* est constituée de trois chapitres qui permettent tour à tour : la mise en lumière de la crise du pouvoir au sein des Etats ; l'occultation de l'ethnicité sur la base d'une trans-étaticité du monde produisant le retour de ce refoulé ; le triomphe de la marchandisation du monde et des relations internationales ; mais paradoxalement le dépassement de cette crise globale à partir de la revalorisation des références nationales et citoyennes dans les postures transnationales.

La troisième partie : *ouvre les perspectives nouvelles sur la cohabitation ethnique dans la politique africaine contemporaine et esquisse quelques pré-conditions pour la construction d'un Etat multinational africain*. Constituée de trois chapitres, cette partie déploie un véritable *plaidoyer pour un Etat multinational africain*, c'est-à-dire *un Etat trans-ethnique ouvert au monde*. L'ethnicité constitue ici, une base pour une restructuration des sociétés africaines et comme propédeutique à la mise en place d'un « patrimoine constitutionnel commun » dans les sociétés multiethniques et sur les arts de gouverner aujourd'hui en Afrique.

La conclusion générale : *Pour une ontologie de l'altérité et d'intégration interculturelle comme dialectique normative de liberté, de responsabilité et de paix*, est une réponse au problème fondamental. Il s'agit d'une alternative à un modèle d'Etat dominant qui ne sert ni ses intérêts, ni ceux du développement dont l'Afrique a besoin pour continuer d'exister. Le pluralisme intégrateur est ainsi proposé comme élément d'une *gouvernance légitime*, une « *gouvernance sous l'arbre* », en réalité une « *gouvernance de paix* », se constituant en « *alternative interculturelle* » mieux, en « *interculturel radicalement alternatif* » sans pôle unique de référence.

PREMIÈRE PARTIE

Enjeux de la modernité politique en Afrique : Bases de l'ordre politique continental de États-Nations, procès d'étatisation et ordres identitaires

> Notre histoire est ponctuée d'évènements traumatiques, mais qui doivent structurer positivement notre conscience collective. Nous devons les instituer comme les archétypes, les symboles par excellence du déracinement, de la désorientation et de la dévaluation de l'homme, afin d'empêcher la reproduction et la répétition chez nous d'abord et, par voie de conséquence et ensuite, partout ailleurs...
>
> Une éthique de l'intelligence et de la responsabilité politique et historique s'exerce en toute occasion pour y faire face. S'esquissent alors les lignes de résistance à la capitulation de l'esprit et à la mutilation anthropologique qui nous menacent.
>
> Fabien Eboussi Boulaga (1999), *Lignes de résistance*. Yaoundé : Clé

Liminaire

La question à laquelle veut répondre cette première partie est relative au statut de l'institution étatique dans la modernité négro-africaine. Comment le projet politique de réduction de la pluralité sociale à l'Un étatique, semble-t-il n'avoir pas fait sens en Afrique ? Cette interrogation a un intérêt épistémo-politique et propédeutique. L'intérêt épistémo-politique renvoie au fait qu'en Afrique, le rapport à la praxis passe par une élucidation du problème de mémoire. A ce sujet, Bidima (1993 : 229) écrit :

> Le rapport du négro-africain à la mémoire souffre, entre autres, de deux handicaps. D'abord une longue histoire de la souffrance qui a abouti à l'apathie, et ensuite, une idéalisation un peu trop rapide du passé négro-africain par les sociographes occidentaux aux intentions incertaines et par les africains aux ambitions inavouables. Apathie et idéalisation exigent un rapport dialectique à notre mémoire et ceci à deux niveaux : « la dissimultanéité » et le problème de l'espérance.

Nous partageons cette lecture d'autant plus que :

> Aujourd'hui, le chercheur africain, le chercheur occidental de l'époque de la décolonisation ne sauraient avoir la prétention d'avancer la science dans la connaissance de l'Afrique, s'ils continuent à ignorer l'expérience propre à l'Afrique, les racines socio-épistémologiques de son savoir spécifique, la logique interne qui sous-tend le développement de ses sociétés et l'indissociabilité des phases « traditionnelle » et « moderne » de celle-ci. (Prince Dika-Akwa nya Bonambela 1982 : 362).

Appréhendé dans la perspective du champ étatique, l'Afrique sub-saharienne n'est pas le résultat d'une génération spontanée ou d'une création *ex-nihilo* : elle résulte d'une construction historique dynamique, processuelle et séquentielle. En tant qu'« espace de jeu historiquement constitué avec [des] institutions spécifiques et [des] lois de fonctionnement propres » (Bourdieu 1987 : 124), le champ (inter) étatique de l'Afrique noire a une vie sociopolitique pouvant faire l'objet d'une biographie envisagée comme la chronique de sa (ou de ses) trajectoire(s) d'édification et de consolidation. Le travail de restitution biographique de l'Afrique noire revient en quelque sorte à en dresser son acte d'état civil ; à en faire une phénoménologie : c'est la perspective de l'économie biographique de l'état civil de l'Afrique noire. L'économie biographique de l'état civil de l'Afrique noire est d'autant plus appropriée méthodologiquement que, du point de vue théorique, il y a une genèse du champ politique, une histoire sociale de la naissance du champ politique (Bourdieu 2000 : 53). L'analyse auto génétique du champ étatique dans la modernité négro-africaine invite alors à accorder une considération soutenue aux luttes de définition [du] cadre géographique.

Sans sacrifier la multitude des autres ordres[1] culturels, sociologiques, politiques et économiques qui ont participé à la dynamique du modelage du champ de la modernité négro-africaine, du résiduel et du marginal, il est néanmoins à remarquer que ce sont surtout les institutions étatiques et les dynamiques ethnoculturelles qui ont, de façon prépondérante, travaillé à la parturition et à l'agencement de l'espace de jeu de l'Afrique noire. Plus précisément, dans *les multiples genèses* qu'on peut distinguer à propos de la structuration du champ étatique de l'Afrique noire, les modelations identitaires mieux, culturelles et étatiques de celui-ci semblent l'avoir emportées sur celles des entrepreneurs marchands, religieux et des amateurs orientaux et occidentaux de découvertes exotiques tropicales.

Pourtant les *traversées africaines* des grands explorateurs européens et asiatiques ainsi que les voies de captation des ressources précieuses africaines, de capture des africains transformés en biens commerciaux par la traite négrière structuraient déjà, bien avant les prémisses d'étatisation issues du partage de Berlin, l'espace africain en de réalités culturelles, commerciales, religieuses et militaires ainsi qu'en un ensemble de rapports de force et d'alliances. Toutefois, la *course aux clochers* qui a marqué l'expansionnisme européen vers l'Afrique au cours de la deuxième moitié du XIXe siècle (Wesseling 1996) et les règles du jeu berlinois qui ont servi d'utopies à l'occupation des espaces territoriaux africains ont, dans une large mesure, recomposé l'histoire et les géographies pré coloniales de circulation des biens et des hommes, compte non tenu de la codification du pluralisme culturel dans le sens de la reconnaissance de la diversité ethnique propre à l'Afrique.[2]

Le tout-Etat, rien en dehors de l'État que l'État, tout par l'Etat et tout pour l'Etat qui a dominé les processus tropicaux de construction nationale a souffert de nombreuses vulnérabilités. Le moins que l'on puisse dire est que la totalisation politico-sociale de l'impérialisme, des guerres de libérations nationales et des partis uniques s'est heurtée à de nombreux obstacles liés à l'indocilité et à la résistance passive des groupes sociaux refusant de mourir du point de vue culturel et identitaire. On peut même avancer l'hypothèse d'après laquelle les différentes sociétés n'ont adhéré à la culture de *l'Autre* que pour mieux sauvegarder leurs spécificités. D'où les dynamiques revivalistes et/ou du « ré-enchantement des traditions »[3] qui ont accompagné la conjoncture coloniale et aujourd'hui de transition politique en Afrique. Les dynamiques revivalistes ne sont pas que conjoncturelles ; elles sont historiques et transgressent les frontières étatiques. A

---

[1] Se référer à la constitution des *ordres* chez Pascal que problématisent à d'autres frais Pierre Bourdieu in *Les méditations pascaliennes*, Paris, Seuil, 1997 et surtout Michael Walzer in *Sphères de justice. Une défense du pluralisme et de l'inégalité*, Paris, Seuil, 1997.

[2] Dans une Afrique où les lignes artificielles et arbitraires de démarcation des territoires coloniaux ont divisé et séparé les ethnies et fissurées les alliances tribales traditionnelles, les groupes ethniques transfrontalières sont légion et sont devenus les principaux agents de transnationalisation des guerres ethniques.

[3] C'est vers les années 1930 par exemple que Léopold Sédar Senghor, tout en prenant conscience de sa « négritude », une négritude niée par le racisme colonial et qu'il veut « reconquérir » par une « révolution culturelle », une « décolonisation des mentalités », découvre le socialisme, tant le socialisme scientifique de Marx et Engels que le socialisme français de Proudhon et Fourier. Cette découverte du socialisme peut s'expliquer au départ par l'ambiance générale qui règne en France dans les années qui précède le Front Populaire, et en tant que colonisé, aliéné, son adhésion aux idéaux de désaliénation de l'homme et de construction d'une société nouvelle soutenus par le Front Populaire sera totale. Cette lecture peut être approfondie par cet article très édifiant de l'analyste camerounais Puis Ondoua « Le socialisme-négritude de L. S .Senghor. Notes critiques » in *Annales de la Faculté des Lettres et Sciences Humaines*, Série Sciences humaines, Volume IV N° 1, janvier 1988, pp. 2-36.

côté de ce phénomène, se développe aussi un autre, notamment l'émergence d'un espace délibératif et critique transnational. Une question se pose désormais : comment valoriser la diversité culturelle et de la mémoire comme une richesse ?

Quant à l'importance propédeutique de cette interrogation, elle permettra d'examiner le problème de la mémoire de l'Afrique qui demeure une question, une problématique majeure à l'échelle continentale, quoique à des degrés divers et interpelle encore et toujours la réflexion. D'où questionner à nouveaux frais la pensée africaine, relève de l'impératif de ne point livrer l'intellect à la conjoncture, de ne point abandonner l'histoire aux aléas et orties du hasard.

Cette partie comprend trois chapitres consacrés pour l'essentiel, à faire valoir l'émergence et le déploiement des institutions étatiques africaines, une fois observés l'émergence et le déploiement de l'Etat dans le monde occidental, antique et moderne, ainsi que les diverses facettes de la situation négro-africaine de la domination avec les défis qu'elle implique.

A l'issue de ces trois chapitres, l'idée qui se dégage est celle de cesser de considérer l'ethnicité comme une anomalie historique, pour en faire une ressource épistémique et un moteur politique apte à éclairer et à évaluer les fondements et mécanismes de fonctionnement de l'Etat en dépérissement dans les nouvelles relations internationales africaines. Ce qui constitue pour nous un renversement de type Galileo-copernicien, au regard de l'évolution cosmopolitique même de la planète, qui impose le passage de la « conflictualité instituante » au pardon et à la tolérance, le passage de l'hégémonisme à l'intercommunication.

1

Rejet de l'idéal déterministe et réductionniste de la « statolité »

Fondements théoriques et épistémologiques de l'État

L'utilité de la typologie pour l'élaboration d'une théorie de l'État comporterait sans doute plusieurs difficultés; aussi importe-il de considérer ces « cas-types » comme des notions empiriques, et donc comme des hypothèses de travail, mais en aucun cas, comme des acquis scientifiques. A la lumière de l'examen que nous venons d'effectuer certes de façon brève, il est possible d'indiquer la direction et les limites de cette démarche de conceptualisation.

Dans le présent projet, il s'agira de mettre en lumière les fondements conceptuels et théoriques de l'État dans l'histoire politique négro-africaine en remontant à l'Egypte pharaonique (mais seulement à titre allusif, question d'éviter l'écueil doxique de l'afro centrisme) comme *matrice d'une herméneutique de leur paradigme épistémique*. Le terme fondement signifie ici l'existence d'un principe qui organise la réflexion théorique, singularise un point d'assise, de base, de repère ou d'appui pour la formulation d'un système de pensée explicatif de la réalité.

Cette formulation s'attachera aussi à expliquer comment le droit, saisi dans son déroulement historique, génère les institutions socio-politiques, notamment les formes de l'État. En outre, le droit confère la capacité de réguler le cadre super structurel devant régir les phénomènes politiques. Une telle approche permettra d'examiner les problèmes essentiels entre les sociétés, le droit, le politique et l'État, du point de vue de l'organicité de leurs liens, c'est-à-dire de la nature et de l'expression du jeu politique, des règles et normes lui donnant ses assises, sa substance, sa structure, ses principes. Il s'agira par conséquent d'y saisir le statut de l'État, à savoir sa constitution.

La théorie de l'État ne serait pertinente que si nous avons poussé la recherche assez loin, d'une manière exhaustive et suffisante qui permette de tendre vers une explication complète de ses manifestations, enfin, d'y dégager les énoncés généraux de leurs formalisations et des propositions cohérentes entre elles. Nous nous en tiendrons aux systèmes politiques les mieux décrits et représentatifs des coupures majeures de l'histoire. De cette analyse, nous retiendrons des leçons pour la constitution d'une nation africaine moderne, et surtout, la fondation d'une épistémologie moderne attendue par les récents développements de la pensée. L'explication causale adoptée par les évolutionnistes a conduit bien des chercheurs à imaginer la culture de ces sociétés comme le reflet des cultures ancestrales que jadis l'Europe avait connues. Nous connaissons la suite : l'objet essentiel de la recherche est d'expliquer historiquement les différents stades de l'humanité par la découverte des « lois » ayant permis le passage d'un stade à un autre.

Les défauts de cette approche sont aujourd'hui connus. Ces « lois » sociologiques considèrent la société comme un système déterministe, trivial, susceptible de subir un traitement scientifique au sens physique du terme, à l'instar de la mécanique newtonienne[1] ou des sciences biologiques. Or les sociétés humaines ne sont pas expérimentables en laboratoire. Qui plus est, elles subissent des aléas comportementaux qui ne laissent pas de place aux déterminismes physiques, eux-mêmes soumis aux complexités. Par ailleurs, ces « lois » invalidées par la science moderne, se sont heurtées dans le cadre de la recherche phénoménologique à des critiques internes.

Le déterminisme de la rationalité occidentale a toute une histoire derrière elle, liée à sa conception du monde. Voyons à présent ce qui en a été des sources et de leurs influences sur le mode de pensée classique. L'idéal déterministe de la pensée occidentale a été fortement tributaire du discours de Descartes à partir du XVIIe siècle. Le savant introduit dans sa pensée un déterminisme rigoureux de la rationalité. Celui-ci s'appuie pour ce faire sur l'idée d'une causalité définie engendrant un effet déterminé. Avec la perspective newtonienne de la science, les XVIIIe et XIXe siècles connaissent alors un plein essor de l'aboutissement scientiste dont va aussi s'emparer la sociologie naissante. C'est dans les termes de Simon Laplace, célèbre mathématicien que l'on perçoit avec netteté les certitudes absolues de la mécanique newtonienne:

> Un intellect qui à un instant donné connaîtrait toutes les forces en action dans la nature et la position de chaque chose dont le monde est fait – en supposant que ledit intellect soit suffisamment vaste pour soumettre ces faits à l'analyse – comprendrait dans la même formule les mouvements des plus grands corps de l'univers et ceux des atomes les plus infimes ; rien ne serait incertain pour lui, et l'avenir comme le passé, serait présent à ses yeux. (Laplace 1796 : 59).

La logique déterministe doit à cette appréciation des faits, son glissement discursif et sa perspective destinale, onto-logique voire anthropo-logique.

En droit, cette affirmation a eu d'importantes répercussions sur la conscience intellectuelle de l'Europe conquérante, à savoir, la légitimation d'une « race » porteuse de rationalité et de science explicative de l'ordre du monde, donc de *civilisation*. C'est au nom de cette rationalité que s'est manifesté l'idéal d'*être* et d'*absolu sociologique*. Karl Marx, Durkheim et Auguste Comte y ont perçu la voie royale pour une « scientification » de la méthode scientifique. Résumons ce qu'il en a été du point de vue de la justification du social et de l'idéal évolutionniste.

Le déterminisme marxien a entrevu dans sa logique interprétative de l'histoire, le passage inéluctable du mode de production dit « primitif », « lignager » aux stades connus de l'évolution de la société européenne à savoir, la féodalité et le capitalisme, le socialisme et le communisme constituant les modèles idéaux de leur aboutissement. Dans la pensée durkheimienne, les sociétés traditionnelles à forte solidarité dite mécanique, connaîtraient elles aussi, avec la division du travail, une évolution vers les sociétés modernes, à solidarité organique, c'est-à-dire à la conscience collective appauvrie. Selon ce penseur, les liens de solidarité cesseraient d'être mécaniques du fait même de cette évolution qui donne davantage de place aux rapports corporatistes, lesquels sont intéressés. Auguste Comte, quant à lui, soutenait que les sociétés « primitives », attachées aux pratiques fétichistes et vénérant la nature, s'en détache-

---

[1] Les *Philosophiae Naturalis Principia Mathematica* d'Isaac Newton furent publiés pour la première fois en 1687. Newton y expose, notamment, les trois lois fondamentales de la dynamique (le principe d'inertie, le principe fondamental de la dynamique, et le principe de l'action et de la réaction), et la loi de la gravitation. En outre, Newton y décrit quelques phénomènes naturels, tels que le mouvement des planètes.

raient progressivement avec l'émergence d'une métaphysique critique qui, elle-même, mettrait fin aux tabous. De la sorte, la voie serait ouverte à la théorisation et à la systématisation de tout phénomène. On peut donc douter de la pertinence de toutes ces conjectures, et même les rejeter. De fait, le continent noir a livré d'autres critères de perception du Sens qui n'ont pas échappé aux africanistes honnêtes et aux témoins véritables de l'histoire.

En ouvrant la voie à l'emprunt et à l'imitation, les tenants du diffusionnisme ont ouvert une brèche à la critique des thèses évolutionnistes. Ils ont montré la nécessité de considérer chaque culture dans sa spécificité avec cet intérêt marqué pour l'influence de la réalité environnementale. Avec Léo Frobenius (1873-1938), puis Baumann et Westermann (1948), l'anthropologie, l'histoire, et la psychologie participent de l'étude de la société comme un Tout. Dans cette démarche de type holiste, la société est considérée comme une totalité systémique complexe où l'organisation, les relations politiques, les alliances, etc., sont dignes d'intérêt dès lors qu'elles contribuent à la socialisation de l'individu. Malheureusement, cette démarche ne contribue pas à saisir la nature du phénomène politique que la démarche typologique elle, va tenter d'élucider.

Celle-ci met alors un accent sur l'existence ou la non-existence de l'État et vise à déterminer les types de systèmes politiques. Or ces types « définis » ne sont pas pour autant figés. C'est là que la nécessité s'est faite sentir d'envisager ce qui rend la société mouvante. L'action politique, le pouvoir, la compétition, etc., deviennent des notions d'analyse dont le but est de structurer la part commune à tous les systèmes politiques étudiés. Dans cet effort, la démarche terminologique se substitue à la démarche typologique en intégrant dans l'analyse, en plus de l'anthropologie, la linguistique qui permet de mieux décrypter la pensée indigène. Il faudrait relever, en dernière analyse, que la nature des contradictions suscitées par ces démarches est devenue le catalyseur de l'ouverture à une approche plurielle de la réalité. Georges Balandier avoue que c'est par le jeu d'une nécessité devenue manifeste que la théorie dynamique des sociétés à savoir l'anthropologie et la sociologie politiques et l'histoire ont été conduites à coaliser leurs efforts.

En plus de cette activité interniste, il faut souligner le fait que sur le plan scientifique proprement dit, les applications théoriques de la physique moderne vont mettre à mal l'« absolu » newtonien. Il n'est pas indiqué de reprendre ici l'arsenal des théories scientifiques qui ont conduit à une révision des notions absolues d'espace et de temps, de solidité des particules, de nature causale des phénomènes physiques ou de description idéale et objective de l'univers. Signalons simplement que la théorie de la relativité restreinte et générale, et la physique quantique invalident le caractère déterministe des lois de la nature en cédant le pas aux possibilités d'apparition, aux tendances probabilistes de prédictibilité d'un fait, et donc à la notion d'un hasard intentionnel inscrit comme une nécessité. Ces conclusions auxquelles aboutit la science moderne créent une disposition logique du « relatif ». Désormais l'idéal d'un cheminement unilinéaire et déterministe de la réalité n'a plus de sens en logique scientifique et s'apparente à une illusion *parfaite* de la réalité.

Les données d'une épistémologie ouverte aux disciplines les plus diverses sont progressivement mises en valeur : la psychologie, la mythologie, la linguistique, la théorie des jeux et les sciences cognitives en général participent de la mise en scène de l'approche multidisciplinaire explicative du comportement des systèmes sociaux. Celle-ci fonde un discours s'articulant autour de plusieurs disciplines dont les procédures d'analyse, bien que diverses, sont susceptibles d'enclencher une perspective heuristique et épistémologique satisfaisante. Une telle approche, diversifiée et réaliste, permet de mieux saisir l'immanence africaine dans ses contours les plus divers.

Nous l'avons vu plus haut, le phénomène de l'État en tant que processus historique complexe, ne peut être analysé valablement que si le chercheur fait appel aux sources disciplinaires complémentaires que sont l'anthropologie, l'histoire, la mythologie, la tradition orale, la linguistique, la psychologie, la théorie de l'information, la cybernétique et la théorie des systèmes appliquées à la compréhension de la logique du vivant et des phénomènes sociaux. Aucune de ces sciences n'est capable d'apporter à elle toute seule une solution totale. Cette conclusion qui constitue l'aboutissement de la recherche moderne peut provoquer un sentiment de confusion ou d'impuissance. Car comment construire un modèle d'analyse, une méthode et un plan susceptibles d'intégrer de manière claire et opérationnelle des données aussi diverses ? Comment y définir des objectifs et des priorités alors que chacune œuvre selon sa propre logique ?

Autant il paraît souhaitable de dépasser le stade d'une épistémologie « pure », « abstraite » ou « isolée », autant il nous semble indispensable d'éviter de nous accommoder d'un syncrétisme savant. Nous voudrions donc soutenir ici la thèse d'une primauté de la pensée complexe. Si nous considérons l'Etat en tant que phénomène et objet d'étude scientifique, ce qui a été dit sur la complémentarité des diverses disciplines reste incontestable ; mais, si l'on s'intéresse à l'Etat en tant que problème, c'est-à-dire situation non satisfaisante dans sa version actuelle pour laquelle une politique thérapeutique (en tant qu'expression des besoins à satisfaire) s'impose pour y répondre, alors la question apparaît fondamentalement comme un problème d'anthropologie politique. Précisons le contenu de cette distinction entre phénomène et problème. Envisageons par exemple la question ethnique en Afrique Noire souvent considérée comme un frein à l'essor de l'État-nation.

L'avènement de l'État moderne en Afrique noire : présupposés épistémo-politiques

Depuis bientôt quatre décennies d'indépendance politique, le continent noir subit dans son ensemble, une situation générale de désajustement structurel et fonctionnel du champ politico-étatique : le concept d'État hérité du mode de régulation politique dominant n'est ni une donnée universelle, ni une pensée neutre, d'un point de vue axiologique ; l'Europe y a rationalisé ses valeurs et intérêts, puis légitimé sa logique de domination militaire, politique, économique, culturelle et religieuse.

Le problème qui se pose ainsi est donc celui d'un modèle de l'État dominant qui, en raison même de cette dominance, compromet à l'échelle de la planète, la convivialité, les solidarités et les équilibres sociologiques installés, au mépris des aspirations fondamentales des peuples et de leurs intérêts dignes de protection juridique et politique. Aussi réaliste qu'il ait été dans l'histoire de l'Europe, le concept d'Etat-nation s'avère dépassé, car incapable de soutenir un projet, un idéal d'être conforme à la logique du vivant et à celle du développement durable[2]. Bien des voix s'élèvent dans la conscience intellectuelle mondiale pour en manifester l'échec ou les limites. Le penseur français Jacques Attali (1981 : 52) précise : « Ce n'est pas là caprice de théoriciens, mais à la fois progrès conceptuel et transformation du réel, aboutissant à la recommandation d'une « organisation neuve de l'État. »

L'Europe est désormais à la recherche d'un nouveau sujet historique pour sortir de sa clause d'enfermement anthropologique et narcissique. Dans cette perspective, l'élargissement de ses frontières politiques semble lui offrir une alternative conséquente, tout au moins provisoire, en attendant une révision des fondements théoriques de sa pensée, avec ce que cela suppose comme réexamen de ses présupposés ontologiques et épistémologiques. C'est en ces lieux, précisément, que s'offre à la pensée africaine, la possibilité de s'imposer comme une

---

[2] Le terme « durable » renvoie dans le jargon moderne, à la nécessité de ne point compromettre l'existence des générations futures par les principes déviants d'une rationalité économique qui accélère la dégradation de la planète.

dimension de l'épistémologie juridique et politique[3]. Son apport ne saurait dès lors se cristalliser hors du moule historique de son expérience spirituelle et collective intrinsèque. Là s'offre une alternative possible à la dérive du politique. Le politologue Yves Person est un des premiers à avoir fustigé l'entêtement des leaders africains à penser la société africaine dans les normes d'une rationalité mise en cause :

> Deux siècles de progrès, conçu comme une simple croissance de la production matérielle aux dépens des rapports humains et menant à une accumulation sans issue qui se heurte aux dimensions limitées de la terre, tel est le bilan de l'Etat-nation, dont l'Europe a un besoin urgent de dépasser les limites. Il me semble que les sociétés africaines peuvent échapper à cette impasse, et peut-être nous montrer la voie, si elles savent animer les espaces d'autonomie qui vivent en elles-mêmes, au lieu de vouloir les étouffer. (Person 2005)

Les propos du politologue rassurent et édifient. A eux seuls, ils suffisent à mettre au grand jour un fait jusqu'ici occulté: la crise de l'État-nation. Le risque alors encouru par cette Afrique en quête de modernité, c'est d'emboîter le pas à l'Europe par pur mimétisme, sans s'en référer à une étude clairement analysée des rapports sociétés africaines/État aux fins de tirer avantage de son expérience historique. D'où cette nécessité d'interpréter les connaissances du passé en établissant des liens logiques avec la rationalité moderne. Il est question de rétablir une cohérence entre tradition et modernité dans la rationalisation du phénomène étatique, d'y fonder une épistémologie du politique. Telle est donc la matière brute sur laquelle nous comptons faire peser notre effort de réflexion : reconstruire les phénomènes politiques envisagés comme objet de science et de suivi de leurs développements historiques aux fins de proposer, en alternative au modèle dominant, une thérapeutique appropriée qui tienne compte de la vision africaine du réel, de la valeur et des fins.

L'enjeu, c'est précisément de découvrir la rationalité et le sens des phénomènes politiques poussés à leurs termes avec l'avènement de l'État, de sorte que les influences exogènes, islamo-peules et occidentalo-chrétiennes historiquement situées, ne desservent pas l'idéal d'aboutissement à une logique de constitution interne de l'Etat, à une théorie de l'Etat. C'est dans ce sens que nous paraît justifiée une analyse préalable du phénomène; l'essence du problème y est de nature anthropologique et sociologique. C'est pour cette raison que nous partageons ce point de vue d'Edgar Morin : une « sociologie qui se veut attentive et contemporaine à l'événement, à la crise, doit d'abord être phénoménologique » (1994 : 74).

Nous avons successivement envisagé l'État comme un phénomène, puis comme un problème. Il nous faut à présent préciser ce que la théorie de l'État doit s'imposer, à part entière, comme une démarche de la pensée qui adhère au substrat de la réalité historico-sociale africaine ; ce faisant, elle doit élargir son champ de conceptualisation aux disciplines les plus diverses aux fins d'en tirer des ressources pour la fondation d'une épistémologie moderne. La dimension historique et anthropologique de tout phénomène politique est désormais partie intégrante de l'explication de l'événement, de la crise, de la mutation, de la norme.

Avec les indépendances politiques, le XXIe siècle voit renaître et se développer en Afrique la perspective endogène, contestatrice, conflictuelle et souvent explosive. L'Afrique profonde dit son mot ; elle exprime son être et y mobilise d'autres configurations perceptives de la réalité politique. Avant de présenter les principales articulations de cette perspective endogène, il est utile de rappeler au départ le legs de la pensée classique.[4]

---

[3] Nous considérons les théories politiques et sociologiques dominantes comme des modèles d'approche théorique d'une réalité sociale occidentale sans grand rapport avec la réalité africaine.
[4] La question des limites de cette pensée sera approfondie plus loin.

Institutions étatiques et legs de la pensée dominante

Le rationalisme individuel est au cœur des fondements théoriques de l'idéalisme libéral et son modèle de démocratie. Les régimes politiques contemporains lui doivent son esprit et ses méthodes. C'est avec l'antiquité gréco-romaine que vont s'organiser les ressources intellectuelles de ce rationalisme moderne ; celui-ci se cristallisera ensuite avec les apports successifs de la pensée chrétienne, de la féodalité moyenâgeuse et ceux du siècle des Lumières.

Si Rome est à l'origine de la science juridique et administrative de la « Res publica », c'est bien parce que la Grèce antique aura au préalable moulé la logique de son anthropologie politique. Cette anthropologie politique constitue le fonds culturel de la sagesse occidentale ; Rome, puis l'Europe occidentale doivent aux institutions grecques l'obéissance du citoyen à la loi, les notions d'égalité, de liberté et de primauté de l'individu. Malheureusement, les femmes, les étrangers, les esclaves et les enfants ne possèdent aucun droit. Les mécanismes psychiques de l'individualisme interviennent ici sur le fonds culturel d'une abstraction sociologique.

S'appuyant sur les travaux de Fustel de Coulanges, Cheikh Anta Diop explique que les familles des différents citoyens qui constituent la cité sont autant de cellules si indépendantes que c'est un sacrilège que les maisons se touchent ; ces sentiments d'indépendance remontent à la vie des steppes. Pour Diop, l'organisation de la société politique prolonge l'individualisme né du nomadisme ancestral de sorte que la notion de citoyenneté met l'individu nez à nez avec la Cité-État. Le patriotisme local coïncide aussi avec le patriotisme religieux. La mémoire culturelle et historique ne s'est donc pas encore émancipée de l'ordre socio-politique nomade si bien que « la religion constitue ainsi un obstacle à l'établissement d'un vaste Etat et même un frein à la confédération des cités » (Timbal & Castaldo (1985 : 19). Si donc la Grèce a inventé la notion de citoyen, la conception laïque du pouvoir et la souveraineté de la loi, l'État national est en revanche inconnu. La confirmation des propos de Diop nous vient de Timbal & Castaldo (1985 : 19) : « Alexandre et ses successeurs ont toutefois introduit dans l'histoire occidentale une conception du pouvoir d'origine orientale. »

L'apport du christianisme

La pensée chrétienne est reconnue sous Constantin, et bénéficie de richesse, d'honneur et d'autorité sous Théodose qui en fait une religion d'Etat à la fin du IVe siècle. Elle aura subi au préalable le revers de ses prétentions dans une société esclavagiste où prêcher la paix et l'amour relevait d'une subversion des idées reçues par l'éducation.[5]

La pensée chrétienne dénonce ainsi l'esclavage et affirme les notions d'égalité et de dignité humaine ; ce faisant, elle stimule la résistance de l'individu face au pouvoir temporel. L'individu peut alors assurer le salut de son âme et se libérer des « besoins » terrestres qui entravent la marche vers ce salut. Les concepts de personnalité et de liberté y gagnent aussi en rationalité et préparent l'individu à assumer son destin d'une façon responsable. Sans doute aussi, cette pensée a-t-elle contribué à favoriser l'émergence des nouveaux seigneurs, propriétaires de terres et forteresses. En cela, l'ordre féodal a suivi de très près la trajectoire anthropologique du rationalisme grec.

---

[5] Avec le refus du serment à l'empereur, les édits de persécution ont fait de la pensée chrétienne une inspiration sectaire. Grâce à l'édit de Milan en 313 après J.C., l'Eglise s'affirme et s'organise sur la base du modèle romain. Elle tire de cette expérience, un souci permanent de collaboration avec les pouvoirs qui se succéderont, en l'occurrence avec la construction carolingienne.

L'apport de la féodalité
La conception de la vie à l'époque médiévale fait d'un propriétaire terrien un individu puissant qui exerce sous un aspect économique des prérogatives politiques. Elle fait également de la féodalité un ordre dont le type d'organisation est inexistant en Afrique. Le droit privé envahit ainsi l'espace du droit public que l'empire romain organisé, avait mis en place. La notion de lien politique unissant le vassal (désireux d'être protégé face à l'insécurité) au seigneur (acceptant de le faire moyennant ses services) a fait naître les concepts de loyalisme vis-à-vis du Prince, même dictateur, mais aussi d'honneur et de fidélité au maître. L'individu, à défaut de l'Etat, a besoin d'un encadrement bâti autour d'une personnalité puissante, capable de défendre ses intérêts, même s'il est opprimé[6]. Mais on le pressent, il s'agit d'une ex-croissance du rationalisme individuel grec, dominateur et conquérant. Avec le Siècle des Lumières, il n'y a pas changement de nature de la raison, mais davantage de degré. Nous nous justifions à ce sujet.

Les apports des Lumières et de la révolution
Il faudrait certainement mettre au bénéfice de la pensée des Lumières, l'apport décisif de la raison humaine centrée sur l'individu comme producteur de logique et capable, en vertu de sa nature et de ses potentialités d'assurer le bien-être social, politique et économique à l'humanité. Le bonheur est donc là, à portée de main, pourvu que la société permette à l'individu de valoriser son génie dans tous les domaines de la connaissance. Il convient ainsi d'élaborer un cadre institutionnel qui fasse éclore ce génie. De façon fort opportune, la classe bourgeoise correspond à cet idéal volontariste ; elle peut même en conduire durablement et valablement le processus. L'environnement s'y prête, notamment en raison du « pouvoir » individuel accru, de la rationalité de l'organisation politique, institutionnelle et économique et de l'évolution du dialogue social dont la raison, maîtresse du savoir, devient porteuse.

Implications idéologiques du « pouvoir » individuel : la pensée unique

Les libertés de pensée, de presse, de parole, de réalisation scientifique, technique et économique, ouvrent les portes à la reconnaissance des libertés. Celles-ci confèrent ainsi l'égalité de chances sur un plan juridique et politique. Mais il ne s'agit en aucun cas, de niveler les égos et les aspects matériels de l'existence ; la logique libérale se veut égalité au plan juridique. Elle ne signifie pas égalité des revenus ; elle voudrait simplement favoriser les potentialités individuelles. La pensée unique est ainsi l'expression du sens et de la puissance dans leur version post-bipolaire. Le *sens* et la *puissance* sont des paradigmes cardinaux du système international, ils président à l'ordonnancement de l'ordre mondial. S'il y a aujourd'hui comme une invariance du sens du « sens », c'est-à-dire que le sens reste toujours un messianisme idéologique à prétention universaliste et humaniste – la puissance au contraire « n'est plus ce qu'elle

---

[6] Nous reviendrons sur cette question qui a vu naître le débat sur l'existence ou non d'une féodalité, voire d'un esclavage en Afrique. Nous tenons, néanmoins, à faire partager le sentiment de Cheikh Anta Diop qui, mieux que quiconque, peut parler de l'Afrique avec l'autorité que lui confèrent ses recherches : « Tandis qu'au Moyen Age tout le système féodal va dériver de la possession de la terre, par une frustration progressive des habitants protégés – c'est ainsi qu'est née la noblesse terrienne –, en Afrique Noire, ni le roi, ni un seigneur quelconque n'ont jamais eu le sentiment d'une possession réelle du sol. La possession de la terre n'a jamais polarisé la conscience du pouvoir politique », (1967 : 100). Le sacré de la terre et la légitimation de son occupation sont liés au culte des ancêtres ; ces sentiments, largement partagés n'ont pas permis d'y favoriser une expérience africaine de la féodalité. Le sentiment aigu de la propriété privée dans l'Afrique actuelle procède d'une contamination du modèle européen. C'est bien la raison pour laquelle la présente section entend spécifier ce rationalisme individuel de l'Occident orienté par son historicité.

était ». Si elle peut continuer de s'entendre avec Robert Dahl comme la capacité de faire aux autres ce qu'autrement ils ne feraient pas, ou bien à la lumière de S. Sur comme une capacité – capacité de faire faire; capacité de faire ; capacité d'empêcher de faire ; capacité de refuser de faire.

Ce sont ces déterminants qui se sont modifiés. La puissance devient, de plus en plus innovatrice, moins coercitive et plus fluide. La force brutale, le militaro-stratégique, le nucléaire se sont considérablement dévalués au profit de l'attrait économique, idéologique et culturel. L'universalité de la culture, l'institution unilatérale d'une réglementation favorable à soi, sont aujourd'hui parmi les plus importantes sources de la puissance. Le déclin des facteurs traditionnels de la puissance qui est en même temps le déclin du monopole par les États du champ inter-étatique cimente la tendance à la dématérialisation de la puissance. L'abstraction de plus en plus marquée de la puissance, son anonymat expliquent aujourd'hui le « totalitarisme du marché » qui sévit sur l'ensemble de l'espace planétaire. Par-delà les États, par-dessus les peuples s'impose un

> marché (qui) semble être le nouveau maître du jeu, s'imposant à une société à la faveur de la mondialisation (...) une puissance anonyme, aux desseins mystérieux, dont on parle comme une personne à qui on attribue les pouvoirs les plus impressionnants, à qui l'on prête une rationalité indépendante, et est en train ni plus ni moins de s'imposer comme la démocratie. (Seguin 1996)

Le premier principe de la pensée unique établit la primauté de l'économique qui l'emporte désormais sur le politique, l'idéologique et le militaire. Dans l'empire de la pensée unique, l'économique occupe la première place dans l'élaboration des politiques nationale et internationale des Etats. L'économie est placée au poste de commandement. Elle se soustrait mieux, se débarrasse de l'Etat par principe inefficace ; du social qui engloutit des trésors de capitaux. Au total les politiques modernes sont esclaves des impératifs économiques. Il n'est pas de réformes économiques qui ne tournent à la plus complète servitude des masses[7]. L'impératif de compétitivité, d'assainissement et d'accélération de la croissance enchaînent désormais les politiques. La croissance économique n'est plus un moyen au service de l'accroissement du bien-être social ; elle est devenue une finalité qui soumet tout à l'exigence et à l'urgence de sa réalisation. G. Ruffolo a très bien vu cela quand il affirme que la démocratie fascinée par le veau d'or de la croissance, a perdu les lignes directrices de la vocation humaniste : l'État de bien-être social, le « *wellfare state* » est en crise d'une conception trop technocratique du pouvoir et du recul de la justice et de la solidarité sociale.

La pensée unique c'est le tout économique. La sécurité ne peut être qu'une sécurité économique collective. De même, l'individualisme anthropologique a commandé le suffrage universel de la période antique, et entraîné la généralisation de l'éligibilité et de l'électorat, sur les plans politique et social. Si l'État a pour interlocuteur l'individu (le citoyen), rationalisme individuel, pouvoir et liberté vont caractériser un type de régime représentatif connu en Afrique depuis le Moyen-âge, donc bien avant l'Europe (Diop 1967 : 51)[8]. Nous retenons ici les équilibres politiques et institutionnels pour lesquels nous manifestons quelque intérêt pour la suite de notre analyse.

---

[7] Pour I. Ramonet, c'est au nom de ce principe que, par exemple la Banque de France a été rendue indépendante en 1994 pour se mettre « à l'abri des aléas politiques » cf. *Le Monde*, 17 Décembre 1994. C'est également au nom de ce principe qu'en Afrique sévit une paupérisation des masses par l'effet des conditionnalités multiples.

[8] C.A. Diop affirme en ce qui concerne la Constitution mossi : « Chaque profession a ses mandataires au sein du gouvernement ; ils sont chargés de présenter, le cas échéant, ses doléances. Tel est l'esprit de cette constitution ; pour en saisir l'originalité il faudrait supposer, au plein Moyen Age occidental (1352-1353) date du voyage d'Ibn Batouta au Soudan, guerre de cent Ans) non pas un seigneur provincial quelconque, mais le roi de France ou d'Angleterre, associant au pouvoir, avec voix délibérative, les serfs de la campagne, attachés à la glèbe, les paysans libres, les artisans des villes groupés en corporations, les commerçants. »

Equilibres politiques

Le phénomène de l'*alternance* politique revêt une importance majeure dans la conception occidentale du pouvoir. Chaque citoyen peut être tour à tour gouvernant et gouverné, du fait même de la généralisation de l'éligibilité et de l'électorat. Majorité et opposition, irréductibles, apparaissent comme la tension nécessaire à la neutralisation de l'oligarchie dominante dont la tendance est à la radicalisation de ses intérêts. Le pluralisme politique inspire ainsi l'idéal démocratique. S'il a eu un certain succès, il est bon de faire remarquer que bien de défauts d'une institutionnalisation majorité - opposition persistent. Il nous suffira tout simplement de constater les dérèglements engendrés par l'élévation du taux d'abstention, la montée de la droite extrémiste, le dialogue politique démagogique,[9] etc.

De l'antiquité à nos jours, les régimes politiques de l'Europe n'ont cessé d'être modifiés ; s'ils témoignent de la vitalité d'un modèle social qui se remet en cause et renonce, chaque fois, à certains principes qui ont pourtant moulé sa vie antérieure, on peut à l'opposé, s'interroger sur le fait qu'en Afrique, ce ne sont point les institutions qui sont mises en cause, mais les rois incapables d'en assumer les clauses ; des auteurs de bonne foi témoignent de la note de satisfaction que procure aux africains les institutions traditionnelles (Balandier 1955 : 174).[10] Derrière cette insatisfaction érigée en norme et moyen de l'alternance politique en Europe, il y a, assurément, un déficit de rigueur institutionnelle que nous pensons être d'ordre anthropologique. Le modèle institutionnel dominant subit encore l'illusion scientiste du rationalisme individuel prolongé dans l'organisation « oligarchique » d'une élite qui contrôle, avec l'aide des groupes de pression et des sectes, l'ordre politique dominant, en orientant les équilibres institutionnels dans le sens qui assure ses intérêts de classe. Le processus de démocratisation de la vie politique et son cadre électif subissent encore dans le cadre de ces équilibres, la dynamique individualiste et sa corporation monopoliste; celles-ci renvoient le peuple au simple rôle d'animation du jeu politique.[11]

Si on peut en relativiser les effets en Occident, ce processus constitue en Afrique la technique la plus appropriée pour formaliser l'adhésion des gouvernés à la volonté politique de l'oligarchie dirigeante. Le monopole de la légitimité démocratique concocté pour la circonstance, montre combien sont fragiles les équilibres entre pouvoir central et collectivités locales, gouvernement et parlement. En fait, ceux-ci dissimulent mal l'utopie d'une construction démocratique de la nation sur les bases d'un modèle étatique dont l'occident reconnaît lui-même les limites conceptuelles et institutionnelles.

Le temps du monde fini

Le temps de notre monde ressorti désormais à celui d'un monde fini, dans lequel nous devons assumer notre responsabilité en tant qu'humain. « Les dimensions limitées de la terre et de ses ressources, » affirme Person (1974 : 96), « apparaissent tout d'un coup en contradiction avec l'éclatement démographique du Tiers-monde et le gaspillage de la minorité privilégiée. »

---

[9] A la vérité, les élections disputées ne sauraient consacrer le fait démocratique ; surtout s'il faut ajouter à cela, les élections truquées, la manipulation de l'opinion, la confiscation de la souveraineté par l'oligarchie au pouvoir.

[10] Georges Balandier rassure : « Leurs structures ne sont pas mises en cause, mais seulement les détenteurs du pouvoir et de l'autorité. » Et cet autre témoignage de T. Olawale Elias, *La nature du droit coutumier*, Paris, présence africaine, 1961, p. 31, souligne : « Il n'y a cependant pas de place pour les démagogues, ni pour les individus compétents. Les dirigeants sont mis en place et déposés conformément à leurs mérites. Le peuple est l'arbitre final de l'idéal démocratique, tel qu'il est conçu dans ces communautés. »

[11] Ceux qui manipulent les règles de l'exercice du pouvoir et orientent la vie politique institutionnalisent des méthodes de ruse juridique au bénéfice de la classe dominante à laquelle ils appartiennent.

La pensée unique réduit le déplacement de la dominance de la coercition vers la cooptation. La domination structurelle désigne une emprise profonde sur les structures étatiques (État importé) ainsi que sur les structures mentales qui déterminent les habitus. On peut étendre sa compréhension à la notion de « puissance structurelle » avancée par Susan Strange à partir d'une opérationnalisation de la notion d'emprise de structure énoncée par F. Perroux. C'est l'ère de l'influence sans puissance. Ici un acteur peut façonner tout seul, et obtenir l'adhésion des autres, le cadre politique légitime, l'ordonnancement des rapports économiques, la détermination des normes sécuritaires etc. Au total, la dominance est en cours de révision structurelle : elle déclasse le « commandement » traditionnel, la régulation et l'imposition politique par la présence militaire pour devenir un ensemble de dispositifs symboliques qui travaille les identités africaines jusqu'à leur « désidentisation » ; c'est-à-dire leur inféodation aux identités dominantes. L'Afrique peut ainsi continuer à se voir dominer par un nouveau système économico-politique qui consacre la « prise de pouvoir » de l'occidental par le système de l'ingérence de l'Argent qui voit le F.M.I et la Banque Mondiale siéger dans les Ministères de la plupart des pays africains. C'est ce qu'I. Ramonet a si bien désigné le « nouveau dogmatisme » ou « totalitarisme » des « régimes globalitaires ». Le monopole politique se dilue entre les doigts des dirigeants des appareils monolithiques africains pour se concentrer entre les mains des « maîtres du monde ». Ceux-ci constituent les grands pôles de décision qui peuvent toujours continuer d'agir par gouvernements africains interposés. Cela à travers des conditionnalités politiques et économiques qui écrasent la majorité sociale. Ainsi du parti unique à la pensée unique, la situation africaine reste celle d'un continent dominé, coincé entre paix et guerre. Nous sommes à l'heure du bilan avec ce que cela suppose en termes de logique pour le salut du vivant.

Bilan de la faillite en Afrique noire

En Afrique, le biais national ou nationaliste a servi de vecteur à la domination post-coloniale. L'État-nation est donc en Afrique le principal instrument de domination. Comme le souligne Engelbert Mveng (1990 : 47)

> L'Etat africain, dès sa naissance est un instrument de domination, d'oppression, d'exploitation du peuple, qui est passé des mains du colonisateur aux mains des chefs politiques africains. Cet instrument est d'autant plus efficace qu'il est un appareil de paupérisation dont les mécanismes reposent sur deux principes : la privatisation des instruments de la souveraineté, le tissage d'un système de subsistance fondé sur la dépendance absolue.

A l'analyse cette lecture masque un état de guerre dans lequel s'affrontent férocement différents groupes ethno régionaux, militaro-capitalistes et politico-religieux – souvent croisés – pour le contrôle de l'appareil d'État et ses prébendes. Des cas extrêmes comme ceux du Rwanda, du Burundi, de l'Ouganda, de l'ex-Zaïre, du Congo Brazzaville où ce type d'affrontement a débordé le quadrillage civil régulier d'une certaine façon, le niveau et l'ampleur de la conflictualité des rapports socio-politiques dans les États « stables » *en post-colonie*. Peu importe que la plupart de ceux-ci aient été identifiés comme criminels (Bayart, Ellias & Hibou 1997), effondrés (Zartman 1995), affectés (Sindjoun 1998), hantés (Touoyem 2000) ou encore que leurs processus de gestion soient réduits à l'objectif alimentaire anthropologiquement construit (Bayart 1989) et passés à l'inquisition éthique (Kamto 1999), l'affrontement féroce, brutale, grossier et quasi-primitif qui s'y déroule est tel que les structures et positions de pouvoir, pour se maintenir, se sont durablement articulées autour des logiques sociales primaires, de proximité immédiates, archaïques mais seules solides et fiables dans ce contexte. Celui-ci est modulé par l'instrumentalisation des concentrations ethno-régionales à l'intérieur des Etats. L'essentiel des instruments du pouvoir d'Etat africain contemporain s'en trouve fortement marqués notamment l'armée, l'administration, les communications, les finances publiques, la diplomatie ainsi que la coopération et l'aide internationale.

En attendant « le pacte républicain rénové de la multi-nationalité » (Tshiyembe 1999 : 30-33),[12] cette structuration ethno-centrée des rapports au pouvoir d'État post colonial est domestiquée par les exercices politiques africains contemporains où, habilement et parfois grossièrement, la géographie socio-ethnique de l'ensemble de « l'État-nation » est manipulée et maniée pour masquer les jeux, enjeux et intérêts partisans en même temps que pour maintenir l'équilibre global qui se déploient sous les espèces de politique du quota-tribal[13] au Cameroun. Les concepts d'unité, d'intégration nationale, de citoyenneté responsable, de patriotisme de bon aloi, de maturité démocratique font alors recette. Et c'est en insérant nécessairement et proportionnellement les représentants d'autres groupes ethniques majeurs[14] – qui en réalité mobilisent également, sinon plus, des réflexions prétoriennes et prédatrices vis à vis du groupe détenteur du pouvoir d'État et des groupes rivaux dans la conquête et la participation au pouvoir d'État – que l'État post colonial ethno-centré valide stratégiquement, juridiquement et moralement son jeu politique, préserve ses intérêts vitaux et, par le fait même, assure la primauté de la paix civile sur les tensions ethno-régionales.

De même, une construction symbolique de cette guerre socio-politique d'essence ethno-régionale pour le contrôle du pouvoir d'État en *post-colonie* est à l'œuvre dans diverses aires culturelles africaines épistémologiquement investies à travers par exemple les nouvelles trajectoires des *Cultural Studies*[15] notamment la musique (Owona-Nguini 1995 : 267-276), le théâtre,[16] la littérature (Kindengue N'djok 1958),[17] voire la liturgie (Eboussi Boulaga 1991),[18]

---

[12] Projet politique esquissé par Mwayila Tshiyembe, directeur de l'Institut Panafricain de Géopolitique.

[13] Politique ethnique discriminatoire conduite par un pouvoir d'État. Elle se caractérise par le favoritisme vis-à-vis de certains groupes ethniques du pays et principalement celui dont est issu le chef de l'État par l'instauration des divisions et inégalités diverses entre les populations, malgré le discours démagogique sur l'unité et/ou l'intégration nationales ; cette politique apparaît comme le nœud central de la question ethnique dans la modernité négro-africaine aujourd'hui. C'est l'une des principales forme d'ethnicisme prévalant dans l'État néocolonial car la plus pernicieuse eu égard à ses effets dévastateurs. C'est ce que je propose d'appeler le tribalisme d'Etat ou encore le Chauvinisme Ethnique d'État (CEE).

[14] La majorité est moins ici la proportion démographique que la participation effective à l'exercice du pouvoir d'État.

[15] Les *Cultural Studies* constituent un immense et suggestif champ épistémologique qui s'emploie avec une relative rigueur et méthode à examiner les objets et conduites qui rentrent dans le processus d'intégration et de production humaine des choses par opposition à ce qui est offert par la nature ou structuré par les sciences sociales établies. Ces études constituent malgré les nombreuses critiques, un domaine intéressant qui déborde largement l'anthropologie culturelle et intègre de nouveaux espaces d'étude tels que le cinéma, le théâtre, la littérature, la musique, la mode, le spectacle politique etc. comme des constructions culturelles à part entière. Les *Cultural Studies* éclairent notamment les lieux où les trajectoires de la rationalité ne sont pas toujours nettes ni uniformes comme en Afrique aujourd'hui. Selon Sarah J. Nuttal in « the future of cultural studies », les études culturales africaines sont utiles aujourd'hui pour une simple raison: « ... *as the African continent moves into the millenium, a number of repositioning need to take place both, in terms of the study of culture and in terms of the institutional questions which accompany this* », Communication présentée à International Symposium ou Globalisation and Social Sciences in Africa, 14-18 September 1998, HSRC/RGN – CODESRIA, p. 2).

[16] Voir le matériau épistémologique intéressant que constituent les sketches de Jimmy Biyong, humoriste camerounais, sur les marqueurs ethno-régionaux dans le combat démocratique politique au Cameroun démocratique. Il serait également intéressant de suivre le trépidant travail de dérision et de dramatisation frénétiquement mis en scène dans l'écriture politique d'Achille Mbembe dont les « notes provisoires sur la post-colonie » constituent un modèle du genre.

[17] Voir, entre autres, le très beau roman qui décrit merveilleusement l'imbrication originaire de l'ordre traditionnel africain dans l'ordre colonial occidental à travers quelques aspects des conflits ethno-régionaux pour le contrôle du jeu politique de Kindengue N'djok.

la magie (Geschiere 1995)[19] et la parenté (Sindjoun 1988). L'on pourrait par ailleurs ajouter au passage que les guerres contre la corruption, la fraude douanière et le grand banditisme, la lutte contre le Sida, le paludisme, la désertification, la déforestation, la bataille contre la crise économique, l'endettement international et la détérioration des termes de l'échange des produits tropicaux de base entreprises par les Etats africains contemporains constituent autant de niveaux et de formes d'affrontement, de déséquilibre et de perturbation dont les logiques, stratégies et résultats peuvent faire l'objet d'une analyse et d'un bilan politique comptable du point de vue polémologique. Enfin une économie de l'abondante actualité scientifique anthropologique sur les guerres et *guérillas* africaines traditionnelles est à faire conformément à la logique d'analyse de cette réflexion bien que pouvant être également mise en perspective aussi bien dans l'ère précoloniale (Mouctar Bah 1985) que dans la post-colonie (Hutchul & Bathily 1998).

Au niveau global, après la guerre froide le temps de la paix était aux portes du monde. Quelques années ont été suffisantes pour que la transformation du visage conflictuel du monde – avec les traits tels que la course aux armements, l'équilibre de la terreur, la dissuasion nucléaire, la force de frappe des superpuissances, etc. – débouche sur un nouveau monde ayant un visage de paix. A partir de l'analyse de certaines tendances lourdes issues du *Retournement du monde* (Badié & Smouts 1999) et des *Nouvelles Relations Internationales* (Smouts 1998), le temps de la paix a désormais un contenu précis : le marché libre. L'ouverture au marché planétaire semble déterminer le fonctionnement du système international contemporain désormais qualifié de « post-westphalien » « post-national » « post-international » (Diackhoff & Jaffrelet 1998 : 59-74) voire « post-moderne ».[20] Dès lors, « l'économie-monde » (Wallerstein 1980) revisitée rivalise avantageusement avec la géopolitique et a de plus en plus tendance à la subvertir. La mondialisation est en marche.

Les causes socio-historiques de la faillite

Le contexte néo-colonial constitue le résultat logique d'une mise en scène de décisions fondées sur une rationalité économique où prédomine une conception du monde axée sur le profit, la rentabilité, les intérêts, la compétition, la domination, et par conséquent, le règne des

---

[18] Voir Fabien Eboussi Boulaga et surtout Achille Mbembe, *Afriques indociles* (Paris, Karthala, 1998) dont la prochaine publication *Après la colonie* (Paris, Karthala, 2000) ramasse quelque peu globalement la trame de fond de son anthropologie politique de l'histoire politique africaine contemporaine située – selon l'appréciation juste de Luc Sindjoun – entre la tragédie, la comédie et la liturgie.

[19] Voir Peter Geschiere ainsi que tous les témoignages et interprétations sur les enjeux mystiques pendant la transition démocratique au Bénin. Pour une information plus approfondie et apolitique voir Meinrad Hebga, *Rationalité d'un discours africain sur les phénomènes paranormaux*, (Paris, l'Harmattan, 1997).

[20] L'objectif ici est la déconstruction ; en suivant ainsi le « trajet » du sens, Jacques Derrida élabore une stratégie de l'« écart » : elle s'attache à mettre en lumière les « marges », c'est-à-dire les digressions du signe (dont il remet en cause l'arbitraire et pointe la versatilité) et d'une réflexion créatrice de mouvement (comme elle est créatrice de « plis » chez Gilles Deleuze). Afin de mener à bien cette démarche d'ouverture de la pensée, Derrida convoque notamment la littérature. Il étudie ainsi les textes d'Antonin Artaud, Jean Genet, Maurice Blanchot, Georges Bataille, Francis Ponge, James Joyce ou Paul Celan, autant d'écrivains modernes ayant fait table rase des codes d'écriture traditionnels pour proposer une nouvelle approche du rapport entre le signifiant (l'image acoustique du mot) et le signifié (le concept du mot), et par conséquent une nouvelle façon d'appréhender le mot, le texte et la littérature ; il met également en valeur la dimension ludique du travail de ces écrivains, et par extension la part de jeu présente dans sa propre réflexion. Parallèlement, à l'occasion de ses divers engagements, Jacques Derrida s'interroge sur la responsabilité éthique et politique de la pensée. C'est ainsi qu'apparaît notamment dans son œuvre la notion de pardon. Au gré d'une œuvre riche, foisonnante et particulièrement éclectique, ce penseur aborde en outre des thèmes aussi divers que la religion, l'amitié, le secret, le terrorisme, etc.

conflits et de la violence à toutes les échelles. Un penseur français (Attali 1981 : 294-295) soutient le jugement suivant :

> Comprendre la forme à venir de l'ordre marchand c'est aller, au moins en pensée, au bout du cauchemar, assurer l'intolérable. C'est assumer et expliquer le fait que toutes les luttes de classes ont été jusqu'ici récupérées, toutes les libertés détournées en objets marchands, toutes les valeurs aplaties en monnaie. C'est prendre conscience que les hommes et les machines du cœur se gavent de ce qui manque aux peuples de misère. C'est décrire aussi comment la jouissance solitaire de la violence contre soi devient la seule issue à la crise du cœur et comment elle généralise la faim comme la seule réalité de la périphérie.

La puissance des moyens de production, les rythmes d'exploitation, l'accumulation et la circulation du capital qui semblaient apporter la promesse ferme du bonheur à l'homme et la création des richesses ont cédé le pas au calcul économique et à la rentabilité, le coût pour l'homme et la nature ayant été relégué au second plan.

Un fait nouveau apparaît : l'humanité mondialisée subit partout sur la planète le contre-coup de l'esprit de l'Ordre marchand devenu une menace au regard des effets pervers induits par la surexploitation des ressources naturelles disponibles. A cela s'ajoute le pouvoir de destruction de la nature accru par les équipements technologiques, sans que pour autant, il soit possible d'en compenser les effets induits dans les délais de la durée du renouvellement écosystémique. Peut-on seulement prévoir ce qui se passera au cours de ce millénaire ? Jacques Attali (1981 : 295), conscient de cet enjeu écrit :

> Enfin, il faut que vienne au pouvoir un « groupe social » ayant intérêt et capacité à dépenser les surplus pour mettre en œuvre les nouvelles technologies en un « projet », une « culture », une conception des rapports des hommes avec le monde. Ce groupe existe dans toute nation.

Nous entrevoyons ce projet et cette culture, comme un effort de cohérence entre l'ordre de l'Univers et l'initiative humaine. Ils nous conduisent à envisager une lecture épistémologique de l'après-crise du modèle sociologique dominant. Le célèbre économiste René Passet (1996 : 229-230) dresse le bilan de la situation actuelle de notre monde *fini* :

- au plan individuel, la croissance de l'avoir n'est plus, comme nous l'avons vu, création mais destruction de l'être ;
- au plan social, au terme d'une évolution dont nous nous sommes efforcés de dégager le cheminement, le moyen a pris figure de fin ; ce qui dissocie devient alors plus fort que ce qui rassemblait : là où l'adhésion à des valeurs communes permettait de surmonter les oppositions et de maîtriser l'usage des choses, la compétition pour la possession et le contrôle des moyens place les hommes dans une situation d'antagonisme radical ; les vieilles solidarités s'estompent et rien ne peut les remplacer qu'une sorte de loi de la jungle, à peine camouflée par le cynisme d'affirmations morales, dont chacun sent bien qu'elles servent plus à canaliser les aspirations des faibles qu'à refréner les appétits des puissants
- au plan de la biosphère enfin, la régression des pénuries concernant les produits s'accompagne de l'épuisement des ressources dont ils proviennent et du blocage des mécanismes régulateurs dont la disparition menace dans sa production le milieu qui constitue le support de toute sa vie.

Nombreux sont les penseurs qui envisagent un scénario – catastrophe si l'homme n'interroge pas la sagesse du monde. Jacques Attali (1981 : 10) est de ceux-là :

> De ce voyage au règne des mots, surgit la sourde certitude d'une certaine mort de l'espèce humaine. Non d'une mort à venir, mais d'une mort déjà accomplie, depuis que, voilà bien longtemps déjà, le fleuve au fil duquel nous coulons a trouvé son lit.

Yves Person y voit, singulièrement, la disposition logique du schème de l'État-nation et de ses effets pervers induits par le modèle libéral : au moment où l'Europe cherche un nouveau sujet historique, pour lutter contre les phénomènes de domination et de massification, en imaginant des espaces d'autogestion limitant les effets destructeurs de la croissance, alors que l'automation va réduire rapidement le travail disponible, il serait tragique que l'Afrique s'engage dans cette voie sans issue, au nom de l'État-nation et de sa prétention à refaire la société.

Voilà qui est clair. La culture du « capitalisme » qu'accompagne le rationalisme individuel de l'Occident est un sujet préoccupant. L'individualisme, la démocratie, la liberté, l'égalité, l'État de droit, la laïcité de l'État, etc., sont autant de supports de cette forme radicale de jouissance universalisée. Elle accuse, sous toutes ses formes, le capital comme source de violence. Ce n'est pas sans raison que René Passet (1996 : 229-230) affirme :

> Le politique et le social réduits à l'économique et celui-ci au financier, c'est ce double réductionnisme qui régente aujourd'hui les affaires de la planète. Entre la logique du vivant et celle de l'argent se joue l'avenir du monde.

La polarisation du capitalisme mondial ne rencontre pas d'obstacles sérieux en Afrique. Accepter les valeurs de l'Occident est sans doute la démarche locative d'un esprit devenu infécond pour avoir intériorisé le fait que l'Occident occupera toujours le devant de la scène, que nos cultures seront, par conséquent, toujours battues, et que le réalisme commande cette lecture attentiste de l'histoire. Le point de vue de la science que nous défendons revêt ici toute son importance : l'esprit scientifique, en effet, ne s'attaque pas à un problème pour la seule raison qu'il est sérieux ; il y perdrait son temps si n'étaient assez grandes les chances de le résoudre. Il est temps de se rendre compte que l'afro-pessimisme revenu à la mode et qui pèse sur nos relations avec l'Europe, n'est rien de moins qu'une nouvelle mécanique susceptible de freiner les initiatives locales et de permettre par là même, la recolonisation du continent.[21] Il faut résister. Certes le Sommet de Lisbonne constitue pour l'Afrique un heureux évènement, mais une cinquantaine d'années de souveraineté et d'errance de nos pays nous a appris que ce ne sera pas de nos gouvernants qu'il faut attendre un vrai sursaut salutaire du continent, mais de la société civile nationale, continentale et internationale. Il devient dangereux en Afrique de laisser la chose publique entre les mains de la seule classe politique. L'éclosion d'une sensibilité, d'une opinion publique africaine devient une nécessité au moment où nous allons assister à un mouvement sans précédent de capitaux sur toute l'étendue de la planète. Rien ne nous prouve que l'ordre nouveau que ce mouvement de capitaux engendrera ne fera pas de nous les parias du XXIe siècle et des siècles à venir. Nous sommes si isolés les uns des autres, nous sommes si isolés en dépit des kermesses flamboyantes d'Addis-Abéba depuis 1963.[22] L'histoire continuera et nous jugera comme elle continue de juger les esclavagistes.

---

[21] Le président sénégalais Abdoulaye Wade a lancé, au lendemain du sommet de Lisbonne, « un appel à la mobilisation des jeunes, des femmes, des intellectuels d'Afrique, contre la grave menace des Accords de partenariats économique qui entérineraient la recolonisation du continent », appel lucide et sans précédent à ma connaissance.

[22] Le week-end du 25 mai 2013, s'est célébré à Addis-Abéba, le 50eme anniversaire de cette institution panafricaine. Organisation de l'unité africaine (OUA), fondée en 1963 pour promouvoir l'unité et la solidarité des Etats africains, harmoniser les lignes de conduite politiques, économiques, culturelles, médicales, scientifiques et militaires, défendre l'indépendance et l'intégrité territoriale des Etats membres et éliminer le colonialisme d'Afrique. En 2002, l'OUA est dissoute pour être remplacée par une nouvelle structure, l'Union africaine (UA). L'OUA a certes réalisé une partie de son objectif, à savoir la libération totale du continent de toute forme de colonisation, grâce aux opérations secrètes de son Comité de libération. Mais elle a échoué en tant que force d'interposition dans les guerres civiles qui se sont multipliées sur le continent, faute de moyens financiers et d'une solidarité suffisante entre les États. Elle a également échoué au niveau économique. Un traité a été signé à Abuja, lors du 27e sommet, pour créer une communauté économique africaine dans trente-cinq ans. Seul le Sénégal a osé, lors du sommet de Dakar, en 1992, introduire la notion de démocratie parmi les préoccupations de l'OUA.

En fait, le visage du monde contemporain est celui du Janus : d'un côté de la figure des traits froids, durs, arides, cyniques, belliqueux, méfiants et secrets remettent en mémoire les faciès de Machiavel (Weibel 1988) et de Mittérand.[23] Du côté opposé des traces de chaleur, de gaieté, de jovialité, de raffinement, de confiance apparemment inoffensive et rassurantes qui sont symbolisés par les mines poupines des frères Bill Clinton (Morris 1999)[24] et Bill Gates 1991, Obama,[25] les trois guerriers des temps post-modernes.

---

[23] Se référer aux nombreuses biographies de François Mittérand notamment Mittérand, *le noir et le rouge* de Cathérine Nay et surtout l'excellent *Portrait d'un artiste* d'Alain Duhamel.

[24] Au-delà de l'observation médiatique directe, se référer aux nombreuses biographies de Bill Clinton et singulièrement aux descriptions fugaces mais éclairantes que propose son conseiller politique Dick Morris.

[25] Premier président des États-Unis de couleur et prix Nobel de la paix.

2

La mémoire internationale de l'Afrique et les figures de la domination

L'État-nation comme paradigme politique dominant

L'État peut être saisi ici comme une forme d'institutionnalisation du pouvoir politique, autorité souveraine s'exerçant sur l'ensemble d'un peuple dans les limites d'un territoire déterminé. À l'époque contemporaine, il représente le cadre courant de la domination politique. Sur le plan intérieur, l'État moderne se caractérise par son monopole de la violence légitime, c'est-à-dire l'usage légal de la contrainte sur les personnes. Vis-à-vis de l'extérieur, le trait distinctif de l'État moderne est la souveraineté, autrement dit son indépendance totale, et sa compétence illimitée. L'État se compose de trois éléments : un territoire, une population et un gouvernement. La forme étatique ne préjuge pas du régime politique qui y est pratiqué. On peut ainsi parler d'État démocratique, monarchique, tyrannique aussi bien que théocratique. L'État peut être plus ou moins démocratique, respectueux des individus, et son pouvoir plus ou moins accepté ou légitime. Historiquement, l'État apparaît à la fin du Moyen Âge, à la faveur de la centralisation du pouvoir entre les mains d'un souverain, en réaction, d'une part, à la féodalité et, d'autre part, aux pouvoirs du pape et de l'empereur. À partir du XVIe siècle naît l'idée qu'à un État doit correspondre un groupe humain culturellement et ethniquement cohérent : la Nation. Très répandue au XIXe siècle par l'intermédiaire du mouvement des nationalités, l'idée d'État-nation comme forme accomplie d'organisation politique n'est cependant que rarement devenue effective, comme en Grande-Bretagne ou dans la France sous la Révolution. La plupart des États actuels d'Afrique, d'Asie, d'Amérique et même d'Europe sont constitués de groupes humains multiples. Dans le même temps, le pouvoir politique s'est progressivement détaché de son origine divine, donnant naissance à des États sécularisés. Peu à peu, la souveraineté a été pensée comme appartenant au peuple. Le pouvoir politique se trouve désincarné, détaché de l'homme qui l'exerce, ce qui permet de concevoir les institutions et les pouvoirs comme distincts des hommes qui en ont la responsabilité. Les contributions scientifiques de Jean-Jacques Rousseau et Georg Wilhelm Friedrich Hegel[1] sur ce sujet ont été d'une importance considérable. Max Weber a ensuite souligné la tendance à la rationalisation et à la bureaucratisation de l'État moderne.

Dans un processus historique lent, long et convulsif de renforcement et de diffusion, l'idéal de la nation s'est incarné dans l'État-nation. Le modèle national s'est généralisé dans le monde entier au travers des vagues d'indépendances successives des nationalités. La nation, comme modèle de la communauté politique circonscrite dans un territoire et régie par un État, constitue le fondement juridique idéal, désormais universellement accepté par tous les pays de la planète. Malgré cette généralisation, la nation et le nationalisme n'ont plus fait partie des utopies politiques mobilisatrices, ni en Europe ni même en Afrique lorsque la décolonisation fut achevée.

Or la question du déclin des nations ou de leur résurgence est à nouveau fortement posée, dans des termes profondément renouvelés en raison de :
– la berlinisation du continent africain ;
– l'effondrement de l'URSS qui a vu la naissance de nombreuses nations et conflits nationalistes ;
– la mondialisation qui occasionnerait une perte de souveraineté et de capacité d'action de l'État-Nation, ainsi que de la généralisation des flux transnationaux liant le local au global, le particulier à l'universel ;
– l'identité ethnique pour laquelle les spécialistes rappellent le rôle du politique et du symbolique dans les crises des États-nations.

Le concept d'État-nation hérité de l'idéologie bourgeoise conquérante du XVIIIe siècle constitue le cadre général d'expression de la rationalité moderne de l'État, avec son culte de l'individualisme, son formalisme scientiste et une organisation du travail bourgeoise tournée vers un marché industriel mondialisé. Il est question ici d'une problématisation du legs de la pensée politique classique, de l'apport spécifique de la civilisation occidentale dans sa dimension anthropologique de la réalité étatique, enfin des limites de ce concept aujourd'hui admises par l'évolution de la pensée et de la science modernes.

L'État-nation constitue avec sa population (nation), son territoire et son organisation politique, le cadre d'expression du droit constitutionnel. Ces trois éléments essentiels reconnus en droit international formalisent le cadre juridique qui, lui-même, matérialise un phénomène sociologique: l'avènement de la nation dont l'autorité politique exclusive exerce sa souveraineté dans le cadre des frontières délimitées et ouvertes au marché libéral. Il nous paraît important de nous appesantir sur ces aspects sociologiques, juridiques et politiques pour lesquels se cristallise une organisation verticale qui met en œuvre différentes espèces d'États.

Les aspects sociologiques
Jean Gicquel et André Hauriou insistent sur la nécessaire coïncidence entre l'individualité sociologique et l'individualité juridique. La juxtaposition des termes État-nation justifie le

---

[1] C'est dans les réflexions de Hegel sur la moralité *(Moralität)* et sur l'ordre éthique *(Sittlichkeit)* que sont exprimées le plus clairement ses vues sociales et politiques. Au niveau de la moralité, le bon et le mauvais relèvent de la conscience individuelle. Mais de là, il faut, selon Hegel, passer au niveau de l'ordre éthique, car le devoir ne ressortit pas avant tout au jugement individuel. Les individus n'atteignent la plénitude qu'au cœur des relations sociales. Aussi, le seul contexte dans lequel le devoir puisse réellement exister est-il un contexte social. Hegel considérait l'adhésion à l'État comme un des plus hauts devoirs de l'individu. Idéalement, l'État est la manifestation de la volonté générale, qui est la plus haute expression de l'esprit éthique. L'obéissance à cette volonté générale est l'acte d'un individu libre et rationnel. Si Hegel apparaît conservateur, il sanctionnait toutefois le totalitarisme et affirmait que toute réduction de la liberté opérée par un État est moralement inacceptable.

résultat d'un processus historique considéré comme un aboutissement cristallisant l'âme d'un peuple : la nation. L'État apparaissant en dernier lieu, pour centraliser politiquement et juridiquement la nation.

Que serait donc la nation pour laquelle se constitue un État ? Pour l'essentiel, la nation est le résultat d'un processus de cohésion sociale née d'un lien de solidarité entre individus ayant en commun des intérêts matériels et immatériels, et désireux de les consolider en s'identifiant comme un groupe social autonome, différent des autres. L'organisation politique du pouvoir réside donc dans l'avènement de l'État et après fondation de l'individualité propre appelée « Nation ». En référence aux Nations Européennes dont, pour la plupart, la formation a précédé le cadre juridique de l'État, le droit international admet *via* le principe des nationalités, que toute nation peut disposer d'elle-même, devenir un État. Pétition de principe dont les engagements nobles ne coïncident avec aucune réalité africaine pour laquelle, ni les cultures, ni les terroirs organisés en clans ou tribus, n'ont été pris en compte dans l'avènement des États-nations africains. La colonisation n'a pas retenu la nation comme un critère sociologique (clans, tribus), comme une entité historiquement libre de disposer d'elle-même; de sorte que celle-ci s'est trouvée embarquée dans un type de

> rapport ambigu, voire schizophrène, par rapport aux États qui prétendent parler en leur nom, alors qu'ils ne font, pour l'essentiel, que prolonger les structures coloniales, y compris des variations significatives selon que le modèle européen a été français, britannique ou portugais. (Person 1981 : 28)[2]

Au nom de son idéologie de domination et de ses intérêts de classe, l'État-nation a nié la pulsion sociologique organisatrice, pour valoriser l'idéal de citoyenneté conforme à l'ambition monarchique, à savoir, la catégorisation des intérêts individuels (sujets du roi), pour mieux endiguer les élans révolutionnaires des nations à forte personnalité tels les Basques, Corses, Bretons, etc. Telle fut aussi la solution pour la neutralisation des pays africains. Le continent noir évolue ainsi dans un système reflétant la logique de la bourgeoisie européenne si bien que,

> Les formes sociales et culturelles que l'on prétend généraliser au nom de l'égalité abstraite des citoyens, sont en fait propres à une fraction de ces citoyens, qui se trouvent ainsi placés dans une situation réelle de supériorité, quant à la classe et à la culture. (Person 1981 : 28)

Nous verrons plus loin combien cette vision bourgeoise de la réalité politique a été néfaste dans le cadre de l'intégration nationale, même si, par ailleurs, elle a favorisé une accélération des grandes mutations scientifiques et technologiques de notre temps.

Dans la perspective d'exercice de sa souveraineté, l'État délimite son territoire et lui assigne des fonctions. Qu'elles soient terrestres, maritimes ou aériennes, les frontières ont été de tout temps, en Afrique comme ailleurs, l'enjeu de la formation et de la survie des nations (connues ou méconnues en tant qu'État), c'est-à-dire disposant d'une autorité politique effective dont l'organisation est plus ou moins différenciée, prononcée. Bien qu'apparaissant quelque peu évident, le rôle du territoire dans l'État mérite quelques considérations portant sur les notions de territoire – sujet, de territoire – objet, et en enfin, de territoire – limite.

1. Le territoire-sujet suppose que l'État ne peut affirmer sa volonté et sa personnalité sans le territoire. Sa souveraineté ne se manifeste que par et dans ce cadre qui devient, pour ainsi dire, un élément de cette volonté et de cette personnalité. Il y a ici projection/identification du sujet considéré, à savoir, le territoire.

---

[2] Les britanniques, rejetant la méthode française beaucoup plus par une logique de ruse que par affection pour les opprimés, entrevoyaient dans cette méthode, une possibilité de reconquête de l'initiative historique de ceux-ci, par assimilation de leur civilisation. C'est bien plus une logique de conservation de cette initiative qui aura guidé leurs instincts.

2. Le territoire-objet quant à lui procède des droits de l'État. Le territoire y est considéré comme son domaine éminent, en tant que propriétés.
3. Le territoire-limite circonscrit le domaine à l'intérieur duquel l'État exerce sa toute puissance.

L'autorité politique qui s'exerce de manière exclusive et effective sur une population rassemblée en un territoire déterminé dispose, le cas échéant, de la souveraineté. Ce qui suppose une autonomie réelle vis-à-vis de tout autre État. La question de l'origine de l'exercice démocratique du pouvoir, qu'elle soit inhérente à la qualité de certains individus et/ou au caractère divin de la charge, n'a d'importance que si elle tient le langage du consensus, de la participation, de l'argumentaire et de la délibération effective de la chose publique. Or il semble bien que les caractères propres au pouvoir d'État relèvent à la fois, écrivent Gicquel et Hauriou, du pouvoir « de superposition et de centralisation ». De même ces auteurs se prononcent-ils sur la notion de souveraineté, entendue dans le double sens de la souveraineté de l'État – ce qui relève du Droit international – et la souveraineté dans l'État sur le plan interne. L'un est complémentaire de l'autre. Si l'État est souverain dans le premier sens, celui-ci peut mettre en œuvre des pouvoirs et des droits. Quant au deuxième sens, nous voudrions souligner que ces faits participent de la nature même du pouvoir politique et des significations à donner aux idées juridiques que se font les peuples de l'État.

Les aspects juridiques

La thèse de l'origine contractuelle de l'État correspond à l'esprit d'une époque qui a accompagné la révolution. Cette thèse est aujourd'hui battue en brèche[3]. Assimilant l'État à « un organisme social structuré », Hauriou met en relief la dynamique des volontés tendant vers l'objectif de rationalisation de l'idéal étatique ; ce faisant, il précise que l'erreur de Jean-Jacques Rousseau et des partisans du contrat social est donc de croire que, dès qu'il y a apparition d'éléments consensuels, il y a forcément contrat. C'est là une généralisation abusive.

En outre, il faudrait considérer que ces éléments consensuels faits d'approbations et d'adhésions, fondent le droit même non écrit. Hauriou pense en effet que le groupe fonctionne alors avec cet ensemble complexe: idée directrice, pouvoir organisé, groupe des individus intéressés à la réalisation de l'idée et il constitue ce qu'on appelle une « institution ».

L'idée est séduisante: une vie juridique et politique se précise, modifiée par l'ambiance des conflits, et voit naître une constitution. Telle nous paraît être, en effet, la démarche logique de fondation de l'État dont la nature dépendra surtout des règles d'équité et d'échange internes, révélatrices de l'État de sujétion des membres du groupe social, de leurs statuts respectifs relativement aux inégalités naturelles, sociales et culturelles.

Le droit constitutionnel classique engage la notion de *personne morale* pour indiquer le fait que certaines personnalités accomplissent des actes de leurs fonctions qui engagent la responsabilité de l'État: « les hommes passent, les institutions demeurent ». Dès lors, l'État ne peut être considéré comme une entité physique. IL devient une personnalité morale et juridique. C'est bien le sens à donner à ce comportement abstrait sur lequel s'édifie le concept. Les ef-

---

[3] Le *Contrat social* de Jean-Jacques Rousseau est un effort de perception de l'idéal politique occidental en accord avec la réalité de son époque et ses tendances rationalistes, psychoaffectives. Il faut se souvenir que le nouvel ordre social est fondé sur le respect des droits et libertés de l'individu. La bourgeoisie y est très attachée aux conventions écrites qui matérialisent à leurs yeux le gage de ce respect des droits. Gicquel et Hauriou soulignent : « Sans doute Rousseau reconnaît qu'on ne trouve pas de traces historiques du contrat social, mais il affirme que « logiquement », la société et l'État ne peuvent être fondés que sur la force ou les conventions. Si l'on admet que les Etats sont fondés par la violence ou, tout au moins, la contrainte, on renonce, par là même, à leur donner une base juridique. Seule l'hypothèse du contrat peut fournir une explication juridique touchant la naissance et la formation des États. », p. 105.

fets s'en font ressentir; la finalité c'est de prendre en charge, de façon permanente, les intérêts d'un groupe humain appelé, on le sait, la nation.

Ce trait juridique est généralisé à l'ensemble des sociétés historiques. Cependant, une difficulté sérieuse peut apparaître entre la notion de personnalité morale et juridique de l'État et ses effets appliqués aux intérêts d'une nation. L'Afrique présente cette particularité de s'organiser en ethnies ou clans assurant dans bien des cas les intérêts de la nation sociologique en lieu et place de l'État défaillant.

Organisation verticale de l'État

Les États souverains reconnus en droit international public se présentent tantôt sous la forme d'États dits unitaires, simples : ce sont les plus nombreux; tantôt sous la forme de groupements d'États, dits États composés, fédéraux, constitués d'États fédérés. En ce qui concerne la première, la France constitue une exemplarité ; les États-Unis représentent le modèle – type de la seconde. Le présent éclairage est de nature à faire apparaître des modalités d'organisation du politique qui ne semblent nullement étrangères à l'Afrique (Prince Dika-Akwa nya Bonambela 1982 : 281),[4] ne serait-ce que sur le plan des regroupements d'États dont il faut souligner le caractère tardif dans la pensée occidentale classique. Il semble bien que cette forme est reconnue et éprouvée dans les traditions politiques africaines.

L'État unitaire

L'enjeu de l'État unitaire, c'est de conjurer les tendances fédéralistes. Son principe est celui de l'unité et de l'indivisibilité. La collectivité étatique ainsi considérée s'impose à l'ensemble des citoyens ; elle se veut une volonté politique unique qui ne soit pas divisible en parties méritant tout aussi la qualité juridique d'État. Il est donc question d'un seul centre de décision et d'animation qui fonde ainsi le principe de l'unité. Des mesures de *déconcentration* et de *décentralisation* peuvent être prises pour éviter la paralysie du système. Ces deux mesures ont en commun que l'autorité politique exclusive demeure l'apanage de l'État. La différence réside dans le fait que pour la première mesure, l'administration locale est assumée par des agents locaux nommés par le pouvoir central ; ceux-ci sont responsables devant l'autorité hiérarchique dont ils reçoivent délégation du pouvoir administratif et qui lui sont soumis. Dans cette perspective, l'État unitaire est centralisé. Pour la deuxième mesure, l'État unitaire est dit décentralisé. Ce qui signifie que :

> les décisions administratives à prendre pour l'exécution des lois et intéressant plus spécialement certaines catégories de citoyens sont prises, sinon par les intéressés eux-mêmes, du moins sous leur contrôle par des autorités qu'ils ont élues. (Chantebout 1996 : 67)

L'œuvre décentralisatrice en France est récente. C'est en 1968 que celle-ci est appliquée au fonctionnement des Universités françaises. La loi du 02 mars 1982 donne en effet aux communes, départements et régions la possibilité d'être administrés par des conseils élus. La gauche au pouvoir aménage un sursaut qualitatif en ce qui concerne le droit des collectivités locales. La perspective dans nos pays africains s'annonce lointaine et on peut mesurer, à toutes fins utiles, combien nous sommes restés dépendants des principes politiques venus d'ailleurs. C'est toujours le complexe d'infériorité du colonisé qui prévaut avec comme con-

---

[4] Prince Dika-Akwa nya Bonambela écrit : « Dans le cadre de la nouvelle harmonie, chaque empire joue son rôle, son chef acquiert une fonction précise par rapport aux autres fonctions des autres empereurs. L'historien s'efforcera donc de ramener à la surface les mécanismes voilés de ce processus d'expansion des États provinciaux et périphériques, inséparable d'une recherche de l'équilibre de puissance entre eux ».

séquence « la peur de remettre en cause les échafaudages construits par les spécialistes coloniaux » (Dika Akwa Nya Bonambela 1982 : 55).

La réalité objective de la nation sociologique, ethnique, qui domine l'expression souveraine des idéalités organisatrices, n'est pas encore prise dans l'objectif de décentralisation des pays africains. L'Afrique précoloniale montre, une fois de plus, son avance sur la pensée classique. Yves Person y témoigne des rapports entre l'État et les collectivités : « Pourtant, une fois certaines obligations satisfaites, et en général elles n'étaient pas très lourdes, les communautés de base conservaient pour l'essentiel leur autonomie » (Person 1981 : 33).

La réalité de l'État-nation en Europe procède d'une configuration anthropologique qui, dans bien des cas, apparaît opposée à celle de l'Afrique communautarisée et communaucratisée. Il est question d'en décrire les processus et d'en maîtriser les significations pour envisager une perspective davantage salutaire dans le cadre de la maîtrise de notre destin car, à bien d'égards, les communautés de base qui subsistent, et où les cultures africaines restent vivantes sont, dans le meilleur cas, ignorées et méprisées ; leurs forces latentes, qui pourraient être bénéfiques par leur fédération en communautés plus vastes, sont négligées ou combattues. L'État-nation est pris en otage par sa perspective réductionniste. Désormais, l'évolution et la transformation du monde le contraignent d'une part, au dépassement de ses frontières actuelles et de l'autre, à un aménagement conceptuel et organisationnel de la pensée classique. Par la force des choses, confédération et fédération s'imposent au réalisme politique moderne.

Les États composés : confédération et fédération et le principe de superposition
Un État est dit « fédéral » quand les unités territoriales qui le composent sont dotées, en matière constitutionnelle, législative et juridictionnelle, d'une autonomie telle qu'elles méritent le nom « d'États », bien qu'elles n'aient pas en principe de compétences internationales. L'État fédéral est donc un État composé de plusieurs autres États avec lesquels il partage les compétences qu'exerce ailleurs l'État unitaire. Le caractère fédéraliste suppose qu'il existe une collectivité étatique qui transcende les États fédérés. Le Canada, le Brésil, l'Argentine, le Mexique, les États-Unis, la Russie, etc., en constituent quelques exemples. Le super-État dispose d'une différence de nature avec l'État unitaire ; selon Gicquel et Hauriou, superposition, autonomie et participation en sont les principes organisationnels. Examinons tour à tour ces principes.

L'existence d'un nouvel ordre juridique et politique fait apparaître un caractère unitaire et une organisation politique distincte des États fédérés. La création de la fédération procède souvent d'un rapprochement entre États souverains ; aussi la confédération précède-t-elle la création de l'État fédéral. La fédération des États-Unis de 1787 a succédé à la confédération de 1776. L'Union Européenne procède davantage d'une confédération dans la mesure où ses structures sont fixées par des traités et non par une constitution. L'entrée en vigueur du traité de Maastricht laissera-t-elle la place au fédéralisme ? Qu'en sera-t-il de l'Union Africaine ? En somme, bien que dépouillées de leurs souverainetés respectives, les unités fédérées conservent une certaine autonomie préservée par la constitution.

Examen des glaciations multiples des figures de l'État-nation

Le concept d'État-Nation est né en Europe Occidentale, à la fin du Moyen-âge, de l'ère chrétienne, à la cour des rois de France et d'Angleterre. C'est dès le XVIe siècle que la pensée politique s'efforce patiemment d'introduire dans son champ discursif, les concepts d'État et de Nation. Plus précisément le XVIe et les XVIIe siècles ont vu surgir sous la plume des penseurs audacieux tels que Machiavel (1469-1527), Jean Bovin, La Boetie, Hobbes (1588-1679), Spinoza (1632-1677), une nouvelle figure de pensée, *l'État*. Mais ce concept ne trouvera sa formulation précise, systématique et cohérente qu'au XVIIIe siècle chez des penseurs de la trempe de Jean-Jacques Rousseau (1712-1778), Montesquieu (1689-1755), Locke (1632-1704), Adam Smith (1723-1790), Kant (1724-1804) et Hegel (1770-1831). Mais à partir du XVIIIe siècle et au début du XIX, le champ de la pensée occidentale s'enrichit d'un autre concept, la *Nation*[5] qui trouve chez le penseur allemand Fichte (1762-1814) et chez l'historien français Ernest Renan (1823-1892) ses meilleurs théoriciens.

Au XIXe siècle, les débats sur la nation opposent principalement penseurs français (nation universaliste) et allemands (nation ethnoculturelle). Les uns (Sieyès, Michelet, Fustel de Coulanges, Renan...) puisent dans les Lumières (Montesquieu, Rousseau) et l'histoire révolutionnaire française pour définir la nation en termes politiques et universalistes. Les autres (Herder, Fichte...) mettent l'accent sur les particularismes culturels et le rôle de la langue. Après la défaite de 1870, le nationalisme à la française tend à nourrir une opposition aux valeurs républicaines (Maurras). Parallèlement se met en place, outre le courant libéral, le courant marxiste.

(a) **Johann G. Herder** (1744-1803) : théologien et linguiste allemand développa une conception organique de la nation. Pour Herder, la nation n'est pas une idée abstraite ; elle est avant tout une communauté d'hommes faits de sang partageant une même culture : le peuple (ou *Volk*). Outre la religion, les distinctions de race et la langue ... constituent l'élément primordial de la culture. Ainsi définie, la nation implique le primat de l'ordre social sur l'ordre politique incarné dans l'État. Élaborée en réaction contre la prétention universaliste de la nation issue de la révolution française de 1789 et le rationalisme kantien, cette conception ethnolinguistique et culturelle (ou *Kulturnation*) fut développée par Fichte dans son célèbre *Discours à la nation allemande* (1807-1808) et devait imprégner de nombreux mouvements nationalistes, au-delà du nationalisme romantique de la première partie du XIXe siècle.

(b) **Ernest Renan** (1823-1892) : sa conception de la Nation est exposée dans sa célèbre conférence donnée à la Sorbonne en Mars 1882, « *Qu'est-ce qu'une nation ?* » Inspirée de la volonté de contester l'annexion de l'Alsace-Lorraine par le nouvel empire allemand (1870), elle s'inscrit en réaction contre celles de Herder et de Fichte. A la conception ethno-culturelle de la Nation, il oppose une conception élective : une nation naît du rassemblement volontaire des individus : *l'existence d'une nation est (...) un plébiscite de tous les jours*. Le fondement de ce plébiscite est moins d'ordre rationnel qu'affectif :

> Une nation est une âme, un principe spirituel (...), c'est l'aboutissement d'un long passé d'efforts, des sacrifices et de dévouements ; avoir des gloires communes dans le passé, une volonté commune dans le présent, avoir fait de grandes choses ensemble, vouloir en faire encore, voilà les conditions essentielles pour être un peuple. (Renan 1882 : 21)

Cette conception emprunte beaucoup à la notion de pacte civique national, développée en Angleterre par Stuart Mill.

(c) Le courant libéral est animé par **Jean-Baptiste Say** (1767-1832), **Hamilton** (1757-1804), **Friedrich List**... Parallèlement aux penseurs politiques libéraux (Madame de Staël (1766-1817), Destutt de Tracy (1757-1836), Tocqueville (1805-1859)... qui, en lutte contre les monarchies, développent l'idée que la nation va de pair avec le progrès des libertés individuelles, ces principaux représentants de la pensées libérale économique affirment la nécessité

---

[5] Du latin « *nascere* » qui veut dire *étymologiquement* naître; la nation revêt deux conceptions idéales qui coexistent : la nation comme pure communauté ethnique et la nation comme pure communauté politique. La conception française et républicaine est celle forgée depuis la guerre de Cent Ans autour du territoire, puis à partir du XIXe siècle comme communauté de destin et de projets. On lui oppose souvent la conception allemande de la nation, celle d'un peuple appartenant ou pas à un territoire fixé, mais à une histoire, une langue et une culture commune.

d'une « économie nationale », rompant ainsi avec Adam Smith qui, dans *La Richesse des Nations* (1776), voyait dans les frontières autant d'entraves aux échanges.

(d) Le courant marxiste a pour chantre **Karl Marx** (1818-1883). Pour Marx comme pour Engels, la nation est un moment de l'histoire de la lutte des classes correspondant au capitalisme ; elle est donc vouée à disparaître avec l'avènement du socialisme. Toutefois, face au développement des nationalités tout au long du XIXe siècle, l'auteur du *Capital* en viendra à considérer que dans certains cas (unification allemande, nationalisme irlandais), les revendications nationalistes peuvent servir de détonateur à la lutte ouvrière, renouant ainsi avec la distinction établie par Hegel entre nations historiques et nations sans histoire. Ce schéma explicatif fut développé par les marxistes de la *Deuxième Internationale* (1889-1939) : Kautsky (1854-1938), Lénine (1870-1924), Rosa Luxembourg ... Pour cette dernière, le nationalisme des bourgeoisies indigènes masque la poursuite de leurs intérêts économiques, une conception dominante dans les milieux marxistes au moins jusqu'au lendemain de la Seconde Guerre Mondiale.

(e) **Otto Bauer** (1882-1938) : Principal représentant du courant austro-marxiste, il est aussi le premier théoricien marxiste à reconnaître la force du sentiment national et à l'étudier comme problème social. A la stricte conception marxiste en termes de lutte de classes, Bauer oppose l'idée d'une nation comme réalité historique et politique en permanent renouvellement. Le couple conceptuel État/Nation va dès lors dominer l'histoire politique de l'Occident pendant deux siècles (XIXe et XXe siècles). L'État, au sens de puissance régalienne (pouvoir de battre la monnaie, de lever des armées et de rendre justice) y a précédé dans le temps la Nation entendue comme communauté des sujets (au temps des monarchies absolues) et communauté des citoyens ; l'État commandant à la Nation. L'État-nation est une construction idéologique de laquelle ont découlé des guerres fratricides, des conquêtes territoriales et des empires coloniaux antagonistes. L'État-nation ne répondant à aucun critère ethnique ou religieux, les conquêtes territoriales et la soumission de nouvelles populations à l'autorité de l'État central trouvaient leur justification aux yeux du pouvoir politique dans : des exigences de sécurité (protection des frontières) ; des impératifs économiques (contrôle sur les matières premières) ; ou une mission universelle d'évangéliser les âmes ou « éveiller les consciences ».

Repérage des catégories dominantes

Autant dire qu'en construisant le couple État-nation par quoi l'humanité manifeste désormais son existence, les penseurs politiques précédemment évoqués ont évacué et occulté systématiquement la phase ethnique comme moment décisif de l'évolution de l'humanité.

Du coup, les approches contemporaines issues de la montée des nationalismes dans le contexte de décolonisation amène les penseurs à renouveler la théorie de la nation. Les nouvelles théories – pour la plupart anglo-saxonnes – empruntent notamment aux travaux de Durkheim (opposition entre communauté et société) mais débouchent aussi sur des approches originales mettant l'accent sur les rapports entre nation et industrialisation, nation et ethnicité[6]

(a) **Karl Deutsch** est le principal représentant de l'école de la construction nationale (*nation-Building*). Dans un ouvrage publié en 1953 *Nationalism and Social communication*, MIT Press, il souligne le rôle des moyens de transports et de communication dans l'éclosion et le renforcement du sentiment national et avance l'idée que le nationalisme peut être compris comme une compensation au dépérissement des liens communautaires et à l'effacement des particularismes ethniques dans une société en phase d'industrialisation.

---

[6] Significatif à cet égard, est l'émergence du courant « ethno-nationaliste ».

(b) **Ernest Gellner** : pour ce penseur anglais, l'État-Nation est le produit de la société industrielle. Il est une source d'intégration et de cohésion qui rend possible le développement économique. La logique économique de la société industrielle implique une plus grande mobilité et une plus grande polyvalence des individus. Celles-ci sont assurées par le système éducatif. L'homogénéisation culturelle qui en résulte engendre à son tour une conscience nationale qui concerne d'abord les élites avant de se diffuser progressivement dans le reste de la population. Les tensions ethniques ne disparaissent pas pour autant, la mobilité de la population pouvant susciter des réactions de défense des cultures préexistantes. (Gellner Ernest, *Nations et nationalisme*, Payot, 1994).

(c) **Benedict Anderson**, prolongeant les analyses de Deutsch et de Gellner, souligne le rôle de l'imprimé dans la diffusion d'une langue nationale et la constitution d'une « communauté politique imaginée » (Anderson 1983).

(d) **Anthony D. Smith** s'inscrit en opposition avec la thèse de Gellner. Tout en reconnaissant la difficulté de repérer des indices de conscience nationale dans les sociétés pré-industrielles, il montre que des formes de nationalisme ethnique ont existé au cours du Moyen-Age au sein de l'aristocratie avant de se propager dans le reste de la population. Ce faisant, il développe la thèse selon laquelle les nations sont issues d'ethnies dont les mythes et les symboles fournissent les premiers éléments constitutifs de l'identité nationale. Le passage de l'ethnie à la nation ne se fait pas sans heurt, la modernisation suscitant des réactions contradictoires de la part des « traditionalistes » (plutôt hostiles), des assimilationnistes (favorables), et enfin des réformistes qui adoptent une position médiane (Smith 1986).

(e) **Eric Hobsbawm** : les travaux de ce penseur anglais ont principalement porté sur l'évolution de l'idée de nation et la manière dont est vécue le sentiment national. Pour lui, loin de marquer un réveil des nationalités comparable au *Printemps des peuples* de 1848, la chute du mur de Berlin confirme le déclin du nationalisme (Hobsbawm 1992).

(f) **John Plamenatz** : son principal apport réside dans la distinction entre deux types de nationalisme : un nationalisme occidental et un nationalisme oriental. Dans le premier, l'État a précédé la nation ; dans le second, la nation s'est affirmée en l'absence d'État, à la faveur de la lutte des élites indigènes pour l'indépendance (Plamenatz 1973).

État-nation et modernité négro-africaine :
les voies de restructuration théorique et pratique

Il y a lieu de retenir toutefois que l'État colonial constitue l'étape transitoire décisive de l'État-nation en Afrique noire. Quels que soient les contradictions internes vis-à-vis de l'État et vis-à-vis des populations autochtones, c'est lui qui pose de manière fondamentale les éléments caractéristiques de l'État-nation sur le continent noir. L'État colonial en tant qu'expérience transitoire vers le surgissement de l'État-nation en Afrique noire se justifie en raison de ce que l'État colonial est, à la suite du mouvement d'expansion capitaliste, une excroissance politique de l'impérialisme européen, fondée moins sur le droit international unilatéralement défini par le camp triomphant et dominant que sur l'appareil administratif de contrôle et de contraintes. Qui plus est, l'État colonial est un paradoxe juridique interne ; et pour cause, les populations sont idéologiquement renvoyées à leurs différences interprétées comme la preuve de leur statut naturellement inférieur. Au demeurant, l'État colonial ne correspond pas à une nation homogène outre-mer à partir de laquelle va se développer une organisation étatique culturellement, socialement et idéologiquement chargée. L'État colonial est également une excroissance territoriale fondée sur le mouvement d'expansion capitaliste de la bourgeoisie qui jure contre la nation et contre l'État-nation lui-même. En somme, l'État-colonial est le résultat tangible d'une agression extérieure à l'Afrique, agression prolongée par différentes formes de violence liée à une occupation étrangère non désirée, quel que soit par ailleurs le projet civilisateur au départ. A ce titre, il demeure une excroissance par rapport aux réalités socioculturelles locales. Du reste, le questionnement devrait aller au-delà de la perspective historique du projet inachevé de la modernité dont parle Jürgen Habermas, un projet fondé sur des réalités sociopolitiques d'ailleurs, diffusée et imposée au reste de l'humanité comme étant de portée plus que jamais universelle. D'où la nécessité plus que jamais de transgresser la pensée officielle alignée sur le rattrapage de l'Occident comme panacée universelle de l'organisation et de l'exercice du pouvoir, pour nous poser la question de la légitimité de l'État-nation en Afrique. Il est constant de constater combien cet État moderne est constamment interpellé par les réalités ethno-culturelles restées vivaces. Faut-il encore continuer à dénigrer et à réprimer les références ethno-culturelles et traditionnelles africaines hâtivement et béatement qualifiées de primitives et barbares ? Voilà qui urge de revisiter l'épistémologie des sciences humaines née, faut-il le rappeler en Occident au tournant de l'ère moderne. L'enjeu aujourd'hui, c'est d'apprendre à lire les signes de germination de l' « Autre Afrique ». Cette refonte épistémologique des réalités ethno-culturelles africaines suppose l'appel des « ruses de l'imaginaire » qui nourrissent chaque jour un peu plus dans la modernité négro-africaine, l'indocilité des gens d'en bas.

Nature, structure et itinéraire de légitimation de l'État-nation dans la modernité négro-africaine.

Pour Renan, une nation est représentée par un ensemble d'individus ayant un passé commun, lié par un même devenir et vivant au sein des limites géographiques précises pouvant être naturelles ou acquises. Envisagé comme telle, la Nation est un événement historique récent et nouveau dans l'histoire politique de l'Occident.

> Depuis la fin de l'empire romain, ou mieux depuis la dislocation de l'empire de Charlemagne, l'empire occidental nous apparaît divisé en nations dont quelques-unes, à certaines époques ont cherché à exercer une hégémonie sur les autres, sans jamais y réussir d'une manière durable. Ce que n'ont pu Charles Quint, Louis XIV, Napoléon Ier, personne probablement ne le pourra dans l'avenir. L'Etablissement d'un nouvel empire romain ou d'un nouvel empire de Charlemagne est devenu une impossibilité (…) Les nations entendues de cette manière sont quelque chose de récent dans l'histoire. L'Antiquité ne le connaît pas ! L'Egypte, la Chine, l'antique Chaldée ne furent à aucun degré des Nations. C'étaient des troupeaux menés par un fils du soleil ou un fils du ciel. Il n'y eut pas de citoyens égyptiens pas plus qu'il n'y a de citoyens chinois. (Renan 1882 : 321)

Ici, on observe que par un procédé d'exclusion, certains peuples sont disqualifiés du statut historique de Nation. Il s'agit précisément et comme par hasard de ces grandes civilisations que furent l'Egypte pharaonique nègre et la Chine. On observe aussi que Renan introduit dans les rapports entre les Nations un élément de conflit lié à la prétention hégémonique de certaines d'entre elles.

C'est justement contre cette volonté hégémonique que Fichte va fonder l'origine de la nation allemande dont il est l'un des meilleurs théoriciens. C'est dans la lutte contre le Saint Empire Romain que l'Allemagne fait son irruption sur la scène historique comme Nation.

> Jusqu'ici la résistance que nous opposâmes aux romains avait paru noble, grande et sage. Si notre race meurt avec vous, notre gloire se change en opprobre, notre sagesse en folie. Si la race allemande devait être absorbée quelque jour dans l'empire romain, mieux eût valu que ce fut dans l'empire ancien plutôt que dans le nouveau. Nous avons résisté au premier et nous l'avons vaincu ; vous avez été réduite en poussière par le second. Puisqu'il en est ainsi, on ne vous demande pas de

vaincre nos ennemis avec des armes réelles ; ce qu'on veut, c'est qu'en face de l'étranger, votre esprit se révèle et reste debout. (Fichte 1992 : 241)

Chez Fichte, la nation n'est pensable que dans et par une guerre de libération nationale. Historiquement, la nation allemande naît de la guerre contre un double empire : l'empire romain et l'empire napoléonien.

Pour Renan, c'est la France qui, à travers sa révolution impose au reste de l'Europe le principe de nationalité et l'idée de Nation comme nécessité historique. Cette idée s'est historiquement transmise à travers la guerre, donc par force des armes. « C'est la France qui a élevé dans le monde le drapeau des nationalités. Toute nation qui naît et grandit, devrait naître et grandir à travers les encouragements de la France » (Renan 1882 : 421).

Devenue une nécessité historique, la nation s'empare des peuples européens qui, dans leur lutte pour transformer l'idée de nation en réalité historique, découvrent à travers Napoléon Ier, la négation pratique de cette idée. « La nationalité allemande étant une nécessité historique, la sagesse voulait qu'on ne se mit à la traverse. La bonne politique n'est pas de s'opposer à ce qui est inévitable »[7] (Renan 1882 : 421).

Si la nation est une nécessité, elle est pourtant loin d'être une réalité historique permanente. D'où cette formule de Renan (1882) : « Les nations ne sont pas quelque chose d'éternel. Elles ont commencé, elles finissent ».

L'époque de la fin de la nation est-elle sur le point de commencer ? Le XXe siècle aura-t-il réussi à enterrer la nation et les passions meurtrières dont elle s'est nourrie ? Quelle est cette autre figure historique de pensée appelée à remplacer la nation ?

Avant de répondre à ces questions, il faut indiquer les processus et les procédés historiques au travers desquels le couple État-nation s'est imposé dans la modernité négro-africaine. Pour ce faire, nous convoquerons deux penseurs qui à notre avis ont donné à cette séquence conceptuelle État-Nation une formulation rigoureuse, systématique et cohérente. Il s'agit de Frantz Fanon (1925-1961) et de Cheikh Anta Diop. Ce dernier a introduit dans la séquence conceptuelle État-Nation, le moment ethnique qui fait l'originalité de la pensée historique, politique et anthropologique de l'Afrique Noire en ce XXIe siècle. Nous nous trouvons donc désormais devant cette nouvelle séquence conceptuelle État/Nation/Ethnie qui, à notre sens, est un événement majeur de la pensée. Elle sera au cœur des débats politiques, idéologiques et éthiques au XXIe siècle. Dès lors comment le couple conceptuel État-Nation s'est-il introduit en Afrique noire ?

La traite négrière, l'esclavage, la colonisation et la néo colonisation sont les phénomènes historiques tragiques à travers lesquels le monde noir entre dans l'histoire et s'initie à la violence. C'est au travers de ces phénomènes que Frantz Fanon s'approprie le couple conceptuel État/Nation pour en faire un programme de libération à travers une réflexion sur la violence dans l'histoire. On doit considérer *les Damnés de la Terre* de Frantz Fanon comme le premier manifeste théorique sur la question de la nation dans le Monde Noir. Pour la première fois, la question de la violence dans l'histoire est systématisée et posée comme fondement de la libération nationale. D'entrée de jeu, Fanon indique les problèmes théoriques auxquels l'homme colonisé est confronté quand il envisage la question nationale.

---

[7] Alors qu'intellectuels et hommes politiques allemands et français se disputent autour de l'idée de « nation », Ernest Renan prononce, le 11 mars 1882, un discours qui fait date. Réfutant la conception ethnographique de l'unité nationale et du « génie » allemands, il lui oppose une représentation historique, spirituelle et communautaire où domine le principe d'adhésion volontaire qui marque le désir clairement affirmé d'une communauté de citoyens de vivre ensemble. Pour lui, la nation « est un plébiscite de tous les jours comme l'existence de l'individu est une affirmation perpétuelle de vie ».

> Sur le plan tactique et de l'histoire, un problème théorique d'une importance capitale est posé à l'époque contemporaine par la libération des colonies. Quand peut-on dire que la situation est mûre pour un mouvement de libération nationale ? Quel doit en être l'avant garde ? Parce que les processus de décolonisation ont revêtu des formes multiples, la raison hésite et s'interdit de dire ce qui est une vraie décolonisation et ce qui est une fausse décolonisation. Nous verrons que pour l'homme engagé, il y a urgence à décider des moyens, de la tactique c'est-à-dire de la conduite et de l'organisation hors de cela, il n'y a plus que volontarisme aveugle avec les aléas terriblement réactionnaires qu'il comporte. (Fanon 1961 : 45)

Pour Fanon, il y a une exemplarité historique qui fournit des réponses pratiques à ces questions théoriques : c'est le Vietnam ou précisément Dien-Bien-Phu.

> Le peuple colonisé n'est pas seul. En dépit des efforts du colonialisme, ces frontières demeurent perméables aux nouvelles, aux échos. Il découvre que la violence est atmosphérique, qu'elle éclate çà et là, emporte le régime colonial. Cette violence qui réussit a un rôle non seulement formateur, mais opératoire pour le peuple colonisé. La grande victoire du peuple vietnamien à Dien-Bien-Phu n'est pas à strictement parler une victoire vietnamienne. A partir de Juillet 1954, le problème que se sont posés les peuples colonisés a été le suivant : que faut-il faire pour réaliser un Dien-Bien-Phu ? Comment s'y prendre ? De la possibilité de ce Dien-Bien-Phu, aucun colonisé ne pouvait plus douter. Ce qui faisait le problème, c'était l'aménagement des forces, leur organisation, leur date d'entrée en action. Cette violence ambiante ne modifie pas les seuls colonisés, mais également les colonisateurs qui prennent conscience de Dien-Bien-Phu multiples. (Fanon 1961 : 53)

Dien-Bien-Phu règle la question théorique des moyens à savoir la violence comme acte dans et par lequel un peuple colonisé se libère. Il règle aussi le problème d'organisation qui structure le peuple, désormais acteur principal de l'Histoire dans cet instrument qui est le parti politique. Pour Fanon, le colon est la négation absolue de la nation du colonisé. Le colonialisme est un acte de violence qui ne peut être réglé que par un autre acte de violence. « Le colonialisme n'est pas une machine à penser, n'est pas un corps doré de raison. Il est la violence à l'état de nature » (Fanon 1961 : 53).

Violence, guerre, histoire, tel est le schème conceptuel qui structure et anime la phénoménologie de la colonisation. Le problème politique est alors posé en ces termes :

> La destruction de la nation requiert sa construction. A la dépossession de son histoire répond pour le colonisé, la ré appropriation de son présent et de son avenir. Mais de la nation à l'histoire, le chemin est tracé par la violence, non pas la violence individuelle limitée, désespérée de la révolte mais la lutte nationale structurée de la révolution. (Fanon 1961 : 53)

Qui plus est :

> Le surgissement de la nation nouvelle, la démolition des structures coloniales sont le résultat soit d'une lutte violente du peuple indépendant, soit l'action contraignante pour le régime colonial, de la violence périphérique assumée par d'autres peuples colonisés. (Fanon 1961 : 53)

L'objectif de Fanon reste toujours rivé sur l'avènement de la nation en terre africaine, mais cet avènement reste lié à la formation du peuple qui dans une lutte armée porte en lui-même la nation en guerre.

> Pour le peuple colonisé, cette violence parce qu'elle constitue son seul travail, revêt des caractères positifs formateurs. Cette praxis violente et totalisante, puisque chacun se fait maillon violent de la grande chaîne du grand organisme violent qui surgit comme réaction à la violence première du colonialisme. Les groupes se reconnaissent entre eux et la nature future est déjà indivise. La lutte armée mobilise le peuple, c'est-à-dire qu'elle le jette dans la seule direction, à sens unique. (Fanon 1961 : 71)

Puisque la dépossession du caractère national du peuple colonisé constitue l'essence du colonialisme, la rentrée du peuple dans l'histoire se fait politiquement par la volonté populaire.

> Le gouvernement national, s'il veut être national doit gouverner par le peuple, pour le peuple ; pour les déshérités par les déshérités. Aucun leader quel que soit sa valeur ne peut se substituer à la volonté populaire, et le gouvernement national doit, avant de s'occuper de prestige international, redonner dignité à chaque citoyen, meubler les cerveaux, embellir les yeux des choses humaines, développer un panorama humain parce que habité par des hommes conscients et souverains. (Fanon 1961 : 181)

Mais la nation ne devient effective dans l'ordre historique que lorsqu'elle est animée et chevillée à ce qui la supporte et l'enracine, à savoir l'État. Mais l'avènement de cet État n'est possible que dans et par la destruction du fait colonial.

> Dans la situation coloniale, la culture privée du double support de la nation et de l'État agonise. La condition d'existence de la culture est donc la libération nationale, la renaissance de l'État. La nation n'est pas seulement la condition de la culture, de son effervescence, de son renouvellement continu, de son approfondissement. Elle est aussi son exigence. (Fanon 1961 : 151)

Peuple, État, Nation, telles sont les nouvelles figures historiques que Fanon nous a léguées. Elles constituent pour nous de nouveaux espaces de pensée et d'action. Avec Cheikh Anta Diop, une nouvelle figure s'impose dans l'ordre de la pensée : *l'ethnie*.

Mutation de l'État-nation vers le moment ethnique : l'embargo contre Marx

Dans l'élaboration des concepts de nation et de l'État, la pensée politique occidentale a évacué puis refoulé le moment ethnique.

> Tenez, cette politique ethnographique n'est pas sûre. Vous l'exploitez aujourd'hui contre les autres ; puis vous la voyez se tourner contre vous-même. Est-il certain que les Allemands qui y ont élevé si haut le drapeau de l'ethnographie ne verront pas les slaves venir essayer à leur tour, les villages de la Saxe et de la Lusace, rechercher les traces des Wizes (…) et demander compte des massacres et des ventes en masse que les Othous firent de leurs aïeux ? Pour tous, il est loin de savoir oublier. (Renan 1882 : 321)

Ici ce que Renan veut nous faire oublier et évacuer, c'est la violence constitutive de la phase ethnique dont la nation serait, à son sens le dépassement ethnique.

> L'oubli et je dirai même l'erreur historique sont un facteur essentiel à la création d'une nation et c'est ainsi que le progrès des études historiques est souvent pour les nationalités un danger. L'investigation historique en effet remet en lumière les faits de violence qui se sont passés à l'origine de toutes les formations politiques, même de celles dont les conséquences sont les plus bienfaisantes. L'unité se fait toujours brutalement ; la réunion de la France et de la France du Midi a été le résultat d'une extermination et d'une terreur continue pendant près d'un siècle. (Renan 1882 : 323)

C'est à restituer à notre mémoire historique ce moment de violence liée à la phase ethnique de l'histoire de l'humanité que l'historien Cheik Anta Diop va s'employer dans ses ouvrages majeurs. Parti à la recherche d'une grille conceptuelle performante d'analyse de l'histoire, Cheikh Anta rencontre le marxisme qu'il considère comme l'appareil théorique par excellence et l'adopte comme tel. Mais dès 1959 et sans cependant contester fondamentalement la leçon magistrale de Marx, Cheikh Anta Diop, tout en reconnaissant la valeur décisive du matérialisme dialectique et historique dans l'évolution de l'histoire, reproche néanmoins à la mouvance marxiste, et notamment à Engels sa tendance à universaliser la détermination de certains facteurs comme moteur exclusif de l'histoire.

Au sujet de l'origine de la famille, de la propriété et de l'État où Engels reprend pour les critiquer les thèses de Bachofen et de Morgan,[8] Cheikh Anta Diop propose l'hypothèse de

---

[8] Morgan, Lewis Henry (1818-1881), ethnologue américain, dont les travaux sont à la base de l'anthropologie

l'existence de deux berceaux de civilisation, le Nordique et le Méridional dont le caractère irréductible expliquerait, à son sens, une différence de perception dans l'évolution de l'histoire. Le berceau Nordique correspondrait à la prédominance et la persistance du pôle patriarcal, là où le matriarcat serait la dominance de l'ère méridionale, sans qu'il soit besoin d'inférer une quelconque prévalence d'un système sur l'autre, tant que l'un et l'autre ont fonctionné de manière autonome avec la logique de leurs fondements, il y a eu cohérence hermétique et par conséquent, stabilité institutionnelle et politique. Ainsi le modèle patriarcal dans lequel la jeune fille en se mariant perd son nom de famille et acquiert celui de son mari, génère une civilisation esclavagiste qui ne peut évoluer positivement que dans et par la violence suivant la dialectique du maître et de l'esclave. L'existence constante en son sein de la violence fonctionnelle, favorise l'individualisme conquérant et possessif, l'accumulation du capital, la tendance à l'irrespect de la vie de l'autre et dans l'autre.

> Un idéal de guerre, de violence, de crime, de conquête héritée de la vie nomade avec comme corollaire un sentiment de culpabilité ou de péché originel qui fait bâtir des systèmes religieux ou métaphysiques pessimistes est l'apanage de ce berceau. (Diop 1959 : 185)

En revanche, le berceau méridional caractérisé par le matriarcat, autorise la jeune fille à conserver son nom de famille et ses droits imprescriptibles. Il génère une civilisation où l'esclavage est domestique et qui fonctionne suivant le système de castes, lequel prête peu à peu le flanc à des personnes violentes et révolutionnaires.

> Le berceau méridional, comme au continent africain en particulier est caractérisé par la famille matriarcale, la création de l'État territorial par opposition à l'État cité aryen, l'émancipation de la femme dans la vie domestique, la xénophilie, le cosmopolitisme, une sorte de collectivisme social ayant comme corollaire la quiétude allant jusqu'à l'insouciance du lendemain, une solidarité matérielle de droit pour chaque individu qui fait que la misère matérielle ou morale est inconnue jusqu'à nos jours ; il y a des gens pauvres mais personne ne se sent seul, personne n'est angoissé. Dans le domaine moral, un idéal de paix, de justice, de bonté et un optimisme qui élimine toute notion de culpabilité ou de péché originel dans les créations religieuses et métaphysiques. (Diop 1959 : 185)

L'intérêt de la critique de l'universalisme en matérialisme dialectique et historique, c'est qu'elle permet de comprendre pourquoi la lutte des classes aura servi de moteur dans le berceau nordique de l'humanité alors que non seulement elle n'est pas concevable intrinsèquement, mais en plus, elle est originellement de nul effet dans la conception de l'évolution des sociétés du socle méridional de l'humanité. L'Occident a connu à sa faveur deux séries de révolutions historiques : la gréco-latine et celle qui, partant du Moyen-Age, aboutit à la révolution Russe de 1917, par régicide de Charles Ier d'Angleterre (1649) et celle de la révolution française (1789) avec comme point nodal le régicide de Louis XVI (1793), la révolution amé-

---

moderne. Connu pour ses recherches sur la parenté et sa théorie de l'évolution de l'humanité, Lewis Henry Morgan est également le premier à collecter directement des données, ce qui fait de lui le premier ethnologue « de terrain ». À partir de 1859, Lewis Morgan élargit ses recherches sur la parenté et réalise une vaste enquête, en recueillant lui-même des données auprès de soixante-dix tribus amérindiennes ; constatant une similitude entre les systèmes de parenté, il fait diffuser un questionnaire dans le monde entier. L'ouvrage *Systems of Consanguinity and Affinity of the Human Family* (« Système de consanguinité et d'affinité dans les familles humaines »), publié en 1871, est la première tentative de classification et de comparaison des systèmes de parenté. Il y distingue deux systèmes majeurs, descriptif et classificatoire. Lewis Morgan dégage quatre stades de l'évolution du modèle de la famille : la famille consanguine, dans laquelle l'individu, partie prenante du groupe, reconnaît quelques liens élémentaires de parenté ; le mariage collectif, d'où dérivent les premiers interdits, justifiés par la consanguinité biologique (inceste) ; l'instauration de lignages patri – ou matrilinéaires ; le mariage monogame, qui repose sur un système descriptif. La théorie de Morgan, pour controversée qu'elle soit – notamment par Edward Burnett Tylor, qui met l'accent sur le développement de systèmes cognitifs, et par les diffusionnistes (particulièrement Franz Boas) –, a permis une avancée considérable de l'anthropologie.

ricaine de 1776. Quant à la troisième révolution qui est planétaire, elle engage l'Occident et ses empires coloniaux au cours des luttes de libération nationale.

L'originalité opérationnelle de Cheikh Anta Diop

Ainsi, le berceau méridional de l'humanité jusque-là préservé des secousses révolutionnaires, s'initie à cette violence au contact du courant esclavagiste auquel il refuse d'adhérer même si par la force des choses il s'en trouve intégré. Or, l'État-Nation mis en place par l'impérialisme capitaliste ne correspond pas du tout au type d'État territorial originellement conçu et promu par le modèle méridional. Pour prospérer le premier type d'organisation règle par la violence institutionnelle le problème de gestion de l'espace social, de mode et de moyens de production et de tradition culturelles.

> Tandis qu'au plus fort de la crise de l'ancien empire, l'Egypte n'a jamais connu l'aspect torrentiel des révolutions des cités grecques, faisant ainsi preuve d'une stabilité institutionnelle dont il faut chercher la spécificité (…) dans leur tiédeur, la modération et l'esprit même des revendications sociales. (Diop 1967 : 181)

Bien que le berceau nordique ait dans sa conquête impériale agglutiné des groupes ethniques jadis autonomes et séparés afin de rentabiliser à son profit des appareils de production d'une économie captive, l'Occident n'a pas cependant favorisé en Afrique Noire l'émergence d'une classe bourgeoise productrice de ses moyens et de ses modes de subsistance et susceptible en conséquence d'accumuler un capital authentique en faveur d'un investissement autre que périphérique et/ou marginal. La néo ou la pseudo-bourgeoisie constituée par les élites indigènes du système colonial ou post-colonial récolte des prébendes et des rentes de situation de parasitisme hétérogène et homogène qu'elle se hâte de planquer dans les comptes numérotés des banques occidentales à cause de l'insécurité constitutive du mode d'acquisition ou d'accumulation de cet argent sale, obligée constamment de dissimuler et de se dérober pour échapper à d'éventuels contrôles nationaux et internationaux. Aussi bien le bénéfice somme toute marginale que le mode de production nordique dégage pour l'Afrique Noire n'aboutit pas à établir celle-ci dans une culture de type capitaliste et conquérant, moins encore à réconcilier entre elles les ethnies par une chaîne de solidarité d'intérêts. Au contraire !

> En effet, le processus d'accumulation de richesse est très bien avancé ; celles-ci dans une répartition inégale, sont passés des mains des anciens colons à celles des nouvelles bourgeoisies africaines qui, pour le moment, investissent dans les secteurs parasitaire (…). Mais la première grève d'ouvriers africains contre un patron d'usine africain marquera le début de la nouvelle ère de lutte des classes. (Diop 1981 : 15)

Car ce qui subsiste précisément à l'avènement des indépendances nationales et qui va s'accentuer au fur et à mesure de l'exploitation naguère coloniale et honteuse aujourd'hui néo-coloniale et arrogante, c'est l'exacerbation des frustrations chez les peuples exclus de la croissance sans développement et qui vont investir dans les identités ethniques leur besoin d'autonomie financière et leur demande de reconnaissance sociale.

C'est ici que se situe l'originalité opérationnelle de la conception que Cheikh Anta Diop a de la motricité de l'histoire par rapport à la démarche marxienne et de la plupart des théoriciens de l'État-Nation, prisonniers de l'évolution de type linéaire, malgré leur prétention dialectique. Car alors que pour le marxiste la lutte des classes peut faire l'économie des violences primaires en homogénéisant une communauté par la stimulation du profit, l'étape darwinienne de la lutte pour la vie ne peut pas pour Cheikh Anta Diop être impunément occultée sans qu'ils s'en suivent des retombées retentissantes pour la nation qui s'essaye à cet exercice risqué. Par une ironie dont elle a seul le secret, l'histoire donne aujourd'hui raison à la conception de Diop sur celle des marxistes si l'on en juge par la résurgence des revendications de type ethnique dans la plupart des États de l'Europe Centrale, l'éclatement dans l'ancienne Union Soviétique, la liquéfaction de la Yougoslavie où l'épuration ethnique atteint des proportions inouïes, en correspondance analogique avec l'explosion socio-politique des États post-coloniaux d'Afrique Noire où les guerres civiles et ethniques sont à l'ordre du jour de l'actualité historique.

Au plan des relations internationales, il est aisé de noter que la fin de la guerre froide correspond étrangement avec la poussée des guerres ethniques, étendant ainsi la perspective de la dimension interne d'un ou de plusieurs États à celle de la planète toute entière. Le bénéfice théorique qu'on peut tirer de la conception diopienne, outre l'antériorité de sa formulation, c'est son caractère à la fois actuel et avant-gardiste qui oblige à réviser fondamentalement la vision moderne de la dynamique de l'histoire. Le ton dubitatif avec lequel l'Occident avait jusque-là considéré les conflits internes aux États d'Afrique Noire est désormais passé de mode puisqu'aussi bien les vieilles nations d'Occident doivent faire face aujourd'hui à la résurgence des conflits ethniques qu'elles avaient cru régler par la violence économique et institutionnelle.

> Au cours de l'histoire, lorsque deux groupes humains se disputent un espace vital, économique, la plus petite différence ethnique peut prendre un relief particulier servant momentanément de prétexte pour un clivage social et politique ; la différence d'apparence physique, de langue, de mœurs et de coutumes.
>
> Au cours de l'histoire, les conquérants ont souvent abusé de ces arguments pour asseoir leur domination sur des bases ethniques. L'exploitation de l'homme par l'homme prend alors une modalité ethnique. (Diop 1981 : 159)

L'État actuel des conflits entre Tutsi et Hutu du « Rwanda Urundi », les guerres civiles au Libéria, au Sierra Léone, au Congo, au Soudan, au Congo Démocratique, en Angola, en Guinée Conakri, en Mauritanie, les risques d'explosion ethnique au Cameroun, au Tchad, au Sénégal, en Côte d'Ivoire, en Centrafrique, au Gabon et en Guinée, indiquent clairement que la phase ethnique que certains penseurs européens ont délibérément refoulé au moment de l'élaboration du couple conceptuel État-Nation, est devenu un fait historique majeur en ce début du XXIe siècle.

Le mérite historique de Cheikh Anta Diop c'est d'avoir attiré notre attention sur ce phénomène et d'en avoir fait un événement de pensée. L'époque de la fin de la nation a-t-elle commencé comme l'affirme Ernest Renan ? L'ère de l'ethnie a-t-elle sonné ? Assistons-nous à la revanche de l'ethnie sur la nation ? Comment assumer la séquence conceptuelle État/Nation/Ethnie ?

Notre propos a consisté à exhumer les fondements de l'État-nation et du nationalisme emmuré dans la nuit coloniale. Décrire cette histoire, c'est aussi identifier les modalités de la manipulation à laquelle procèdent les savoirs ethnologiques et historiques mis en œuvre par l'entreprise coloniale et sa mission civilisatrice. Toute l'œuvre Cheikh Anta Diop se déploie avec intensité dans cette perspective. Son projet est précis, opposer à l'héritage historique occidental, un discours (pan) africain. Cette forte détermination organise et oriente la narration égypto-pharaonique de Diop. Elle établit l'existence dans le monde, d'une civilisation africaine. Une nation portée par des « nations nègres » qui dévoilent des « cultures » dont la régénération passe par la mise en place de l'«État fédéral africain» réconcilié avec sa géographie et son histoire par rapport aux grilles de déchiffrage coloniales. Procédant ainsi, C.A. Diop insiste sur l'irréductible polarité entre l'Afrique (domaine du matriarcat) et l'Europe (domaine du patriarcat) qui produit deux histoires singulières et différentes. En réinstallant l'Egypte dans le continent Africain, la délestant de la qualification asiatique/méditerranéenne, Cheikh Anta Diop fonde l'antériorité de la civilisation nègre et ce faisant, la continuité des cultures africaines contemporaines. Mais cette réitération revancharde du passéisme diopien réussit-il à convaincre ? Il va sans dire qu'il s'agit là des positions très passionnées qui nécessitent une vigilance affûtée de l'esprit critique.

La vigoureuse offensive de C.A. Diop porte aussi sur l'histoire des États-Nations dessinés par les projections territoriales des empires coloniaux. Des histoires fragmentées sans cohérence et illisibles précisément parce qu'elles n'arrivent pas à s'adresser aux antiquités africaines produites par la civilisation égyptienne pharaonique. En conséquence, produire un sens et une direction pour l'Afrique noire contemporaine moderne, c'est l'inscrire solidement dans le dessin du schéma égypto-pharaonique par un retour à certaines valeurs qui tournent autour du territoire Afrique : le moment ethnique. Son approche déborde pour ainsi dire, les frontières de l'État-nation mises à rude épreuve par le fait ethnique.

Les impasses du diopisme et le réalisme de fanon

Pour n'avoir pas mené jusqu'au bout la dialectique guerre/politique que formule Fanon, l'Afrique Noire a transformé sa décolonisation en néo-colonisation. Par ce geste, l'Afrique Noire a favorisé l'avènement de cet évènement traumatisant qu'est l'État néocolonial et endocolonial sous lequel le peuple noir d'Afrique ploie depuis quarante ans.

Fanon avait pressenti ce danger qui nous guettait quelques temps avant sa mort prématurée en 1961. Il posait la question inaugurale du destin politique de cet évènement majeur qu'est l'État postcolonial. Pour Fanon, la bourgeoisie nationale aura été la force historique qui a transformé le processus de décolonisation du continent noir en un processus de néo-colonisation, privant ainsi le peuple noir de réaliser cette utopie politique qu'est l'unité politique de l'Afrique, donc fin de la guerre.

> Le racisme de la jeune bourgeoisie nationale est un racisme de défense, un racisme basé sur la peur. Il ne diffère pas essentiellement du vulgaire tribalisme (…). On comprend que les observateurs internationaux perspicaces n'aient guère pris au sérieux les grandes envolées sur l'unité africaine. C'est que le monde des lézardes perceptibles à vue d'œil est tel que l'on pressent avec suffisamment de clarté que toutes les contradictions devront d'abord se résoudre avant que ne vient l'heure de l'unité. (Fanon 1961 : 123-124)

Le peuple africain aspire ardemment à l'unité politique et économique de l'Afrique. La bourgeoisie nationale ne veut pas de cette unité politique.

> Les peuples africains se sont récemment découverts et décidés, au nom du continent, de peser de manière radicale sur le régime colonial. Or les bourgeoisies nationales se dépêchent, région après région, de constituer leur propre magot et de mettre les obstacles à la réalisation de cette utopie. Les bourgeoisies nationales parfaitement éclairées sur leurs objectifs sont décidées à barrer la route à cette unité, à cet effort coordonné de deux cent millions d'hommes pour triompher à la fois de la bêtise, de la faim et de l'humiliation. C'est pourquoi il nous fait savoir que l'unité africaine ne peut se faire que sous la poussée et sous la direction des peuples, c'est-à-dire au mépris des intérêts de la bourgeoisie. (Fanon 1961 : 124)

Le processus de décolonisation dans son déploiement historique, enrichit le rapport maître/esclave, lieu de confrontation Europe/Afrique, d'une nouvelle force historique : la bourgeoisie noire. L'irruption de cette bourgeoisie sur la scène historique transforme la guerre de libération nationale en guerre civile. Dans un texte prémonitoire, Fanon prévoit l'instrument grâce auquel cette bourgeoisie va mener contre le peuple cette guerre civile.

> Sur le plan intérieur et dans le cadre institutionnel, la bourgeoisie nationale va également faire la preuve de son incapacité. Dans un certain nombre de pays sous-développés, le jeu parlementaire est fondamentalement faussé. Economiquement impuissant, ne pouvant mettre à jour des relations sociales cohérentes, fondées sur le principe de la domination en tant que classe, la bourgeoisie choisit la solution qui lui semble la plus facile, celle du parti unique. (Fanon 1961 : 124)

Tel est l'acte inaugural du monolithisme politique qui depuis quarante ans pèse sur le destin historique des peuples noirs d'Afrique. Le parti unique inaugure l'âge de la violence que l'État post-colonial va exercer sur le peuple.

> Elle (la bourgeoisie) ne possède pas encore cette bonne conscience et cette tranquillité que seule la puissance économique et la prise en main du système étatique pourrait lui conférer. Elle ne crée pas un État qui rassure le citoyen, mais qui l'inquiète. L'État qui, par sa robustesse et en même temps sa discrétion, devrait donner confiance, désarmer, endormir, s'impose au contraire spectaculairement, s'exhibe, bouscule, brutalise, signifiant ainsi au citoyen qu'il est en danger permanent. Le parti unique est la forme moderne de la dictature bourgeoise sans marque, sans fard, sans scrupules, cynique. (Fanon 1961 : 124)

Avec l'avènement de l'État post-colonial, la dialectique Europe/Afrique fondée sur l'accord maître/esclave s'enrichit d'une nouvelle figure historique : la bourgeoisie noire. L'État post-colonial qui incarne la bourgeoisie nationale découvre dans l'usage de la violence l'arme de sa domination sur le peuple. Cet État post colonial a plongé l'Afrique noire dans les affres de la guerre civile. Cet État a transformé la guerre de libération nationale menée par le peuple en guerre civile. Par rapport à l'Europe et par rapport à la bourgeoisie nationale, le peuple noir d'Afrique reste dans un état de guerre permanente. Pendant quarante ans, l'État post-colonial n'a pu construire ni la Nation ni l'État de droit.

> Et étant donné que le pouvoir n'est pas dans l'urne, mais plutôt au bout du fusil, on comprend pourquoi la violation des droits de l'homme par les gouvernants devient parfois la règle de conduite politique.
>
> Ce glissement vers la répression systématique est un signe des temps et un simple retournement de situation. N'ayant pas rencontré les aspirations des citoyens, l'État post colonial est à la croisée des chemins : Il se fige dans la violation tantôt visible, tantôt diffuse comme condition sine qua non de sa survie. (Tshiyembe 1990 : 43-44)

L'État post-colonial inaugure en Afrique noire l'âge de la guerre civile.

> La République Démocratique du Congo plonge à nouveau dans une guerre que ses habitants pensaient oublier à jamais. Le silence de la paix s'est évanoui aux frontières de l'Erythrée et de l'Ethiopie parce que, pour quelques arpents de terre, les armes ont pris la place de la raison. Ceux qui ont risqué la mort en Guinée Bissau en combattant ensemble les colonisateurs portugais se retrouvent aujourd'hui face à face, ne parlant que le langage mortel des Bazookas et des obus de mortier, au rythme effroyable de la mitraillette (…). Les anges de la mort et les victimes de leur courroux sont tous africains, comme vous et moi. C'est pour cette raison, parce que nous sommes les mères africaines éventrées et les enfants décapités du Rwanda que nous devons dire : Ça suffit. C'est pour les âmes misérables, les victimes des forces destructrices que l'Afrique a besoin d'une Renaissance.[9] (Mbeki 1998)

Penser la renaissance, c'est rompre avec l'État post-colonial et ceux qui l'incarnent. C'est engager contre cet État qui tue, une lutte à mort.

> L'Afrique n'a pas besoin de criminels qui accèdent au pouvoir en massacrant des innocents (…). Elle n'a pas besoin de ceux qui, parce qu'ils n'ont pas accepté que le pouvoir soit légitime et serve les intérêts du peuple, ont mené la Somalie au gâchis et privé ses habitants d'un pays qui leur donne le sentiment d'exister et de se construire.
>
> L'Afrique n'a pas non plus besoin de gangsters qui gouvernent en usurpant le pouvoir par les élections frauduleuses ou en les achetant par des pots-de-vin et la corruption. Les voleurs et les complices, les corrupteurs et les corrompus sont africains comme vous et moi (…). Le temps est venu

---

[9] Discours prononcé en avril 1998 au Cap alors qu'il était vice-président de la République Sud-africaine.

de dire que ça suffit ! D'agir pour bannir la honte et d'être les hérauts de la Renaissance africaine. (Mbeki 1998)

L'État postcolonial et la nécessité théorique d'une nouvelle construction politique

Du coup, le paradigme de la renaissance africaine pose la question de l'éthique et de la responsabilité envers les générations futures. La question d'un développement durable, désormais à l'ordre du jour, s'impose enfin à la conscience occidentale. René Passet situe l'enjeu : la crise actuelle est trop générale, les crises spécifiques se révèlent trop nombreuses, pour ne pas traduire une transformation fondamentale des mécanismes sur lesquels fonctionnent les sociétés, en même temps qu'une régression des systèmes de valeurs dont elles tirent leur justification. Il estime que ce qui se trouve mis en cause derrière ces évènements c'est le primat de l'économique posé comme finalité des conduites individuelles et critère ultime des grandes décisions publiques. En prenant ainsi à témoin, les grands penseurs de l'histoire contemporaine, il est maintenant question de solliciter leurs analyses pour renouveler une cohérence de notre être, entre « éthique et responsabilité ». Nous arrivons toujours à la même conclusion : le blocage du développement de l'Afrique est attribué à un facteur sociologique. La structure de l'État appelle une autre construction théorique, une autre conception de l'homme d'action et une autre vision du réel, des valeurs et des fins. C'est d'un nouvel ordre social, alliant éthique et responsabilité, dont il est question.

Or, dans une économie libre et un ordre dissymétrique des relations internationales, la pensée classique offre peu de place à une conception originale de l'État, du développement et des droits de l'Homme. De plus, dans ce système social, les pays africains eux-mêmes, incapables de suivre la compétition, voient leur part réduite dans l'échange et du coup, s'en trouvent marginalisés. Le problème n'est plus uniquement celui d'une nouvelle construction théorique ; celui-ci concerne à présent l'existence d'écarts sensibles et insupportables dans les niveaux de développement atteints par les différents pays. En direction de l'Afrique, l'idée de développement a une connotation davantage paradoxale. René Passet pense que le développement durable ne saurait se confondre avec une simple croissance quantitative et unidimensionnelle, mesurée par l'augmentation du produit national. « Développement », on le définira comme une « croissance complexifiante multidimensionnelle ». Il importe de nous attarder sur cette considération et sur les concepts que le savant déploie. Il entend par « croissance complexifiante » le fait que celle-ci soit accompagnée d'un double mouvement de diversification et d'intégration permettant au système de croître en se réorganisant, sans perdre sa cohérence.

Or, le modèle de l'État-nation dé-structure le potentiel organisationnel des traditions, dessert les solidarités horizontales en accentuant les inégalités entre et dans les nations, puis provoque les haines et la violence à une échelle dont la mesure est à la hauteur de la production des instruments de destruction massive. De plus, ce développement durable se veut aussi « multidimensionnel » dans la mesure où, par-delà l'économique au sens strict, est prise généralement en compte la qualité des relations établies entre les hommes au sein de la sphère humaine et avec leur environnement naturel: lorsque le produit par tête s'accroît au prix d'une dégradation des valeurs socioculturelles, d'un phénomène d'exclusion sociale ou d'une altération de la relation avec le milieu, on peut parler de croissance mais s'agit-il d'un développement? Le caractère durable du développement apparaît dès lors comme une articulation entre le milieu social intégré à l'équilibre global des milieux naturels et, auquel correspond la volonté d'agir en conformité avec cet équilibre: éthique et responsabilité engagent la durabilité. Nous pouvons à présent tirer les premières conclusions qui s'imposent. Comme nous l'avons vu, la pensée classique exclut une analyse originale du phénomène étatique. Cependant, les éléments de définition du développement fournissent un point de départ pour une construction théorique nouvelle de l'État moderne, si l'on disqualifie aussi les marxistes dont la vision déterministe du système d'accumulation capitaliste de l'Europe ne correspond pas à la réalité historique africaine (Diop 1981 : 150)[10] et universelle bien comprise.

Nous organiserons ce fragment de notre recherche autour d'une approche suggérée par la pensée moderne de la complexité, à savoir la nécessité d'une cohérence interne du système social, en termes d'intégration et de diversification, et celle de l'harmonie sociale et universelle en vue d'y assurer un développement téléologisé en référence à tous et à chacun. Ces deux voies peuvent aussi être considérées comme les deux grandes intuitions rationnelles de la science moderne.

La première voie nous conduira à analyser le phénomène étatique en termes fonctionnels : il existe, en effet, des moteurs et des mécanismes anthropologiques de la tradition dont les vertus et le potentiel dans l'organisation étatique sont une condition nécessaire au fonctionnement harmonieux du système social, voire suffisante pour enclencher le développement. Dans les institutions modernes, l'absence de ces moteurs et mécanismes traditionnels crée une situation permanente de non état de droit, de justice, d'équité et de développement.

La seconde voie nous conduit vers une conception de l'État résultant d'une vision du réel et de la valeur en vue de la réalisation des fins universelles aujourd'hui contrariées par le modèle de l'État-nation dominant et son rationalisme libéral producteur de violences. Le problème posé par la faillite de l'État-nation est celui de la généralisation de sa réalité socio-économico-anthropologique à l'ensemble du monde moderne. Penser donc la renaissance africaine, c'est penser la rupture d'avec la violence que l'État post-colonial impose aux filles et fils de ce continent sous sa forme brutale de guerre civile.

> C'est de ce mélange nauséabond de cupidité, de pauvreté déshumanisante, de richesse obscène et de corruption endémique publique et privée que sont issus la plupart des coups d'État, de guerres civiles et des situations instables en Afrique. (Mbeki 1998)

Penser la Renaissance africaine, c'est penser la naissance d'un lieu qui renoue cette renaissance à partir de l'ébranlement le plus extrême. C'est cette pensée qui marque la césure entre l'État post-colonial et la renaissance africaine. Au-delà de ce point critique, il faut comprendre la vie, non point du point de vue de l'État post-colonial, c'est-à-dire une vie vouée à la servitude, mais du point de vue de la rébellion critique.

> L'appel au Renouveau de l'Afrique pour la Renaissance africaine, est un appel à la rébellion. Nous devons nous rebeller contre les tyrans et les dictateurs, ceux qui cherchent à corrompre nos sociétés et à voler des richesses qui n'appartiennent qu'au peuple. Nous devons nous rebeller contre ces criminels qui, tous les jours, tuent, violent et volent en toute impunité. (Mbeki 1998)

C'est l'ensemble du continent qui doit être le théâtre de cette rébellion dont la forme extrême doit culminer sur la critique des armes et sur les armes de la critique.

Le fait que du Cap au Caire et de Madagascar au Cap Vert, des hommes politiques et des hommes d'affaires, des jeunes et des femmes, des activistes, des syndicalistes, des chefs religieux, des artistes et des professionnels révoltés par la condition de l'Afrique dans le monde, rejoignent les

---

[10] Cheikh Anta Diop montre qu'en Afrique, « Il n' y a pas, d'une part, une minorité sociale qui possède ces moyens et les accumule dans quelques ateliers, et, d'autre part, une masse d'expropriés obligés de vendre leur force de travail à cette minorité, pour vivre. » Nous verrons, que l'accumulation des richesses dessert globalement l'équilibre du système ; elle sert davantage les hiérarchies de prestige et du pouvoir lorsqu'elle se pratique. C'est dire qu'entre le collectivisme africain et la notion d'accumulation du capital repose une donnée sociologique qui ne peut avoir de signification que dans les données objectives de l'existence. L'aspect déterministe de la vision marxienne du développement y perd du crédit.

rangs de la grande croisade pour le Renouveau de l'Afrique. Nous n'hésitons pas à dire : pour être un vrai africain, il faut être un rebelle. (Mbeki 1998)

Penser la renaissance de l'Afrique, penser la rébellion requiert le concours de l'intelligentsia négro-africaine, celle de la diaspora et celle du continent-mère.

Au moment où nous nous souvenons avec fierté de Sadi, le savant et écrivain du Moyen-Orient qui maîtrisait le droit, la logique, la dialectique, la grammaire, et la rhétorique ainsi que d'autres intellectuels africains qui ont enseigné à l'université de Tombouctou, il nous faut poser la question : où sont les intellectuels africains d'aujourd'hui ?

Je rêve du jour où les mathématiciens et les informaticiens africains quitteront Washington et New York, où les physiciens, ingénieurs, docteurs, managers et économistes abandonneront Londres, Manchester, Paris et Bruxelles pour se joindre aux cerveaux du continent et entreprendre de trouver des solutions aux problèmes et aux défis de l'Afrique, d'ouvrir la porte de l'Afrique au monde du savoir, d'intégrer l'Afrique dans l'univers de la recherche sur les nouvelles technologies, l'éducation et l'information. (Mbeki 1998)

Le retour de la diaspora sur le continent-mère est une réquisition et une exigence éthique.

Le renouveau de l'Afrique exige que son intelligentsia s'engage totalement dans la lutte titanesque et sans merci pour éradiquer la pauvreté, l'ignorance, la maladie et l'arriération, en s'inspirant des Africains d'Egypte qui étaient dans certains domaines, deux mille ans en avance sur les Européens de Grèce. (Mbeki 1998)

C'est une ouverture à retrouver. C'est avec cet état d'esprit que l'Afrique s'ouvrit, dès l'aube de l'humanité, aux relations extérieures. De l'expédition de la reine égyptienne Hatshepsout entre 1493 et 1490 avant J.C. vers le pays de Pout, aux explorateurs du XIXe siècle, les récits sont nombreux qui signalent l'esprit de tolérance des Africains, leur hospitalité jamais démentie. Si les chroniques de Habib Ben Unaîda et d'Al Fazari, qui le premier mentionna l'existence de l'empire du Ghana (vers 800), si Ibn Hawqal a pu visiter les pays au sud du Sahara, si, du XIe au XVe siècle, Al Bakri, Al Idrisi, Yakout Ibn Said et Al Omari ont pu nous laisser des écrits précieux sur les royaumes de Soudan nigérien ; si, enfin Ibn Batouta a pu visiter le Mali et Léon l'Africain Toumbouctou, c'est qu'il y régnait un climat de tolérance et de paix, un commerce des idées, un esprit d'échanges et de dialogue sans dogmatisme.

Pour saisir la portée historico-politique de l'appel de M. Thabo Mbéki à l'intelligentsia négro-africaine, il faut penser à la séquence conceptuelle Savoir/ Pouvoir/ Richesse/ Violence formulée par Alvin Töffler. Sa thèse est la suivante : qui détient le savoir, détient aussi le pouvoir et la richesse, c'est la violence qui les garantit et les protège.

Il est en effet devenu évident que le savoir, source d'un pouvoir de meilleure qualité que les autres, gagne de l'importance à chaque seconde. Le pouvoir le bascule donc près d'une personne, d'un parti, d'une institution, d'un pays à un autre. C'est la relation cachée entre violence, richesse et savoir qui est en train de se transformer à l'heure où les sociétés se ruent vers le monde de demain. Tel est le dangereux – mais ô combien passionnant – mystère de l'ère des Nouveaux pouvoirs. (Töffler 1990 : 541)

Revenons à la question de départ sur la théorie de la paix. Nous avons vu que cette question s'est progressivement forgée dans la conscience historique du monde noir à partir d'un événement historique majeur. Les figures extrêmes de cet événement sont : La traite négrière, l'esclavage et la colonisation. Elles constituent des actes de violence qui le plus souvent ont pris la forme brutale de la guerre. Cette guerre qui oppose l'Europe à l'Afrique dure depuis cinq cents ans – XVe siècle/ XXIe siècles. C'est donc à partir de cette rencontre brutale Europe/Afrique et de son déploiement dans l'histoire que surgit pour nous la question de la paix. C'est donc à partir d'un fait de guerre qu'est posée la question de la paix. Nos réflexions précédemment développées ont montré que depuis le XVIIIe siècle et à partir de Saint Domingue, l'Afrique et l'Europe sont entrées dans une phase de confrontation sanglante. Nous avons vu comment cette confrontation, d'Amérique, s'est déplacée en Afrique où la lutte de libération nationale s'est muée en guerre civile.

Nous pouvons donc dire à la faveur de ces réflexions que l'Europe et l'Afrique depuis cinq siècles sont dans un rapport de guerre permanent et que depuis la seconde moitié du XXe siècle, l'Afrique est entrée en guerre avec elle-même. La guerre civile est devenue pour l'Afrique de la fin du XXe siècle et du début du 3ème millénaire, le fait historique majeur. Comment penser la question de la paix dans une telle situation ? Il faut désormais dépasser l'État de guerre permanent entre l'Europe et l'Afrique Noire et l'État de guerre civile que l'Afrique vient d'inaugurer. Double dépassement dialectique donc. Il faut rigoureusement et résolument s'engager sur le chemin du pardon, gage de la paix. Mais à quelles conditions ce chemin de paix est-il pensable et possible ?

L'Afrique noire en cette ère du nouvel ordre démocratique international – c'est-à-dire – la version politique du nouvel ordre mondial/mondialisation – est un monde en transition entre des micro-totalitarismes internes aux États et un macro-totalitarisme à l'échelle planétaire lié à la victoire du libéralisme. La chute de l'Empire soviétique, l'émergence des nationalismes protestataires, la perte de souveraineté des États ont réactivé, sous des formes nouvelles, la question des nations et du nationalisme. La guerre s'est emparée du continent noir dans sa totalité au début du XXe siècle. C'est une guerre inédite par son ampleur, par ses ravages psychologiques et démographiques. De cette terrible guerre Thabo Mbéki écrit :

> La République démocratique du Congo plonge à nouveau dans une guerre que ses habitants pensaient oubliée à jamais. Le silence de la paix s'est évanoui aux frontières de l'Erythrée et de l'Ethiopie parce que, pour quelques arpents de terre, les armes ont pris la place de la raison. Ceux qui ont risqué la mort en Guinée Bissau en combattant ensemble les colonisateurs portugais se retrouvent aujourd'hui face à face, ne parlant que le langage mortel des bazookas et des obus de mortier, au rythme effroyable de la mitraillette. Une guerre apparemment sans merci ravage l'Algérie, rendue encore plus effroyable par une sauvagerie qui se donne l'apparence de la foi religieuse. Les anges de la mort et les victimes de leur courroux sont tous africains, comme vous et moi. C'est pour cette raison, parce que nous sommes les mères africaines, éventrées et les enfants décapités du Rwanda que nous devons dire : ça suffit ! (Mbeki 1998)

Le texte de Thabo Mbeki est capital. Il illustre un renversement de type galiléo-copernicien dans le champ historique et politique du continent noir. L'Afrique est passée de la guerre de libération nationale à la guerre civile. Cette guerre civile est organiquement liée à cet acte brutal et violent par quoi se manifeste depuis cinq siècles le rapport du monde noir à l'Europe, à savoir la traite négrière. Le retour à soi, cette redécouverte de nous-mêmes s'opère par la lutte à mort contre la tyrannie, contre les États post-coloniaux, néo-coloniaux et endo-coloniaux, source et cause actuelle de la guerre civile en Afrique. D'où cet appel de Thabo Mbeki :

> L'appel au Renouveau de l'Afrique, pour la renaissance africaine, est un appel à la rébellion. Nous devons nous rebeller contre les tyrans et les dictateurs, ceux qui cherchent à corrompre nos sociétés et à voler des richesses qui n'appartiennent qu'au peuple. Nous devons nous rebeller contre les criminels qui, tous les jours, tuent, violent et volent en toute impunité […] (Mbeki 1998)

Ce texte est fondateur à plus d'un titre. Pour la première fois sous la plume d'un homme appelé à gérer le destin historique d'un grand État africain, est affirmée avec vigueur et rigueur la doctrine du tyrannicide. Cette position doctrinale de celui qui allait bientôt devenir chef d'État Sud-africain fonde pleinement notre thèse sur l'éloge de la rébellion critique. Toussaint Louverture inaugure la première confrontation brutale. De cet événement majeur, Victor Hugo écrit :

> Comme ces voyageurs qui se retrouvent au milieu de leur chemin et cherchent à découvrir encore dans les plis brumeux de l'horizon le lieu d'où ils sont partis, il a voulu donner ici un souvenir à cette époque de sérénité, d'audace et de confiance où il abordait de front un si immense sujet, la révolte des Noirs de Saint Domingue en 1791, lutte des géants, trois mondes intéressés dans la question, l'Europe et l'Afrique pour combattants, l'Amérique pour champ de bataille. (Hugo 1832 : 25)

Toussaint Louverture, dans le monde noir, pose l'acte fondateur de la guerre juste. De Toussaint à Nelson Mandela en passant par Marcus Garvey, Malcon X, Frantz Fanon, Kwame Nkrumah, Amilcar Cabral, Samora Machel, Néto, Lumumba, Um Nyobe, Sankara ... cette guerre juste se poursuit. Elle découvre dans la guerre civile actuelle son expression tragique, douloureuse et terrifiante.

Il faut pourtant refuser de ne voir dans la guerre actuelle en Afrique que la misère, la souffrance, l'effroi qu'elle inflige à notre peuple. On peut y lire le signe de notre destin historique. Il faut laisser aux moralistes le soin de ne voir dans cette guerre que ces souffrances et ces misères qui sont évidentes. Le penseur doit aller au-delà de ces évidences atroces. Il doit s'appuyer sur un raisonnement contraignant qui rende possible un questionnement réaliste sur le sens ultime de cette guerre civile. On doit pouvoir partir de ces deux thèses de Hegel : « L'histoire universelle n'est pas le lieu de la félicité. Les périodes de bonheur y sont des pages blanches, car ce sont les périodes de concorde auxquelles fait défaut l'opposition » (Hegel 1970 : 33). Et Hegel ajoute :

> Cependant même en considérant l'Histoire comme autel où ont été sacrifiés le bonheur des peuples, la sagesse des États et la vertu des individus, on se pose nécessairement la question, pour qui, à quelle fin ces immenses sacrifices ? [...] partant de là, nous avons défini les événements que présente ce tableau à nos sentiments troubles et à la méditation qui s'y attache, tout aussi comme le domaine où nous ne voulons voir que les moyens pour ce que, nous affirmons être la destination substantielle, la fin absolue, ou ce qui revient au même, le véritable résultat de l'Histoire Universelle... (Hegel 1970 : 33)

Le sens politique et éthique de la guerre civile en Afrique, c'est qu'elle détruit deux mythes sur lesquels nous avons vécu pendant cinquante ans. Il y a d'abord le mythe de l'État-nation à construire, ensuite le mythe de l'intangibilité des frontières nées de la colonisation de l'Afrique. L'État-nation a échoué dans ses vains efforts pour construire la Nation. L'État s'est réduit ici à cette violence dont se sert le tyran pour opprimer et réprimer le peuple. Pour la première fois dans l'Histoire de l'Occident, un chef d'État a esquissé les premiers pas vers ce chemin de la paix. Il s'agit de M. Jacques Chirac, Président de la République française.

> Longtemps, l'Histoire, ses fractures, ses drames auront pesé sur le destin de l'Afrique. Votre continent, cette Côte Occidentale de l'Afrique où tant d'hommes et de femmes furent embarqués dans un terrible voyage sans retour, aura vu se perpétuer quatre siècles durant, l'une des plus effroyables tragédies de tous les temps. Cette saignée démographique, l'Afrique en est encore blessée. (Chirac 1996)

Dans l'appel de Brazzaville, Jacques Chirac se fait plus précis, plus solennel sur cette tragédie.

> C'est que l'Afrique n'en finit pas de payer son tribut à l'Histoire. Il est temps que l'Afrique et l'Occident acceptent ensemble leur passé commun, aussi douloureuses qu'en soient certaines pages. La dignité des uns et des autres passe par la reconnaissance d'une histoire que l'Occident ne doit plus ignorer ni taire, celle de la déportation des millions d'hommes libres pendant près de trois siècles et demi. (Chirac 1996)

Pour le Président français, le temps est venu de rompre le silence sur la traite négrière et l'esclavage des Noirs. Il faut porter la traite négrière et l'esclavage au langage et au concept. Il faut sortir l'esclave de l'esclavagisme de leur opacité savamment édifiée. Mais il faut surtout établir la responsabilité historique de l'Occident et de l'Afrique dans cette histoire qui est l'une des plus tragiques de l'Histoire Universelle.

> Pour du sucre et du café des Européens et des Africains ont accepté d'arracher à leurs terres et à leurs familles des hommes libres, contraints à traverser des océans pour aller travailler jusqu'à la mort dans l'esclavage le plus dégradant. Notre culture et notre histoire convergent pour briser enfin la chape de silence qui étouffe la tragédie de la traite négrière. (Chirac 1996)

Il faut établir les conséquences multiples que cette tragédie historique a produites sur le développement négatif dans l'Histoire ultérieure de l'Afrique.

> En arrachant ses hommes, les plus jeunes et les plus vigoureux, la traite a amorcé un long processus de sous-développement dont les séquelles ne sont pas encore cicatrisées. Elle a brisé l'esprit de créativité des paysans, terrorisés par l'éventualité de razzias qui les surprenaient sur le chemin de leurs champs (…). Un long martyre conduisait inéluctablement ces hommes à accepter la condition de victimes, brisant tout élan créateur. (Chirac 1996)

3

Modalités d'éradication du dolorisme nègre

Les impensés idéologiques

Les limites historiques, politiques et éthiques du discours de l'ancien Président français M. Jacques Chirac réside dans le fait qu'il refuse d'intégrer dans cette démarche, l'idée de repentance et l'idée de réparation et même de pardon par rapport aux actes de l'Occident dont il mesure pourtant la gravité et l'ampleur sur le destin de l'Afrique.

> Aujourd'hui, on devrait, non pas réparer, car ni le sang, ni le viol n'ont pas de prix, mais construire de nouvelles bases de collaboration et d'entr'aide où chacun puisse reconnaître et respecter l'identité de l'Autre. (Chirac 1996)

Ici le chemin de la paix entre l'Occident et l'Afrique découvre son premier obstacle. Comment le surmonter? En qualifiant de crime contre l'humanité la traite et l'esclavage, l'Assemblée Nationale Française a accompli un second pas qui permit de briser l'obstacle. Christiane Taubira Delannon, alors Député de Guyane qui initia la loi votée par l'Assemblée Nationale française le 18 février 1999 et qui qualifie l'esclavage de crime contre l'humanité résume avec vigueur les grandes controverses que va soulever cette loi inaugurale.

> Les millions de morts établissent le crime – les traités, bulles et codes en consignent l'intention – les licences, contrats, monopoles d'État en attestent l'organisation. Et ceux qui affrontèrent la barbarie absolue en emportant, par-delà les mers et au-delà de l'horreur, traditions et valeurs, principes et mythes, règles et croyances, en inventant des chants, des contes, des langues, des rites, des dieux, des savoirs et des techniques sur un continent inconnu, ceux qui survécurent à la traversée apocalyptique à fond de cale, tous repères dissous, ceux dont les pulsions furent si puissants qu'elles vainquirent l'anéantissement. Ceux-là sont dispensés d'avoir à démontrer leur humanité.
>
> La France qui fut esclavagiste avant d'être abolitionniste, patrie des droits de l'homme ternie par les ombres et le mystère des Lumières, redonnera éclat et grandeur à son prestige aux yeux du monde en s'inclinant la première devant la mémoire des victimes de ce crime orphelin. (Taubira 1999 : 132)

La France est sommée d'avoir à faire acte de repentance. Il y va de son prestige et de son honneur aussi. Mais il n'y a pas que la France qui soit concernée par ce crime contre l'humanité. C'est l'ensemble de l'Occident esclavagiste comme le rappelle opportunément le Président français. Citons-en les principaux États : le Portugal, l'Espagne, l'Angleterre et les

États-Unis d'Amérique. Afrique/Occident sont les figures historiques concernées par ce crime. Déjà des mouvements se forment aux États-Unis qui exigent repentance et réparation.

> Pour les États-Unis aussi, le temps est venu d'expier leurs crimes, de payer leur dette. De verser des réparations aux descendants des victimes de l'esclavage. Et de commémorer officiellement par un mouvement, la mémoire de leurs pères. Les âmes torturées des fils ne peuvent plus se satisfaire de simples excuses.[1] (Robinson 2000)

Cette exigence peut tout aussi s'adresser à l'Angleterre, à l'Espagne, au Portugal et à tout autre État européen historiquement impliqué dans la pratique négrière et esclavagiste. Mais il faut prendre garde si ces gesticulations rappellent celles de quelques tréteaux de foire, il n'est pas question de plaisanter devant les manipulations et le trafic de l'Histoire des peuples. Que dire de la responsabilité historique de l'Afrique dans la traite négrière? La question est doublement posée. D'abord par les idéologues européens qui prétendent que c'est l'Afrique qui a vendu ses filles et ses fils. Ensuite par la diaspora noire qui accuse le continent mère de l'avoir livrée à l'Occident. Pour tenter de répondre à cette double accusation, une question préjudicielle s'impose à l'esprit.

A quel degré de décomposition morale et politique a-t-il fallu que les États africains en viennent pour que la vente des citoyens y soit possible et que ces États en inventent la pratique ? Ces États de l'époque de la Traite ne trouvent-ils pas leur achèvement dans l'État post-colonial actuel tel que nous l'avons précédemment analysé ? A la question de la double accusation, Doudou Diène a esquissé une réponse qui permet de fixer en concepts opératoires et dynamiques les termes du débat.

> Si des Antillais ont le sentiment que l'Afrique est responsable du sort fait à leurs aïeux et à leurs enfants, c'est parce l'idéologie esclavagiste et post-esclavagiste est parvenue à effacer les grands aspects tragiques de la traite, mais à déplacer les responsabilités des pays européens qui ont inventé le système (…) aux puissances féodales africaines qui ont été les complices. C'est une sorte de révisionnisme historique. En clair, les livres d'histoire, l'enseignement, la littérature, depuis la fin de l'esclavage, ont mis dans la tête de ces Antillais que les coupables n'étaient pas les Européens, mais les Africains. Il ne faut pas oublier que la Traite des Nègres a été un des premiers phénomènes de la mondialisation de l'Histoire. Elle a été un système inventé, géré par des États, organisé sur la base d'un système juridique, puis exécuté par des commerçants munis de contrats d'État. Le tout soutenu par une idéologie de justification, architecture intellectuelle du racisme anti-noir.[2] (Doudou Diène 1999 :131)

C'est ici qu'il faut louer les efforts héroïques de l'Unesco dont nul n'ignore le gigantesque travail pour restituer à chaque peuple sa mémoire historique, sa culture sans lesquelles la paix et la réconciliation pour l'humanité seraient compromises. La conférence que l'Unesco a organisée à Lisbonne, en décembre 1998, sur les bases juridiques et idéologiques de la traite l'a clairement montré. Lorsque tous les travaux seront publiés et enseignés, tout le lavage de cerveau dont sont victimes les Antillais va cesser et disparaître. Le révisionnisme historique va s'effondrer. Bref, les Africains ne relativisent pas leur rôle, mais ils n'ont été que des acteurs secondaires (Doudou Diène 1999 : 131).

Le chemin de la paix entre l'Afrique, l'Amérique et l'Europe requiert une mise en cause radicale de la manière dont elles ont vécu jusqu'ici la mémoire de la traite et de l'esclavage. Il faut porter cette mémoire au langage, au concept, en tirer, sans faiblesse, toutes les conséquences éthiques et politiques. Le chemin de la paix en Afrique requiert la négation théorique et pratique de l'État post-colonial, source principale de la guerre civile, cette nouvelle tragédie africaine de la modernité. Sur les ruines de l'État post-colonial, l'Histoire nous commande de

---

[1] Randall Robinson, Directeur Exécutif de Trans-Africa.
[2] Doudou Diène dirige le projet Unesco baptisé: la route de l'esclave.

bâtir cette Nation-Continent qui fut le rêve de la diaspora noire et qui reste notre ambition et notre profonde aspiration historique.

> La véritable solution du problème noir. Nous ne pouvons laisser se perpétuer les crimes contre notre race. Quatre cents millions d'hommes, de femmes et d'enfants dignes de l'existence que leur créateur leur a donnée, sont déterminés à résoudre leurs problèmes en libérant notre mère, l'Afrique des mains des exploiteurs étrangers et à y fonder leur propre nation, suffisamment forts pour assurer la protection des membres de notre race répandue à travers le monde, pour forcer le respect des races et des nations de la terre. (Garvey 1983 : 139)

Un texte fondateur de l'historien Achille Mbembe sur la réalité africaine doit attirer notre attention et nourrir notre réflexion polémologique. A propos de la destruction/décomposition des frontières territoriales, il écrit :

> L'expérience africaine montre que, à l'ère de la mondialisation, la domestication du temps mondial passe, comme de nécessité, par la déconstruction violente des cadres territoriaux existants, la remise en question des frontières convenues et la création simultanée d'espaces mouvants et d'espaces d'enfermement destinés à limiter la mobilité des populations jugées superflues. (Mbembe 2000)

Cette thèse de l'historien nous met en garde contre les fanfreluches idéologiques, juridico-diplomatique en vogue dans l'opinion publique. Il y a vingt-deux ans, l'économiste, le Professeur Tchundjang Pouemi conseillait à l'intellectuel africain qui affronte la post-colonie de passer par une école de guerre, regrettant de l'Afrique impuissante que « La guerre des monnaies ravage les ressources et met les enfants à la famine » (Tchundjang Pouemi 1980 : 26). Tchundjang Pouemi nous recommande une réflexion sur la guerre :

> Dans tous les cas, il (l'intellectuel) aura appris que l'application de sa théorie passe par le bouleversement violent des institutions politiques et qu'il aurait dû, avant d'arriver à l'économie, commencer par une école de guerre. (Tchundjang Pouemi 1980 : 24)

Pour l'économiste panafricain que fut le professeur Tchundjang Pouemi, l'Afrique noire depuis cinq siècles est plongée dans un cycle de violence marqué par la traite négrière, le partage de l'Afrique, la colonisation et la post-colonisation. De là, cette thèse pathétique :

> De l'Afrique, l'Histoire retiendra qu'après avoir été vidée de sa population la plus saine pour développer le nouveau monde, elle a fait l'objet d'un partage à Berlin et que le pacte colonial qui la livrait en morceaux au monde « civilisé » l'a meurtrie politiquement, humiliée et appauvrie économiquement (...). Mais qu'à cause des divisions internes, le réveil du lion africain qu'appelait l'Empereur Haïlé Selassié à la naissance de l'organisation de l'unité africaine n'a pas eu lieu, et que dans un monde en profonde mutation, où les pays les plus puissants se regroupent pour élargir leurs marchés et produire à grande échelle, l'Afrique se désagrège à la cadence des égoïsmes des micro-États dont chacun, pas même le Nigeria, ne peut valablement affronter la compétition économique internationale. L'histoire retiendra que de l'Ethiopie à l'Afrique du Sud en passant par le Zimbabwé, vingt ans après la libération d'une faction importante de sa terre, l'Africain de 1980 est encore, ou mieux étranger à sa terre chez lui. L'histoire retiendra que ceux de ses fils qui ont tenté de la faire respecter ont péri l'un après l'autre, par des mains africaines, sans avoir le temps de la servir. (Tchundjang Pouemi 1980 : 155)

L'agrégé des sciences économiques pointe dans ce texte un double procès de violence historique qui a fragmenté et fait éclater l'Afrique noire comme totalité historique. Il est marqué par ces figures de violence que sont la traite négrière, le partage arbitraire de l'Afrique et la colonisation. L'autre procès est celui de la rupture inachevée du rapport maître/esclave, baptisé décolonisation au cours de la seconde moitié du XXe siècle et qui a débouché sur la post-colonie. De ce double procès de violence dialectiquement lié, Achille Mbembe note :

> Une deuxième figure de la violence était produite avant et après coup ou encore dans la foulée de la conquête. Il était de l'ordre de la légitimation (...) sa fonction était dû fournir un langage et des

modèles anti-interprétatifs à l'ordre colonial, de lui donner sens, d'en justifier la mission universalisant dont l'effet était de convertir la violence fondatrice en autorité autorisant. (Mbembe 2000 : 43).

La post-colonie est historiquement l'héritière de cette violence inaugurale.

C'est la raison pour laquelle, dans la mise en œuvre de ses projets, l'État colonial n'excluait ni l'exercice de la force brute contre l'indigène, ni la destruction des formes d'organisations sociales qui lui préexistaient (…). Les formes étatiques post-coloniales ont hérité de cette inconditionnalité et du régime d'impunité qui en était le corollaire. (Mbembe 2000 : 44)

Héritier de la violence de l'État colonial, l'État post-colonial a transformé radicalement cette violence et passion en violence ethnique, destructrice de l'identité de l'homme comme citoyen d'un État. Il est revenu à l'historien Cheikh Anta Diop, de fixer pour tous les enjeux politiques de la violence ethnique dans l'histoire contemporaine. A partir d'une critique de Marx et Hegel, Anta Diop[3] écrit :

Les lois de la lutte des classes selon le matérialisme historique ne s'appliquent qu'à une société rendue au préalable ethniquement homogène par la violence. Celui-ci ignore pratiquement dans ces analyses, la phase des luttes bestiales darwiniennes qui précèdent. C'est d'autant plus regrettable qu'il s'agit d'une étape qu'ont connue la plupart des nations actuelles (…). Tous les auteurs qui traitent de la violence sans oser descendre jusqu'à ce niveau primaire où la violence bestiale s'exerce sur une base collective, où tout un groupe s'organise non pour en assujettir un autre, mais pour l'anéantir, tous ceux-là, sciemment ou non font de la métaphysique, en sublimant le thème pour n'en retenir que les aspects philosophiques. (Diop 1981 : 159)

Thèse fondamentale et prémonitoire, exposé treize avant la tragédie et le génocide rwandais et qui depuis, se sont répandus sur l'ensemble de continent Noir. L'ivoirité qui a plongé la Côte d'Ivoire dans la guerre civile en est une des expressions tragiques. L'allogénie et l'autochtonie font courir au Cameroun la même logique de guerre civile et d'une yougoslavisation à terme du pays. Nous voici donc dangereusement exposé à l'impensé des pulsions et des passions ethniques. Pour le théoricien, l'anthropologie politique a le devoir de penser cet impensé que constitue la violence, la passion et la pulsion ethnique. Une nouvelle anthropologie est nécessaire dont la tâche est d'élaborer une doctrine qui rende possible la maîtrise de la violence ethnique.

En attendant l'avènement de cette anthropologie de la paix, que peut faire ici et maintenant le penseur panafricaniste ? Il doit éviter et faire éviter la montée aux extrêmes de la violence ethnique. C.A. Diop a posé quelques jalons vers cette direction. Nous devons étudier et enrichir son immense œuvre historique, politique et scientifique. Mais pour éviter que la violence ethnique ne bascule dans la guerre absolue, le penseur panafricain doit garder cette posture clausewitzienne. Le théoricien militaire allemand note :

La guerre n'est rien d'autre que la continuation des relations politiques, avec l'appui d'autres moyens. Nous ajoutons que de nouveaux s'y ajoutent, pour affirmer du même coup que la guerre

---

[3] Il faut signaler ici que la thèse sur la lutte des classes, qui reste problématique en Afrique, n'a été qu'effleurée par les travaux de C. Anta Diop et son école ; l'histoire de la théorie marxiste de la lutte des classes n'étant pas universalisable ou bien n'est pertinent qu'en contexte. Cette question a largement été débattue par les anthropologues marxistes dans les années 1970 et début 1980. L'ouvrage de Van Binsbergen, Wim M.J., & Peter L. Geschiere, 1985, eds, *Old Modes of Production and Capitalist Encroachment*, London/Boston: Kegan Paul International, est une piste heuristique féconde en vue d'une pénétrante intelligibilité de ce phénomène de classe. Dans la même perspective, lire Van Binsbergen, Wim M.J., 2012, 'Production, class formation, and the penetration of capitalism in the Kaoma rural district, Zambia, 1800-1978', in: Panella, Cristiana, ed., *Lives in motion*, indeed. *Interdisciplinary perspectives on Social Change in Honour* of Danielle de Lame, Series "Studies in Social Sciences and Humanities", vol. 174. Tervuren: Royal Museum for Central Africa, pp. 223-272.

même ne fait pas cesser les relations politiques, qu'elle ne les transforme pas en quelque chose tout à fait différent, mais que celles-ci continuent à exister dans leur essence, quels que soient les moyens dont elles se servent et que les fils principaux qui couvent à travers les évènements de guerre et auxquelles elles se rattachent ne sont que des linéaments d'une politique qui se poursuit à travers la guerre jusqu'à la paix. (Von Clausewitz 1955 : 403)

Plier à la violence qui tend à prendre le pas sur les exigences du politique, c'est assurer la primauté du politique sur la guerre. La nouveauté de la pensée de Clausewitz ne se réduit donc pas à la formule selon laquelle « la guerre est la continuation de la politique par d'autres moyens » : elle réside certes dans l'affirmation de la dimension politique de la guerre, mais elle n'exclut pas, bien au contraire, la compréhension de la logique propre à la guerre, définie comme un acte de violence délibéré s'inscrivant dans un rapport de force.

Exclusivisme ethnique et micro-étatisme balkanisateur comme fossoyeurs de l'intentionnalité « palabrique » du pardon

Cette étape de la première partie de notre réflexion se veut pratique/politique ; mais cette enquête phénoménologique au sein de l'Histoire doit déboucher sur un projet. Si autant de dénégations meublent l'immanence négro-africaine, encore faudrait-il esquisser les voies et moyens qui libéreront au niveau subjectif/objectif, les possibilités en gestation. La démarche adonienne de « négation déterminée » ne doit pas ouvrir pour nous des perspectives apocalyptiques et déclinologiques sur fond de pessimisme axiologique né de la « berlinisation » de l'Afrique noire et ses avatars.

L'anthropologie du pardon reste encore pour nous la seule instance d'espérance et du possible. Nous voulons esquisser dans ce propos provisoirement conclusif, un pari pour la libération d'une immanence particulière à travers une invention capitale, la « doctrine de l'intransgression » même si elle est par moment théâtralisé. Nous n'assumons pas ce pessimisme, car l'enjeu ici n'est pas de fermer l'avenir au surgissement du neuf ; nous y voyons des traces pour le sujet historique, un pouvoir-être-autrement la voie qui y est indiquée, le pardon, comme catégorie de possibilité elle-même, revêt un aspect ouvert, indéterminé, provisoire et révisable. L'indéterminé et la pluralité des voies au triple niveau de l'espace, du temps et de l'action ont pour but de souligner qu'un programme de sortie hors des fers de la domination se veut toujours une incomplétude, une hypothèse et un fragment dans la recherche de la vérité dans le continuum historique négro-africain.

La question du pardon est l'une de celle qui a traversé la pensée humaine durant le XXe siècle. Celle de la « palabre » remonte à des temps immémoriaux et renvoie à une démarche réflexive, concertative, participative et dialoguale, aux antipodes du *win/lose* qui opère dans les relations internationales contemporaines. La déréglementation du droit international aujourd'hui semble céder place au discours palabrique où s'interpénètrent harmonieusement consensus et conflit dans une harmonie polémique des contraires où l'on sort du cercle binaire « surveiller/punir » pour un processus ternaire du « surveiller/punir/racheter ». C'est le nec le plus ultra de la subliminale technologie africaine de la palabre.

En effet, l'histoire humaine a été marquée durant ce siècle par des traumatismes historiques successifs : la colonisation, les deux guerres mondiales, le génocide des juifs, le génocide des arméniens, le génocide du Rwanda, les perversions diverses, etc. Procédons à une remontée génésique dans l'histoire et la géographie de l'Afrique moderne pour en saisir quelques faits poignants : *Liberia, Rwanda et Burundi* : massacres tribaux, guerre civile, instabilité institutionnelle, désolation, ruine, des milliers de victimes, de nombreux orphelins et réfugiés, l'horreur… ; *Afrique du Sud* : lutte fratricide, massacre tribal sous relent d'apartheid, des milliers et des milliers de victimes, l'horreur ; *Cameroun* : la nomination de Mgr Gabriel Simo comme

Evêque auxiliaire de Douala provoque une levée de bouclier chez des prêtres autochtones qui tourne au délire xénophobe contre toute l'ethnie bamiléké ; dans un mémorandum, ces « hommes de Dieu » dénoncent ce qu'ils appellent la *bamilékisation* de la hiérarchie de l'église du Cameroun. En 1999, la nomination de Mgr André Wouking, un Bamiléké, comme Archevêque de Yaoundé est également l'occasion d'une résurgence des pulsions xénophobes. Le jour de l'intronisation, l'ethnie *Beti* au pouvoir, érige des barricades sur l'axe routier national Bafoussam-Yaoundé, avec l'intention d'empêcher les Bamiléké d'entrer dans la capitale. Et de grâce, arrêtons là l'énumération macabre et demandons-nous à qui la faute ?

Ce rapide tour d'horizon sous forme d'images fortes venant de trois pays africains, nous montre, si besoin était, que l'appartenance ethno-tribale fait problème, et à différents niveaux, dans la contemporanéité négro-africaine. Elle semble même mettre en péril notre capacité du vivre-ensemble. Le métier du philosophe interculturel que nous assumons, rationnel, éthique, normatif et axiologique par excellence, à mon sens, antidote aux démagogies de toutes les époques, est de passer ces obscurantismes au rasoir d'Occam, par la tenue de la « palabre ». Le devoir du philosophe interculturel d'œuvrer contre le triomphe de ces forces de crétinisation et de ces langages en folie, je voudrai l'assumer ici. Cette urgence « palabrique » ne participe-t-elle pas en soi du constat d'échec d'une société bloquée ? Mon propos est d'aller à la racine du problème, je voudrais montrer comment se constituerait pour un sujet humain historique quelconque, l'intentionnalité de la palabre.

J'avoue d'emblée, péremptoirement, mes questions rectrices : quelle pratique institutionnelle viable, quels principes cardinaux et quels fondements pour une intersubjectivité se déployant dans la spatio-temporalité nègre ?

Primo, sur la présupposée prééminence de certaines ethnies ou tribus

Que nul ne se fasse d'illusions : aucune tribu, aucune ethnie ou groupe d'ethnies, ne peut se targuer d'être supérieurs aux autres, fut-elle la plus prolifique ou la plus nantie démographiquement ou financièrement. Par conséquent, il serait non seulement démagogique, mais dangereux de nourrir et d'entretenir des complexes basés sur des fondements non scientifiquement démontrables. L'égalité biologique ayant été formellement établie et ce, même pour des personnes de races différentes. Alors, le reste n'est que pure baliverne, à l'instar des préjugés et stéréotypes raciaux qui meublent les espaces publics africains et camerounais notamment, du fait de quelques gouvernements qui ont érigé l'ethno-tribalisme en modèle de gouvernement, par l'instauration de divisions et inégalités diverses entre les populations et un micro-étatisme xénophobe dirigé contre certaines ethnies. Je questionne par ce fait même le rôle des intellectuels africains qui, en véritables carriéristes et « pouvoiristes » doublés d'opportunistes de tapis, ont failli à leur devoir de classe privilégiée et avant-gardiste dont le rôle primordial consiste à penser et à entraîner pour la société des changements qualitatifs et positifs. Plus grave encore, certains n'hésitent pas à conceptualiser et à « dogmatiser » sans pudeur, la pratique de l'ethno-tribalisme par des stéréotypes de type : « ils sont susceptibles, bagarreurs et méchants », « ils sont paresseux, orgueilleux et même paranoïaques », « ils sont bêtes au point de semer le bonbon, de se servir de parapluie comme parachute », « ils sont comme leur bœufs, dociles, suivistes et serviles jusqu'à la moelle », « ce sont des serpents à deux têtes qui ont fait de la duplicité leur fonds de commerce », « ils sont âpres au gain, – ce qui expliquerait leur fort penchant pour l'argent et rien que pour l'argent – envahisseurs, mesquins, mais peureux », « ils sont fourbes et hypocrites » ; etc. ce sont là quelques traits de caractère, quelques *culs-de-sacs* qui nourrissent la salade tribaliste au Cameroun notamment. Ces affirmations, péremptoires et à tout le moins rigides sans vérification scientifique préalable, servent à caractériser différents groupes ethniques ; elles se muent en stéréotypes du moment qu'elles deviennent immuables, définitives et irrévocables. C'est la stratégie de rejet de l'autre, de son instrumentalisation comme nœud central de la question ethnique en Afrique aujourd'hui; le résultat en est le mépris, la menace, les discriminations de toute sorte : politique, sociale, culturelle, économique, religieuse, etc. Pourtant à regarder de près, dans les groupes ethniques au Cameroun ou ailleurs, on rencontre des suivistes, des mégalomanes, des distraits, des dupeurs, des indolents, des psychopathes, des pervers, des détourneurs de fonds publics, des avares,... ; autrement dit, nous appartenons tous à la même humanité, chacun avec ses défauts et ses qualités. Le chauvinisme ethnique d'État est ainsi le lieu où se pose la question la plus décisive de l'ethnicisme dans les États africains parce que les pratiques ethniques officielles constituent la cause la plus significative de l'émergence des contradictions ethniques. Ce qui signifie que c'est aussi plus à ce niveau qu'à un autre, qu'une tentative de résolution du problème national a un sens. Voilà l'une des modalités minimales de la *pardonnabilité*. Sans le face à face des visages qui se dévisagent dans un dire réconciliateur, on joue le pardon, on ne l'effectue pas en propre. Le pardon est acte et état par excellence d'une socialité hominisante car juger l'autre par avance, préjuger au lieu de post-juger, bref juger sans fondement suffisant est dangereux ; il s'agit là d'une conduite d'instinct reposant sur la topique de l'inconscient. Pourtant il suffit d'un peu de lucidité, de bonne foi et de courage pour éviter de le faire. Comment pourrions-nous connaître quelqu'un avant de le rencontrer ? Il ne s'agit là rien de moins que du sophisme. Approcher l'Autre sans crainte ni préjugés, avoir le courage de le rencontrer tel qu'il est (et non comme il devrait être), afin de combattre la méfiance et la méconnaissance de l'autre qui souvent fondent les réflexes tribalistes dont nous souffrons tant aujourd'hui. Là où la violence de l'agression avait condamné le désir de paix à la retraite et à la désillusion, le caractère *dialogual* et *palabrique* de la rencontre avec l'Autre restaure la possibilité de continuer de vivre en commun, non plus comme autrefois, mais selon un demain qu'on espère meilleur et qui est l'horizon ultime de justification d'un pardon sincère. Ainsi, l'un des premiers paradoxes du pardon est qu'on pardonne par essence l'impardonnable[4], car pardonner, c'est surmonter la haine du monde. Ce d'autant plus que *l'ethnicisation* générale de la vie nationale et l'exclusivisme ethnique suscitent la radicalisation de la concurrence entre ethnies, au point qu'une guerre civile entre les principaux groupes ethniques devienne menaçante ou effective avec pour enjeu essentiel, la conquête du pouvoir.

Secundo, sur les généralisations hâtives et abusives
Le panafricanisme tire en effet son essence du paradigme qui voudrait que le territoire continental, les biens du sol et du sous-sol, l'espace vital africain, etc., ressortissent du domaine du patrimoine commun de tous les africains résidents et de la diaspora. Sous aucun prétexte, fut-il infime, aucune partie du territoire continental n'appartiendrait à telle ethnie ou à telle autre plus qu'à d'autres. Il n'est que de référer ici à la thèse diopienne qui systématise la thèse de l'origine commune des peuples africains dont l'origine lointaine se situerait non loin de la vallée du Nil. Mais à charge, il est utile de préciser le bien-fondé de l'aspect affectif de chaque terroir, son idiosyncrasie particulière et le caractère temporel de cet attachement qui, comme le démontre l'Histoire, dure le temps d'une migration, d'une « transhumance ». Ce problème qui se présente crucial se résoudra naturellement le jour où l'Africain maître de son destin, aura réussi à contourner l'obstacle des éphémères frontières héritées de la colonisation pour s'installer en Afrique au gré des vents, au gré des saisons, au gré des humeurs, où bon lui semble et, ce sera tant pis pour les micro-nationalismes *balkanisateurs* en mal de fécondation

---

[4] Parlant du génocide des juifs, Vladimir Jankélévitch observe fort à propos : « A proprement parler, le grandiose du massacre n'est pas un crime à l'échelle humaine ; pas plus que les grandeurs astronomiques et les années-lumière. Aussi les réactions qu'il éveille sont-elles d'abord le désespoir et un sentiment d'impuissance devant l'irréparable. On ne peut rien. On ne redonnera pas la vie à cette immense montagne de cendres misérables », in *L'imprescriptible. Pardonner ? Dans l'honneur et la dignité*. Paris, Seuil, 1986, p. 29.

in-vitro dont l'expérimentation à ce stade deviendrait alors sans objet. Mais, le paradoxe du pardon comme état, c'est que sa forme sécularisée peut devenir précisément école d'irresponsabilité, de fuite en avant par lâcheté humaine et généralisation abusive qui est un autre réflexe très répandu en Afrique : deux jeunes musulmans mettent le feu à une habitation et voilà que la rumeur se généralise « les musulmans brûlent ma maison ! », comme si par principe tous les musulmans le faisaient. Très souvent au Cameroun, lorsqu'une phrase commence par les « les » (les *bamiléké* ont fait ceci, les *Toupouri* ont fait cela, les *beti*[5] sont responsables de telle situation, etc.), il faudrait, pour être honnête, remplacer l'article par « des » (ce sont quelques *bamiléké* qui ont fait ceci, c'est un groupuscule de *Toupouri* qui a fait ceci, c'est un petit nombre de *beti* qui a fait cela et on ne peut pas rendre responsables tous les *beti* de cela, mais seulement quelques-uns. D'où encore paradoxe: le pardon comme état de grâce propre à une société peut donc dériver en son contraire, lorsque sa pratique relève désormais d'un rituel tout extérieur où l'individu ne joue que la comédie de la contrition victimaire pour préserver ses intérêts égoïstes. Il faut donc passer de la *latence* à la *patence* du pardon, si l'on veut en creuser la sédimentation la plus innommable. La société du pardon doit donc éviter les généralisations abusives et navrantes en s'assignant une discipline d'abord à soi-même sous peine de choir dans la fortification de la conscience du mal. Et même si cela requiert un effort, l'honnêteté intellectuelle et la lutte contre les exclusions qu'elles soient de nature culturelle, religieuse, idéologique, politique, sociale, bref identitaire, etc., sont très certainement à ce prix-là.

Tertio, le sophisme du bouc-émissiarisme
A l'instar du phénomène des préjugés et stéréotypes, des généralisations hâtives, abusives et à tout le moins navrantes, le *bouc-émissiarisme* constitue une des raisons psychologiques fondamentales permettant d'expliquer, par bien de côtés, la montée en puissance des réflexes ethno-identitaires en Afrique. Ce processus se trouve consigné pour l'éternité dans les Saintes Ecritures : « Aaron impose les deux mains sur la tête du bouc vivant : il confesse sur lui toutes les fautes des fils d'Israël et toutes leurs révoltes, tous leurs péchés et les déverse sur la tête du bouc, puis il s'envole au désert » (Lévitique 16 : 21). Paradoxalement à ce rituel expiatoire, le phénomène de *bouc-émissiarisation* encore appelé phénomène social de *tête de turc* ou *souffre-douleur*, consiste dans la contemporanéité africaine, à rendre responsable non pas un animal, mais une personne ou un groupe ethnique/social pour tous les maux qui infectent et affectent la société. Dans ce vaste marché de foire d'empoigne tribale, tout le monde est susceptible de devenir du jour au lendemain victime de ce processus de crétinisation. Mais de fait, ce sont généralement les plus faibles, les minorités et les étrangers qui sont le plus exposés : immigrés, minorités raciales, religieuses, nomades, homosexuels, handicapés, etc. Cette logique de « satanisation » de l'Autre est tellement répandue dans le monde entier et à travers toute l'histoire humaine qu'il doit être intrinsèque à la psychè et à l'ontologie humaine. Mais comme toujours, il faut se méfier des points de vue réducteurs et simplets.

Le phénomène du *bouc-émissiarisme* est donc lié à des espaces troubles et profonds de notre psychologie humaine, même s'il renvoie aussi souvent à une stratégie froidement pensée et mise en œuvre par quelques potentats africains pour se décharger de leur responsabilité et s'inscrire dans ce vieux principe romain du « diviser pour mieux régner », mais là n'est pas notre propos pour l'instant. Le *bouc-émissiarisme* renvoie donc ici à ce que j'appelle le *tribalisme latent*. A ce niveau, l'éducation tribale est vitale et enrichissante à plus d'un titre car elle confère à l'individu une identité qui lui permet d'échapper à l'anonymat, à l'uniformisation pour une affirmation plus grande de la personnalité. Cette éducation tribale que nous savons

---
[5] *Bamiléke, beti, Toupouri, Douala,* Sawa, etc., sont quelques groupes ethniques exerçant une grand influence au Cameroun.

positive, recèle en sein ses propres contradictions, des éléments égocentriques, narcissiques dont la propension, bien que latente au rejet et à l'exclusion de l'autre, est patente.

C'est à ce niveau qu'apparaissent les premiers signes tangibles de la perversion et de la spécificité tribale, logique qui, poussée à son paroxysme, aboutit inexorablement au rejet de l'autre parce qu'il est différent. Réflexe condamnable, mais réflexe naturel et humain ; passionnel, émotionnel ou affectif parfois mais que l'on peut comprendre sans admettre et sans légitimer bien entendu. Cette manifestation du rejet qui est innée, nous l'avons dit, trouve sa thérapie dans le sens de l'auto transcendance, du dépassement de soi par soi (force de caractère), dans l'éducation ou dans l'effet que produit le brassage des ethnies ou des tribus dans les villes qui sont devenues de plus en plus cosmopolites. C'est ce qui expliquerait sans doute dans nos villes, en dehors des périodes de fortes tensions, une pacifique cohabitation et une tolérance bienveillante. Et c'est paradoxalement dans l'urbanité africaine que se trouve le point de rencontre le plus critique entre l'ethnicisme et la démocratie néocoloniale. Pour défendre à la fois l'ordre néocolonial et les privilèges d'une classe sociale, et aussi de la caste dominante d'une ethnie, le chauvinisme ethnique d'État use et abuse de la violence politique sous diverses formes pour barrer la route à la démocratie qui risquerait d'évincer le pouvoir en place. L'intention démocratique officiellement affichée entre alors dans l'impasse classique de la démocratie néocoloniale, caractérisée par le refus de l'alternance politique par tous les moyens : coups d'États électoraux, modification de la constitution, corruption à haute échelle, etc.; c'est ainsi qu'à juste titre, que le processus démocratique africain est sérieusement compromis par le tribalisme d'État ou ce qu'il est convenu d'appeler ici l'épistémologie tribale du fait de l'échec concomitant du brassage et la difficulté de cohabitation ethnique dans les micro-États néocoloniaux. Comme réponse progressiste à l'ethnicisme, la palabre qui a comme préalable, le pardon et la réconciliation peut être une piste. Le philosophe et anthropologue hollandais Wim van Binsbergen anticipe et réactualise à nouveaux frais cette problématique :

> Reconciliation means in general: the lifting of enmity and the restoration of peace. Usually this effect cannot be brought about fully by compensation of the evil perpetrated; in addition is required forgiving of guilt and foregoing retaliation. In Christian ethics the genuine (readiness to) reconciliation with enemies has always been regarded as a sign of love and humaneness (for example Mt. 5: 43f). The opposite applies when the reconciliation, or the readiness to reconciliation, is insincere. That is the case if reconciliation is desired for other reasons than the restoration of right and love, if contradictions are merely covered up and if aggressive feelings are not genuinely resolved and integrated. (Van Binsbergen 2003: 349.)

Enfin le temps de discernement pour l'Afrique, en tant qu'étape ultime de l'ordonnancement, le temps de comprendre qu'il faudrait peut-être un jour arrêter de fabriquer ses propres chaînes. Le symbole africain de la technologie de réconciliation à l'instar de la commission « vérité et réconciliation[6] » implémentée en Afrique du Sud post-apartheid est non seulement une méthode, mais une technique sociale sacrée ; elle offre par la même occasion la possibilité de développer un savoir interculturel qui peut permettre ce que Wim van Binsbergen appelle à la suite d'Elisabeth Colson « le contrôle social de la vengeance ». L'alerte ainsi déclenchée constitue le fil d'Ariane de cet irrésistible et irréversible mouvement qui secoue l'Afrique et que l'on apparente à tort ou à raison à la réminiscence d'un vent qui viendrait de l'Est. Ce mouvement, puisant sans conteste sa source au cœur d'un malaise séculaire qui a par conséquent bénéficié d'une longue maturation sociogène, il est à craindre que c'est par bourrasque (l'épicentre d'un cyclone est une poudrière), que le cyclone sèmera panique et désola-

---

[6] Se referrer à ce sujet à Salazar, P.-J., Osha, S. & van Binsbergen, W.M.J., 2004 (actual year of publication), eds., Truth in Politics: Rhetorical Approaches to Democratic Deliberation in Africa and beyond, special issue of *Quest: An African Journal of Philosophy/Revue Africaine de Philosop*hie, vol. xvi (2002); also at: http://www.quest-journal.net/2002.htm

tion. A en juger par l'expérience vécue ailleurs, il ne serait pas téméraire d'affirmer qu'aucune force ne pourra l'arrêter.

Du tribalisme latent au tribalisme violent ou réactionnaire
L'Histoire véritable du continent africain nous apprend que les guerres tribales de la période précoloniale avaient pour but moins le rejet violent de la tribu/ethnie ennemie ou supposée telle, que la soif de la conquête des espaces (expansionnisme) et/ou assouvissement de la volonté de puissance de certains monarques en mal d'hégémonie. Exception faite des cas précités, l'exacerbation des ressentiments latents ethno-tribaux constituait alors une arme redoutable utilisée à dessein par les puissances coloniales à des fins de domination et de contrôle du continent. La période postcoloniale qui a vu les africains aux « commandes » de leur propre destinée n'aura guère été meilleure. On a assisté çà et là à des gouvernements de clan, de tribu, d'ethnie ou de région sociologique qui, pour la plupart, se sont illustrés par leur intolérance, leur avidité et leur mépris pour la grande majorité du peuple, s'octroyant de manière ostentatoire, ostensible et sans pudeur, des avantages indus, des privilèges exorbitants du droit commun. La politique officielle des pouvoirs néocoloniaux est la « construction nationale », c'est-à-dire le projet d'édification d'États nationaux homogènes ethniquement. On peut constater l'échec total de ce programme irréaliste qui ignore la capacité de permanence des réalités ethniques. Cette politique proclamée s'est muée en son propre contraire en aboutissant à une incessante aggravation des clivages ethniques.

Le tribalisme violent est alors une réaction des laissés-pour-compte : la tribu ou l'ethnie en position de force ou au pouvoir devient alors l'ennemi public n°1. Voilà qui explique à peu de chose près, la violence d'essence ethno-tribale qui a cours dans la plupart des pays africains et qui de nos jours a atteint son paroxysme. La guerre civile qui est le corolaire du tribalisme violent se présente en somme comme la conséquence directe de la mauvaise redistribution de la richesse nationale et de l'autorité; en réalité, un vulgaire problème du ventre structuré autour d'un objectif alimentaire anthropologiquement construit, mieux, une « axiologie digestive », ou encore une « sémantique stomacale », que trahit une « gouvernance de l'œsophage » sur fonds d'exclusion et de sédimentation des frustrations et des cas d'injustice avérés. Le tribaliste réactionnaire est pour ainsi dire, un infrahumain, un dégénéré social en crise de passage de l'*adolescence* sociale à l'*adulescence* et tout entier englué dans le syncrétisme enfantin, dans la connivence avec l'objet parce que vivant encore au niveau *épitumétique* (de l'*epitumia*); c'est à la fois un naufragé et un traumatisé des sociétés modernes dans lesquelles la pratique du tribalisme est érigé en système de gouvernance et *ipso-facto*, saisi comme unique critère d'accès à des positions de savoir, d'avoir et de pouvoir. Le tribaliste par réaction, violent par son comportement (violence structurelle, étatique, etc.), est un malade dont le recours à la psychiatrie est nécessaire pour comprendre les agissements jusqu'à sa complète guérison. Ceci est fondamentalement dû au fait que les principaux intérêts des pouvoirs néo-coloniaux résident dans l'exploitation, l'oppression et la division des peuples et non dans leur émancipation et leur union. Cette union menacerait facilement leurs pouvoirs en créant une immense solidarité politique trans-ethnique des masses.

La poétique du pardon et la mystique de la palabre
La mémoire internationale de l'Afrique, objet de la présente partie est l'instance qui recollecte et héberge le fugace, le furtif, le subreptice. La mémoire est le berceau de l'imprévu événementiel. C'est la mémoire glorieuse, celle des joies du passé qui circulent dans celles d'aujourd'hui, celles des mythes, des légendes, des épopées qui continuent de transfigurer nos projets les plus futuristes. On invoque le berceau de ses ancêtres et l'on veut y dormir à la seule condition que les ancêtres aient été vaillants, courageux, créatifs, bâtisseurs de civilisa-

tion. La maxime intime de l'esprit de vengeance est la *loi du Talion*, « œil pour œil, dent pour dent », loi de l'identité morte, de la totalité carcérale du 1=1, loi de la pierre qui tombe pour tomber, loi de stagnation et de répétition de l'absurde. C'est dans la notion de *vendetta*, que l'absurdité de la *loi du Talion* trouve sa limite. La vengeance appelant la vengeance, le crime, la mort, le territoire de la rancune est celui des ténèbres sans fin, où culpabilité et innocence deviennent un et ne signifient plus rien. Mais la légendaire *sagesse africaine* et *l'arbre à palabre* seront autant d'acquis positifs qui éloigneraient sans nul doute l'apocalypse. Et pour que cette nouvelle Afrique ne succombe prématurément, *le son du tam-tam pressant qui se fait entendre sur la place du village Afrique exige et ordonne que la palabre soit tenue*. Or précisément, la mémoire de notre époque et singulièrement celle de l'Afrique noire est foncièrement traumatique. C'est le contexte des grands crimes, encore appelés « Crimes contre l'humanité » dans la grammatologie politique actuelle. Il s'agit d'actes odieux qui se sont retournés contre l'essence rationnelle et libre de l'humanité elle-même[7]. La mémoire internationale de l'Afrique est ainsi marquée par le dernier baroud d'honneur des grandes mémoires traumatiques du XIXe et du XXe siècle. Les africains peuvent-ils aussi facilement, face à la pompe des médias d'Etat en post-colonie et à la contrition affectée des bourreaux, faire comme si rien ne s'était passé au nom du *bon cœur* ? S'agissant d'un peuple qui n'a pas tout à fait fini de panser ses plaies, *se concerter pendant qu'il est encore temps, sans préalable aucun*, faisant table rase de l'indigne passé d'une infime partie de notre histoire, peut-être une piste pour le pardon et la réconciliation. C'est ce que nous entendons par *gouvernance sous l'arbre*, thème pour lequel nous reviendrons largement dans notre propos conclusif. Cette gouvernance dite légitime est le pendant de la justice transitionnelle, en tant que lieu où tous les membres de la cité se valent, lieu de remise à plat des aspérités inégalitaires de la société réelle. Le rétablissement de tous les droits économiques et politiques des victimes est la condition même de la naissance d'une civilisation du pardon. Par conséquent, ce n'est pas le pardon seul qui est la condition de la démocratie mais bien au contraire, c'est la démocratie qui est la condition du pardon.[8] Toutefois, cette démocratie est la condition nécessaire, mais pas suffisante du pardon. Emmanuel Levinas aborde la question, dans la section IV de son livre central, *Totalité et Infini* (1971). Pourquoi doit-on au fond, dans les conditions sus-évoquées, demeurer en mesure de pardonner ? Le Concile des Evêques africains qui s'était tenu à Cotonou au Bénin en 2000 posait le problème de la responsabilité de l'Africain face aux malheurs qu'a subi le continent africain ; l'issue de ce conclave était que l'africain devait se pardonner d'abord à lui-même du sort qu'il a fait subir à son continent. La mémoire (internationale) de l'Afrique et de l'Africain doit être le socle sur lequel se construit le pardon : car en effet, qui peut connaître le pardon mieux que celui qui a subi la violence ? Seul le meurtri peut connaître la souffrance qu'éprouve celui que l'on opprime. Aussi, pour ne pas nourrir la chaîne de la violence, l'Africain se doit de rompre cette chaîne en pardonnant. Martin Luther King disait à ce propos, avec tout le lyrisme dont on lui connaît, que seule la lumière peut combattre l'obscurité, autrement dit, seul le pardon vrai et non incantatoire peut combattre la violence. Mais ce pardon ne doit pas être naïf, il doit s'appuyer sur une base essentielle qui est l'intercompréhension minimale. Comprendre un être humain, signifie ne pas réduire sa personne au forfait ou au crime qu'il a commis. Il y a donc une corrélation dialectique entre la compréhension, la non-vengeance et à la limite, le pardon. C'est donc à bon droit de pouvoir

---

[7] Je songe à la célèbre formule de John Fitzgerald Kennedy, faisant référence au pouvoir d'autodestruction que la maîtrise de l'énergie atomique confère à l'humanité : « *Mankind must put an end to war, or war will put an end to mankind* ». « L'humanité doit mettre un terme à la guerre ou la guerre mettra fin à l'humanité ».

[8] Le cynisme ambiant de la Realpolitik international prétend en réalité l'inverse, parce que l'instauration préalable d'une société de justice les déposséderait des manettes des institutions judiciaires de leurs pays et les contraindrait à se soumettre justement à la puissance d'un tiers justicier.

affirmer que le pardon est un pari éthique, un pari sur la régénération de celui qui a failli, un pari sur l'auto-transcendance, un pari sur la transformation sociale non-violente. Mais cette société, au lieu d'être seulement structurée par l'équilibre des rapports de force, doit cultiver un élément spirituel venu d'ailleurs. Cet ailleurs n'est ni sépulcral, ni mystique. Il s'agit tout simplement du *novum*, du non-encore, du demain absolu qu'appelle la vie des enfants qui naissent. Le pardon répond à une exigence de fécondité essentielle à l'ordre humain et qui se fixe dans le souci de léguer un monde rénové ou renouvelable aux nouveaux-venus, d'ouvrir une clairière pour des possibilités hominisantes, ou autrement, de laisser le temps au temps. La question du pardon de l'Africain est une question de survie et marquerait le début du renouveau de l'Afrique et surtout la libération traumatique de l'africain.

La démocratie est difficile à réaliser dans un État qui court le risque permanent d'éclatement parce que le tissu communautaire est déchiré par des conflits ethniques systématiques dont l'ethnicisme d'État est généralement responsable en dernière analyse. Sans volonté commune de cohabitation ethnique, sans pacte communautaire tacite ou explicite, il n'est pas facile que les diverses populations d'un État multinational ou pluriethnique respectent le système politique qui présuppose que l'unité de l'Etat soit assurée, que la paix civile soit préservée, que les institutions républicaines prévalent.

Le grand mérite de la palabre est, dans ses principes, de soustraire la société du système barbare qui veut que les problèmes politiques soient réglés par la force brutale et que la violence s'érige en valeur de civilisation. Le micro-étatisme balkanisateur instaure un système politique de la terreur officielle. Cette spirale vicieuse et cette permanence structurelle de la violence ne menace pas seulement la communauté supra-ethnique d'éclatement ; elle instaure, ce qui est tout aussi grave, une civilisation du chaos et non de l'espoir, de l'exclusion et non de la solidarité, de la guerre effective ou potentielle dénuée de toute perspective de progrès historique et non de la paix civile. La cohabitation ethnique devient impossible lorsque l'esprit de construction est supplanté par celui de la destruction, et la logique de la concession par celle de l'absolutisme violent. De même, lorsque les majorités naturelles supplantent les majorités sociales, la cohabitation devient impossible puisqu'aucun choix libre, aucune transparence, aucun débat rationnel, aucune acceptation de l'alternance au pouvoir ni de la règle de la majorité intellectuelle ne sont plus possibles.

La posture palabrique de l'Afrique et des africains serait alors comme la chouette de Minerve, qui prenant son envol dans l'obscurité de la vie de l'Africain, viendrait éclairer sa vie et son continent : la palabre marquerait le début du renouveau de l'Afrique et surtout la libération de l'Africain qui se doit de sortir impérativement de la pensée coloniale qui le hante pour pouvoir voir plus loin ou alors, voir plus clair dans son futur qui n'est pas loin, mais plutôt proche et qui pourra impacter sur son développement. Il s'agit là d'un investissement humain dans l'humain et pour l'humain ; de ce point de vue, il ne faut pardonner que si la fécondité du bien-être individuel et collectif est radicalement assurée.

Pour un patrimoine constitutionnel commun des sociétés politiques

Il s'avère que la socio-dynamique de l'Afrique noire dans la théorie politique internationale de l'ère post-positiviste, pose des problèmes de rationalité et d'objectivité dans la théorie comme dans la pratique. Toutefois, la post-modernité est une critique fondamentale de la modernité qui a pris des formes diverses. Que l'on pense aux différentes figures de traditionalisme, du romantisme, du nietzschéisme, de l'heideggerianisme. Et d'un point de vue sociopolitique, on peut dire que les deux grandes cibles des critiques de la modernité furent l'hégéliano-marxisme et la pensée individualiste-libérale. Ce qui unit ces deux versants de la pensée moderne est précisément la croyance dans le progrès rationnel de l'Esprit objectif incarné dans l'histoire d'une part, et d'autre part la confiance en l'État comme espace de réalisation du destin de l'homme. C'est cette tradition de l'histoire et de l'État qui a déterminé le système westphalien et par la même occasion, l'a limité.

La critique *communautarienne* qui rejoint, sur cette trajectoire précise, la perspective postmoderne, souligne que le cadre de déconstruction de la modernité passe par l'émergence d'une pluralité de rationalités, d'objectivités et de sens de l'histoire qui seraient conformes à l'ordre interne de chaque communauté politique particulière. Celle-ci serait fondée sur une construction propre de sa nature, de ses cultures et valeurs communément partagées. Le monde serait ainsi une mosaïque de sociétés politiques autonomes et interactives sans pôle unique de référence.

A ce titre la trajectoire libérale du « Pacte républicain rénové de la multiethnicité » si cher à Tshiyembe Myahila ou de la formation d'un patrimoine constitutionnel commun des sociétés politiques apparaissent à cet égard comme une parfaite imposture théorique inapte à se constituer toute seule comme une anthropologie de la civilisation politique internationale. La mondialisation inscrit les nouvelles relations internationales dans cette dialectique multidimensionnelle de la post-modernité. Ce n'est pas le moindre des paradoxes de la mondialisation, que ce double encrage à la fois dans le marché mondial et dans les aspirations communautaires, pense Smouts à la suite de bien d'autres, Barber, 1996, Bach. Les logiques d'uniformisation et de fragmentation, d'unification et de parcellarisation charrient contradictoirement le nouvel ordre politique du monde et particulièrement en Afrique noire. Ici, les logiques post-modernes s'affirment de façon beaucoup plus prégnantes aussi bien dans le domaine de l'esthétique politique (Appiah 1992 : 336-357) que dans celui de la pratique politique internationale et tirent – en même temps qu'elles les subvertissent – les logiques modernes à partir de quatre trajectoires anthropo-politistes : théorique, pratique, éthique et cosmopolitique.

La possibilité de lire et de comprendre la modernité négro-africaine en passant par les études anthropologiques et politiques africaines est réelle et met du même coup fin à trois préjugés historiques restées célèbres : l'exception africaine dans les relations internationales ; l'exclusivisme occidental de la pensée ; et le déni d'historicité de l'Afrique. Elle permet à la fois d'enrichir la science de celles-ci et de revisiter son objet propre et ses objets particuliers dont l'Afrique négro-africaine admise comme élément interactif de l'universel et du global. Ainsi, le *négro-africanisme* politique a notamment démontré avec succès que la frontière comme ligne de démarcation entre le dedans et le dehors n'était pas opératoire dans la plupart des sociétés. Il est dès lors établi que, dans l'analyse des nouvelles relations politiques africaines, l'écroulement de la distinction entre l'interne et l'externe tient aux identités ethniques transnationales, aux flux migratoires ou commerciaux défiant les frontières étatiques, à la criminalité transfrontalière, aux flux migratoires ou commerciaux (échappant au contrôle de l'État), au resserrement de l'autorité de l'État autour des régions ou des villes économiquement utiles, généralement aux dépens des frontières. Cette situation consacre la fin des territoires politico-étatiques et le moment de la montée des territoires ethniques. Il procède incontestablement d'une logique post-moderne à travers le décloisonnement et l'interactivité aussi bien des territoires d'action politique que des territoires d'analyse politique. De même, une analyse post-moderne sur les nouvelles relations internationales pourrait être menée à propos du discours connu sur la « crise » de l'État en mettant en parallèle les lectures africaines. Toutefois, il convient d'ores et déjà de s'interroger sur les conséquences pratiques d'un tel renversement.

Passage des positions hégémoniques à l'intercommunication

L'héritage colonial et post-colonial, tributaire du présupposé idéologique de l'universalité occidentalo-centrique de la science, de l'anthropologie politique et des relations internationales a confiné l'Afrique à une pratique de la science et de la pratique politique internationale sous tutelle à partir de l'ordre moderne westphalien. Avec l'éclatement des cadres d'analyse et d'opération routiniers de celui-ci et son adhésion à l'ère de la communication politique (Habermas 1987), technologique (télécommunications, Internet) et scientifique (Morin 2000), les échanges politiques en Afrique noire ont désormais la possibilité inédite de se réorganiser sans contraintes absolues, d'opérer sans complexe et surtout de contourner sans conséquences irréversibles les travers de la modernité dont la figure la plus achevée reste la domination (Marcuse 1965).

La communication entre divers domaines d'études permet de penser ces nouvelles opportunités en les reliant et les articulant autour de la pratique de la politique internationale postmoderne. C'est un effort de conceptualisation empruntant tout autant à l'anthropologie politique, à la sociologie politique, à la science politique, à la pensée africaine qu'à la sociologie des mobilisations, à l'économie politique internationale qu'à la production des savoirs interculturels où des spécialistes d' « aires culturelles » et des spécialistes des relations internationales coopèrent. Cette lecture reste vivace en terrain négro-africain dont le champ est celui des mobilités, de l'ambivalence, de l'allusif, du non-dit, de l'insaisissable.

De la conflictualité instituante[9] à la tolérance

L'une des figures dominantes de la modernité en Afrique coloniale et post-coloniale se développe sous le masque sordide de la rationalisation de la violence et de la guerre comme objet de pensée et sujet historique ainsi que ses nombreux avatars. La guerre a atteint un niveau élevé d'opérationnalité stratégique et technique sans précédent. Elle développe des mécanismes de fonctionnement organisés, intéressés et instrumentalise avec intelligence un discours de légitimation du statu quo et/ou de diversion relativement maîtrisé à l'instar de l'idéologie du « génocide rwandais » dont le pouvoir militaire de Kigali use et abuse pour justifier ses violences non seulement à l'intérieur du pays mais aussi et surtout à l'extérieur notamment dans le territoire de l'ex-Zaïre.

Cependant, l'analyse de la conflictualité ethnique en Afrique aujourd'hui ne saurait se faire en rupture avec les transformations politiques du nouveau monde : la fin de la guerre froide et l'avènement des catégories d'analyse post-moderne ayant des implications éthiques décisives de nature à déterminer symétriquement le/la politique. Il faudrait dès lors se résoudre à dégager la transformation proprement post-moderne des analyses militaires de la politique internationale en Afrique et dans le monde contemporain. Selon Hassner, on serait tenter d'opposer un centre pacifique et une périphérie guerrière, s'il ne se trouvait que, précisément, les guerres de la périphérie ne sont pas de vraies guerres, du moins clausewitzien et la paix du centre n'est pas une vraie paix, au moins au sens de la concorde et de la civilité. Dans les deux cas, il y a montée de l'insécurité.

---

[9] C'est l'objet de la thèse de Marie Gaille-Nikodimov *Machiavel, une pensée de la conflictualité instituante* soutenue à Paris X-Nanterre en 2001 et en cours de publication. Ce concept renvoie à l'idée que le choc des intérêts personnels et communs, par le biais de la force et de la ruse, constitue une occasion d'ordonner le politique et le monde, une occasion somme toute provisoire, fragile, mais irremplaçable et parfois implacable. Dans notre sens l'ordre conflictuel du politique s'articule autour de cette question : peut-on aujourd'hui faire place à une réflexion qui, en vue de la liberté, institue le conflit autant qu'elle investit les institutions des « tumultes » populaires ?

Evidemment, l'on peut discuter de la pertinence des arguments de Hassner et même subodorer une forte survivance du fond idéologique de l'impensé réaliste entendu comme base du système international westphalien, occidental. En effet, le paradigme de Clausewitz n'est pas la mesure absolue de la définition de la guerre. Les guerres africaines nombreuses et destructrices, développent en leur sein des rationalités de violence qui, sans être clausewitziennes, portent atteintes à la paix et au *conatus* africain. De même la paix de l'Occident peut être discutée à partir d'éléments autres que la concorde civile chère aux modernes (Spinoza, Rousseau…) tels que la tolérance.

Walzer s'est fait le chantre de ce dernier concept moral à l'occasion de la transformation politique de la société mondiale contemporaine avec son *Traité sur la tolérance* (1998 : 36-40). Sans être post-moderne, il constate que le projet post-moderne élimine par avance toute idée d'identité commune et d'uniformisation du comportement. Car citant lui-même J. Kristeva qui nous exhorte à regarder le monde comme entièrement constitué d'étranger « seul ce qui est étranger est universel » et à prendre conscience de l'étranger qui est en nous (1998 :13), Walzer affirme que la seule réponse décisive à la violence – donnée permanente de le vie sociale – reste son envers dialectique intime : la tolérance et/ou le pardon.

Ainsi, compte non tenu des discussions sur la pertinence des différents arguments subséquents à la position walzerienne, le fait est que le projet post-moderne de la tolérance est constitutif de la réponse au rejet de la violence ethnique moderne dans le monde et en Afrique. Se considérer comme étranger chez soi et citoyen du monde sont des raisons qui suffisent à réduire à néant l'essentiel des arguments qui légitiment les guerres post-coloniales en Afrique et participent ipso-facto d'une dynamique cosmopolitique dont l'Afrique est en quête sans cesser d'être soi.

C'est dire que la réalité clanique, tribale ou identitaire garde toute son importance pour la compréhension des phénomènes de contestation politique et de manipulation de l'information symbolique dans la conquête du pouvoir. Selon que les communautés historiques restent marquées par un passé seigneurial, féodal, aristocratique où subissent encore le charisme de l'autorité monarchique, la contestation se nourrit d'une tonalité singulière dont les racines plongent, en général, dans la conscience historique. Il n'est pas exagéré d'affirmer que toute forme d'organisation sociale a vocation au politique et le politique se développant tend à favoriser le développement de l'État. Aussi, Yves Person (1981 : 28) a-t-il raison de souligner que « Ce caractère unique de l'État-nation, né en Europe et étendu par elle au monde, montre qu'il ne s'agit pas d'un universel et que l'évolution des cultures humaines aurait pu suivre une autre voie ».

En guise de conclusion

L'avantage qu'a la typologie dans cette première partie, a été de mettre en évidence le point de vue *descriptif* et pas forcément *classificatoire*. L'intérêt y est d'ordre épistémologique, à savoir envisager des ressemblances et des différences organisationnelles, mais aussi des situations représentatives mettant à pied d'œuvre la dialectique *ordre – désordre* inhérente au fonctionnement des systèmes vivants et sociaux. C'est à partir d'une étude de toutes ces manifestations anthropologiques, politiques et étatiques qu'il a été possible de cerner le modèle africain, de lui fournir une armature épistémologique. Comme on le voit, l'ethnicité qui est considérée ailleurs comme une « anomalie historique » constitue désormais en Afrique noire une ressource épistémique et un moteur politique apte éclairer et à évaluer les fondements et mécanismes de fonctionnement de l'État en dépérissement dans les nouvelles relations internationales. Celles-ci y trouveraient les raisons de son encrage résiduel – ou radical selon les thèses néo-modernistes – dans la modernité et articuleraient son rapport à la post-modernité autour de ce nœud historique.

Dès lors, qu'importe l'empirisme des termes, la connaissance des diversités revêt la même importance que celle des uniformités de même qu'elle permet de situer la norme. C'est dire que la typologie seule, sans théorie de l'État, n'a pas de valeur. En effet, c'est dans la justification du phénomène « État » qu'elle s'actualise, suscite une information, un événement qui mettent en jeu désordre, invariance, mémoire et régénération.

DEUXIÈME PARTIE

La « statolité » à l'épreuve des logiques identitaires. Crise de la perception et de la signification de l'ethnicité

> Pour les Dogon, la rencontre avec les touristes montre l'importance et la fascination évidente de leur culture. Les Kapsiki du Cameroun interprètent l'attention touristique ... comme signe de marginalité, de vivre au bout du monde. Ils traduisent la quête touristique pour l'authenticité africaine comme signale d'exclusion et de manque de développement... En général, la rencontre ... avec des communautés locales semble renforcer des processus de construction identitaire existante et justifier les images de l'autre déjà en force dans ces cultures.
>
> Walter E.A. van Beek, 2003: 151-289

Liminaire

La structure ethnique est selon toute vraisemblance, entrain de s'imposer comme le référentiel axiologique majeur dans la modernité négro-africaine, comme l'unité de compte décisive de la compétition sociale mondiale. L'espace sociopolitique africain offre, à la suite de la faible capacité étatique d'allocation des utilités de survie au regard du grand nombre, le spectacle de l'accroissement de la valeur des structures ethno-identitaires érigées en espaces viables de sécurisation. Il y ainsi dans la modernité africaine nègre notamment, comme une sédimentation crisique progressive des noyaux ethniques de sens capables de prendre en compte les trois demandes du système social mondial à savoir : la demande de sécurité, le besoin d'identité, la quête de légitimité. Pour cerner le concept d'ethnicité dans la pratique politique interne et internationale aujourd'hui, il convient de l'analyser en contre point de la violence et de la paix en charriant les nouvelles significations politiques qui justifient la pertinence de leur relation. Cette trajectoire, analysée à partir d'une approche phénoménologique relationnelle, opère inter activement aussi bien au niveau local que global et fait surtout sens dans ce qu'il est convenu d'appeler désormais les relations transnationales.

L'émergence et la consolidation de nouvelles arènes du politique et du pouvoir transcendant les frontières des États a conduit, comme partout ailleurs, à une vertigineuse transnationalisation de l'arène interétatique dans la modernité négro-africaine. Cette dynamique de la *transnationalisation* a inauguré comme une ère de la post-souveraineté et/ou de la post-nationalité. Celle-ci est marquée par une relative *déterritorialisation/désétatisation* et par une *transnationalité* des acteurs. La *désouverainisation* du critère d'appartenance au « concert » des acteurs étatiques a eu comme effet, un « dédoublement du monde », un « retournement du monde » dont les éléments les plus expressifs sont en quelque sorte la démonopolisation étatique de l'action internationale et la transnationalisation de l'arène publique, voire ethnique. En Bosnie, au Kurdistan, en pays Corse et Basque, au Soudan, au Rwanda, en Somalie aux Congo…, les revendications des communautés historiques rendent compte de l'ampleur des vérités en conflit. Elle y ruine la prétention d'une validité universelle de la notion de droit et de l'État par laquelle des peuples entiers ont été soumis au joug d'une domination idéologico-politique et contre laquelle désormais, les élites des nations « conquises » sont amenées à s'insurger.

Il est question dans notre analyse de réinterroger les fondements du droit et ses institutions politiques dominantes notamment l'État, intériorisés comme légitimes en raison du rôle accordé aux textes par la pensée juridique moderne, même lorsque la norme, devenue réfutable, requiert une objectivation de sa réalité. Les propos d'Yves Person, allusifs, s'imposent à notre intellection avec force d'une évidence :

> Les États africains contemporains ou du moins la plupart de ses leaders écrit-il, rêvent de s'aligner progressivement sur un modèle d'organisation politique, sociale et culturelle dont il ne voient pas qu'il n'est qu'un système abstrait masquant la réalité de la société d'origine et que, s'il a correspondu à un projet efficace voici deux siècles, il est en contradiction avec les exigence du monde actuel. (Person 1981 : 30)

Telle est notre hypothèse de travail dont l'argumentaire qui sera développé doit garantir la conclusivité qui va déterminer l'agencement des principaux mouvements de cette deuxième partie. Elle est constituée de trois chapitres et conduit d'emblée à saisir les contours de ce projet : mettre en lumière la crise du pouvoir au sein des États, cerner de près l'occultation de l'ethnicité qui se déploie sur la base d'une trans-étaticité du monde produisant le retour contradictoire de ce refoulé, enfin envisager les critères d'évaluation communs dans le cadre de l'élaboration des normes données à notre expérience du droit et de l'État, à partir d'une revalorisation de la référence nationale et citoyenne dans les « postures transnationales ».

4

Conjoncture critique de l'ethnicité et ébranlement des fondements de la figure étatique

Sortir de l'illusion transcendentale de l'ethnicité

Selon la construction conceptuelle de la notion faite par M. Dobry, *la conjoncture critique* renvoie ici à un moment de fluidité, de turbulence, de brouillage des repères qui indique le passage d'une configuration marquée par des règles du jeu spécifique à un autre. La conjoncture critique nous situe ainsi, en ce qui concerne l'ethnicité, dans le domaine des mutations et des recompositions. Elle est un indicateur analytique qui permet d'éviter l'écueil épistémologique du paradigme de la « crise » qui, outre le fait qu'il est devenu un « cul de sac » de l'analyse des situations internationales et africaines comme le regrette A. Mbembe, contient, ce me semble, une grande « vertu pathologique ». La crise, lorsqu'elle est employée dans cette étude, est synonyme de conjoncture critique (Dobry 1992 : 31).

L'ethnicité est donc en crise, mieux en conjoncture critique. Les États du monde connaissent en effet, en cette turbulence internationale de la « fin des territoires » (Badie 1945 : 280) des contextes politiques fortement perturbés. Dans un contexte où l'enjeu culturel est devenu un enjeu de civilisation et où les produits culturels constituent les capitaux du champ inter-étatique, le milieu inter-étatique s'est mué en conséquence en champ géoculturel. De plus en plus aujourd'hui, « la culture [s'affirme] comme le champ de bataille du système mondial » (Wallerstein 1992). Du coup, on assiste à une ethnicisation des relations internationales, à un retour des ethnicismes. Et à la question quasi-récurrente « qu'est-ce que l'ethnicité ? » Aujourd'hui, il est évidemment imprudent de répondre par la construction ontologique d'une définition qui soit complète, pertinente et universelle. Groupe humain constitué par l'appartenance à une sous-culture commune plus ou moins dérivée des mutations des liens de consanguinité en liens de territorialité, l'ethnie est une réalité plurielle dont les contours varient en fonction de sa trajectoire propre dans un espace-temps donné. En tant que phénomène social, l'ethnie n'est donc pas donnée une fois pour toutes, au point qu'on la trouve naturelle, intemporelle et absolument identique. Il s'agit ici de sortir de l'illusion transcendantale de l'ethnicité, basée sur une ignorance crasse des hasards qui nous font naître quelque part.

Les lexiques de la langue française fixent laborieusement cette notion d'ethnicité alors que celle-ci est un concept à l'œuvre. On parlerait difficilement d'ethnie autrement que dans le cadre d'une dialectique identification/opposition. A partir de cette naissance pour ainsi dire dérivée parce que dialectique, naît le principe d'appartenance sous les espèces d'un « territoire » culturel doté de sa légende, de sa poésie, de ses emblèmes, de ses marqueurs et ses rituels d'identification. Le moment de l'affirmation de l'identité est aussi celui de la reproduction d'une singularité par opposition à une autre singularité. Le fait ethnique est donc un fait polémique, complexe. C'est précisément cette dynamique que l'anthropologie politique s'emploie à mobiliser dans l'histoire et la géographie des faits et idées politiques. Pourtant même dans cette tradition anthropo-politiste en général et particulièrement dans son relief moderne, toute détermination du rapport à l'Autre ou du choc de la différence se nourrit contradictoirement d'un foisonnement de problèmes, de situations et d'interrogations politiques particulières et fragmentés, propres à la dialectique de l'un et du multiple qui connaît une inflation aujourd'hui[1] à l'ère dite post-moderne. La perception post-moderne du politique apparue dans les réflexions des années 70 en Occident pourrait se résumer – exercice périlleux s'il en est – à un éclatement subversif des lieux, repères et valeurs politiques de la modernité (certitudes de la gestion rationnelle du pouvoir d'État : bureaucratie et technocratie, luttes des classes, individualité citoyenne, croyance aux mythes de l'État et de la République, etc.) et à l'émergence des nouveaux réseaux et carrefours de significations concurrentes dépourvues de toute détermination *a priori* et de tout ordre intrinsèque marqué par l'ambivalence, l'ambiguïté et le renversement des exercices (pratiques, procédures, interactions) politiques telles que l'un et le multiple cohabitent et opèrent simultanément, le citoyen n'est plus simplement patriote membre d'une nation mais à la fois entité politique souveraine, personnalisée, régionalisée et mondialisée.

En Afrique subsaharienne en général et au Cameroun en particulier, la problématique du fait ethnique ou de l'ethnicité a d'abord été posée de manière parcellaire ou groupusculaire en termes de tribu. Autrement dit, les auteurs classiques considéraient les membres d'une tribu comme des parcelles pouvant être attribuées à un espace plus organique d'ordre groupusculaire considéré alors comme la tribu elle-même. Cette démarche restera en vigueur au lendemain de la deuxième guerre mondiale où pourtant une remise en cause de l'ethnologie commence à se faire sentir par la préférence du terme ethnie à celui de tribu par bon nombre d'ethnologues et anthropologues anglo-saxons. Cette approche statique, puisque inspirée d'un fonctionnalisme classique était alors mue par un exotisme portant un intérêt de *découverte exotique sur l'autre*. La préoccupation était de chercher à connaître les comportements, les attitudes, les mœurs, les coutumes, etc.… de l'étranger symbolisé par l'homme dit de couleur : le nègre. L'approche groupusculaire procède par découpage ethnique ; autrement dit par singularisation ethnique.

L'ethnie est un élément singulier / singleton – en terme mathématique[2] – dont on veut savoir le fonctionnement harmonieux. Au début on expliquait son existence à l'aide des mythes, voire des traditions orales. La démarche groupusculaire recourt néanmoins aujourd'hui à une jonction du mythe et de l'histoire, mais sa préoccupation majeure est uniquement la saisie de l'ethnie de l'intérieur. Dans la plupart des cas, l'interrogation n'est jamais portée sur le processus d'ethnicisation ; c'est-à-dire la prise en compte dans la formation d'un groupe ethnique non seulement la prise en compte des dimensions mythologique, généalogique, linguistique et territoriale mais aussi culturelle (pas au sens simpliste du culturalisme, mais d'une culture – action), sociale, économique, politique, situationnelle.

---

[1] Voir Chantal Delzol, in *Les avatars de l'universalisme européen* pour une interrogation anthropo-politiste contemporaine de la dialectique universel/ particulier dans le renouvellement épistémologique des relations internationales post-bipolaires. Voir aussi Zaki Laïdi, *Géopolitique de sens*, Paris, Desclée de Brouwer, 1998, pp. 67-68. Pour ce qui est de la fragmentation de l'expérience historique et sociologique contemporaine souvent attribuée à ce qu'il est convenu d'appeler « la rupture post-moderne » voir Jean-François Lyotard, *La condition post-moderne*, Paris, Minuit, 1998 ; et Scott Lash, *Sociology of postmodernism*, Routledge, London, 1990 ; on consultera aussi avec beaucoup d'intérêt le site web : http://www.tamu.edu: 8000/pomo.html

[2] En mathématiques, ensemble qui comprend un seul élément.

La question centrale autour de laquelle gravite la lutte démocratique est celle du contrôle de la production et de la répartition des richesses par le biais de la détention du pouvoir politique, qui donne une capacité de décision générale et fondamentale. Autrement dit, au cœur de l'idée démocratique, il y a des préoccupations sociales et non naturelles ; les clivages ne se font pas sur la base des origines naturelles, des héritages traditionnels et des situations de fait comme si dire « *je suis né bassa, je suis né sawa, je suis né bamiléké, je suis né toupouri, je suis né béti, etc.* » décernait un brevet de compétence. Ils se font sur la base des positions intellectuelles, de choix délibérés et d'aspiration rationnelle. On comprend donc que dans la modernité nègre, la démocratie soit viciée et même bloquée lorsque que la compétition entre forces sociales et politiques soit supplanté par la lutte entre groupes naturels ou semi-naturels et ne visant chacune que son hégémonie. Nous nous installons ainsi dans le règne de l'obscurantisme et du fascisme, obéissant irrationnellement à la loi aveugle du sang, de la langue, du sol, de la tradition, etc.

En reliant ces problèmes, situations et interrogations entre eux et autour de la perception post-moderne de la politique[3] lorsque celle-ci s'exécute, comme en ce moment, dans sa relativité et sa pluralité spatio-temporelle, le concept d'ethnicité gagne moins en lisibilité dans la mesure où il émerge comme étant intrinsèquement constitutif de l'objectif même des exercices politiques.[4] Toutefois, son ambiguïté conceptuelle contemporaine perdure surtout si l'on se réfère aux expériences théoriques et pratiques que nous propose la modernité. Sont caractéristiques de cette démarche, le travail de l'œuvre aronienne sur la question à l'échelle de la politique internationale[5] et, à égale distance, les thèses de Morgenthau,[6] l'ensemble probléma-

---

[3] La collection *Politique éclatée* dirigée par Lucien Sfez chez PUF s'était inscrite dans cette perspective notamment la transformation des usages de la notion de subversion en politique proposée par Mikel Dufrenne in *Subversion/ Perversion*, Paris, PUF, 1977. De la même manière, Daniel Bensaid décrit parfaitement ce phénomène dans *Le pari mélancolique. Métamorphoses de la politique, politique des métamorphoses*, Paris, Fayard, 1997.
En ce qui concerne spécifiquement les travaux sur la post-modernité politique se référer, entre autres, à Michel Maffesoli, *La transfiguration du politique. La tribalisation du monde*, Paris, LGF, 1995 ; Richard Rose, *The post modern President. The White House Meets the World*, Chatham House Publisher, New York, 1998; J. Derian et M. Shapiro, *International/ Intertextual relations: postmodern readings of world politics*, Lexington Books, Lexington, 1989 dont une critique générale est proposée par Pauline Rosenau in *Postmodernism and social sciences: insigths, inroads and intrusions*, Princeton University press, Princeton, 1991. De même, une perspective originale et construite au subtil rebours de l'ordre politico-culturel occidentalo-centrique est initiée par K. Anthony Appiah. A partir des ambiguités des canons du beau africain post colonial, ce penseur ghanéen de la diaspora africaine-américaine articule une critique de l'esthétique ayant des ramifications post-modernes fortes et a l'air « politiquement incorrect » d'après un article de *Critical Inquiry*, n°17 de winter 1991 : « is the post-in postmodernism the Post-in Postcolonial ? » aux pp. 336-337. Enfin, l'écriture d'Achille Mbembe en *Post-colonie* appartient indubitablement au style postmoderne.

[4] L'image des exercices politiques est symboliquement inspirée par les pratiques rituelles et spirituelles désignées sous le vocable des « exercices spirituels » dont l'auteur est St Ignace de Loyola, le fondateur de la Compagnie de Jésus. *Les exercices spirituels* présentés sous la forme d'un manuel d'apprentissage et de méditation sont un recueil de recettes éprouvées dans la prière qui constitue le testament actif de la vie spirituelle des jésuites et dont procède la force et la grandeur d'âme de ces derniers depuis la Renaissance jusqu' aujourd'hui. La manière dont *Les exercices spirituels* sont construits rappelle, à certains égards, la structure textuelle du *Prince* de Machiavel en plus du fait que ces deux textes qui sont contemporains, ont à peu près le même volume et surtout, exigent une application concrète et rigoureuse sur le chemin incertain des conduites humaines. Et puis, St Ignace et Machiavel partagent en commun l'idéal chevaleresque. Le concept des exercices politiques présente ici un contenu hétérogène qui tente d'inscrire dans le même réseau de significations et au même moment les pratiques, opérations, manœuvres, procédures, situations, délibérations, décisions, réactions, interactions… en jeu dans l'exécution du pouvoir d'État aujourd'hui. Le pouvoir exécutif apparaît alors comme son siège par excellence consacré par la grammaire constitutionnelle moderne et subvertie par les logiques politiques post-modernes.

[5] Raymond Aron, *Paix et guerre entre les nations*, Paris, Calman-Levy, 1962 ; Penser la guerre, Clausewitz, T1 et 2 (Paris, Calcuan-Levy 1976), *chronique de guerre ; Paris Gallinard 1990) et Machiavel et les tyran-

tisé à nouveaux frais par Waltz (1979), Walzer (1998 / 1999) et réexaminé dans une autre perspective issue des théories de la guerre chez Philonenko (1976) et récemment de la production des savoirs interculturels chez Wim Van Binsbergen (2003).

La gouvernance identitaire, un calembour sérieux dans la dialectique du progrès et du droit des peuples à l'autodétermination en Afrique

Les régimes politiques africains, après un demi-siècle d'indépendance sans liberté ni démocratie, se trouvent confrontés à une crise multiforme de leur système social. Crise dont le symptôme le plus expressif est l'inadéquation entre l'action des gouvernements réactionnaires, voire illégitimes et les aspirations profondes des populations en quête de leurs droits à l'autodétermination et au développement. En conséquence, la dialectique du pouvoir, faute d'avoir libre cours, à la faveur de l'alternance, se cristallise dans une forme d'expression nouvelle qui serait la dialectique de la gouvernance. En d'autres termes, la contradiction entre une mentalité autocratique des gouvernants et une aspiration démocratique des gouvernés, entre le maintien du *statu quo* néocolonial et les exigences de l'Histoire, entre l'offre gouvernementale minimale de développement et de prestations sociales et une demande populaire pressante et urgente de justice sociale, bref ces contradictions entre un État princier et un véritable État de droit, donnent corps à ce qu'il faut bien appeler les convulsions criminelles de l'irresponsabilité en Afrique. Le Cameroun à cet égard constitue un cas d'école. Peut-on dès lors parler d'une colonisation ethnique intérieure africaine ayant cours dans les Etats multiethniques hérités de la colonisation étrangère occidentale ?

Lorsque les majorités naturelles supplantent ou remplacent les majorités sociales, la démocratie devient impossible puisqu'aucun choix libre, aucune transparence, aucun débat rationnel, aucune acceptation de l'alternance au pouvoir ni de la règle de la majorité intellectuelle ne sont plus possibles. « Comment voulez-vous que mon ethnie soit la plus méritante du monde, par la force de la nature ou du droit divin et que j'admette que des mécréants dominent et dirigent le pays ? » C'est l'impasse démocratique programmée. Le chauvinisme ethnique d'État conduit ainsi à une *mentalité de super-ethnie*, revendiquée notamment par les principaux groupes nationaux rivaux, puisqu'elle pose les identités ethniques comme les seules vraies acteurs politiques du pays. La démocratie disparaît lorsque le fanatisme remplace le rationalisme et la loi naturelle, la loi culturelle et sociale ; du coup, la menace structurelle du démembrement territorial et l'état de guerre civile larvée s'installe. Sans volonté commune de cohabitation ethnique, sans pacte communautaire tacite ou explicite, il n'est pas facile que les diverses populations d'un État multiethnique respectent le système politique qui sous-entend que l'intégrité territoriale et l'unité de l'État soient assurées, que les institutions républicaines prévalent, que la paix civile soit préservée. La violence d'État apparaît dès lors comme le premier et ultime recours pour assurer le favoritisme ethnique et pour contenir les tentations séparatistes et les passions d'isolationnisme régional suscitées par *la culture du chacun pour soi* qui vont de pair avec une structure politique fondée sur la rivalité politique des ethnies et non des forces sociales trans-ethniques et des projets collectifs rationnels. Or, violence d'État institutionnalisée, développement de la démocratie et bonne gouvernance restent fondamentalement incompatibles. La problématique de la gouvernance, approchée dans

---

nies modernes (Paris, édition de Fallois, 19963). Lire aussi l'excellente biographie que lui consacre Nicolas Baverez in *Raymond Aron. Un moraliste au temps des idéologies* (Paris Julliard 1993) et surtout ses *mémoires. Cinquante ans de réflexion politique* (Paris, Presse Rocket, 1990).

[6] Voir Hans Morgenthau, *Politics among Nations. The struggle for power and peace* (Alfred Knoff P., New York, 1985) et le peu connu *scientific Man versus power politics* (University of Chicago Press! Chicago 1945).

ses dimensions nationale et locale, politique, économique et sociale, trouve dans le Cameroun un exemple démonstratif car, riche d'enseignements.

De la fragilité théorico-pratique de la gouvernance aux croisements de la « question anglophone » au Cameroun

Le concept de gouvernance tire en effet son origine et sa fortune du bilan d'échec des États postcoloniaux. Échec attesté par l'inadaptation des institutions politiques africaines, à l'instar du parti-État, avec les exigences du monde moderne, dominé par l'idéologie néolibérale, ou régi par les principes de l'économie de marché, ou mieux encore par la loi de la jungle appliquée par la mondialisation. À preuve, la déliquescence de l'État ou le délitement de son pouvoir en Afrique, en proie à l'érosion de la corruption dont les indices les plus éloquents se trouvent dans les fonctions régaliennes étatiques, notamment dans les institutions de la police et de la justice. Échec, attesté aussi par une action gouvernementale régie en matière politique par le refus d'élections démocratiques et régentée sur le plan économique et social par les Institutions Financières de Bretton Woods. Celles-ci imposent ainsi leur diktat à travers l'élaboration d'un programme national de gouvernance, à travers les opérations de privatisations – braderies des entreprises publiques et parapubliques, y compris les fleurons du secteur stratégique de l'économie nationale, et à travers la rédaction d'un document stratégique de réduction de la pauvreté sur le plan social. En somme, la mal gouvernance est caractéristique d'un système politique antidémocratique, d'une praxis sociale disqualifiée par une contre-performance économique et une pauvreté endémique, générées par l'extraversion de l'économie et par une injustice sociale institutionnelle.

En tout état de cause, le « train camerounais » ne sera remis sur les rails de l'Histoire que si et seulement si la dynamique nationale de la bonne gouvernance venait à être la force motrice résultante des dynamiques régionales et locales. Autrement dit, l'État ne sera capable d'impulser une dynamique nationale de bonne gouvernance que dans la mesure où les communautés territoriales décentralisées seront dotées des instruments institutionnels et de l'autonomie nécessaires pour assurer une gouvernance locale opérationnelle, car porteuse de développement et de mieux-être pour les populations citadines et rurales. Mais se pose la question essentielle du comment de cette opération, ou de cette gageure historique de renversement de la vapeur ? Cependant, une première approche de sa problématique consisterait à examiner la conditionnalité de l'impulsion des dynamiques régionales promotrices de la gouvernance locale. Celle-ci, à l'instar d'une source jaillissante, qui devient ruisseau puis fleuve moyennant des confluences avec d'autres cours d'eau, est en effet appelée à se conjuguer avec d'autres forces vives de la Nation pour constituer une gouvernance nationale dynamique. Ainsi abordée, la problématique de la gouvernance locale, dans le cas d'espèce du Cameroun, sera articulée autour de trois axes principaux : *un axe historique* tracé par une expérience non concluante de fédéralisme ; *un axe national* orienté par la détermination des objectifs majeurs de la gouvernance et enfin *un axe projectif* dont la vertu est d'aider à cerner les institutions ou les conditions d'une décentralisation porteuse de bonne gouvernance locale.

La problématique de la gouvernance implique l'incontournable question des institutions appropriées, c'est-à-dire porteuses de bonne gouvernance. De fait, une gouvernance est opérationnelle pour autant qu'elle véhicule le progrès, aussi bien sur le plan national que local ou régional. Cette thèse se trouve illustrée par l'expérience historique du fédéralisme camerounais. Les vestiges de cette expérience non concluante de gouvernance locale sont constitués par le lancinant « problème anglophone » comme en témoigne l'activisme des sécessionnistes regroupés au sein de la SCNC (Southern Cameroon National Council). On est en droit de postuler que la récurrence du problème anglophone, est susceptible d'hypothéquer l'unité et l'intégration nationales camerounaises. Certes, le motif évoqué par les activistes est la fin brutale de notre République fédérale, qualifiée à l'époque de révolution pacifique. Cet échec institutionnel s'explique par le *hiatus* qui existait entre deux systèmes incompatibles, voire antagonistes de gouvernance locale dans les États fédérés.

Le premier système de gouvernance locale, celui du Cameroun oriental ou « francophone » était d'essence autocratique et avait été généré par une décolonisation à contre-courant de l'Histoire. Une décolonisation opérée à dessein de confier la gestion d'une indépendance sans liberté aux anti-indépendantistes. Une indépendance et un fédéralisme non fondés sur des principes démocratiques furent ainsi confiés à des gouvernants de circonstance. Cette double opération, conduite dans la logique néocoloniale, visait à asseoir le nouveau régime sur les mêmes principes fondateurs que le pouvoir politique colonial, caractérisé par l'élitisme politique et le refus du droit d'autodétermination du peuple. D'ailleurs les lignes directrices de la gouvernance coloniale étaient maintenues par le biais de la domination politique et de l'exploitation économique, c'est-à-dire l'extraversion de l'économie du nouvel État-nation. En somme, la gouvernance locale du Cameroun oriental, sous son premier chef d'État, visait essentiellement au maintien du statu quo, vaille que vaille, y compris dans le sang et les larmes. En témoigne le génocide colonialiste qui fit au total près d'un million de martyrs au Cameroun sous tutelle française. La gouvernance locale néocoloniale se maintint au pouvoir au Cameroun oriental à ce prix. Ce régime pouvait-il cohabiter en bonne intelligence au sein du fédéralisme avec le système de gouvernance locale en vigueur au Cameroun occidental ou « anglophone » ?

Le second système de gouvernance locale était en charge politique de l'État fédéré du Cameroun occidental. D'essence démocratique, ce système hérité de la tutelle britannique avait pour principe fondateur colonial le *Indirect Rule*. Cette pratique de gouvernance locale confiait d'avantage de pouvoir d'initiative aux autorités locales. Et partant, il reconnaissait le droit d'autodétermination des populations ; dans la mesure où il était moins répressif et n'organisait pas de chasses aux sorcières patriotiques comme au Cameroun oriental où les Autorités fédérées se livraient à l'assassinat des leaders politiques nationalistes quand elles ne les emprisonnaient pas ou ne les contraignaient pas à l'exil.

En d'autres termes, cette contradiction fondamentale entre deux conceptions antinomiques de gouvernances locales, devait vouer à l'échec l'expérience fédérale camerounaise. Pour mieux comprendre cet échec, mettons encore en parallèle la pratique institutionnelle et les principes. Si nous pouvons définir le fédéralisme comme un mode de groupement structurel des collectivités politiques qui vise à renforcer leur solidarité tout en respectant leur particularisme, il est aisé d'affirmer que le fédéralisme implique donc l'autonomie politique des collectivités membres, par ailleurs dotées d'une organisation étatique complexe, et leur participation à la constitution d'organes de compétences plus ou moins étendues en rapport avec le degré d'intégration du groupement. Or, la Constitution de la République Fédérale du Cameroun prenait le contrepied de l'Autonomie politique des États fédérés en disposant dans son article 39 que : « Le Président de la République Fédérale désigne dans chaque État fédéré le premier ministre qui doit recevoir l'investiture de l'Assemblée législative de l'État fédéré à la majorité simple ».

Ainsi donc, bravant le fonctionnement démocratique du fédéralisme qui oblige le Président de la République Fédérale à composer avec la majorité parlementaire de chaque État fédéré, la Loi Fondamentale camerounaise conférait au Chef de l'Etat Fédéral le pouvoir de désigner le Chef du gouvernement local, même en dehors de la majorité parlementaire. Une telle disposition anti-démocratique ne pouvait relever que de la logique du pouvoir autocratique qui présidait alors aux destinées de la nation Camerounaise. Et, c'est donc tout naturellement qu'obéissant à sa seule volonté de disposer d'un pouvoir sans partage, le président Camerounais décida de mettre fin à une expérience fédéraliste qui faisait ombrage à son autocratie. Cette suppression unilatérale du fédéralisme jette une lumière crue sur l'un des fondements de la mal gouvernance, qui par ailleurs, s'alimente à ses propres guêpiers.

Cette inadéquation s'explique par le fait qu'au lendemain des indépendances, les élites politiciennes à qui échut la gestion des États issus de la décolonisation, ont vite fait de spolier le peuple de son droit à disposer de lui-même en vue de son plein épanouissement. Une autre inadéquation, source de mal gouvernance, réside dans l'institution en lieu et place de l'État fédéral, d'un État unitaire centralisé et autocratique. Ce guêpier se trouve même consolidé par la mise en place d'un parti-État, garde-chasse du régime anti-démocratique.

En somme, la mal gouvernance a généré et se nourrit des fléaux qui en constituent des véritables guêpiers. Les guêpiers de la mal gouvernance s'identifient donc à ses cancers sociaux qui minent la société postcoloniale et que sont la corruption, la prévarication, les malversations financières, la pauvreté, le tribalisme d'État et l'antipatriotisme. Comment donc édifier une bonne gouvernance nationale, et par voie de conséquence locale sans au préalable éradiquer les maux qui alimentent la mal gouvernance ? On ne peut en effet que faire pétition de bonne gouvernance quand la volonté politique d'en jeter les bases sociales et les principes démocratiques fait cruellement défaut. Certes, il n'en demeure pas moins que l'édification de la bonne gouvernance est une exigence historique. Cette nécessité qui fait loi, autorise à mener une réflexion profonde dans la double direction nationale et locale de la gouvernance, chacune de ses deux dimensions s'articulant autour des trois axes cardinaux : politique, économique et social. En effet, il ne saurait y avoir gouvernance nationale sans démocratie authentique, ni gouvernance locale sans développement économique et social comme finalité. Rendre opérationnelle la gouvernance reviendrait donc à en jeter les bases institutionnelles pour autant qu'une volonté politique réelle de démocratisation en porterait le projet national et local. Donc, la bonne gouvernance implique libre cours laissé à l'autodétermination du peuple. Parce que la gouvernance nationale est indissociable d'un processus démocratique authentique, la gouvernance locale ne saurait être opérationnelle en dehors d'une décentralisation véritable du pouvoir, et en dehors de l'autonomie des institutions régionales. C'est sur ces principes que se fonde l'axe projectif de la gouvernance locale : la décentralisation est une procédure de répartition et de partage du pouvoir qui doit être opérée en vue de la création de régions autonomes, fondées sur des institutions démocratiques et administrées par des autorités légitimes. En effet, toute bonne gouvernance locale est d'essence démocratique, sauf à vouloir en limiter l'importance institutionnelle et partant sa fonction de moteur du développement économique, social et culturel sur le plan local.

Certes, l'unité et l'intégration nationales sont riches des diversités régionales spécifiques. Mais seule l'autodétermination des populations locales et régionales est garante de la bonne gouvernance locale. Qui plus est, la dialectique de la démocratie et du développement atteste de l'inefficience de toute gouvernance locale qui ne serait pas fondée sur l'expression démocratique de la volonté populaire. Le droit des peuples à disposer d'eux-mêmes se trouve une fois de plus au fondement de la bonne gouvernance. En somme, la dialectique de la gouvernance est indissociable de celle du pouvoir, c'est-à-dire de sa source qui est la souveraineté du peuple. Autrement dit, la gouvernance dans sa dimension nationale et locale, tout comme la démocratie qui en est l'essence, est historiquement fondée sur l'autodétermination du peuple. Ainsi donc sur les plans politique et historique, ce qu'il est convenu d'appeler « problème anglophone du Cameroun » pourrait être avantageusement résolu par la promotion et l'édification d'une authentique et démocratique gouvernance locale, véhiculée par des institutions démocratiques et fondée sur l'autonomie des collectivités décentralisées, celles-ci étant administrées par des maires et des gouverneurs élus au suffrage universel direct.

Au Cameroun, la gouvernance dans sa double dimension nationale et locale, se trouve hypothéquée par plusieurs maux ou fléaux d'inégale gravité par leurs conséquences : la corruption, qui plonge ses tentacules dans toutes les couches de la société ; l'atomisation de la conscience nationale par ailleurs battue en brèche par l'antipatriotisme, la politique discriminatoire des quotas ethniques, l'ancrage régional des formations politiques et la contestation des activistes sécessionnistes qui mettent à mal l'unité et l'intégration nationales. Cependant, l'Histoire n'en rend pas moins impérieuses ses exigences pour le Cameroun, à savoir : l'exigence de démocratie authentique, car, mobilisatrice de tous les citoyens, appelés à œuvrer pour le bien commun. L'exigence d'une décentralisation opérationnelle, fondée sur le principe de subsidiarité générateur d'une participation de tous à la vie politique. Seules en effet des institutions démocratiques nationales et locales sont porteuses de gouvernance nationale ou locale. Et dans cette double dimension, la bonne gouvernance aurait pour *finalité politique* l'autodétermination du peuple pour *finalité économique*, un développement économique et social tangible et pour *finalité sociale* une lutte efficiente contre la pauvreté et l'exclusion qu'elle soit d'origine sociale, politique, religieuse ou ethnique.

Sociétés multi-ethniques et/ou plurales dans l'institution étatique en crise en Afrique

La crise de l'État est on ne peut plus bien cotée à la bourse des valeurs analytiques africaines où fourmillent des devises intellectuelles interchangeables à souhait. En rapport avec la configuration étatique africaine, on note une prolifération de paradigmes qui tentent une transcription conceptuelle beaucoup approchée de la vie sociale de l'État africain qui vit une situation de délitescence ; ce que Patrick Chabal et Jean Pascal Daloz (1999 : 13) nomment « l'inanité de l'État » pour rendre compte du processus de « l'informalisation du politique ». « Quasi-État » à la « souveraineté négative » relevant plus de la fiction juridique que de l'effectivité politique ; « facteur d'insécurité » des populations (Tshiyembe 1990), État en proie aux « dissidences territoriales » (Ben Arrous : 1996) en tant que processus de détachement ou de retrait des régions entières des territoires étatiques, « État en pointillés » etc. ; le cadre étatique comme formule de domination politique « importée » de la tradition occidentalo-westphalienne semble un échec sous les « tristes tropiques ». Il s'agit d'un échec qui pour les uns, équivaut à un pur et simple rejet de la greffe étatique sur les réalités géo-humaines hétérogènes, plurales et/ou multiethniques.

Pour les autres cependant, ce qu'on appelle en Afrique « la déraison du mimétisme » étatique est tout simplement la conséquence d'une approche somme toute inopérante des configurations étatiques africaines à partir du prisme déformant et spécieux de la « pensée d'État » suivant une posture occidentalo-centriste. Par conséquent la « crise de l'État africain » est un cul-de-sac analytique qui édulcore la réalité de l'historicisation de la formule étatique en Afrique ; de son émancipation des conditions historiques de sa détermination, bref de sa détermination par les « logiques de situation » propres aux sociétés africaines. Mais en réalité, l'État africain, à l'instar des autres, connaît une conjoncture critique, une « transformation d'état » dont les principaux traits sont la crise du principe de territorialité et la désintégration du pouvoir légitime.

La « pensée d'État » qui a dominé la pensée étatique depuis des siècles a été pour l'essentiel un travail de rationalisation et de légitimation de cette territorialisation absolue de la souveraineté. Une très faible attention a ainsi été accordée non seulement aux « zones grises » qui proliféraient à l'intérieur des territoires des États, mais aussi aux groupements, agents et réseaux extra étatiques qui relativisaient la prétention au monopole de contrôle et de la domination territoriale de l'État. La crise de la territorialité étatique dans le contexte africain ne se nourrit pas par conséquent de l'impensé d'un relâchement de l'enserrement territorial préalablement assumé de manière effective par le pouvoir en tant qu'expression de la centricité étatique ; plutôt la crise de la territorialité dans le contexte africain et au-delà doit davantage se comprendre en terme de remise en cause du projet hégémonique du souverain territorial. L'État africain n'a pu mener à bon terme l'ambition de *clôturation* de « son » territoire ; de totalisation de son espace d'affirmation. Cependant, il a affirmé sa volonté monopolistique de l'aménagement et de l'administration du territoire en créant des structures gouvernementales spécifiques : ministère de l'administration territoriale, de l'intérieur, du plan, de l'aménagement du territoire, etc. Les organisations de domination extra-étatiques relevaient alors de la catégorie subversive, de suppôts de l'impérialisme. La grande mutation pour ce qui concerne l'appréhension de la « dissidence territoriale » du moins de la démocratisation de la territorialité est sa dédramatisation relative par les pouvoirs centraux. C'est l'effet de la violence symbolique du discours sur la mondialisation qui rime avec la dé-souverainisation étatique des territoires.

La figure globale de la crise du principe de territorialité dans les contextes africains renvoie sans doute à la pluralité des logiques de territorialité. Comme le souligne Achille Mbembe (2000 :148), plusieurs formes de territorialités s'entrecoupent, s'affrontent et se relaient, produisant, au passage, un amas de forces endogènes qui se dissipent et se neutralisent mutuellement.

Par logique de territorialité, il convient en effet de comprendre la conduite d'un groupe quelconque pour prendre possession d'un territoire, pour le dominer, le contrôler et l'exploiter, le gérer grâce à l'institution au sein de celui-ci d'un principe de fonctionnement, des régularités d'extraction et des modalités d'appropriation. Dans l'actuelle conjoncture du « système d'États », la logique de territorialité n'est plus concurrencée par une multitude d'autres « comportements territoriaux ». Territorialité étatique et territorialités sub ou extra-étatiques s'entrecroisent et sont en lutte largement déterminée par le contrôle et la jouissance des ressources. En se limitant aux cas spécifiques des États de l'Afrique noire, la crise du principe de territorialité peut s'analyser à plusieurs niveaux :

Le brouillage des frontières des États
La frontière est le marqueur spécifique du territoire de l'État. Elle permet la distinction et la démarcation territoriale d'un espace de souveraineté. Il n'y a pas d'État sans frontières ou alors de frontières qui ne suggèrent l'identité territoriale de l'État. Il s'agit en somme d'un dispositif juridique international qui encadre les lignes de rencontre et surtout de séparation des espaces de souveraineté. Ainsi, dans la perspective juridico-politique de l'État, la claire appréhension de ses frontières par une entité politique est une garantie pour la maîtrise par celle-ci de sa sûreté et de sa sécurité. La fonction principale des armées nationales qui est celle de la défense de l'intégrité territoriale des États suppose donc une maîtrise préalable par chaque État de ses limites ; laquelle maîtrise des limites permet de mieux apprécier les attaques, menaces ou violations extérieures. La question qu'on peut alors se poser est celle de savoir si les États africains en général et de l'Afrique noire en particulier ont une claire maîtrise de leurs frontières.

Sur cette question de la maîtrise des frontières en Afrique, le discours scientifique et politique est largement pessimiste. Il s'agit d'un discours globalement dominé par la critique de l'artificialité des frontières des États: les frontières africaines sont illégitimes, artificielles et irrationnelles parce que héritées du processus de balkanisation de l'Afrique que fut la Conférence de Berlin de 1884-1885 qui, quoique ayant débattu de l'avenir de l'Afrique, s'est réunie sans l'avis, le consentement, encore moins la participation des africains:

Les problèmes frontaliers découlent du caractère artificiel des frontières coloniales. Ce qui a entraîné la non coïncidence des frontières ethniques avec les frontières d'État, avec comme conséquence l'irrédentisme.[7]

Ce discours est pauvre à plusieurs égards; d'abord parce que toute frontière est une construction politique; ensuite parce que les frontières africaines relèvent à certains égards d'une mixture de l'historique, du «naturel» et du construit. S'il est vrai que les frontières africaines ne sont pas pour la plupart « anthropo-géographique» parce qu'elles coïncident très peu avec les limites spatiales des groupes ethniques, il reste tout aussi vrai que certaines sont matérialisées par des obstacles naturels et que quelques-unes renvoient à des frontières « diachrones » antérieures aux États.

Au demeurant, la frontière africaine s'affirme comme une réalité objective, *sui généris*; elle est un dispositif juridico-politique structurant l'imaginaire des individus et alimentant l'orgueil souverainiste des États. La frontière est, en Afrique comme partout ailleurs, une projection souverainiste de l'État, un vecteur de la domination politique des individus par la médiation du territoire. Il convient donc de prendre très au sérieux la charge symbolique des frontières dans les relations internationales africaines et dans la territorialisation étatique du continent noire en tant que forme d'affirmation de la modernité politique.

La prolifération des « zones grises » à l'intérieur des États
L'existence à l'intérieur des États de nombreux espaces gris échappant partiellement ou totalement au contrôle des pouvoirs centraux est une autre facette de la crise du principe de territorialité dans certains contextes africains. Dans nombre d'États africains en général, le « territoire n'est (...) contrôlé que de manière discontinue : sur les tâches de la fameuse « peau de léopard » pour reprendre une image utilisée par Patrick Quantin dans son analyse des « États fantômes » d'Afrique centrale. En dehors des centres urbains et des bourgades de concentration des services administratifs sur lesquels s'est concentré l'essentiel de sa présence, l'État africain connaît une difficile pénétration de ses zones périphériques. C'est ainsi que de nombreuses communautés ont défié l'État en vivant en marge de son ordre et cela à l'intérieur du territoire de l'État. La crise du contrôle du territoire par les pouvoirs centraux est le signe de l'insuffisance des capacités internes d'affirmation souverainiste de l'État.

La non maîtrise de la population
La population est à l'origine de la présentation et de la représentation de l'État comme porte-parole d'un groupe. La population est la base humaine de l'État. Celui-ci s'institue dans la finalité de la mise sur pied des conditions sociales d'existence viables et harmonieuses pour celle-là. Il n'y a donc pas d'État sans population tout comme il n'y a point de population sur laquelle ne s'exerce une domination et un contrôle étatique par la médiation du territoire. Chaque État jouit, du point de vue purement juridique, d'une exclusivité de la compétence personnelle en tant que pouvoir de mobilisation des populations. Cette compétence personnelle découle elle-même de la nationalité qui est le lien juridique qui rattache un individu à la population constitutive d'un État. La nationalité suppose un lien d'allégeance ; c'est-à-dire une soumission volontaire de l'individu à l'autorité politique qui incarne l'État. En tout état de cause, un État pourvu de ses fonctions normales doit pouvoir assurer un contrôle sur sa population. Ce contrôle permet une maîtrise du nombre sans laquelle l'État reste vulnérable.

---

[7] Centre régional des Nations-Unies pour la paix et le désarmement en Afrique, Lomé-Togo, « Projet de recherche sur le rôle des problèmes frontaliers dans la paix et la sécurité en Afrique », Atelier international d'experts, rapport final, Lomé-Togo, 9-12 Mars 1992, p. 20.

À la non maîtrise de leur nombre par les États s'ajoute un contrôle assez lâche des populations. Les populations africaines vivant à l'intérieur des États forment difficilement une communauté politique si par celle-ci on entend un type d'intégration socio-politique caractérisé par : (a) « le monopole de l'usage légitime de la violence » ; (b) « l'existence d'un centre de décision capable de déterminer l'allocation des ressources et des récompenses au sein de la communauté » ; (c) « l'existence d'un point transcendant d'identification de la majorité des citoyens... » (Etzioni 1962 : 45). En effet le multi ethnisme qui caractérise la quasi-totalité des États de l'Afrique noire fragmente plus qu'il ne diversifie les espaces nationaux. Malgré le succès de la culture d'État dans le processus de socialisation politique des individus, il reste que la très grande emprise symbolique du rattachement des individus aux États est travaillée par le lien d'appartenance tout aussi fort des individus aux groupes ethniques.

Même s'il convient d'admettre que la communauté ou « l'unité politique » est possible dans une société multiculturelle, voire multinationale comme on peut le constater dans maints États africains qui font sens en dépit de leur diversité ethnique et religieuse, il reste que la mobilisation des identités culturelles a été dans certaines sociétés plurales des facteurs de dissolution du sens de la communauté. Plus précisément la mobilisation de la ressemblance ethno-identitaire ou de la parenté communautaire à des fins de conquête du pouvoir est la modalité principale de l'introduction des groupes dans le jeu politique national. C'est « la politique d'affection » dont a analysé Ernest Menyomo dans l'un de ses travaux. Celle-ci marque une crise de la base humaine de l'État.

L'identification des individus aux groupes ethniques marque une crise d'allégeance et de loyauté. Ici l'intérêt ethno-identitaire l'emporte sur le sens de l'État. D'où la critique communautariste dont sont généralement l'objet les États africains et qui conduit à une « crise de la légitimation universaliste de l'État ». L'État camerounais est généralement labellisé comme un « État Beti » du nom du grand groupe ethnique auquel appartient le président Paul Biya. A l'État « Nibolek »[8] qu'a constitué l'ancien président Pascal Lissouba au Congo a succédé l' « État Mbochi », groupe ethnique auquel appartient le président Denis Sassou Nguesso. La Guinée Equatoriale est considérée comme un « État-Fang » par les autres populations du pays. Au Gabon, le président Omar Bongo est aujourd'hui accusé d'avoir livré le pays aux Fangs qui occupent la plupart des lieux importants d'exercice du pouvoir. En Angola, l'Unita de Jonas Savimbi s'est battu depuis l'indépendance du pays contre l'État des *assimilados Kimbundus* qui, quoique ne comptant que pour 20% de la population du pays se sont accaparés le pouvoir d'État au dépens de la majorité *Ovimbundus* (40%). Au total l'allégeance et la loyauté étatiques sont problématiques dans un contexte de survalorisation du lien ou de l'appartenance communautaire. Ici la communauté ou l'ethnie sert de principe de vision et d'insertion au sein de l'État.

Par ailleurs d'autres catégories de populations vivent en marge de l'État sur son territoire. Ici encore c'est la compétence humaine de l'État qui est en crise. Au Cameroun, aux Congos, au Gabon, les populations pygmées défient l'autorité de l'État en instituant sur le territoire national les zones non administrées, des espaces de non-droit. C'est ce qu'une anthropologue américaine note à propos des Baka du Sud-Cameroun :

> There are areas within the border of the Cameroonian State that it does not effectively occupy or administer. In Southeastern Cameroon these political geographic voids correspond closely with Bakaland. Baka themselves particularly those not distant from the State, are sign of the State's failure to make total its control of the territory. Far from being successfully incorporated by the State as the "first Cameroonians" Baka largely remain their non-Cameroonian Baka selves. The Came-

---

[8] « Nibolek » : Acronyme formé à partir des premières syllabes des régions du Niari, de la Bouenza et du Lekoumou ; trois localités situées dans la zone méridionale du pays, entre le littoral atlantique et le « Pool ».

roonian State, struggling to make itself necessary inevitable, and legitimate, is little more than irrelevant. (Leonhardt 1998: 175)

Les populations nomades qui circulent d'un État à un autre sans faire grand cas des frontières affectent aussi la maîtrise de sa base humaine par l'État. Dans les pays en guerre civile comme l'Angola, le Congo-Brazzaville, la République Démocratique du Congo, République Centrafricaine, des groupes entiers de population sont soustraits à l'administration du pouvoir central. Ceux-ci sont éduqués, administrés et imposés par les groupes armés qui gèrent les territoires sous leur contrôle. Brazzaville a été, au plus fort de la guerre civile de 1997, le modèle achevé de cette fragmentation du territoire de l'État; de sa fragmentation entre une multitude de groupes extra-étatiques d'administration de la violence. Les migrations clandestines sont une autre facette de la crise de la compétence personnelle de l'État. Suivant le dispositif normatif de l'État, l'immigration doit, pour des besoins de contrôle et de maîtrise, se dérouler à l'intérieur des canaux consulaires qui organisent les conditions et les modalités de la circulation transfrontière des individus. Les flux migratoires transnationaux ou plus précisément les immigrations clandestines, qui contournent les barrières consulaires érigées par les États et procèdent à un déclassement du passeport comme instrument de contrôle des mouvements transfrontaliers des individus par les États, sont un cas patent de crise du contrôle par l'État de sa base humaine.

La crise du principe de territorialité qui s'exprime à travers une diversité de facettes dont quelques-unes viennent d'être évoquées semble le support ou le vecteur de la désétatisation des unités politiques. La désétatisation aura comme pendant externe la transnationalisation; c'est-à-dire la décentralisation ou la démultiplication de la vie ou des relations internationales des États.

Une crise de pouvoir au sein des États

La crise du principe de territorialité est d'abord une crise de pouvoir. La discontinuité territoriale de l'ordre politique ou encore la relative désétatisation administrative de portions entières du territoire de l'État semble un signe de la limitation du pouvoir politique en tant que principe organisationnel de l'espace. La crise du principe de territorialité semble alors fondamentalement renvoyer à une conjoncture de et/ou du pouvoir; c'est-à-dire à un brouillage, une mise en crise du code du pouvoir, de son déploiement effectif et des finalités de sa légitimation socio-politique. En effet, en tant que principe organisationnel de l'espace, centre de monopole de la violence organisée, de l'imposition et de la collecte fiscale, tout pouvoir a pour mission d'assurer l'allocation des prestations sécuritaires et des utilités de survie à l'ensemble de la population constitutive de l'État. Il doit pouvoir « surveiller et punir » et assurer la vengeance collective par le biais d'une justice équitable. C'est du remplissage par le pouvoir d'État, pouvoir de commandement de ce cahier de charges que dépend l'affirmation et la consolidation de son autorité; c'est-à-dire la reconnaissance de sa domination et de sa transcendance comme légitimes par les individus (Cassirer 1961) et (Taussig 1997).

La crise de pouvoir, c'est sa limitation de plus en plus éprouvée par la montée de ce que Alvin et Heidi Töffler nomment les « nouveaux pouvoirs » ou les « gladiateurs mondiaux » et que Paul Kennedy préfère appeler « les nouvelles menaces » (Kennedy 1994 : 161): terrorisme international, cartels de drogue, réseaux criminels, intégrismes religieux etc. En Afrique noire, les pouvoirs politiques sont confrontés à la dynamique globale de la relocalisation de l'autorité soit au-dessus soit en deçà ou alors en dehors de l'État-nation par l'effet de la réémergence des acteurs transnationaux de toutes sortes, de l'émergence d'un système de communication planétaire qui échappe largement au contrôle des gouvernements, au rôle accru des organisations supra- étatiques et des accords internationaux qui amenuisent les marges de souveraineté des États. Pour ce qui est de la relocalisation extra-étatique de l'autorité, on peut voir s'attester ici la figure de la submersion du pouvoir par la puissance envisagée par certains analystes. Partant du postulat suivant lequel la puissance est la somme des pulsions innovatrices de la société et le pouvoir la faculté d'ordonner, d'orienter et de gouverner ces pulsions, et que toute société se caractérise par une tension/confrontation permanente entre pouvoir et puissance, l'auteur affirme que les sociétés modernes se caractérisent par l'augmentation sans cesse de leur puissance. En revanche les pouvoirs politiques sont devenus incapables de remplir leur fonction de régulation des potentialités créatrices de la société; de maîtriser la synergie sociale; au total de diriger et de contrôler les mutations et les changements (Ruffolo 1988).

Ainsi, le pouvoir fédéral nigérian arrive difficilement à maîtriser et à ordonner les dynamiques socio-religieuses qui ont conduit à l'instauration de la *charria* (loi musulmane) dans neuf États fédérés du Nord pourtant pluriconfessionnels: Zamfra, Sokoto, Yobé, Niger, Katsina, Jiyawa, Kebbi, Bornou... Des troubles confessionnels secouent actuellement ces États fédérés sous la barbe des autorités fédérales presque impuissantes. Au Cameroun le discours gouvernemental sur la « restauration de l'autorité de l'État » est une simple incantation de conjoncture sans véritable ancrage dans la conscience collective, ni mobilisation effective de la majorité sociale. Ici la démonopolisation étatique de la violence organisée, la privatisation de la sécurité publique, des impositions fiscales, la montée d'une culture de l'irrévérence, du racket et de l'obscénité (Ela : 1994) sont les principales figures à travers lesquelles les dynamiques sociales affectent le pouvoir d'ordonnancement ou d'encadrement social de l'État.

En Guinée Equatoriale par exemple, la dispersion extra-étatique des pôles de pouvoir et d'organisation socio-politique a conduit le pays à des mois d'agitation en 1998. Celui-ci fut victime d'une série d'attaques armées dès l'aube du 21 janvier 1998 dans les villes de Luba, Moka et bien d'autres. Ces attaques furent attribuées aux extrémistes du Mouvement d'Autodétermination de l'Ile de Bioko. Toujours dans ce pays s'est constitué un « Conseil de concertation des ethnies minoritaires contre le tribalisme et le népotisme en Guinée Equatoriale » qui procède à une délégitimation internationale du « népotisme politique et tribal » du « gouvernement Fang à Obiang Nguema ».

La crise du pouvoir d'État due à la montée de la puissance sociale, c'est aussi la recolonisation extra-étatique et/ou extra gouvernementale de l'autorité. On tend de plus en plus aujourd'hui vers une passation entre les gouvernements et les structures sub-étatiques; c'est le temps socio-politique des autorités de l'ombre. Au Cameroun comme ailleurs, c'est, pour l'essentiel, dans les réseaux de la recherche du salut des âmes et de l'expression de la solidarité communautaire, professionnelle ou de proximité que se reconstitue l'autorité légitime. Le « président » d'un cercle d'entraide, d'un groupe de cotisation ou « tontine » (Nzemen 1997) qui fournit aux individus des moyens de survie et une relative « sécurité sociale » jouit en effet d'une autorité beaucoup plus grande sur ses membres qu'un responsable administratif ou politique. Les pasteurs et autres prêcheurs de bonnes nouvelles sont à la tête de véritables troupeaux d'ouailles qui appliquent sans recul les prescriptions de leurs « guides ». Ici l'autorité politique est perçue à travers la catégorie du « Satan » et l'État un monstre qui tente de ravir la glorification réservée au seul Seigneur comme il est courant de l'apercevoir dans les exhortations divines des *Témoins de Jéhovah*, des « *Born Again* » (pentecôtistes) et d'autres églises nouvelles. Les religions d'inspiration africaine comme l'*Eboka* pratiquée dans l'espace Fang Camerouno-gabonais ou le *messianisme/kimbanguisme* congolais troublent aussi les pouvoirs politiques établis. L'affirmation par chaque religion ou par chaque obédience de sa primauté sur les autres conduit à des situations de « guerres des Dieux » que l'État-pouvoir s'avère parfois inapte à arbitrer. C'est le cas des affrontements musulmans-chrétiens au Niger ou des confréries musulmanes rivales au Cameroun notamment dans la région de Foumban. Les dynamiques sociales remettent en question l'utilité du pouvoir d'État, sa capacité d'ordonnancement et de domination de la multitude. Pour ce qui concerne la relocalisation supra étatique du pouvoir, elle s'inscrit surtout dans l'emprise de plus en plus accrue des organismes internationaux sur les politiques internes des Etals. Toutes les économies du sous-continent qu'est l'Afrique noire sont sous l'emprise des politiques d'austérité élaborées par les institutions financières internationales dans le cadre des politiques d'ajustement structurel ; comme le souligne Achille Mbembe, « L'ajustement de leurs économies à la contrainte externe a accentué la crise de légitimité dont souffraient déjà maints régimes africains, civils et militaires » (Mbembe 2000 : 37-64).

L'analyse critique des politiques d'austérité des institutions financières internationales soutient que les programmes d'ajustement structurel ont marqué un nouveau système caractérisé par la « prise de pouvoir » de La Banque mondiale et du Fonds monétaire international qui siègent dans la plupart des ministères techniques des pays du Tiers-monde et de l'Afrique noire notamment. Malgré sa propension à se transformer en projet national, les programmes d'ajustement structurels sont d'abord des vecteurs de tutélisation des États.

Crise de pouvoir certes, la remise en cause du principe de territorialité de l'État traduit aussi une crise du pouvoir. Ici c'est le pouvoir comme figure de la totalisation spatiale et symbolique qui est en crise: le projet hégémonique de l'État-pouvoir qui aspire explicitement à définir, pour les agents sociaux, la manière dont ils doivent se voir, s'interpréter et interpréter le monde est sans cesse remis en cause par les modes populaires d'action sociopolitique. Par ailleurs la crise du pouvoir renvoie aussi à la dénaturation de son statut anthropologique qui est d'abord, selon Georges Balandier, celui de lutter contre le désordre et le chaos en recourant au besoin à des formes théocratiques. Le pouvoir est nécessaire à toute société politique qui aspire un tant soit peu à la survie et à la pérennisation de son devenir historique. Or dans le contexte africain en général, les enjeux liés à la conquête, à la conservation et à la jouissance du pouvoir politique font de celui-ci plus un vecteur d'éclatement et de déflagration de la communauté politique qu'un vecteur d'ordre, d'harmonie et de stabilité.

Néanmoins l'indice ou le coefficient de conflictualité élevé du pouvoir est paradoxalement un effet de son succès dans le champ politique africain. Ce sont les enjeux de pouvoir qui ont alimentés la guerre civile qui se poursuit encore au Congo-Brazzaville. L'Angola, « pays en déshérence et au bord de la guerre totale » est pris depuis les indépendances au piège de la lutte pour le pouvoir. Les convulsions militaro-politiques du Nigeria qui reste malgré tout un pays d'une grande instabilité politique sont liées au contrôle du pouvoir politique par les différentes coalitions d'intérêts qui se concurrencent et s'affrontent. Il en est de même de la Guinée Equatoriale, du Cameroun qui ont connu entre 1997 et 1998 des attaques armées conduites par des groupes politiques revendiquant l'autonomie politique de leur région.

Toutefois, il ne faudrait pas sous-estimer la capacité de l'international à s'émanciper de la colonisation étatique. L'international s'avère aussi comme un milieu autonome disposant de régularités de fonctionnement qui ne sont pas ceux des États. Il existe tout un monde et tout un pouvoir interétatique qui influencent et parfois remodèlent les contextes socio-politiques domestiques. Ce pouvoir se diffuse à travers le *temps mondial* ou encore la *politique internationale* qui peut renvoyer au noyau ou au patrimoine idéologico-politique commun des sociétés politiques, à l'ensemble des idées et valeurs politiques qui dominent le monde à un moment donné et fonde de ce fait la *civilité universelle*. La transnationalisation renvoie à un ensemble de dynamiques à la fois interétatiques et extra-étatiques.

Les dynamiques externes de la transnationalisation de la vie internationale des États

Le *linkage politics* repose largement sur l'unilatéralisme interne – externe. Dans l'analyse phénoménologique, l'asymétrie interne – externe a dominé les usages analytiques et les modes d'opérationnalisation de cette grille de lecture anthropo-politiste. On le voit clairement dans certaines études où la structuration institutionnelle du champ étatique camerounais est présentée comme le facteur déterminant de l'orientation de la politique du pays. Dans une étude comparative sur les « biculturalismes » camerounais et canadien, Louis Marie Nkoum-Me-Ntseny essaye de montrer comment la nécessité d'intégrer la particularité anglophone dans le premier cas et la particularité québécoise francophone dans le second cas contribue à produire une orientation particulière de la politique des États dits *biculturels* camerounais et canadien.

L'international peut être envisagé comme un environnement structurant et contraignant pour les entités étatiques: c'est la manifestation de la nature relationnelle du système international où chaque État n'existe que par et dans ses interrelations avec les autres. Si le discours international reste encore dans une large mesure un « discours d'État » – ou un discours stato-centrique –, il reste néanmoins que l'émergence du discours transnational, discours critique du système des souverainetés s'affirme de plus en plus comme le cadre contraignant de l'action politique dans un contexte marqué du sceau de la mondialisation. La mondialisation renvoie elle-même à un phénomène multidimensionnel qui structure de manière progressive la formation d'un patrimoine idéologico-symbolique, politico-économique et éthico-axiologique commun des sociétés politiques. Avec la transition post-bipolaire, tente de se mettre sur pied une politique, une économie et une éthique transculturelle et trans-sociétale. On note aussi comme l'existence de valeurs transcivilisationnelles et transétatiques servant de références pour la légitimation des ordres politiques. Ainsi, l'économie de marché, le régime démocratique, le modèle de gestion de la totalité économique et sociale sous la modalité de la bonne gouvernance, les droits de l'Homme, la protection de l'environnement et des écosystèmes, la diffusion des nouvelles technologies de l'information et de la communication sont autant de facteurs extra-étatiques de la transnationalisation de la vie internationale des États.

L'idéologie internationale de l'État de droit et des droits de l'Homme est un facteur externe de la transnationalisation de la vie extérieure des États. L'État de droit apparaît aujourd'hui comme l'axiologisation du socio-politique. Il concourt largement à l'instauration à l'échelle planétaire d'un « noyau éthique commun » ; symbolique de ce que Bassam Tibi nomme « la nouvelle moralité internationale ». Une civilisation politique transculturelle et transnationale semble chaque jour de plus en plus irréfutable.

Il convient de prendre au sérieux la problématique du « retournement du monde » dont Bertrand Badié et Marie Claude Smouts ont annoncé aussi bien l'avènement que les tendances lourdes. Il s'agit d'une problématique relative d'une part à la nouvelle structuration du cadre interétatique à partir du moment où est désormais constatée la remise en cause de ce qui fut longtemps l'unité de base du système international, c'est-à-dire l'État-nation et d'autre part la configuration organisationnelle de l'espace international à une époque où les relations internationales, sans échapper complètement aux États, sont aussi le fait des entreprises multinationales, des Eglises, des groupes de pression transnationaux, des satellites de communication, tout autant que la combinaison d'individus.

Les théorisations dominantes de la crise du système international/système d'États qui indiquent aussi en même temps une crise des théories et des modèles d'intellection de la dynamique internationale ont recouru de façon dominante aux catégories de « *chaos* » (Amin 1991), de « *désordre* », de « *turbulence* » (Touoyem 2002 : 153-166), de « *nouveaux pouvoirs* », de « *post nationalité* », de « *postmodernité* » (Boisvert 1996), de « *clash* » (Huntington 1996), de « *changement* » (Burch 2000 : 181-210) etc. pour décrire la dynamique de la transformation qui affecte profondément le milieu international. A côté de celles-ci s'est développée non sans pertinence, une analyse *à* tendance beaucoup plus conservatrice insistant sur la pérennité et le caractère irremplaçable du modèle étatique d'organisation socio-politique[9]. Entre ces deux tendances il convient de signaler une sensibilité qui s'est affirmée sous la forme d'un « *juste milieu* » analytique en situant les transformations sociales entre changement et continuité. En tout cas la prolifération des catégories traduit une crise générale du « *système international contemporain* » (Roche 1994) dont la nouveauté est admise par la plupart des analystes (Bidet & Texier : 1994).

Dans un espace africain qui n'a plus seulement le territoire comme point d'ancrage essentiel, qui connaît de « *nouvelles arènes du politique et du pouvoir* » (Dupuy 1996 : 313-321) et qui a vu la montée d'acteurs publics et privés inédits, l'heure est à *la fin des certitudes* territoriales héritées de l'ordre colonial d'inspiration westphalienne et renforcée par le paradigme d'Addis-Abeba de l'intangibilité des frontières héritées de la colonisation. L'hypothèse du monde post-Addis-Abeba ; c'est-à-dire monde trans-étatique procède d'une érosion des rationalisations de légitimation de la « pensée d'État » qui se nourrissaient de « l'originalité de la société internationale [comme] constituée d'États juridiquement souverains et égaux ». Ce monde déterritorialisé (le territoire comme cadre de centralisation et d'institutionnalisation de l'espace politique ne fait plus totalement sens) et désétatisé (l'acteur étatique gouvernemental n'a plus le monopole du porte-parolat du groupe organisé qui le constitue aussi bien à l'intérieur que sur la scène internationale) pourrait bien s'analyser suivant la figure du *champ* ou de la *configuration* ; deux catégories de la phénoménologie interne qui peuvent aider à une compréhension beaucoup plus fine de la nouvelle donne mondiale marquée essentiellement par la pluralité et le mouvement.

Le paradigme d'Addis-Abeba et l'hypothèse du monde trans-étatique/trans-ethnique post-Addis-Abeba

L'Afrique fait face actuellement à une multiplicité de conjonctures politico-militaires fluides qui sont devenues les principaux vecteurs de la *capillarisation* de la violence conflictuelle dans le continent. En effet, les guerres africaines de ce début de siècle sont des guerres sinon sans États, du moins infra-étatiques, c'est-à-dire qu'elles deviennent de moins en moins des émanations des expressions des visions politiques ou géopolitiques des États (Delmas 1995). Ces guerres qui présentent des alentours éclatés émergent dans un double contexte : d'une part, un contexte d'effondrement du pouvoir légitime de l'État qui n'a plus le monopole des prestations sécuritaires et de l'exclusivité de l'exercice de la violence légitime et organisée, et d'autre part un contexte d'échec du « projet national étatique » qui conduit à des situations dans lesquelles l'existence d'un groupe est affirmée par lui, incompatible avec celle des autres. Les conflagrations armées en Afrique ne sont plus l'apanage de la puissance des États qui s'en servent comme des instruments de la « poursuite de la politique par d'autres moyens » ; au rebours elles semblent plutôt avoir pour racines nourricières la faiblesse et la panne des États. Face à une situation d'États vacants, le référent ethno-identitaire devient le noyau des guerres qui prennent alors la forme de lutte pour la survie matérielle, culturelle et psychologique des groupes. Ce sont des guerres de légitimité qui se déroulent dans une conjoncture particulière où l'État n'est plus porteur de sens commun pour tous. C'est là le point d'ancrage de la légitimation de l'identitaire qui semble avoir pour logique que la survie d'un groupe passe par la mort ou la domination des autres. D'où l'avènement des guerres dégénérées et désétatisées, affrontements de narcissismes et de fanatismes collectifs qui sont rebelles à toute

---

[9] C'est une thèse fortement soutenue par S. Sur : « L'État comme forme d'organisation politique reste-il l'horizon indépassable de notre époque ? Demeurera-t-il la première des institutions internationales ? En dépit de ses tribulations actuelles, il est sans alternative », in S. Sur, « Sur quelques tribulations de l'État dans la société internationale », *Revue générale de droit international public*, T97/1993/4, pp. 899.

régulation ni intérieure ni extérieure (Thual 1995) parce que s'exprimant en des formes inédites.

Dans une Afrique où les lignes artificielles et arbitraires de démarcation des territoires coloniaux ont divisé et séparé les ethnies et fissuré les alliances tribales traditionnelles, les groupes ethniques transfrontalières sont légions et sont devenues les principaux agents de transnationalisation des guerres. L'échec du projet de la construction de l'État-nation qui a servi de rationalisation et de légitimation du parti unique avec son cortège d'enrégimentement et de corporation, échec relayé par une déroutante mondialisation qui renforce les aspérités économiques et la paupérisation des couches sociales les plus nombreuses, a conduit à une résurgence des phénomènes identitaires dans un contexte conjoncturel où l'ethnie devient la dernière structure viable de sécurisation et de communication.

L'ascension symbolique et politique de l'identitaire en tant que repère structurant et point de stabilité (Enzenberger 1998) des communautés et des individus conduit à une banalisation paroxystique de la transgression des frontières des États ; frontières artificielles et arbitraires qui ont procédé à une organisation (il) légitime des particularités géographiques et humaines du continent. En fracturant les communautés, en divisant les villages et en séparant les familles, les frontières coloniales ratifiées par les « indigènes évolués » à Addis-Abeba en 1963 avec l'adoption de la Charte de l'Organisation de l'Union Africaine, ont fait le lit de leur propre illégitimité et de leur condamnation par les peuples. Condamnation d'abord en secret à cause de l'omniprésence du parti unique avec son caractère surveillé des « libertés » et ensuite manifeste et virulente à la faveur du « passage à la démocratie ». La mobilisation identitaire comme ressource d'auto positionnement de groupes dans une situation d'incurie chronique des utopies étatiques et de réification structurelle du néo-libéralisme à prétention mondiale conduit vers une défrontiérisation qui voit les groupes ethniques vivant à cheval entre deux ou trois États, se reconstituer politiquement et militairement soit en marge, soit contre les vestiges d'États qui les abritent. C'est l'heure de la fin des territoires politico-étatiques et le moment de la montée des territoires ethniques. Cette nouvelle donne est très favorable à l'ordre Addis-Abeba qui se trouve ainsi érodé dans ses fondements et relâché dans sa mise en œuvre. Globalement l'ordre Addis-Abeba repose sur au moins quatre piliers :
– l'intangibilité des frontières issues de la colonisation ;
– la non-ingérence dans les affaires intérieures ;
– le respect de la souveraineté des États ;
– l'anticolonialisme et le non-alignement.

Ces principes ne font plus sens dans les Relations Internationales africaines. Les « guerres moléculaires » en cours dans lesquelles les actants sont pour une grande part les groupes ethniques et tribaux... constituent un véritable défi à cet ordre ; s'ils n'en constituent pas purement et simplement une révocation. A une époque marquée par une vertigineuse montée d'une culture belligène ainsi que par la consécration d'une idéologie-kalachnikov, c'est-à-dire une idéologie où le recours aux armes constitue le référentiel pour la pratique et la revendication politique, économique et sociale, les ethnies se sont taillées une place de choix dans la galaxie des « mondes rebelles » que décrivent avec succès J.M. Balencie et De la Grange (1996). Les ethnies rebelles ou belligènes ont conduit à la « mort de Von Clausewitz » : la guerre cessant d'être au service de la politique extérieure des États pour devenir le fait d'acteurs infra-étatiques qui occupent désormais la place des États.

La fin des territoires politico-étatiques et la montée des territoires ethniques

Des frontières d'État-nation sont bousculées ou ignorées avec l'irruption des tout nouveaux acteurs de la scène internationale, ces transnationaux qui ne s'embarrassent plus de la souveraineté des États ni de l'intangibilité des frontières. Dans ces conditions, les guerres dites de libération nationale procèdent de la mise en batterie de nouvelles solidarités sur le théâtre des opérations. Ainsi a-t-on vu lors de la guerre qui a embrasé les pays de la région des Grands Lacs, se liguer contre l'ennemi commun, la horde des Hima toutes origines confondues, ces transfrontaliers nubiens qui peuplent le Rwanda, le Burundi, le Sud de la République Démocratique du Congo, l'Ouganda ; l'Ethiopie, l'Erythrée, une partie du Soudan, le Sud de la Lybie et de l'Egypte. Tous ces peuples qui du reste dans leur migration auraient suivi le cours du Nil, sont aujourd'hui conscients de leur identité culturelle et n'aspirent que légitimement à leur unité géographique.

Le conflit qui secoue l'Afrique de l'Ouest a mis à contribution les transnationaux qui peuplent la Côte d'Ivoire, la Guinée Conakry, Sierra Léone, Guinée Bissau, Casamance (Sénégal) et Burkina-Faso. A cette occasion, par le biais des solidarités traditionnelles et culturelles, ces conflits ont été réciproquement alimentés et transportés d'un pays à l'autre, le mouvement des réfugiés aura obéi à cette même logique, le conflit ivoiro-ivoirien aussi. Au Cameroun, les affrontements entre les Kotoko et les Arabes Choas avait suscité en son temps une mobilisation conséquente des Arabes noirs (ou Noirs arabisés) qui peuplent le Niger, le Tchad, une partie du Soudan et de la Libye, prêts à en découdre. De même il fut question d'une coalition des Pahouins-Fang à la rescousse du pouvoir de Yaoundé malmené pendant les périodes chaudes des années 90 par les autres peuples du Cameroun. Comme on peut le constater, les zones géographiques propices à des mobilisations transfrontalières sont légion, parmi celles qui n'ont pas encore connu l'onde de choc, l'on peut citer le Nigeria, le Niger, le Tchad et le Cameroun dont les frontières se sont arbitrairement partagées entre les Peuls et les Haoussa. L'on cite aussi volontiers le cas des Tchokwe pris en otage dans et entre les conflits qui secouent les deux pays qui se les partagent, le Congo Démocratique et l'Angola.

Ces mouvements sous forme de remembrement à la suite des conflits exogènes ou endogènes, participent d'un essai ou d'une approche de règlement des conflits historiques nés de l'implosion des frontières héritées de la colonisation. Que des ethnies soient en guerre les unes contre les autres, en tant qu'ethnies, en tant que groupes humains dont les composantes individuelles sont habitées par un sentiment de solidarité et par la conscience de leur destin en tant que groupe, il est difficile de le contester. Une des erreurs que la générosité facile de certaines rationalisations amène à commettre dans l'analyse des crises africaines, c'est la méconnaissance de cette vérité première, sa dissimulation ou sa relativisation excessive au profit d'explications voulues plus « profondes » et plus « complexes ». L'explication par les complexités et les profondeurs, par les variables qui influencent les acteurs malgré eux et de manière inconsciente, ne peut passer par pertes et profits les données factuelles et les réalités grégaires premières et objectives. Nul ne pourrait sérieusement soutenir que les guerres civiles qu'ont connues le Libéria, la Somalie, le Soudan, le Rwanda et le Burundi ne comportaient pas de dimension ethnique réelle, par-delà le discours « officiel » de légitimation/justification. Les Krahu, ethnie du Sergent Doe, étaient pourchassés et massacrés en tant que Krahu. Les Tutsi et les Hutu se sont combattus, dans l'esprit du gros de leurs combattants en tant que Tutsi et Hutu.

Dans ces guerres ethniques ou infra-étatiques, il y a une indistinction entre gouvernement, armée et population civile ainsi que d'une dissémination anarchique de la violence. Mais, si la conflictualité trans-ethnique inscrit le désordre destructeur, sanglant et fortement prédateur des guerres ethniques africaines dans la longue durée, elle peut aussi être un précieux tremplin pour la révision et la rationalisation du cadastre étatique continental hérité de la colonisation.

C'est l'hypothèse de la possibilité des guerres ethniques transfrontalières en raison de leur vocation à la régionalisation à la fois des affrontements et des recherches des trajectoires de sorties de celles-ci.

L'intangibilité des frontières coloniales, la non-ingérence dans les affaires intérieures ainsi que le respect des souverainetés des États érigés en fondements des relations internationales africaines en 1963 à Addis-Abeba ont longtemps fonctionné comme des facteurs inhibiteurs de l'intégration régionale. Les conflits ethniquement chargés qui déchirent la quatre coins du continent aujourd'hui sont la conséquence de l'émasculation et de l'instrumentalisation politiciennes du projet d'intégration continentale qui allait permettre le retour aux anciennes harmonies identitaires et aux alliances intercommunautaires pré-établies. Analysées à travers le paradigme identitaire, les guerres africaines qui se transnationalisent en suivant les lignes ethniques ne sont pas que des « guerres fauves » qui « opèrent par purgation et extermination » et qui « brandissent à qui mieux mieux l'ultima ratio d'une volonté de mort radicale et génératrice » (Glucksmann 1994 : 65) comme se plaît à les présenter l'analyse occidentalo-centriste toujours empreinte d'une forte odeur d'hégélianisme. Loin de s'inscrire dans la seule « volonté de tuer l'autre » ou « d'exciser en chacun l'horreur que provoque l'inhumain », les guerres ethniques transnationales sont aussi une remise en cause d'un certain ordre territorial, celui de *l'uti possidetis*. Ainsi dans les guerres ethniques transfrontalières se joue une recomposition des espaces politiques tandis que dans les guerres ethniques internes se jouent une redistribution des pouvoirs politiques et une reconstruction des cartes administratives.

Les guerres ethniques ne sont donc pas dépolitisables, en dépit de la dimension sacrificielle de certaines stratégies de quelques actants comme au Rwanda, au Burundi ou en RDC. Cette dimension sacrificielle et fauve des stratégies a conduit certains analystes à affirmer l'invisibilisation tactique des actants. Pourtant cette invisibilisation cesse dès lors qu'on porte le regard vers ce qui se joue dans les guerres ethniques transfrontalières : une meilleure redistribution des ressources, mais redistribution qui passe nécessairement par un remodelage des territoires politiques. On a vu que les Banyamulengué ne revendiquent pas seulement une citoyenneté congolaise ; ils l'exigent à l'intérieur d'une pleine autonomie du Kivu. Il y a ici un souci d'adaptation du territoire politique au territoire ethnique. Les Toubous tchadiens épaulés par leurs frères du Niger, affrontent aujourd'hui à l'arme lourde les Zaghawas à forte majorité soudanaise qui contrôlent le pouvoir politique du pays à travers Idriss Deby. Il convient de souligner à cet égard que sur les 361 cantons Zaghawa répertoriés dans la région, seulement six se retrouvent sur le territoire tchadien. La forte présence Zaghawa dans la garde prétorienne d'Idriss Deby montre que les solidarités ethno-identitaires ont supplanté les exigences et les impératifs de souveraineté. Les Bakongos, ethnie répartie entre le Sud du Congo-Brazza, l'Ouest de la RDC, une partie du Cabinda et le Nord de l'Angola ont organisé une résistance autonome contre les M'Bochis qui tiennent Brazzaville et contre le « colonialisme » de Luanda. Tout comme les Albanais qui affirment aujourd'hui vivre dans un état de guerre du fait de l'extermination de leurs frères du Kosovo par S. Milosevic, les Bakongos de Brazzaville sont en guerre chaque fois que leurs frères de la RDC sont menacés et vice-versa. Il en est de même des Toubous, des Zaghawas, des G'Baya ou des Fangs dans tous les pays d'Afrique Centrale. Dans tous ces cas évoqués à titre purement indicatif, les solidarités ethniques transfrontalières sont plus fortes que celle imposées par les politiques « d'unité et d'intégration » nationales.

L'État africain a rarement incarné le sens commun en dépit de son laborieux travail d'imposition de ses signifiants par une émasculation psychologique des individus. Les solidarités ethniques sont des renforcements des narcissismes collectifs qui s'appuient sur un revivalisme ardent. Les conflits armés identitaires et trans-nationaux instaurent des réseaux d'interdépendance qui nouent, à travers les frontières, des sensibilités politiques et morales, des loyautés transnationales qui pourraient, si elles se fortifient davantage servir de socle à l'intégration continentale. Dans les guerres ethniques transnationales qui ont cours dans le monde tropical se dessine un itinéraire géopolitique inédit et spécifique : la fin des territoires étatiques classiques et l'émergence des territoires régionaux en matière de constitution des « zones d'opération », de circulation des biens et des hommes. Plus précisément, le régionalisme des conflits trans-ethniques semble faire des frontières non plus des lignes de démarcation des souverainetés mais plutôt des lignes de liaison des territoires étatiques. Parce que les conflits actuels se font dans une dynamique dépolitisante et déterritorialisante, c'est-à-dire une dynamique de dépassement des frontières politiques, parce qu'ils conduisent à une mise en commun des armées et des politiques de défense, ces conflits s'avèrent sinon des trajectoires du moins des opportunités pour l'amorce du passage de la théorie de l'intégration à sa pratique effective.

5

L'interétatique transnationale et ses dynamiques politico-identitaire

L'épistémologie de la « structure » et ses implications sur le théâtre des opérations politico-identitaires

Appréhendé dans la perspective d'un champ interétatique, l'espace sub-saharien apparaît comme renvoyant à une *configuration de relations objectives* entre une pluralité d'agents/acteurs aussi bien étatiques, sub-étatiques qu'extra-étatiques aux positions et ressources inégales. Il s'agit d'agents qui sont engagés dans des luttes dont la finalité est l'amélioration de leur position spécifique ou l'élargissement de leur surface de reconnaissance et de respectabilité. L'espace des relations entre agents en compétition transgresse les frontières étatiques. En insistant sur *la pluralité structurale* de la configuration interétatique du champ, on récupère en la dépassant la définition classique de la structure. En effet, bien que l'épistémologie de la structure soit restée l'un des terrains les plus controversés de l'anthropologie politique, parce que le débat sur la définition légitime de la structure a étrangement ressemblé à l'arène kantienne de la métaphysique où les partisans des différentes écoles se battent sans vainqueurs ni vaincus, l'on a néanmoins noté ici comme un consensus définitionnel ; celui-ci considère la structure comme l'arrangement des éléments d'un tout ou d'un système.

C'est à travers les interactions entre éléments du système que se constitue la structure. En tant que cadre dynamique des interrelations entre agents, le champ interétatique modèle une approche de l'Afrique noire qui se situe au point d'intersection ou de jonction de l'étatique et du non-étatique, du public et du privé, du local et du global. C'est dans une perspective territoriale, la tension entre le local, le national et le global ; le local constitue une scène des relations africaines notamment parce qu'il est le point d'appui de nouveaux acteurs, un cadre d'enjeux importants. Le principe de territorialité est aussi en interaction avec le régional en ce sens qu'il produit l'interétatisme. Dès lors que l'on procède à une sociologie des relations internationales africaines, on s'aperçoit que la dynamique étatique oscille entre intra étatisme et inter étatisme. Qui plus est, le local, le national et le régional peuvent être pensés comme formant un continuum.

Ainsi par exemple le conflit de Bakassi a une dimension locale en ceci qu'il oppose les pêcheurs nigérians majoritaires à la minorité des autochtones camerounais; il est ensuite national parce qu'il pose pour le Cameroun le problème de l'affirmation de sa compétence matérielle et humaine et du monopole de la prestation sécuritaire à l'intérieur de son territoire en tant que attributs de sa souveraineté. Il est enfin international et/ou régional parce qu'il oppose désormais militairement et judiciairement deux États mais aussi engage plusieurs autres États régionaux (intervention équato-guinéenne) dont les ressortissants se sont depuis installés dans cette localité. La recherche de la solution au conflit (médiation togolaise) est aussi un autre facteur de l'internationalisation du conflit. Il en est de même du conflit angolais qui, sur le plan ethno-national oppose la majorité ethnique des *Ovibundus* à la minorité des *assimilados kimbudus*. C'est un conflit qui s'est ensuite régionalisé en s'exportant sur les territoires des deux Congos, de la Namibie et de la Zambie. Le conflit a depuis connu une internationalisation par l'implication sur le terrain des cubains, des soviétiques, des Sud-Africain ainsi que l'appui logistique massif offert par les États-Unis et l'URSS à leur camp respectif. La tension entre le public et le privé se caractérise par les phénomènes de « gouvernement privé indirect » (Mbembe : 1999) et de « privatisation de l'État » (Mbembe : 1999) mais aussi par la dynamique de désétatisation des politiques publiques par les Ongs et autres associations caritatives.

Une structure relationnelle éclatée
Quant au transnationalisme, il insiste sur la transformation de la scène internationale par la montée des acteurs hors souveraineté. Les relations africaines sont aussi le fait d'acteurs locaux ou sub-étatiques. La souveraineté des États qui est la pierre angulaire du stato-centrisme réaliste, est considérée ici comme une « hypocrisie organisée » (Krasner 1999), un mythe à jeter dans la poubelle de l'histoire. Le vice fondamental du transnationalisme en tant que discours sur la transcendance et la relativisation du « tout-État »; c'est que son référentiel reste étatique; de telle sorte que le discours transnational qui est pourtant un discours critique du système des souverainetés, semble paradoxalement un discours de sédimentation du cadre étatique. Le recours à la notion de champ apparaît alors d'un grand secours heuristique d'abord parce que « avec la notion de champ on se donne le moyen de saisir la particularité dans la généralité [et] la généralité dans la particularité » (Bourdieu 1989 : 382).

La généralité et la particularité ne sont pas antinomiques mais des réalités gigognes ou, pour reprendre une manière de parler de Pierre Bourdieu en paraphrasant Spinoza « deux traductions d'une seule et même phrase » (Bourdieu 1992 : 81). Il y a un terrain unique d'expression de la généralité et de la particularité. Le champ interétatique brise pour ainsi dire, l'illusion de la particularité, de la spécificité qui serait sans lien ni commerce avec la généralité et de la généralité comme étant sans emprise réelle sur la spécificité. Il renvoie ainsi à l'espace des relations entre des acteurs autonomes aux moyens et stratégies spécifiques mais évoluant sur un même espace et articulés sur des ressources communes, nourris *d'habitus* partagés et visant des intérêts particuliers; lesquelles relations dépassent largement le cadre restreint (et égoïste) de l'amélioration de leurs seuls positions par les acteurs pour viser la transformation de l'ensemble du champ. La notion de champ permet de mieux rendre compte de la diversité et de la multiplicité des régimes d'agencement spatial en cours en Afrique noire.

Lire l'espace interétatique de la politique contemporaine africaine à partir de la lentille conceptuelle du champ, c'est dans une certaine mesure appréhender l'ordre qui structure le désordre; les logiques de cohérence et les rationalités au cœur des dynamiques de mouvance de l'espace de l'Afrique: car toute étude en terme de champ exige « d'établir la structure objective des relations entre les positions occupées par les agents ou les institutions qui sont en concurrence dans ce champ » (Bourdieu & Wacquant 1992 : 80).

La structuration plurielle de l'Afrique noire qui renvoie elle-même à la pluralité des temporalités et des mondes, ne se décline pas en une trajectoire d'anarchisation. Il s'agit plutôt d'un ordonnancement, d'une complexité circulatoire ; une complexité en perpétuel réajustement. L'idée d'« enchevêtrement des temporalités » avancée par Achille Mbembe apparaît judicieuse dans l'appréhension de la structuration plurielle du champ interétatique de l'Afrique noire comme cadre d'expression de l'osmose : « Encastrées les unes dans les autres, elles se relaient, parfois elles s'annulent; parfois encore, elles voient leurs effets démultipliés » (Bourdieu & Wacquant 1992 : 80). Au demeurant, l'Afrique noire connaît une structuration plurielle renvoyant à l'émergence de nouvelles arènes du pouvoir et du politique qui vont de pair « avec l'apparition d'acteurs publics et privés parfois inédits [qui] investissent les institutions, tentent de les contourner, les noyautent ou cherchent à en contrôler les ressources matérielles et symboliques » (Mbembe 2000 : 6).

La notion de champ appliqué à l'analyse de la configuration de l'Afrique noire permet de remettre en cause et de sortir des catégories dichotomiques préconstituées qui structurent les approches classiques. Il en est ainsi de la coupure instituée entre société interétatique et société internationale :

> comme le terme l'indique, la société interétatique est dominée par les relations entre État pacifiques ou guerrières (...). La société internationale (...) est beaucoup plus diversifiée et s'attache à des dimensions plus nombreuses des relations sociales, non plus seulement politiques ou stratégiques, mais aussi économiques, culturelles, scientifiques, etc.... ». (Bourdieu & Wacquant 1992 : 73)

Et pourtant, l'Afrique noire est un champ culturel. Celui-ci se structure de manière forte autour de la régionalisation des enjeux culturels; de la circulation transfrontière des produits culturels. Ceux-ci sont dominés par les flux musicaux qui apparaissent désormais comme les vecteurs de l'exportation de la culture des États. Au cours des années 40, les rythmes du *Merengue* et du *High Life* exerçaient des effets sur le reste de l'Afrique. L'Afrique noire est marquée par les compétitions entre rythmes musicaux. Il s'agit d'une compétition qui mobilise les artistes musiciens mais aussi qui voie l'intervention des États. Au Cameroun le rythme zaïrois *Dombolo* fut à une époque interdit de diffusion dans les radios et télévisions nationales pour motif officiel d'atteinte aux bonnes mœurs. Les artistes camerounais se plaignent régulièrement de la discrimination dont ils sont l'objet de la part des médias étrangers qui sont très peu ouverts aux rythmes camerounais alors que leur pays le Cameroun s'illustre par une promotion gratuite des artistes étrangers. Bref dans la hiérarchie de la circulation des flux musicaux, il convient de souligner la très grande influence des rythmes congolais. Ceux-ci sont actuellement en passe d'être supplantés par la montée des rythmes provenant des quartiers populaires d'Abidjan en Côte d'Ivoire notamment le *Mapouka*. Le *Bikutsi* du Sud Cameroun irradie les sociétés gabonaise et équato-guinéenne où des chanteurs comme Govinal Essomba et K-Tino restent pendant des mois au top des *hit-parades* nationaux de ces deux États. Le Cameroun se positionne de plus en plus comme une terre de spectacles des musiciens congolais qui contribuent à la diffusion régionale de la musique congolaise certes, mais qui subrepticement font une espèce de promotion touristique et culturelle du Cameroun en reprenant dans leurs chansons les noms des principales villes et des principaux lieux de divertissement nocturne de Yaoundé et le Douala.

L'enjeu épistémique de l'*usage de la référence à Norbert Elias* dans le domaine internationaliste ; c'est celui d'une *épistémologie du juste milieu* et du va-et-vient entre le macro (la structure) et le micro (les acteurs). Dans un contexte où la quasi-totalité des pays africains vit chacun une guerre civile qui s'exporte chez les autres, un dialogue national ayant pour but de trouver un *modus vivendis* entre protagonistes ne devrait pas se faire de manière exclusive dans un seul pays. La guerre civile de 1997 au Congo-Brazzaville a amené un renforcement de la surveillance par le Cameroun de sa frontière commune avec ce pays ainsi que la fermeture pure et simple par le Gabon non seulement de sa frontière avec le Congo-Brazzaville mais aussi avec le Cameroun. On peut voir ici l'expression du holisme conflictuel durkheimien: un conflit ne concerne pas seulement les protagonistes qui s'affrontent mais tout l'ensemble social dans lequel ils s'insèrent parce que l'issue du conflit – la victoire ou la défaite – va déterminer non seulement les rapports entre les protagonistes mais entre ceux-ci les autres acteurs de leur environnement.

Les lectures statocentristes du commerce informel transfrontalier qui se déroule à l'intérieur d'un certain nombre de réseaux y voient pour la plupart un *contournement des États*. Les postures analytiques d'inspiration panafricaniste y décèlent pour leur part une remise en cause des frontières coloniales ou plus précisément « un vote par les pieds pour l'intégration » qui ne trouve pas de réelle perspective de réalisation dans les technologies étatiques/institutionnelles d'intégration (Igue 1993 : 78-81). Ces lectures se nourrissent de l'illusion de l'État-comptable de tous les flux marchands et monétaires grâce au travail des institutions économiques nationales spécialisées. Or en vérité, toute économie est une configuration mouvante d'échanges formels et non formels. Dans ce contexte la balance de paiements, en tant que document statistique et comptable répertoriant l'ensemble des transactions économiques à caractère commercial et financier entre un acteur et l'extérieur, n'a qu'une valeur indicielle et une réalité tendancielle. Le bénéfice du concept de champ dans l'analyse des flux commerciaux trans-étatiques est de concevoir l'État dans le champ économique comme un simple agent parmi tant d'autres qui négocie perpétuellement sa participation, sa position et son influence dans le jeu des échanges.

Réseaux marchands trans-étatiques : les géographies réelles de la circulation

En anthropologie politique, le réseau s'entend d'un ensemble d'acteurs qui coalisent leurs actions et associent leurs ressources en vue de la sauvegarde, de la promotion et de la défense de leurs intérêts. Il renvoie à un cadre de mobilisation para- institutionnelle: « le réseau recouvre tout un ensemble de relations sociales récurrentes qui se créent entre des individus et des groupes au-delà des contrôles institutionnels auxquels ils sont exposés » (Badie 1945 : 135).

L'Afrique vit aujourd'hui à l'heure de ce que Geschiere & Konings (1993) appelle « *réseaux* » ; c'est-à-dire tous les liens entre acteurs (individuels ou collectifs) qui transcendent les frontières et qui, à ce titre, entrent en concurrence avec les États dans la structuration de la scène internationale (Hermet 1994 : 253).

Les usages phénoménologiques de la notion de réseau tournent autour de la controverse entre la crise de la domination et la redéfinition de la pénétration politique de l'État. Selon les uns, la montée des flux transnationaux conduit à une triple crise :

> Une crise de la souveraineté tout d'abord, puisque c'est bien la capacité de l'État à organiser la vie sociale qui est en cause. Une crise de la territorialité ensuite, dans la mesure où la tendance à la globalisation bouleverse les cadres territoriaux classiques délimités par des frontières. Une crise d'autorité enfin, car c'est en définitive l'incapacité à organiser les désordres actuels qui interdit l'instauration d'un ordre reconnu qui permettait, à son tour, d'élaborer le cadre d'une interprétation stable. (Roche 1997 : 135)

A l'intérieur de cette grille analytique, les réseaux constituent des entraves à la souveraineté, structurent des cadres d'émancipation extra-étatique des individus. Cependant, pour les autres,

> les réseaux ne marquent en aucun cas la fin de l'État sur la scène politique. Au contraire, ils témoignent de la possibilité pour une institution non seulement de distribuer ses forces suivant des registres inédits, mais également de susciter des dynamiques de régulation nouvelles. (Colonomos 1998 : 54)

Le recours à la notion de champ peut permettre de sortir de ce duel des lentilles analytiques pour envisager une complémentarité entre la crise de la domination de l'État et l'innovation des technologies de régulation étatique. Le dialogue entre les paradigmes du champ et des réseaux s'enracine de manière forte dans la connivence entre les fondements des deux paradigmes. Envisagé comme réseau, le champ apparaît comme une *configuration de relations entre positions*. Ces positions peuvent être étatiques, sub, para ou trans-étatiques. Ce qui importe selon Pierre Bourdieu, c'est d'appréhender l'articulation de chaque position au champ du pouvoir. Les réseaux transnationaux, envisagés dans la perspective du champ interétatique deviennent des institutions, c'est-à-dire des « organisations (...) assez stables suffisamment valorisées par le public qu'elles sont censées affecter » (Badie 1994 : 85).

Les réseaux sont aussi des institutions interétatiques dans la mesure où l'État et la souveraineté sont des constructions sociales. Dit autrement les positions de pouvoir et les positions de réseaux deviennent des *positions* du « jeu » interétatique; elles forment la configuration mouvante du champ interétatique de l'Afrique noire. Si « le(s) réseau(x) désigne(nt) des mouvements faiblement institutionnalisés, réunissant des individus et des groupes dans une association dont les termes sont variables et sujets à une ré interprétation en fonction de contraintes qui pèsent sur leurs actions », il va sans dire que l'analyse des réseaux a partie liée avec le constructivisme: « La sociologie des réseaux transnationaux implique (...) un regard constructiviste : recomposer les « liens faibles » et évaluer (...) leur force » (Colonomos 1998 : 22).

L'attitude constructiviste consiste ici à ordonner, à configurer un tant soit peu le divers et le complexe des itinéraires, des détours, des directions, des points d'arrêts des acteurs marchands trans-étatiques. Il s'agit d'un travail qui nécessite comme préalable « de se plonger dans une recomposition des voyages physiques des personnes, ainsi que dans les itinéraires des paradigmes véhiculés par ces organisations » (Colonomos 1998 : 210).

La recomposition des *voyages* c'est-à-dire des itinéraires, des axes de circulation des acteurs informels concourt à la structuration d'*espaces d'échanges réels* polarisant, de manière variable, la configuration spatiale que constitue l'Afrique noire. Si l'Afrique précoloniale est justiciable d'une approche systémique, elle l'est encore plus de celle du champ car les *relations régulières* soulignées par les historiens de la région sous-entendent des positions objectives et des luttes qui contribuaient à la structuration d'un espace régional. Sans faire une archéologie des itinéraires de circulation des valeurs échangeables et des axes de communication des groupements humains qui ont naguère structuré cet espace régional, ce rappel vise néanmoins à donner une dimension historique aux actuels axes et réseaux trans-étatiques qui traversent l'Afrique noire. Car le fait est aujourd'hui bien observable que certains des réseaux trans-étatiques actuels sont calqués sur les anciennes lignes précoloniales. L'espace régional vit ainsi comme une « reprise massive de ces courants commerciaux, souvent selon des lignes tracées au XIXe siècle » (Bayart, Ellis & Hibou 1997 : 71). La révision des géographies officielles en cours s'en nourrit de manière considérable

> Ainsi, les provinces orientales du Tchad et de la Centrafrique, sous la pression des agissements des combattants, des prêcheurs, des marchands et des braconniers soudanais, sont de plus en plus clairement attirés dans l'orbite de la vallée du Nil à laquelle les avait arrachés, de façon passablement artificielle, la colonisation française. Un tel retour dans le giron nilotique paraît d'autant plus inéluctable que la greffe de ces régions sur les circuits économiques atlantiques n'a jamais réellement pris (...). De façon analogue, les guerres des Grands Lacs portent peu ou prou sur le rattachement de l'Est du Zaïre à l'espace de l'Océan Indien ou au contraire au bassin du Bas-Congo, même si le commerce informel..., et l'état des routes font depuis longtemps pencher la balance du côté du premier. (Bayart, Ellis & Hibou 1997 : 71)

La nouvelle géographie actuelle largement an-territoriale n'est pas qu'un effet de *la fin des territoires*, de la post-nationalité avec sa mise en crise profonde et durable du paradigme Westphalien (Burch 2000 : 181-210). Elle s'inscrit aussi dans les survivances historiques des aménagements territoriaux propres à l'Afrique.

Pour tout dire, ces axes, lorsqu'ils ne sont pas indicatifs, retracent les tendances lourdes de la circulation régionale des hommes et des choses. Ils sont restructurés, redessinés au fil des jours et en fonction des nécessités liées à la maximisation de la rentabilité des trafics de la part des acteurs marchands. Ce sont des itinéraires mouvants, qui bien que faiblement institutionnalisés, sont en réinvention permanente. Ce qui transforme en véritable gageure toute tentative de distinction exacte des axes trans-étatiques à travers lesquels se déroule le commerce transfrontalier. Au total ce sont des itinéraires multiples, constamment faits, défaits et refaits par la mobilité des biens et des personnes ; selon les conjonctures et les opportunités, certains itinéraires peuvent s'imbriquer dans d'autres ou peuvent connaître une infinité de ramifications et de modifications.

La crise du principe de territorialité, telle qu'on peut l'appréhender à travers la dynamique des réseaux peut permettre d'élargir et d'enrichir les perspectives théoriques des *nouvelles relations internationales africaines*. Pour ce qui est de la notion de champ qui sert ici de lentille paradigmatique à travers laquelle est tentée l'analyse du milieu interétatique de l'Afrique, on peut déjà tenir pour acquis un renversement majeur de perspective théorique: celle du champ politique comme méta champ; c'est-à-dire un champ qui procède à la structuration, à l'ordonnancement et à la hiérarchisation des divers autres champs. A travers la dynamique des réseaux trans-étatiques, le champ du pouvoir qui est ici pensé inséparablement du champ étatique n'apparaît plus comme un champ transcendant; il est plutôt transcendé. Il est devenu le prisme à travers lequel se réfractent les positions au sein de la hiérarchie des réseaux tant nationaux que transnationaux. On remarque bien qu'il ne s'agit point ici de règles à référentiel éthico axiologique s'inspirant d'une quelconque *bonne volonté* kantienne[1]. Le jeu des réseaux se nourrit plutôt d'un « rude principe matérialiste » énoncé par Max Weber et ratifié par Pierre Bourdieu :

> les agents sociaux n'obéissent à la règle que dans la mesure où leur intérêt à lui obéir l'emporte sur leur intérêt à lui désobéir. (Bourdieu & Wacquant 1992 : 91)

L'intérêt *illusion* – comme sens et enjeux accordés au jeu du commerce trans-étatique – des acteurs marchands transnationaux, c'est la pénétration et l'influence des places fortes de trafic et de circulation des marchandises. Car c'est à partir des *zones pivots,* des *heartland* du commerce transnational que s'acquièrent des positions de domination et d'hégémonie; positions à partir desquelles se structure le processus de hiérarchisation entre acteurs.

La consolidation d'une structure sociale régionale en Afrique noire : la montée d'une structure publique transnationale

Dans des conjonctures sociopolitiques marquées par de fortes similitudes contextuelles en ce qui concerne la difficile satisfaction des besoins fondamentaux des populations dû à la rareté matérielle ambiante et à l'allocation inéquitable des utilités de survie de la part des figurations chargées du partage en vertu de leur incrustation aux postes de commandement, il y a une sédimentation transnationale de la volonté d'association et d'auto-entreprise. C'est ainsi que

---

[1] Chez Kant, « Ce qui fait que la bonne volonté est telle, ce ne sont pas ses œuvres ou ses succès, ce n'est pas son aptitude à atteindre tel ou tel but proposé, c'est seulement le vouloir, c'est-à-dire que c'est en soi qu'elle est bonne », *Fondements de la métaphysique des mœurs*, tr. Victor Delbos, Paris, Librairie Delagrave, 1986, p. 89.

se mettent sur pied des coalitions transnationales qui se donnent pour objectif d'organiser des espaces de dialogue, de discussion, de critique, d'auto promotion et d'échanges en marge, en deçà ou au-delà de l'inter étatisme officiel (Devin 1999). D'où l'hypothèse d'une publicité transnationale en tant qu'ensemble de représentations collectives, de valeurs partagées et de sphères d'action qui, sur une base trans-étatique, prennent corps à l'intérieur de cadres organisationnels et d'actions communs. La publicité transnationale indique la prolifération d'espaces délibératifs para institutionnels et critiques au plan régional. Les *objets* des délibérations sont pour la plupart ce qu'on pourrait considérer comme des *biens régionaux communs* ; c'est-à-dire des biens de consommation sans concurrence/rivalité et sans exclusive tels que les droits de l'Homme, la sécurité urbaine et civile.

L'espace public fait aujourd'hui « sens » dans l'analyse phénoménologique et politiste des situations africaines telles qu'elles émergent à la suite de l'échec de « la modernité autoritaire » (Diouf 1998). C'est en effet à travers la notion d'espace public qu'une tendance analytique des transitions politiques africaines tente de rendre compte de la politique post-autoritaire (ou post totalitaire) en Afrique. Rendre compte de l'espace public et de la société civile internationale dans la modernité négro-africaine nécessite par conséquent de prendre en compte les débats en cours au sujet de son mode historique d'affirmation dans les contextes africains. D'une manière générale, trois thèses s'affrontent ou s'ignorent dans le débat relatif à l'espace public et la société civile en Afrique.

La première thèse affirme l'existence historique d'un espace public en Afrique en dépit de la volonté du *tout État* affirmée et effectivement mise en œuvre par le *projet national-étatique,* projet de *réduction de la société à l'Un* sous le couvert de *l'unité nationale* et du parti unique. Il a donc toujours existé en Afrique une sphère autonome au-delà des structures familiales et en deçà de la théologie étatique et dont la théorisation majeure semble jusque-là s'être faite autour des *modes populaires d'action politique.*

La deuxième thèse est celle qui émet des réserves sur l'existence d'un espace public et d'une société civile dans les *traversées africaines* de l'heure. Cette thèse se fonde d'une part sur le phénomène de la *greffe et du rejet* qui accompagne les stratégies d'importation des modèles politiques: la crise de l'universalisation du modèle occidental de la construction politique rendrait les *sociétés civiles introuvables* en Afrique. D'autre part la tendance négatrice de la société civile dans les contextes politiques africains pense que les *zones libérées* à la suite de la déconstruction de l'ordre totalitaire ne sauraient pertinemment être appréhendées en terme de sédimentation d'espaces publics pas plus que la prolifération d'associations d'origines et de natures diverses ne saurait conduire à la conclusion de l'existence de sociétés civiles:

la, société civile n'est (...) à confondre, ni avec la simple existence d'associations autonomes évoluant hors de la tutelle étatique, ni avec la société tout court (erreur que commettent nombre d'observateurs pressés de l'Afrique). En effet, il ne suffit pas qu'émergent des associations pour que l'on conclut automatiquement à l'existence d'une société civile (...). On ne peut donc pas appliquer pertinemment cette notion aux configurations africaines post-coloniales sans prendre au sérieux l'ensemble des connotations qu'elle suggère... (Mbembe 1999 : 30-31)

La troisième thèse est celle d'un espace public en formation/construction. Quoique encore embryonnaire ou *impur*, l'espace public et son corollaire qu'est la société civile sont en cours de sédimentation dans des temps sociaux et politiques du « désordre et du pluralisme» travaillés par une «recomposition chaotique des champs sociaux ». L'éclatement des champs sociopolitiques est une conjoncture favorable pour « la constitution progressive d'un espace public alimenté par des représentations non révérencielles du pouvoir » (Mbembe 1999 : 30-31).

De fait, dans des contextes sociopolitiques marqués par la mise en échec de l'ambition totalitariste et jacobine de l'État-pouvoir, il va de soi que y prolifèrent des sphères autonomes à l'intérieur desquelles les marqueurs étatiques apparaissent comme résiduels. Il y a bel et bien dans les *figurations* sociopolitiques africaines une cristallisation des *trois principes discriminants* historiquement considérés comme constitutifs de la société civile et de l'espace public : la différenciation des espaces sociaux privés par rapport à l'espace politique; l'individualisation des rapports sociaux qui confère ainsi à l'allégeance citoyenne une valeur prioritaire, l'horizontalité des rapports à l'intérieur de la société qui fait préférer la logique associative à la structuration communautaire et qui, à ce titre, marginalise les identifications particularistes au profit de l'identification stato-nationale.

Il existe bel et bien une publicité à l'intérieur des champs politiques africains; mais une publicité historique; c'est-à-dire réinventée et déterminée par les contraintes locales. La publicité ici ne semble pas se structurer dans l'émancipation politico-étatique des groupes sociaux; dans la sédimentation extrapolitique des espaces sociaux autonomes ; une archéologie de la publicité dans les conjonctures africaines semble révéler qu'ici, l'espace public est un terrain alternatif sur lequel jouent les acteurs qui jouissent des marges de manœuvres élargies dans la hiérarchie des positions bureaucratiques. Béatrice Hibou et Richard Banegas avancent, pour essayer de rendre compte de cette publicité historique, l'hypothèse du « *straddling associatif* » (Hibou & Banegas 2000 : 40-47). A un moment fortement marqué par la défrontiérisation et la transnationalisation, il convient d'envisager l'espace public en termes trans-étatiques. On assiste en effet dans la modernité négro-africaine en général à l'émergence des formes de publicité et d'identités transnationales.

La publicité transnationale renvoie à un espace de jeu désétatisé et trans-nationalisé au sein duquel des acteurs semi ou non étatiques aux positions et ressources différentes sont en concurrence pour l'accaparement et la manipulation des biens de domination propres à l'espace public. Il s'agit d'un espace dans lequel un certain nombre d'acteurs se connectent à des réseaux transnationaux qui leur offre des ressources et des moyens leur permettant de s'émanciper en dehors de l'État. Il est d'ailleurs de notoriété planétaire que les réseaux transnationaux travaillent au contournement des États en créant des circuits parallèles d'influence et de légitimité et en structurant des territoires alternatifs de circulation des hommes, des biens et des idées. La publicité transnationale pourrait à juste titre participer des nouveaux imaginaires des frontières et de la souveraineté qui accompagnent la nouvelle ère de « la fin des territoires nationaux » et de la mise en place de figures de la souveraineté qui se situent nettement en dehors de l'État.

Dans les « conjonctures fluides » africaines, l'espace public a rarement été analysé comme un espace de jeu autonome, détaché de la sphère purement politique. Le prisme étatique a marqué de son empreinte l'analyse de la circulation transnationale des idées, des hommes et des biens. La pensée d'État inscrit les dynamiques transnationales dans la perspective du *contournement de l'État* par les *modes populaires d'action internationale*. Le phénomène est perçu comme renvoyant sinon à une *dissidence territoriale* du moins à une intégration par le bas, un vote par les pieds en faveur de l'intégration que les institutions et actions gouvernementales se montrent incapables de réaliser.

La consolidation d'espaces de jeu trans-étatiques a aussi été appréhendée dans la perspective d'une critique sociale du cadastre continental hérité de la conférence de Berlin de 1884-1885. Elle s'assimile à une remise en cause, à une dépréciation et à une délégitimation des frontières coloniales ainsi qu'à un appel pour une reconsidération des spécificités socio territoriales africaines dans la distribution spatiale des États. C'est en somme la critique de l'organisation illégitime des particularités territoriales et humaines du continent africain par le cadastre continental.

Il convient dès lors, afin de sortir de ces territoires analytiques éculés et idéologiquement biaisés, de tenter une appréhension réflexive de l'espace public transnational en tant que champ autonome qui a ses spécificités et ses logiques propres. L'espace public transnational est l'espace des acteurs multi centrés dont l'implantation et le déploiement vont au-delà des frontières officielles des États. En tant que champ, l'espace public transnational se construit autour de *relations objectives* entre *gladiateurs* trans-étatiques qui procèdent à la mise sur pied de figures spécifiques de territorialité. Les enjeux dans l'espace public transnational sont surtout d'ordre matériel. Les gains financiers, le contrôle des ressources rares etc. sont autant de produits qui mettent en compétition la nébuleuse d'acteurs régionaux. Cette compétition s'inscrit dans plusieurs registres. D'une part elle prend la forme d'une concurrence anarchique à somme nulle: chaque compétiteur gagnant ce qu'un autre perd. D'autre part elle se déroule dans un jeu de coalitions où des *transactions collusives* associent des acteurs qui procèdent à des combinaisons à la fois *ad hoc* et structurelles de leurs ressources, moyens et capitaux en vue de l'acquisition des positions prépondérantes dans les échiquiers de pouvoirs régionaux. Ce sont les interrelations qui naissent des *transactions collusives* entre certains acteurs non-étatiques qui structurent le champ public transnational. Celui-ci prend corps à travers une multiplicité de dynamiques sociales qui ne sauraient être analysées de manière exhaustive.

Dynamiques et figures de la publicité transnationale

La perspective du *relativisme méthodologique* de Pierre Bourdieu qui insiste sur l'historicisation définitionnelle invite, dans l'intention de l'appréhension critique de la publicité transnationale de la modernité négro-africaine, que la notion d'espace public soit lui-même au préalable approchée dans la perspective paradigmatique du champ qui met un accent sur le *relationnisme méthodologique*. Dans celui-ci en effet,

> les concepts n'ont d'autre définition que systémique et sont conçus pour être mis en œuvre empiriquement de façon systémique (Bourdieu & Wacquant 1992 : 72)

Les concepts ici ne doivent pas se définir à *l'état isolé* mais plutôt à l'intérieur du système théorique dans lequel ils s'insèrent. Le *relativisme méthodologique*, en tant que mise en œuvre empirique des concepts, peut avoir partie liée avec l'anthropologie politique en tant que critique de l'effet de théorie qui « consiste à vouloir tailler la réalité à la mesure du concept ou de la théorie ». Ainsi reliée à la réflexivité critique, *le relationnisme méthodologique* appréhende l'espace public dans son historicité, dans sa modalité concrète et spécifique d'affirmation dans le cadre de la dynamique socio-politique. Appréhendé dans la perspective du champ, l'espace public apparaît comme une configuration marquée par une dynamique conjoncturelle des positions des acteurs et une fluidité des pôles de structuration. L'État est le cadre à priori de la structuration et de l'organisation de tout espace public. Il n'y a pas d'espace public sans État et même qu'il n'y a pas d'État qui ne joue sur son espace public. Bien que se voulant une sphère intermédiaire entre l'espace étatique et celui des « groupes fondamentaux », l'espace public est aussi un cadre d'action et de déploiement étatique. C'est donc dire que la thèse négationniste et de la société civile et de l'espace public en Afrique en raison de l'« immixtion (…) des gouvernants est relativement courte » (Chabal & Daloz 1999 : 34) et se nourrit de l'illusion de la différenciation absolue/dure entre « espaces sociaux privés [et] espace politique ». L'espace public devrait être perçu en termes relatifs: il y a un degré, un seuil de publicité propre à chaque sphère publique. En tout cas, la publicité de l'espace public n'est jamais absolue: elle est relative. De ce point de vue, l'espace public et la société civile n'apparaissent pas en Afrique comme de pures « illusions » idéologiquement entretenues. Ce sont des réalités historiques; c'est-à-dire colonisées par les « logiques de situation » propres à leur contexte d'émergence et de consolidation.

Espace d'intérêts et d'enjeux, l'espace public dans la modernité négro-africaine l'est éminemment. En fait l'espace public n'est pas le cadre d'une harmonie pré-établie entre acteurs sociaux. Il renvoie à une construction historique et en tant que tel il est un *champ de luttes* et de rapports de force. Il n'y a pas de luttes sans enjeux en tant que produits de la compétition entre les joueurs. Les produits des luttes consistent pour l'essentiel en des « utilités »/biens de survie. C'est donc dire que la disqualification d'une publicité et d'une civilité africaines à partir d'une conception de l'ensemble de structures institutionnalisées, mues par des individus poursuivant des intérêts communs en dehors des structures étatiques comme une simple instrumentalisation du désordre, semble une position purement idéologique; notamment celle de la virginité civile des formations sociales africaines. C'est à partir d'une telle lentille paradigmatique qu'on peut comprendre la thèse de Patrick Chabal et Jean Pascal Daloz selon laquelle la prolifération des sphères autonomes et autorégulées dans les conjonctures africaines

> est moins un signe de la vitalité d'une société civile naissante que celui d'un déplacement des ressources tandis que les implacables logiques de prédation et de redistribution perdurent. (Chabal & Daloz 1999 : 34)

Parce qu'elles ont le double phénomène de sédentarisation et d'identisation en leur centre, les migrations transfrontières semblent conduire au renforcement d'une publicité transnationale. Il y a comme une consolidation d'un champ trans-étatique pluriel de positionnement des acteurs qui, bien que gardant en mémoire leur lieu de provenance et travaillant à sa reproduction promeuvent des intérêts spécifiques. La publicité transnationale est le champ commun de l'itinérance sinon para-étatique, du moins sub-étatique. Les communautés en situation d'immigration négocient leur pénétration dans l'espace public à travers une stratégie d'identification et d'identisation. Ainsi, les tentatives et la volonté clairement affichées des populations camerounaises, nigérianes; tchadiennes, centrafricaines etc. en situation d'immigration ou d'exil de se fondre harmonieusement dans les sociétés majoritaires d'accueil, de vivre pleinement les valeurs de ces sociétés, de partager certains de leurs usages et d'épouser leurs normes est ce qui ressort de l'observation des comportements des immigrés dans leur société d'accueil. Toutefois, il s'agit d'une insertion qui ne saurait équivaloir à une dilution pure et simple des immigrés dans les sociétés d'accueil. Il y a aussi comme une affirmation concomitante, de la part des immigrés, du *droit d'être étranger;* c'est-à-dire une action d'imposition et de valorisation d'un soi collectif différent digne de considération et de respect. Il y a une attitude particulariste que les communautés étrangères développent dans leur pays d'accueil. C'est la dialectique de l'identification et de l'identisation qui permet une régulation des flux migratoires.

C'est l'approche du champ qui permet une compréhension nouvelle des mutations que les dynamiques migratoires entraînent pour ce qui est de la relation entre nationalité, autochtonie et citoyenneté. Il y a dans les analyses dominantes comme une double dialectique de la « *dénationalisation* » de l'appartenance communautaire et de l'aiguisement de la « *distinction faite entre natif et non-natif* » conduisant à la fracture communautaire et au conflit politico-identaire (Geschiere 1999 : 105-106). L'espace public s'entend ici comme un espace symbolique de représentation et de délibération fondée sur la citoyenneté et traduisant l'existence de sociétés civiles constituées sur une base transnationale. Si la publicité a pour fondement la citoyenneté, il va sans dire que la publicité transnationale a comme racine nourricière une citoyenneté transnationale. En effet dans des contextes marqués sinon par le recul du moins par le contournement de l'État, la citoyenneté semble se définir de moins en moins en termes politico-étatiques. Il y a comme une sédimentation progressive de la citoyenneté post-nationale/post-étatique que traduit la multi-appartenance sociale des individus.

Si de manière classique la citoyenneté renvoie à l'ensemble des droits et des devoirs que confère à l'individu son attachement juridique à la population constitutive d'un État, il y a en cette ère de la désétatisation marquée par la multipositionnalité des populations dans le champ interétatique négro-africain, comme un avènement de la plurinationalité ou de la multicitoyenneté. La citoyenneté post-nationale traduit une nationalité plurielle où un individu peut non seulement jouir d'une multitude de rattachements juridiques à plusieurs États mais aussi où l'individu peut disposer des nationalités ou des citoyennetés de rechange. La citoyenneté devient elle-même une coquille vide pouvant faire l'objet d'une variété de contenus dans une *conjoncture fluide* où il y a une inscription simultanée des individus dans plusieurs espaces nationaux. Par exemple certains Fang d'Ambam se présentent successivement comme camerounais, équato-guinéens ou gabonais selon les circonstances. De même un commerçant de Garoua, qui maîtrise le haoussa et le pidgin, déclare se sentir « chez lui » au Nord du Nigeria: le port d'une « chemise serrée », l'achat d'une étiquette d'impôts (prouvant qu'il s'est acquitté des impôts nigérians,) lui permettent d'être assimilé à un nigérian et de vaquer sans inquiétude à ses affaires. C'est ce que nous nous proposons d'appeler le déclin de la nationalité en tant que distinction quelque peu factice et floue pour des individus d'une même famille ou d'une même ethnie séparés par une frontière ; art de jouer des populations pour franchir les frontières et évoluer sans problème en terre voisine, témoignant du rapport utilitaire qu'elles ont à la frontière et au rattachement à l'espace d'un État. Cette analyse est en phase avec cette affirmation de Miguel Darcy de Oliviera and R. Tandon (1995) suivant laquelle « il y a une myriade de citoyens, aux visages, soucis et sources d'inspiration différentes dans le monde actuel ». Les citoyennetés transnationales ne sont pas seulement dans le cas de l'Afrique noire, une conséquence de la diffusion de la logique post-nationale de la globalisation. La trans-nationalité est une dimension historique de la formation aussi bien des identités que des citoyennetés africaines.

> Pour autant que l'on puisse s'en souvenir, note un Rapport du CODESRIA (1998), notre histoire a été, au long du temps, une histoire de la mobilité et des migrations [...], une histoire du mouvement. Nous sommes, à cet égard des hommes et des femmes qui ont beaucoup marché et voyagé, qui se sont constamment déplacés, soit de leur propre gré, soit par la force des circonstances, les aléas de l'existence et les opportunités offertes par toute vie humaine. Notre identité s'est forgée, historiquement sur les routes de la migration.

L'Afrique apparaît ainsi comme « un continent des diasporas, c'est-à-dire un continent peuplé des gens qui, souvent, sont venus d'ailleurs » (Laburthe Tolra 1981).

Ainsi par exemple si le Cameroun apparaît aujourd'hui comme un espace de repli sécuritaire pour de nombreux réfugiés rwandais et burundais, c'est parce que, historiquement, le Cameroun, le Burundi, le Rwanda font partie d'une aire migratoire précoloniale commune : l'aire bantou. Plus exactement l'aire migratoire béti s'intègre dans le vaste espace des mouvements de populations bantou (Binet 1958). La mémoire collective des Hutus des Grands Lacs s'articule de manière forte sur la construction du Cameroun comme leur lieu de provenance. Cela explique aussi la propension des réfugiés des Grands Lacs à se fondre dans l'espace public camerounais sans s'imaginer comme des gens qui occupent une position marginale. Bien que marquées par cette dimension historique, les citoyennetés transnationales s'inscrivent aussi dans le mouvement en cours qui va « de l'immigration à la nouvelle citoyenneté » (Bouamama, Cardeiro & Roux 1998). C'est l'avènement de la « nouvelle citoyenneté » qui s'affirme surtout économique et sociale. Elle repose sur l'ouverture des espaces sociaux afin de permettre aux individus de capitaliser leurs potentialités créatrices et recréatrices.

> La nouvelle citoyenneté, selon Saïd Bouamama, se construit sur la base d'une garantie sociale accordée à tous les citoyens sans distinction. Elle est une avancée économique et sociale. (Bouamama, Cardeiro & Roux 1998)

A travers l'immigration se structure une « société civile globale » (Darcy de Oliviera & Tandon 1995) et se sédimente une nouvelle citoyenneté. La citoyenneté classique fondée sur la sédentarité est en pleine mutation. La mobilité s'affirme de plus en plus comme l'autre assise de la citoyenneté. L'immigration semble conduire, comme le montre le cas des nigérians au Cameroun, à de nouvelles formes de participation communautaire et politique. Elle conduit aussi à une ré-émergence du réalisme national-étatique non seulement parce que les individus s'appuient sur leur filiation nationale pour pénétrer d'autres espaces publics, mais aussi parce qu'ils sont perçus dans leurs territoires d'accueil sous le prisme étatique. Au total les phénomènes d'identification et d'identisation, de désétatisation et de (ré-)étatisation s'avèrent comme les nouveaux modes d'insertion *civilisée* des communautés étrangères en situation d'immigration dans les espaces publics des pays d'accueil. D'où la consolidation progressive des formes de citoyenneté sinon multi ou transnationale du moins planétaire (Michiels & Uzunidis 1999).

L'enchevêtrement des citoyennetés et dynamiques identitaires

En tant que champ trans-nationalisé, l'espace public dans la modernité négro-africaine est bel et bien un espace de concurrences, de luttes matérielles et symboliques. C'est un champ traversé par les dynamiques de concurrence et de luttes en vue de l'acquisition des positions matérielles et symboliques prépondérantes dans l'espace socio-politique. L'espace transnational dans l'immanence négro-africaine est marqué par le jeu des croyances liées à la construction de soi comme identité et différence (Tap 1980). La publicité transnationale est marquée par des processus de construction de soi collectifs *distincts* des autres. Ces constructions sont tributaires des croyances attachées au degré de *civilisation des mœurs* accordée à chacun des acteurs en jeu dans le champ. Bien évidemment, la place qu'on s'accorde dans la hiérarchie *civilisationnelle* détermine largement les prises de positions des acteurs politiques et publics à l'égard des agents en situation d'immigration. En tout cas la construction d'un « nous » prestigieux comme processus de distinction des autres « barbares » n'enraye nullement la dynamique parallèle de la trans-étatisation des réseaux identitaires ; d'où l'enjeu identitaire dans le champ transnational de l'immanence négro-africaine et la construction d'un « nous » (Elias 1991) prestigieux et d'un « eux » barbare. L'espace public transnational négro-africain est, à certains égards, un *espace énonciatif* ; c'est-à-dire une sphère marquée par la

> production de préférences : Par production de préférences, il faut entendre la capacité à produire une définition d'un « Nous » opposable au reste du monde (...). Elle suppose donc la recherche d'un discours identitaire plus ou moins intériorisé. (Laïdi 1998 : 39-40)

Le champ négro-africain est un espace marqué par une prolifération de « nous » qui prennent pour l'essentiel les contours des États. Toutefois on note également une multitude de « nous » aussi bien infra/sub-étatiques que transnationaux en rapport avec la fragmentation identitaire des espaces nationaux. Dans l'espace régional négro-africain en effet, les définitions étatiques de l'identité nationale – qui sont en même temps des processus de construction de l'altérité – reposent sur la dialectique du barbare et du civilisé. C'est en quelque sorte la version tropicale de la dialectique du sauvage et du civilisé, de « l'empire et des barbares » (Ruffin 1991). Dans les *habitus* qui structurent les schèmes nationaux en contexte négro-africain, l'autre, c'est-à-dire l'étranger, c'est le *barbare* ou le non-civilisé ; peu recommandable pour fréquentation. Globalement les figures du criminel, du *kleptocrate*, du contrebandier, du mendiant servent à définir l'autre étranger qui, du reste, constitue une menace pour les grandes valeurs nationales. L'autre, c'est-à-dire l'étranger est un vecteur de la « décivilisation » ou de la corruption des mœurs nationales. Au demeurant, le soi civilisé se distingue et s'oppose à autrui barbare.

Dans l'espace-monde en général et dans l'espace négro-africain en particulier, les processus socio-politiques de construction et d'intégration de l'étranger posent le problème global de la relation entre nationalité, autochtonie, allochtonie et citoyenneté. Ce problème prend une tournure cruciale avec les dynamiques de désétatisation des allégeances, de « sous-étatisation » des appartenances communautaires et de transnationalisation des regroupements identitaires en cours. Bref le fait marquant dans l'actuel brouillage des critères routiniers d'identisation et qui structure une véritable conjoncture des identités nationales est, comme le souligne Peter Geschiere, le double phénomène de la « dénationalisation » de l'appartenance communautaire et de l'aiguisement de « la distinction faite entre natif et non-natif » (Geschiere 1999). Ce double phénomène conduit, dans certains cas, à la fracture sociale et au conflit politique. Ainsi, au Cameroun par exemple, les milieux *biafrais*[2] sont perçus de la part des populations locales comme des *territoires de l'altérité* qui, malgré le dynamisme économique et marchand qui s'y déploie, apparaissent d'abord comme des milieux marqués par la criminalité, la contrebande et la tricherie. D'où la construction d'une vision péjorative des ressortissants nigérians ; « la perception empreinte d'aversion et de méfiance des populations locales vis-à-vis des immigrés nigérians [envahisseurs et tricheurs] » (Nkene 1999/2000 : 113-138).

Le corollaire de cette vision péjorative est la structuration concomitante dans les schèmes de perception de la majorité camerounaise, d'un imaginaire des « gens à part » (Morice 1995 : 37-47) voués à l'exclusion sociale. Il s'agit là d'un processus de disqualification d'un groupe d'individus par une communauté (Ferreol 1998 : 79). Les populations tchadiennes en situation d'immigration au Cameroun sont aussi perçues à partir des catégories de criminels et de délinquants. Les tchadiens au Cameroun sont globalement perçus comme des disséminateurs de l'insécurité. Ceux-ci exportent sur le sol camerounais le désordre armé quasi-chronique qui sévit depuis plusieurs décennies sur le territoire tchadien[3]. En effet, dans les constructions symboliques de la majorité des camerounais, le tchadien est d'abord perçu comme un clandestin, un brigand, un vecteur de la diffusion des armes légères et surtout un kleptomane criminel. La réponse camerounaise aux immigrants criminels tchadiens combine aussi bien l'indexation, le lynchage populaire que les condamnations de la justice nationale camerounaise. En somme l'état suivant des détenus tchadiens dans la province de l'Extrême Nord (qui fait frontière avec le Tchad) dressé en 2000 par les services du gouverneur de cette province indique clairement les voies marginales et criminelles d'intégration sociale des tchadiens au Cameroun d'une part et leur distinction par les camerounais comme les « *Zarguina* », c'est-à-dire les « coupeurs de route » (Touoyem 2011).

Plus que le Cameroun, le Gabon apparaît sans doute comme l'État qui procède à une discrimination paroxystique entre nationaux et étrangers. Les croyances nationales et/ou populaires gabonaises à l'égard des étrangers se structurent d'une manière générale autour de la dialectique sinon du civilisé et du barbare du moins du maître et de l'esclave. Dans l'imagination populaire, note le journaliste M. Biongolo, le gabonais est assis sur un trône; il a un ghanéen pour lui cirer les chaussures, un béninois pour le conduire dans le taxi, un camerounais pour lui vendre des vivres, et un « équato » pour lui servir de domestique. Par ailleurs, les « équatos » au Gabon sont comme par essence destinés à l'accomplissement des tâches subalternes et de divers autres travaux manuels. Il sévit en effet dans l'État gabonais comme une phobie de l'étranger qui a conduit à la formulation d'un *drame* gabonais dans le discours politique national.

La gestion de l'immigration par les autorités gabonaises semble, dans une certaine mesure, caractérisée par la récrimination, la répulsion, la dramatisation et l'expulsion conduisant tout

---

[2] Désignation populaire des ressortissants nigérians au Cameroun. « Biafrais » a une référence explicite à la guerre de sécession du biafrais en 1967 qui a occasionné l'afflux massif des populations nigérianes vers le Cameroun.

[3] Sur les premières heures de ce désordre conflictuel, lire la chronique de P. Le Chevoir, *Les nouvelles heures d'Abéché 1966 – 1967. Les prémisses du Frolinat*, Paris, l'Harmattan, 1999.

simplement à la xénophobie. C'est dans cette perspective que Christopher J. Gray estime que le Gabon est un cas type de pays où la citoyenneté se construit et se cultive à travers l'exhortation xénophobique. Ainsi des milliers de camerounais, perçus comme des kleptomanes et des escrocs de grand chemin ont été expulsés plusieurs fois du Gabon. Les premières expulsions massives remontent en 1981 avec ce que les médias ont qualifié de *guerre du football*. Un match de football ayant opposé une équipe camerounaise à celle du Gabon à Douala le 20 Mai 1981 conduisit à des manifestations anti-camerounaises à Libreville. Les attaques des habitants de Libreville prirent pour cibles la plupart des symboles des activités et de la présence camerounaises : marché, comptoirs, débits de boisson, taxis. Les étudiants et les policiers gabonais prirent activement part aux manifestations. Les camerounais constitueront encore en 1992-1993, le gros des expulsions des étrangers menées par les autorités gabonaises.

La catégorie de *barbare* peut aussi être perçue comme le schème – *durable et transposable* – de perception des immigrés nigérians au Gabon. Les nigérians au Gabon sont considérés comme *des gens à part*, différents dans leurs mœurs et coutumes, et baignant dans un vide de significations et de valeurs positives. Ils ne sont pas vertueux ou civilisés comme les gabonais et, davantage, leur trop grande pénétration des milieux gabonais paraît sinon comme une offense intolérable du moins comme un grand danger pour la stabilité socio-politique du pays. Selon une note interne de l'ambassade du Cameroun à Libreville;

> Le Gabon se plaint de la présence incommodante des ressortissants nigérians impliqués dans des actes de criminalité et de grand banditisme.[4]

Au Gabon, les nigérians sont aussi perçus sous la figure des *barbares*. Ils représentent le mauvais côté social. C'est pourquoi, face à ces derniers, une partie de l'opinion publique gabonaise mobilise l'argument de *la souveraineté nationale* comme posture de légitimation de l'action publique contre les ressortissants de cet État qui,

> non seulement violent et tuent leurs victimes (sans défense), mais encore ont déclaré la guerre aux forces de défense sur qui ils n'hésitent pas à tirer pour une simple interpellation de routine (...). Quand les ressortissants spécifiques à un pays s'identifient à travers ce genre d'actions qui, petit à petit, sont facteurs de l'embrasement du tissu social de notre pays et par conséquent, précipitent de l'effondrement de notre économie, il y a urgence de brandir l'argument de la souveraineté nationale. (Ebozo'o 2002 : 1)

C'est dans cet environnement symbolique de *nigérians-bandits-criminels* que se structure clans la société majoritaire gabonaise une certaine répulsion des immigrés nigérians qu'il convient de situer la vaste opération de refoulement des immigrés clandestins nigérians engagée par les plus hautes autorités gabonaises. Ainsi en 1993, *plus de 1600 nigérians* [seront] *expulsés du Gabon*[5]. Furent également expulsés au cours de la même opération des ressortissants ghanéens (Ameyibor 1994) et bien d'autres communautés étrangères. Au total le sentiment nationaliste est tellement fort au Gabon que même les considérations liées au poids économique des immigrés ne semblent nullement atténuer les logiques de refoulement des autorités gabonaises.

Dans les autres pays de l'Afrique noire, c'est au travers de ce qui est globalement considéré comme leur *complexe de supériorité* que sont perçus les ressortissants camerounais. Le « nous » camerounais est perçu dans la sous-région comme un « nous » hautain, condescendant qui se réserve la première place dans la hiérarchie régionale des peuples. Ce passage, tiré d'une note interne de l'Ambassade du Cameroun à Malabo est très expressif *à* cet égard parce qu'elle met en exergue:

---

[4] Archives du ministère des relations extérieures du Cameroun. Inédit.
[5] Gabon. Immigrés, plus de 1600 nigérians expulsés du Gabon. *Marchés tropicaux et méditerranéens* 49, 8 janvier 1993, p. 49

le complexe d'infériorité qu'entretiennent les nationaux à l'endroit des camerounais, parce que ces derniers sont plus dynamiques et plus entreprenants dans le secteur du commerce et celui des petits métiers (ainsi que) la phobie d'invasions qu'entretiennent également les nationaux à l'égard des étrangers et surtout des camerounais, considérés à tort comme des envahisseurs. (Ameyibor 1994)

Les camerounais sont aussi perçus dans ce pays comme des *grosses têtes* ; qui disposent d'une expertise riche et diversifiée jusque dans les domaines de la délinquance et de la criminalité. Le *capital intellectuel* des camerounais est très grand en matière d'activités illicites. Ainsi selon une note interne de l'Ambassade du Cameroun à Malabo, le Chef de l'État équato-guinéen Teodoro Obiang Nguema Bazogo aurait prononcé, le 17 Juillet 2000, au Palais des Congrès de Data, un discours vindicatif à l'égard des camerounais responsables selon lui du grand banditisme et de l'insécurité qui sévit dans ces pays :

Faites attention aux étrangers et surtout aux camerounais, car ces derniers ont eu de l'argent du pétrole avant, et leurs gisements pétroliers étant déjà épuisés, ils cherchent à nous envahir puisqu'ils possèdent des techniciens, ingénieurs, cadres de haut niveau bref de grosses têtes. (Ameyibor 1994)

Dans une interview accordée au journal *Jeune Afrique L'Intelligent* (2002 : 33), le président équato-guinéen va encore affirmer:

Les camerounais sont nombreux chez nous. Certains d'entre eux se sont rendus coupables d'escroqueries, de détournements, et mettent en danger la sécurité du pays.

Au Tchad et en République Centrafricaine, le camerounais apparaît dans les imaginaires populaires comme un *homme arrogant et condescendant*. Dans les milieux diplomatiques du Golfe de Guinée, il y a prédominance d'un sentiment d'exaspération à l'égard du repli sur soi du Cameroun qui fait montre d'une *mauvaise volonté* dans l'appui au développement de ses voisins moins nantis en ressources naturelles et en capital humain. Le principe de la politique étrangère non-hégémonique appliqué par Yaoundé à l'égard de ses voisins est paradoxalement perçu comme un comportement égoïste relevant de la stratégie du *cavalier seul* ; sans égards pour les voisins.

Les gestions nationales quasi-xénophobique de l'immigration de même que la prolifération des visions péjoratives des étrangers qui ont cours dans l'immanence négro-africaine peuvent être analysées comme étant, dans une certaine mesure, des processus de *distinction nationale*, d'identisation ; bref des processus de construction de soi collectifs. Cette grille d'analyse semble d'autant plus pertinente que tout groupe ne se constitue, ne se définit et ne se maintient qu'en se distinguant d'autres groupes et en étant distingué par eux, dans et par des relations d'opposition, une représentation qui ne peut accomplir sa positivité qu'en passant par la porte étroite de la négativité. Dans le domaine de l'analyse phénoménologique, le processus de *distinction* des États est généralement appréhendé comme la construction d'un « sens » : ensemble de valeurs et d'intérêts communs, produits et partagés par des sociétés politiques (...) qui aspirent à se projeter collectivement dans le champ international à des fins d'affirmation identitaire ou stratégique (Hermet 1994 : 47). La modernité négro-africaine est en effet un champ marqué par la démultiplication des espaces d'énonciation de « sens ». Il y a ici comme un renforcement des dynamiques de construction nationale ou sub-nationale des espaces collectifs, aussi bien sur des bases étatiques que sub-étatiques. Entendu fondamentalement comme un processus d'énonciation, la construction du *sens national* – qui est aussi un véritable processus de détermination d'un soi collectif de spécification d'un « nous » – a, dans le contexte africain, partie liée avec le projet national étatique fortement nourri par l'idéologie de la construction nationale. Dans la post-colonie, la construction du « sens » national a eu pour vecteur le parti unique. En effet le rôle politique, économique et social jadis assigné au parti unique dans la post-colonie africaine a été pour tout dire démiurgique. « Il devait », souligne Achille Mbembe (1988 : 140), « endiguer les forces d'éparpillement et saborder les « identités de contrebande » (...), l'objet final étant la production d'une société unie. »

Le parti unique s'est voulu l'architecte du sens national, l'instance normative et législatrice suprême, le creuset de la mobilisation des ressources humaines, en particulier des ressources intellectuelles (...) si précieuses. Au demeurant le parti unique est le cadre de la construction de l'État en tant que principe organisationnel de l'espace et centre de monopole de la violence symbolique légitime. Le totalitarisme idéologico-symbolique de la post-colonie monopartiste imposait à la diversité humaine qui composait les États, une définition du « nous » en dehors duquel il n'y avait que *subversion* et à la soustraction duquel il n'y avait que *rébellion* et *complot* néo-colonial. C'est en tentant d'élucider le rôle de l'État africain dans un tel contexte qu'Achille Mbembe a avancé l'hypothèse de l'*État-théologien* pour traduire l'omnipotence et l'omniprésence des États africains dans les processus de construction des identités nationales dans une perspective unidimensionnelle et impérative.

> (...) L'État-théologien se constitue comme le principe instituant des langages et des mythes d'une société. C'est lui qui a charge de produire les formes de conscience (...) en « inculquant » à tous le principe de vision légitime, il pèse sur la capacité des agents à orienter leurs représentations. Il produit (...) les catégories de perception, les structures cognitives, l'équipement mental à partir duquel (...) voir et dire le monde. L'État théologien aspire donc, au total à se faire lui-même système culturel et symbolique. (Mbembe 1988 : 127-128)

Au regard de la manière dont les *identités nationales* s'expriment dans l'immanence négro-africaine, on peut dire que le projet national-étatique porté par le parti unique a, en tant que procès de *réduction de la société à l'Un*, connu un certain succès. D'où la pluralité de « nous » nationaux qui marque l'espace symbolico-identitaire de l'immanence négro-africaine. On peut y distinguer un *nous camerounais*, un *nous Gabonais*, un *nous nigérians*, un *nous équato-guinéen* etc.

Une brève phénoménologie de ces différents « nous » révèle que, dans l'immanence négro-africaine en particulier et dans l'espace africain en général, le « nous *nigérian* » est un « nous » transcendant. La personnalité nationale nigériane s'est, au plan continental et/ou mondial, fortement structurée autour de l'élaboration d'une espèce de *calling* tropical. Le Nigeria a affirmé avec force une *destinée manifeste* régionale et continentale. Celle-ci a traduit une vision politico-populaire de la prédestination du Nigeria à jouer un rôle de *guidance* régionale conformément à sa position de « géant d'Afrique » ou de plus puissant État noir du monde. C'est ainsi que lors de sa première magistrature, le président Olusegun Obasanjo affirmait que

> S'il est un pays africain ou de race noire qui dispose des potentialités pour devenir une puissance moyenne en termes politiques, économiques, technologiques et militaires durant ce siècle [le XXe], c'est bien le Nigeria. Et jusqu'à ce qu'une telle situation ne soit réalisée, l'Afrique ne sera pas laissée aux africains par le monde extérieur. (Bach 1988 : 22)

On voit ainsi comment le Nigeria se construit en « sens » africain. La mobilisation nigériane du capital du porte-étendard africain est bel et bien une stratégie de *nigérianisation* de l'Afrique; d'immatriculation nigériane du continent africain. Le « nous» gabonais a un contenu fortement prestigieux. En effet le Gabon semble au plan socio-politique du l'Afrique Centrale précisément, ce que le Japon est à la modernité occidentale :

> Parce qu'il est le seul État non occidental du monde à avoir pleinement réussi sa modernisation, parce qu'il parvient à concurrencer l'Occident dans la quasi-totalité des champs de la compétition économique sans avoir à renoncer à son identité propre, le Japon trouble l'ordonnancement du monde occidental. Par sa capacité de s'occidentaliser sans se renier, le Japon triomphant consacre d'une certaine manière la fin de l'occidentalisation du monde. (Laîdi 1988 : 19)

En effet le Gabon est l'un des rares pays qui influencent considérablement le jeu politico-diplomatique régional sans s'ouvrir aux flux migratoires régionaux. La *gabonisation* ou la pénétration gabonaise du monde politico-diplomatique régional se fait sans un renoncement à l'identité spécifique, à la personnalité nationale propre gabonaise. En tout cas le *charisme collectif distinctif* gabonais est on ne peut plus valoriser. La construction symbolique du Gabon comme l'*Emirat du Golfe de Guinée* a conduit à la structuration d'un ensemble de manières de penser et d'agir constitutives de ce qu'il est possible d'appeler la conscience gabonaise. Le gabonais occupe la première place dans la hiérarchie des peuples de la région ; peuples qui constituent en quelque sorte la multitude qui décore sa cour.

Pour ce qui est du « nous » camerounais, il se *distingue* sur le plan régional à travers l'imaginaire du « dynamisme camerounais » qui renvoie à un peuple inventif, créatif, courageux; bref un peuple *indomptable* à l'instar de la sélection nationale de football du pays devenue le référentiel et le modèle de la *camerounité* dans le discours socio-politique. Il est désormais courant dans ce pays d'entendre évoquer les *Lions indomptables* de la science, des affaires, de la communication etc. L'imagination socio-politique des camerounais dans la région tourne en outre autour de la croyance d'un peuple béni par Dieu. La catégorie de la *bénédiction divine* apparaît ici comme un véritable « *sens pratique* » conduisant à une « *théorie de la pratique* » (Bourdieu & Wacquant 1992 : 96) l'activité créatrice et génératrice des utilités de survie est la conséquence d'une forte stabilité sociale qui est elle-même le résultat de la bénédiction divine. La paix au Cameroun est portée par une main divine qui préserve miraculeusement ce pays des méfaits de la guerre dans un environ gangrené par les violences conflictuelles.

Quant à la Guinée Equatoriale, son *charisme collectif distinctif* sort progressivement de son déficit régional. La Guinée Equatoriale est marquée par la montée d'un *peuple en renaissance* au plan régional grâce aux transformations sociales qui sont en cours dans le pays et qui sont largement liées à l'importance prise par l'exploitation pétrolière. D'où la construction symbolique de la Guinée Equatoriale en *Koweit d'Afrique centrale* : îlot de prospérité dans un ensemble régional en proie à une paupérisation accrue et dramatique. Ainsi, dans la CEMAC,

> Le poids économique de la Guinée Equatoriale au sein de la Communauté Economique et Monétaire de l'Afrique Centrale (CEMAC,) a été multiplié par dix en cinq ans (1998 à 2002), passant (le 2% à 10% environ du produit intérieur brut de la région. L'effet « pétrole » est, bien sûr, à l'origine de cette croissance exponentielle, unique sur toute la zone franc. (Gharbi 2002 : 33)

D'où également une montée et une accentuation d'un discours sociopolitique fortement xénophobe.

6

Revalorisation de la référence nationale et citoyenne dans les postures transnationales

Une transnationalité de plus en plus accrue des logiques politico-identitaires

Il vient d'être indiqué que « le pluralisme culturel de la société et le refus de sa politisation ont été (...) les arguments de justification de l'absence de démocratie pluraliste dans la plupart (des États africains (...) » (Sindjoun 2000). C'est ainsi que Ahmadou Ahidjo, le premier chef de l'État camerounais (1960-1982), s'inspirant de l'expérience pluraliste des années 1950-1960, considérait le pluralisme politique comme un facteur de fragmentation politique de la nation. D'où la suppression du pluralisme et la promotion du parti unique ; parti-État « alors considéré comme l'instrument par excellence de gestion des sociétés plurales dans le sens de la construction de la nation » (Sindjoun 2000).

Le projet politique de la réduction de la pluralité sociale à l'Un étatique semble n'avoir durablement pas *fait* sens. Le tout-État, rien en dehors de l'État que l'État, tout par l'État et tout pour l'État qui a dominé les processus tropicaux de construction nationale a souffert de nombreuses vulnérabilités. Le moins qu'on puisse dire est que la totalisation politico-sociale du parti unique s'est heurtée à de nombreux obstacles liés à l'indocilité et à la résistance passive des groupes sociaux refusant de mourir du point de vue culturel et identitaire. On peut même avancer l'hypothèse suivant laquelle les différentes sociétés n'ont adhéré à la culture du parti unique que pour mieux sauvegarder leur spécificité. D'où les dynamiques revivalistes ou de *ré-enchantement de la tradition* qui ont accompagné la conjoncture de transition politique en Afrique. Les dynamiques revivalistes ne sont pas que conjoncturelles; elles sont historiques et transgressent les frontières étatiques. A côté de ce phénomène, se développe aussi un autre notamment l'émergence d'un espace délibératif et critique transnational. La structure ethnique est, selon toute vraisemblance, entrain de s'imposer comme le référentiel majeur des sociétés politiques contemporaines ; comme « l'unité de compte décisive de la compétition [sociale mondiale] » (Laîdi 1988 : 207).

L'espace socio-politique africain offre, à la suite de la faible capacité étatique d'allocation des utilités de survie au grand nombre, le spectacle de l'accroissement de la valeur des structures ethno-identitaires érigées en espaces viables de sécurisation. Il y a ainsi dans l'immanence négro-africaine comme une sédimentation progressive de noyaux ethniques de sens capables de prendre en compte les trois demandes du système social mondial [à savoir] la demande de sécurité, le besoin d'identité, la quête de légitimité (Laîdi 1988 : 207).

Dans les contextes étatiques marqués par des frontières qui n'ont pas pris en compte la distribution territoriale des ethnies, l'ethnicisation des itinéraires de sens ne peut que conduire *à* l'émergence de réseaux identitaires et ethniques. Le brouillage des lignes de démarcation entre les positions intérieures et celles extérieures est la conséquence de la crise de la territorialité, de la souveraineté et de l'autorité que la transnationalisation crée aux sociétés étatiques contemporaines. En tout cas il y a comme une segmentation progressive de l'espace interétatique en une multitude d'espaces transnationaux de sens. Désormais les logiques interétatiques cohabitent ouvertement avec les logiques transcommunautaires. Les solidarités échafaudées dans les totalitarismes post-coloniaux sont soumises à des redéfinitions qui s'appuient sur la mobilisation du capital ethnique.

Dans l'immanence négro-africaine, on note l'émergence d'un réseau ethnique transnational recoupant l'espace pahouin. C'est le processus de (re)actualisation d'un *sens sous-étatique* entre le Cameroun, le Gabon et la Guinée équatoriale à partir de la fédération en une seule entité ethno-politique des peuples Fangs qui vivent et circulent indistinctement d'un territoire à l'autre de ces trois pays. Ce projet ethno-politique qui s'est exprimé avec force au Cameroun lors du *grand débat national* en 1994 touchant à la forme de l'État a été perçu comme une sérieuse menace pour l'intégrité territoriale des États gabonais et équato-guinéen. Il s'agit en fait d'un projet irrédentiste qui reste toujours d'actualité. En tout état de cause il existe un sens *pahouin-Fang* qui répond dans une certaine mesure à la *demande de sens* exprimée par les populations africaines en général dans un contexte de déperdition des sources et attributs de la légitimité des États.

Un autre réseau ethnique trans-étatique de sens qu'on pourrait également évoquer ici est celui du « Moînam » : regroupement des peuples Gbaya d'Afrique centrale. Littéralement traduit par « Fils du village », le « Moînam » est un réseau affectif qui procède à une unification ethnique des territoires camerounais et centrafricain. Dans le réseau ethno-identitaire Gbaya, les camerounais se « centrafricanisent » et le centrafricain se « camerounaise ». Ce qui domine le lien social c'est la communauté villageoise formée par ceux qui, quoique se rattachant à des États différents, voient et disent le monde de la même manière, du fait justement de la communauté linguistique. La citoyenneté et la territorialité sont ici inaptes à déterminer qui est camerounais et qui est centrafricain. La structure ethnique Gbaya en tant qu'instance d'identification et de définition fonde une co-appartenance étatique de fait des populations Gbaya aux États camerounais et centrafricain.

Les réseaux de sens transnationaux sont tout aussi bien observables à partir d'une appréhension plus *affinée* de ce qui se joue dans les guerres ethniques transfrontières qui se déroulent dans le territoire intérieur du sous-continent qu'est l'Afrique noire : une meilleure redistribution des ressources certes, mais une redistribution qui passe nécessairement par un remodelage ethnique des territoires politiques. Ainsi par exemple les *Banyamulenge* ne revendiquent pas seulement une citoyenneté congolaise, ils l'exigent à l'intérieur d'une pleine autonomie du Kivu. Il y a ici un souci d'adaptation du territoire politique au territoire ethnique. Les Toubous tchadiens épaulés par leurs frères du Niger affrontent aujourd'hui à l'arme lourde les Zaghawas à forte majorité soudanaise qui contrôlent le pouvoir politique au Tchad à travers Idriss Deby. Il convient de souligner à cet égard que sur les 361 cantons Zaghawas répertoriés dans la région, seulement six se trouvent sur le territoire tchadien. La forte présence Zaghawa parmi les éléments de la garde prétorienne d'Idriss Deby montre à merveille que les solidarités ethno-identitaires ont supplanté les exigences et les impératifs de la nationalité et de la souveraineté.

Les Bakongos, ethnie repartie entre le sud du Congo-Brazzaville, l'Ouest de la République Démocratique du Congo, une partie de Cabinda ont organisé une résistance autonome contre le pouvoir M'Bochjs de Denis Sassou nguesso et contre *le colonialisme de Luanda* sur Cabinda. Tout comme les Albanais qui affirmaient être en guerre au moment où leurs « frères » du Kosovo se faisaient exterminer par Slobodan Milosevic, les Bakongos de Brazzaville sont en état de guerre chaque fois que leurs frères du Congo Démocratique ou de Cabinda combattent et vice-versa. Il en est de même des Toubous, des Zaghawas, des Gbaya ou des Fangs de tous les pays d'Afrique centrale. Dans tous ces cas évoqués, il apparaît que les solidarités ethniques transfrontières sont plus fortes que celles imposées par les politiques d'« unité » et d'« intégrité » nationales.

Les communautés trans-étatiques de sens ou l'émergence d'un espace délibératif et critique transnational

Est-il possible de relever et d'attester, à l'échelle régionale d'Afrique noire, un continuum critique et délibératif trans-étatiques jouant la triple fonction de problématisation, de signalétique, de pression/influence des pouvoirs politiques de la région dans l'optique d'une plus grande influence des sociétés civiles sur la gestion de la *res publica* ? Peut-on y déceler une sphère susceptible de remplir un *rôle d'unificateur d'intérêt du public* qui donne à l'espace social toute sa force critique et subversive? Somme toute l'hypothèse d'un espace public transnational dans l'immanence négro-africaine est-elle recevable ?

A l'observation, on note bel et bien une circulation régionale des idées et surtout des récriminations envers les pouvoirs établis. Cette circulation régionale des idées pourrait à bien des égards se lire comme la formulation progressive d'une opinion publique régionale. En effet, l'élargissement des horizons de la culture civique dans les sociétés politiques de l'Afrique subsaharienne conduit à l'émergence et à la consolidation d'un espace critique trans-étatique susceptible d'être décrit à la suite de Jürgen Habermas (1997 : 386-387) comme

> une caisse de résonance apte à répercuter les problèmes qui, ne trouvant de solution nulle part ailleurs doivent être traités par le système politique. En ce sens, l'espace public est un système d'alerte doté d'"antennes peu spécifiques mais sensibles à l'échelle de la société dans son ensemble. Du point de vue de la théorie de la démocratie, l'espace public doit, en outre, renforcer la pression qu'exercent les problèmes eux-mêmes, autrement dit non seulement percevoir et identifier, mais encore formuler les problèmes de façon convaincante et influente, les appuyer par des contributions et les dramatiser de façon à ce qu'ils puissent être repris et traités par l'ensemble des organismes parlementaires. Un travail de problématisation efficace doit donc s'ajouter à la fonction signalétique de l'espace public. Sa capacité restreinte à traiter lui-même les problèmes qu'il rencontre doit par ailleurs être mis en profit pour contrôler le traitement ultérieur du problème, dans le cadre du système politique.

Mais la publicité transnationale qu'on tente de déceler au niveau transnational de l'Afrique noire ne devrait pas être appréhendée à partir d'une posture homogénéisante qui en ferait un cadre dans lequel règne une espèce d'harmonie pré-établie. En soi l'espace public est un milieu de luttes, d'affrontements entre les intérêts particuliers. Il s'agit d'un

> espace symbolique où s'opposent et se répondent, les discours pour la plupart contradictoires, tenus par les différents acteurs politiques, sociaux, religieux, culturels, intellectuels composant une société. (Wolton 1995 : 110-111).

L'espace public renvoie ainsi à une *communauté de publics* ; lesquels publics fédèrent une variété de groupes ou de gens [qui] sont confrontés à des problèmes, ils en discutent, prennent une décision, émettent des points de vue. Ces points de vue sont organisés et mis en compétition. L'un d'entre eux « sort vainqueur ». Alors les gens concrétisent ce point de vue, ou leurs représentants ont mission de la faire et le font promptement (Wright Mills 1981 : 167).

La discussion, la critique publique des gouvernements, les demandes publiques, les luttes au sein de l'espace public lui-même se font dans une très large mesure par la médiation de la presse qui a une contribution fondamentale dans la formation des opinions.

La pénétration dans l'espace public transnational négro-africain peut se faire à partir de deux entrées principales qui ne sont nullement absolues, exclusives ou incontournables. Une première entrée peut se situer au niveau national-étatique ; c'est-à-dire que les communautés de publics ici sont constituées par les espaces publics respectifs des États. Dans cette optique, le jeu de la publicité transnationale dans l'immanence africaine recoupe largement les dynamiques ou les modalités d'appréhension, de construction, d'appréciation de chaque espace public national par un autre. La publicité transnationale est alors dans ce cas constitutive des interrelations entre les espaces publics nationaux. Il existe ainsi par exemple un discours public tchadien sur les autorités et le public camerounais ; discours public qui porte largement sur « *la galère des tchadiens [au] Cameroun* » (Sall 1996 : 29-38). Au Tchad, on peut noter l'existence d'une multitude de *groupes problématiques* constitués autour du problème commun que constitue le mauvais traitement des ressortissants tchadiens en territoire camerounais. Les *groupes problématiques*, souligne *L'Observateur* (1999),

constituent une catégorie qui fonde sa spécificité à partir de t'existence d'un problème social commun que ces groupes tentent de résoudre en construisant de manière volontaire des filières d'accès en vue d'atteindre leurs buts (...). Les groupes problématiques [se] distinguent par la nature de leur problème qui est essentiellement social en ce sens qu'ils n'ont pas d'autre visée que sa résolution.

Les *groupes problématiques* remplissent ainsi bel et bien cette triple fonction de problématisation, de signalétique et de pression et/ou influence des gouvernements qui spécifie l'espace public. Il y a un discours public tchadien de problématisation, de dramatisation et surtout de pression gouvernementale face à la *mauvaise volonté des autorités camerounaise* à l'égard des tchadiens en particulier et du développement du Tchad en général. Similaire au discours public tchadien sur le « calvaire des tchadiens sur le sol camerounais », il existe aussi tout un discours public camerounais sur « l'orgueil gabonais » ou le « complexe d'infériorité équato-guinéen » qui structure une réelle hantise des camerounais chez ces deux peuples. Les expulsions des camerounais en Guinée équatoriale sont une banalité de la presse camerounaise qui ne manque d'ailleurs pas de critiquer et d'ironiser sur l'ingratitude du président équato-guinéen.

Au Nigeria, le discours public sur les camerounais en fait un peuple provocateur qui représente un facteur d'insécurité pour les intérêts et le territoire nigérians. Les incidents enregistrés aux frontières entre divers groupes d'intérêts nigérians et camerounais sont automatiquement attribués aux camerounais dans le discours public nigérian. Dans la même logique de décivilisation des mœurs socio-politiques camerounaises, une tendance de l'opinion publique nigériane accuse avec récurrence, par la médiation de certaines presses, le Cameroun de torturer les nigérians et d'abriter des réunions séditieuses dont l'objectif est de porter atteinte à la sûreté de l'État nigérian. Somme toute, le jeu de communautés de publics dans l'immanence africaine permet d'abord de voir la reproduction de la culture d'État qui fait en sorte que ce sont les enjeux purement interétatiques qui, progressivement se forment ou se poursuivent à l'intérieur des canaux désétatisés et /ou civils. Dans cette perspective, la publicité transnationale pourrait se lire non comme une désétatisation de l'interétatique, mais plutôt comme un élargissement de celui-ci qui désormais intègre des initiatives et les discours n'émanant pas des cercles gouvernementaux.

Une deuxième porte d'entrée dans la publicité transnationale pourrait se situer autour de la mise en perspective des communautés critiques trans-étatiques qui, progressivement se forment dans l'espace régional. On note en effet dans le golfe de guinée en particulier et dans l'espace continental noir en général comme une émergence et une consolidation d'un noyau critique commun des régimes au pouvoir. Un sens commun critique des autocrates et autres incrustés dans les postes de commandement étatiques s'instituent parallèlement à la globalisation de la société civile. Dans les lentilles idéologico- politiques des groupes d'opinion sous-régionaux qui investissent le domaine de la publicité critique, il y a une conscience forte d'un combat éthico-axiologique commun face à un noyau néo-patrimonial et prédateur tout aussi commun.

L'émergence timide d'une société civile transnationale à travers les cadres trans-étatiques d'action collective

Du point de vue théorique, l'espace public est le lieu de l'émergence de la société civile tout comme la société civile est la dorsale, le noyau dur de l'espace public. De façon inéluctable en effet, l'accélération du phénomène de retrait de l'État qui est devenu comme le marqueur des sociétés politiques post-westphaliennes ne conduit pas simplement à l'implantation d'un *marché aux valeurs débridées* ; il procède également à la mise en place d'un tiers secteur à l'échelle interétatique. Il y a en effet comme l'émergence d'un phénomène mondial sans précédent : « hommes et femmes, groupes et individus se regroupant pour agir ensemble et par eux-mêmes afin de changer les sociétés dans lesquelles ils vivent » (Darcy de Oliviera & Tandon 1995 : 1)

Au regard de la pauvreté qui ignore les frontières étatiques, des mouvements d'enraiement des pénuries se mettent sur pied tant au niveau supra que transnational. Des réseaux d'action commune émergent et se consolident sans ne nullement se soucier des considérations de prestige monopolistique de l'État. C'est la promotion et la légitimation « des liens de collaboration mutuelle [qui] se manifestent par une variété étonnante d'initiatives bénévoles » (Fernandes 1995 : 1) à l'échelle extra-étatique. Cela conduit à la sédimentation d'un *tiers secteur* dans le domaine de la *collaboration interétatique* ; un secteur non gouvernemental et privé qui vise à la fois l'élargissement des espaces de délibération politique et le recul des diverses formes de rareté et de pénurie. Au fondement de ces cadres de *collaboration internationale* semble se trouver *l'éthique de la responsabilité*[1] en tant que nouveau paradigme pour rendre compte de la mutation en cours sur la scène internationale :

> le principe de responsabilité se substitue à celui de souveraineté (...) le principe de responsabilité découpe des communautés humaines; les rayons d'action qu'il dessine définissent une nouvelle géographie. (Badie 1999 : 166)

---

[1] Élargissant son projet à l'étude de la civilisation occidentale, dont son ouvrage posthume *Wirtschaft und Gesellschaft* (*Économie et Société* 1922) rend compte, Weber s'orienta vers l'étude du droit, des formes du pouvoir politique, de l'art, de la religion, tous ces domaines étant marqués, comme l'économie, par la rationalisation des activités sociales ou par le « désenchantement du monde ». La sociologie de Max Weber est dénuée de toute vision prophétique contraire au principe de « neutralité axiologique », en vertu duquel son projet consiste à distinguer clairement le « rapport aux valeurs », qui éclaire le sociologue dans sa recherche, du « jugement de valeurs », nuisible à l'analyse. C'est dans cet esprit qu'il plaide, dans sa célèbre conférence de 1919, *le Savant et le Politique,* pour que la politique se retire de l'Université, en appelant à l'« éthique de responsabilité » des savants, laquelle ne saurait se confondre avec l'« éthique de conviction » qui guide l'action politique.

Les cadres transnationaux d'action collective peuvent être considérés, dans la terminologie de Bertrand Badie, comme des *communautés de responsabilité* au principe de fonctionnement suivant lequel le privé est une force d'appui et de soutien au public :

> Les initiatives privées pour l'intérêt public ne sont bien sûr, pas incompatibles avec les politiques publiques si elles sont efficaces et réfléchies. (Badie 1999 : 166)

C'est le leitmotiv de la privatisation des politiques publiques qui s'inscrit dans la promotion des valeurs de responsabilité et de solidarité à l'échelle interétatique. La promotion des cadres transnationaux d'action collective dans la modernité négro-africaine renvoie à ce qu'on pourrait désigner le partenariat sub-étatique. Les cadres transnationaux d'action collective dans l'immanence négro-africaine s'adossent également sur l'existence postulée d'une société civile transnationale en tant que troisième dimension de la vie publique, différente du gouvernement d'une part, et du marché de l'autre, ainsi précisé, le concept acquiert une connotation très différente; plutôt que de suggérer une arène pour des conflits de pouvoir et une concurrence égoïste, il prend une signification exactement opposée: un domaine où les valeurs de la solidarité sociale sont apprises et mises en application.

Au total le cadre des initiatives transnationalisées résultant de la participation des citoyens d'un ou de plusieurs pays est le champ constitutif de la publicité transnationale, si tant est que la société civile est la dorsale, le noyau dur de l'espace public et que l'espace public est le lieu de la production de la société civile. L'espace public transnational du Continent noir renvoie au cadre d'action de diverses coalitions de *Mouvements sociaux* qui luttent autour des enjeux de *solidarité* et d'entraide qui produisent de précieuses rentes pour les tenants de ces mouvements. Dans ce cas précis,

> le terme « mouvements » est utilisé en raison de la nature instable de ces groupes qui diffèrent des structures organisées pour le long terme : ils sont sociaux en raison du caractère des problèmes en jeu, de même que des distances qu'ils ont l'habitude de maintenir avec les rouages de l'État. (Badie 1999 : 367).

Des mouvements sociaux traversent bel et bien l'espace interétatique négro-africain. La plupart s'inscrivent cependant dans une logique de *solidarité instrumentale* où le salut communautaire sert de masque à des stratégies de mobilisation privée des avantages et des gains matériels et financiers. Les organisations sociales de bienfaisance ont ainsi une dimension de *rent seeking group* et ne peuvent par conséquent qu'évoluer dans un champ concurrentiel et heurté. A l'échelle de l'Afrique noire, l'analyse voudrait un tant soit peu mettre l'accent sur les mouvements associatifs transfrontaliers ainsi que sur les organisations et les associations non gouvernementales, mieux sub-étatiques agissant dans le sens de la promotion des droits de l'homme, de la défense de la citoyenneté et de l'élargissement des espaces de délibération politique sur une base transfrontalière. Il s'agit d'un processus socio-politique qui institue une véritable mutation dans la géographie traditionnelle de la société civile qui progressivement se désétatise et se transnationalise. La mutation de la géographie civile mondiale semble aussi induire un *aggiornamento* des fondements la civilité elle-même.

Economie politique de la construction trans-étatique des sociétés civiles dans la modernité négro-africaine

L'Afrique noire est, comme la plupart des autres régions du monde, un espace marqué par une nouvelle géographie des regroupements civils. La nouvelle donne mondiale des hommes et femmes, groupes et individus se regroupant pour agir ensemble et par eux-mêmes afin de changer les sociétés dans lesquelles ils vivent à cette particularité de banaliser les frontières des États dans la limitation spatiale des regroupements. Ce qu'il convient en effet de souligner, c'est que le retrait ou le dépassement des États crée des opportunités jamais vues pour l'émergence mondiale d'un tiers secteur qui, à la faveur de la transnationalisation des défis et des enjeux communs de paix, de stabilité, de développement, de bien-être etc., se construit sur une base transnationale. C'est l'avènement d'une société civile *à* la fois supra et trans-étatique qui présente, suivant les circonstances et les conjonctures, le visage d'un monde parallèle tantôt régional, tantôt global.

La civilité transnationale peut s'inscrire dans la perspective de *la fin de la souveraineté.* Cette tendance post-souveraineté semble s'attester par le fait que, dans l'immanence négro-africaine, ce qui est en vogue, c'est moins la formation des cadres d'action civile sur une base régionale et/ou supra-étatique qu'un simple débordement des cadres d'action des associations civiles hors des territoires des États qui les régissent. Cela n'est pas une nouveauté dans l'histoire contemporaine mais à l'heure où ces organisations de la société civile ne se soucient plus beaucoup d'obtenir l'agrément des autorités des territoires qui constituent leurs champs d'action pour se déployer sur le terrain, il y a bel et bien là un signe d'effritement de l'étoffe souverainiste des États.

Suivant une toute autre perspective, ce qui se joue dans la civilité transnationale qui affecte les tropiques, c'est le décentrement du jeu de l'influence qui va du registre stratégico-militaire à celui purement social et civil. En effet l'émergence d'une *société civile globale* marque l'importance de la dimension sociale et éthique du jeu de la puissance. Ici c'est l'hégémonie dans la fourniture des biens publics mondiaux qui construit la prépondérance ou la majorité symbolico-politique (Rupert 1995). Dit autrement la pitié et l'altruisme sont devenus les registres décisifs du jeu de l'influence mondiale. C'est dans ce contexte que se constitue un champ civil régional renvoyant aux relations de concurrence, de compétitivité et de conflit existant entre ONG et divers organismes et institutions étatiques et non étatiques faisant de la bienfaisance une ressource de légitimation. Les légitimations étatiques de l'internationalisation de la société civile qui ont déjà été évoquées pourraient avoir une importante dimension de *décharge* du jeu de l'influence et de la puissance. Ce jeu, autrefois contrôlé par les seuls États, semble aujourd'hui passé aux *acteurs non gouvernementaux* qui prennent le relais dans la diffusion de l'influence des États à partir des ressources autres que celles militaires; notamment la fourniture des biens publics. C'est à ce niveau qu'une géo-politique des ONG s'avère fructueuse parce qu'elle permet de mettre en exergue les rapports entre ONGs et pouvoir/puissance des États.

Telle semble être les questions centrales qui se posent dans le cadre d'une entreprise heuristique liée à l'archéologie ou à la mise en exergue des fondements du phénomène de la civilité transnationale telle qu'elle se déploie dans l'immanence négro-africaine. Ces questions qui pourraient se rattacher à une perspective de l'anthropologie dite des profondeurs ; c'est-à-dire qui tente d'aller au-delà de l'aspect phénoménal pour objectiver la dynamique ou les rationalités qui sous-tendent les conduites et les comportements des acteurs. Le phénomène de la civilité transnationale semble fondamentalement reposer sur deux types de rationalités qui renvoient elles-mêmes à deux modèles de lectures de la nouvelle société mondiale. D'une part elle traduit l'affirmation de la responsabilité comme nouvel horizon ou soubassement de l'action socio-politique à l'ère de la mondialisation ; et d'autre part il rend compte ou plutôt consolide le phénomène quasi-inédit de désouverainisation des biens communs dont la fourniture doit être assurée à l'ensemble des hommes, indistinctement à leur appartenance citoyenne.

La lecture de la société civile mondiale sous le sceau du paradigme de la responsabilité, semble une perspective largement fructueuse. En effet, la constitution d'une société civile à l'échelle globale semble à bien des égards, reposer sur la nouvelle utopie de la responsabilité autour de laquelle tente de se reconstituer le lien politique et /ou civil. S'inscrivant dans une tradition de pensée ancienne où elle se décline sous la forme de l'incarnation du sujet historique – en tant qu'Historicité, Rationalité et Liberté – dans ses actes (Jonas 1990) la responsabilité se formule aujourd'hui sur le plan politique autour de l'expression du global et du général dans des actions individuelles de États ou des groupes non gouvernementaux.

On peut voir ici, une ligne définitionnelle d'inspiration kantienne qui fait de l'universel, le critère absolu de toute action sociale (Kant 1986). En tout cas, la téléologie de l'universel est au cœur du nouveau paradigme de la responsabilité qui occupe une place prépondérante dans l'analyse politique post-bipolaire. Du point de vue de la sociologie de l'État, la responsabilité sort de manière relative la définition de la souveraineté de l'autorité suprême de l'État, de l'exclusivité des compétences matérielles et humaines, du monopole pénal et de la violence organisée pour la reposer sur la responsabilité, c'est-à-dire qu'elle renvoie à la capacité de satisfaction par l'État, des besoins de ses populations et au-delà de l'humanité toute entière. Comme le note fort à propos Bertrand Badié,

> A mesure qu'ils s'affirment, les enjeux communs à l'ensemble de l'humanité deviennent de plus en plus indivisibles. En rationalité et en éthique, ils appellent un traitement global dans lequel le principe de responsabilité se substitue à celui de souveraineté : chaque État est bel et bien dépositaire de la survie de la planète, de son développement et des valeurs construites comme universelles. (Badie 1999 : 166)

Il y a ainsi comme une mutation du système mondial suivant une trajectoire qui va de la communauté de souveraineté à la communauté de responsabilité. En tout cas, l'heure est à l'insertion de l'État dans « une communauté de responsabilité qui se construit à l'échelle mondiale » (Badie 1999 :166). Cette mondialisation des communautés de responsabilité ne peut que contribuer au renforcement d'une société civile mondiale si tant est que

> la mondialisation se nourrit de la dynamique des productions locales, des aménagements locaux, de l'initiative des villes, de la coopération active entre collectivité partageant les mêmes besoins ; elle s'équilibre aussi dans la formation des régions transversales comme de grands ensembles régionaux mondiaux. (Badie 1999 : 166)

Parce que chaque communauté de responsabilité se sent dépositaire et du bien-être et de la survie de l'humanité toute entière, elle ne peut que transgresser les frontières officielles de États dans son déploiement, dans sa dynamique de satisfaction des besoins communs. Les communautés de responsabilité s'affirment ainsi comme le terreau de la civilité transnationale et cela pour au moins deux raisons : premièrement, le paradigme de la responsabilité procède à une désouverainisation des biens publics ou tout au moins, de l'action en vue de leur fourniture ; deuxièmement, la responsabilité consacre la réconciliation du mondial et du local de par le double visage d'immersion locale et des liens internationaux des groupes d'initiatives communes extra-étatiques qui dans leurs croisements ou transactions collusives contribuent au tissage des trames de citoyenneté dans un monde hétérogène et segmenté. C'est l'hypothèse du renforcement de la civilité transnationale ou globale par l'effet de l'affirmation et de la consolidation des communautés de responsabilité qui ne font pas grand cas du confort souverainiste des États :

> Moins mobilisées par la fiction souveraine dont elles se nourrissaient jadis, elles se démultiplient plus aisément, se superposant, se chevauchant, outrepassant les bornages d'État ou s'émancipant quelque peu des ordonnancements hiérarchiques d'autrefois (...). Locales, régionales ou ni m mondiales, les communautés de responsabilité rassemblent ainsi tous ceux qui tiennent pour affectés solidairement par les mêmes actions publiques. Mode déterminant de l'organisation contemporaine des espaces mondiaux, ces communautés inventent ainsi une nouvelle grammaire des relations internationales : l'action internationale s'apprécie désormais non plus seulement en référence à une délibération souveraine mais aussi en fonction de la satisfaction des besoins des communautés de responsabilité mondiale, régionale ou locale. (Badie 1999 : 167).

Pour tout dire la culture civile de la période post-souverainiste qui se situe entre la communauté et la responsabilité est l'instance de production et de légitimation de la civilité transnationale. Comme on le verra plus loin, les problèmes jugés d'intérêt commun sont les catalyseurs des regroupements à la fois extra-étatiques et transnationaux. C'est le leitmotiv de la multitude d'associations bénévoles qui se forment à l'échelle régionale : elles s'unissent pour un but commun : s'amuser, préserver quelque chose, faire avancer un objectif ou encore donner leur soutien à autrui; tout lien qui les différencie, toute cause peut leur en donner l'occasion. Il suffit que quelques personnes les considèrent comme étant leur intérêt commun, méritant leurs temps et leur effort. Les associations promeuvent la sociabilité dans un contexte individualiste. Dans leur pratique, biens et buts collectifs sont perçus comme la responsabilité individuelle de chaque membre. La vie publique est inscrite dans les initiatives privées. La citoyenneté est personnalisée.

C'est le paradigme de la responsabilité qui fonde en grande partie la transnationalisation de la société civile dans l'espace public africain. Des associations bénévoles de promotion et de satisfaction des intérêts communs en deçà des États et par-delà les frontières sont devenues, à l'ère de la mondialisation, comme les instances de régulation de la société interétatique régionale. C'est le déclin du réalisme interétatique ou statocentrique et la montée de l'altruisme ou de la solidarité des communautés qui s'auto responsabilisent et se donnent pour objectif la poursuite et la satisfaction des intérêts communs. Toutefois, il serait malaisé et erroné de voir dans les communautés de responsabilité et/ou de solidarité, une expression de la «bonne volonté» kantienne. Tout comme le domaine de l'humanitaire, la solidarité internationale est devenue un enjeu qui renferme des intérêts et des profits multiples. En effet, il n'y a point de jeu sans enjeu(x) communément admis de tous les joueurs :

> les joueurs (...) pris au jeu (...) ne s'opposent (...) que parce qu'ils ont en commun d'accorder au jeu, et aux enjeux, une croyance (doxa), une reconnaissance qui échappe à la mise en question (les joueurs acceptent, par le fait de jouer le jeu, et non par un « contrat », que le jeu vaut la peine d'être joué, que le jeu en vaut la chandelle, et cette collusion est au principe de leur compétition et de leurs conflit. (Bourdieu & Wacquant 1992 : 73)

Cette analyse de Pierre Bourdieu est parfaitement applicable à l'engagement des « *acteurs de la société civile* » en Afrique noire dans un certain nombre de domaines sociaux qui relèvent globalement des « *biens communs* »*:* il s'agit de l'éradication de la pauvreté, la durabilité écologique, les droits de l'Homme, l'éducation de base, l'amélioration de la santé, le bien-être social, la préservation des patrimoines culturels etc. Ces domaines sont les plus investis – au sens de placer un capital, occuper une place et charger un objet d'une signification affective particulière – par les associations civiles travaillant au nom d'une certaine responsabilité universelle:

> Etant donné l'interconnexion des civilisations contemporaines, l'extension de la pauvreté, le déséquilibre écologique et l'exclusion ne peuvent être réglés par des actions prises uniquement au niveau local et national. (Darcy de Oliveira & Tandon 1995 : 8)

Si les domaines d'action ci-dessus évoqués font sens dans les milieux des associations civiles, c'est en grande partie parce qu'ils sont « les domaines prioritaires de l'aide publique au développement » (Oscal 1999).

Les arènes du jeu de la civilité transnationale qui font sens dans l'espace public négro-africain et dans l'ensemble du monde tropical sont déterminées par le *haut*, c'est-à-dire par la *communauté internationale*. C'est à ce niveau qu'il convient de souligner une des bifurcations majeures de la société mondiale post-souverainiste ; à savoir la collusion entre le mondial/global et le local/sub-étatique qui s'interpénètrent par de-là les États. La collusion entre le mondial et le local indique une mise entre parenthèses de l'État qui s'affirme de plus en plus inapte à définir, sur son propre territoire, les critères de l'opportun et de l'inopportun, du nécessaire ou du futile. La réappropriation locale des problématiques internationales légitimes que Arjun Appadurai (2001) a conceptualisé par le néologisme de la *glocalisation* est une des trajectoires fortes de la postnationalité. C'est l'hypothèse de l'État pris en tenaille entre l'émancipation extra étatique des acteurs sociaux et l'imposition supra-étatique de politiques publiques légitimes. La rationalisation et la légitimation de l'investissement du domaine souverain et régalien de l'État par les forces inter et transnationales d'imposition politique et leurs relais locaux se nourrissent de l'argumentaire suivant lequel les initiatives privées pour l'intérêt public ne sont, bien sûr, pas incompatibles avec les politiques publiques si elles sont efficaces et réfléchies.

Au total l'osmose qu'on observe entre le non-gouvernemental local et/ou international et les thèmes légitimes de la gouvernance mondiale en priorité tournée vers la satisfaction des biens communs permet de voir la façon dont la publicité et la civilité transnationales influencent les relations sociales. Les biens publics ou communs sont un paradigme clef dans la construction de la mondialisation qui promeut dans une large mesure une logique post-souverainiste. En effet les biens publics mondiaux vont au-delà des biens traditionnels généralement conçus comme ce qui est utile et disponible en quantité limitée. De même ceux-ci se distinguent des biens communs classiques qui se sont tout au long de l'histoire caractérisés par leur souverainisation. Ils se sont construits comme des biens souverains dont l'État se réservait le monopole et l'exclusivité de la fourniture ou de l'allocation aux populations sur lesquelles il exerçait sa domination par la médiation du territoire. A l'ère du *temps mondial* globalisant et interdépendant, la gestion des biens publics s'inscrit désormais dans l'impératif de la communauté et de l'associativité : ce sont désormais des biens qui doivent être gérés communément et qui nécessitent de ce fait l'association d'acteurs aussi bien étatiques que non-étatiques. Parce que les biens publics sont des biens dont les avantages ne sont pas limités à un seul groupe de population, ils nécessitent donc que les domaines de leur satisfaction soient investis par des *communautés de responsabilité* affranchies de la culture égoïste du réalisme interétatique. Au total, les biens publics mondiaux sont des biens publics exclusifs, non concurrentiels. Ce sont des

> biens de consommation collective... dont tout le monde jouit en commun en ce sens que la consommation d'un tel bien par un individu quelconque ne réduit aucunement ce qui est consommé par un individu ... (Samuleson 1954 : 387-389).

Les biens publics mondiaux sont purs lorsqu'ils sont non susceptibles de congestivité. Les biens *mixtes* ou *congestifs* sont des biens qui, à l'instar des parkings, routes et bibliothèques, peuvent être saturés et donc, devenir exclusifs et concurrentiels à un moment donné de leur consommation. Les biens congestifs deviennent alors des *biens clubs*, réservés à un groupe restreints de privilégiés. Ainsi définis, les biens publics mondiaux sont au cœur de la mondialisation ou de la transnationalisation de la société civile. Dans la société internationale post-bipolaire, le concept de bien public mondial fait l'objet d'une opérationnalisation pour décrire et analyser les défis mondiaux. Ceux-ci comprennent entre autre, l'efficacité du marché, l'équité, la santé, la durabilité, la paix, l'environnement, la connaissance, la justice, l'information, la sécurité.

Ce sont là les domaines qui nécessitent d'être pris en charge par des *communautés de responsabilités* émancipées de la grammaire souverainiste qui a jusque dominé la sociologie de l'État. Parce que les biens publics mondiaux font l'objet d'une consommation sans exclusive et sans rivalité, l'action en vue de leur provision ne saurait par conséquent souffrir de barrières frontalières, des limitations territoriales ou des considérations liées au prestige ou à l'égo souverainiste des États. C'est ainsi que l'action en faveur de la production ou de la provision des biens mondiaux deviennent le vecteur de la désétatisation ou plutôt de la transnationalisation de la société civile.

Au demeurant les associations bénévoles/organisations non gouvernementales sont aujourd'hui pourvoyeuses de politiques publiques dans les domaines prioritaires de la production des biens communs. Il s'agit d'organisations et des initiatives privées orientées vers la production des biens et des services publics qui répondent à des besoins collectifs et ne sont censés produire de profits. Les besoins collectifs peuvent être universels; d'où par conséquent, un champ d'action universelle. C'est de cette manière que le paradigme des biens communs mondiaux structure une civilité transnationale. Une phénoménologie des champs d'action non gouvernementale dans l'espace public africain qui contribue à la privatisation des politiques publiques ou alors à l' élargissement du domaine d'action publique par l'inclusion des acteurs privés laisse clairement percevoir que les biens publics mondiaux - ou ce qui est considéré comme tel – sont au cœur des activités des organisations non gouvernementales. Le récapitulatif purement indicatif des domaines d'activités des organisations internationales qui va suivre indique la concentration des interventions des ONG autour de quelques grands domaines qui renvoient aux biens mondiaux :

La réduction et /ou l'éradication de la pauvreté et le développement durable. Ces deux domaines majeurs de l'activité des ONG sont du ressort des biens publics : la lutte contre la pauvreté, bien qu'elle ne soit pas un bien public en soi, contribue à d'autres biens mondiaux. L'élimination de la pauvreté ne bénéficie pas seulement aux pauvres, mais également au reste de la société, car elle renforce la paix et la stabilité, la santé mondiale et l'efficacité du marché.

L'État de droit, les droits de l'Homme, la démocratie, la bonne gouvernance, la réforme institutionnelle …. sont également des biens publics parce que leur mise en œuvre effective ne peut pas seulement bénéficier à des États particuliers ; raison pour laquelle ils sont au centre des politiques publiques élaborées par des organisations non gouvernementales. Par exemple l'État de droit et la démocratie permettent une libéralisation économique qui est la condition de « l'efficacité du marché » ; étant entendu que le marché et le libre-échange créent des conditions équitables d'épanouissement pour toutes les entreprises dans tous les pays.

La paix et la sécurité, la justice et l'équité sont des grands champs qui ressortissent entièrement du domaine des biens publics. Comme la paix, l'équité et la justice ne peuvent pas être « achetées » de manière isolée par des consommateurs individuels sur le marché. Par ailleurs, ils entraînent des bénéfices partagés par tous.

La bonne gouvernance est aussi un bien international. Elle inspire la confiance sans laquelle il n'y a pas de développement possible ; elle est aujourd'hui la clef de tout financement et de tout développement.

La santé, les NTIC et le savoir qui mobilisent les ressources de la coopération non-gouvernementale internationale, sont des biens publics mondiaux. L'interdépendance de la santé mondiale qui s'est accrue avec la propagation transfrontière de nouvelles maladies fait de l'endiguement de grandes contagions, le pivot de la coopération mondiale. Le sida par exemple, avec son unification virologique de la planète, atteste d'un monde fini. Dans ces conditions, la séroprévalence qui pourrait se manifester dans quelque partie de la planète que ce soit, constitue une menace pour l'ensemble de la planète. De même la connaissance et l'information sont des biens publics mondiaux parce que les hommes nantis de connaissances et bien employés peuvent être employés partout dans le monde et contribuer au développement des nations. L'exode des cerveaux du Sud vers le Nord est un indice pertinent de ce que le financement international de l'éducation au Sud ne profite pas uniquement aux africains. L'éradication de la pauvreté est une garantie de la durabilité : assurance au présent de la viabilité du cadre de vie des générations futures. Au total, la résolution des problèmes communs explique sans doute l'émergence d'une société civile globale. C'est l'attestation de l'hypothèse de la fourniture des biens publics mondiaux comme trajectoire d'édification de la civilité transnationale.

Somme toute le jeu interne de la société civile transnationale en Afrique noire est marqué par la compétition entre une multitude de formations et d'associations non gouvernementales qui disposent néanmoins de ressources inégales et des capacités d'affirmation toutes aussi variées. C'est un champ marqué par des positions dominantes, qui tentent d'organiser le champ en leur faveur tout en le faisant fonctionner comme un appareil. Mais cette tentative d'appareillage du champ civil transnational est sans cesse mise en échec, reconfiguré et réinventé par l'introduction de pions propres de la part des positions dominées. De sorte que le champ de la civilité transnationale se doit d'être appréhendé à l'intersection de la dialectique des positions non gouvernementales fortes qui confèrent au champ une hiérarchie et une forme organisationnelle et les positions faibles, dominées ou en quête d'affirmation qui s'efforcent d'élargir leurs surfaces et moyens d'action.

Les ordres étatiques au cœur de la civilité transnationale

Le champ de la civilité transnationale est en fait un champ post national où l'État est en « transaction permanente avec d'autres acteurs (...), d'autres partenaires qui n'avaient jadis que l'honneur des vestiaires » (Badie 1999 : 288). C'est un champ marqué par l'avènement du jeu de la postnationalité ; « un jeu subtil qui conduit les États (...) à se faire (...) les agents du postmodernism » (Badie : 1999 : 288) qui marque de façon prégnante l'actuelle séquence historique post westphalienne. Le postmodernisme international renvoie à la désétatisation relative de l'interétatique ; à la montée des interdépendances qui relativisent la transcendance des souverainetés et contraignent les États aux compromissions et marchandages « avec des rationalités qui ne sont pas de [leur] monde : c'est ici que la noble souveraineté est bel et bien morte » (Badie : 1999 : 288).

Le jeu postnational de la civilité trans-étatique est celui dans lequel l'État, sur la scène internationale, devient un acteur parmi tant d'autres; un entrepreneur parmi tant d'autres.

Si pour James Rosenau, le jeu de la postnationalité est un jeu dualiste où le monde de l'État et le monde multicentré sont en relation à travers toute une économie des échanges qui se déroule à la fois sous la forme des transactions collusives et collusives, Bertrand Badié distingue pour sa part un *jeu triangulaire* ou trinitaire animé par

> trois types d'entrepreneurs (les États, les acteurs transnationaux et les entrepreneurs identitaires), trois formules de mobilisation (de nature civique, utilitaire et communautaire) et trois modes de représentation des individus (politique, fonctionnel et ethnoculturel). (Badie 1999 : 289)

Ces trois formules de mobilisation induisent trois types d'appels concurrents des individus qui s'inscrivent dans des rationalités différentes.

> L'appel citoyen et l'appel identitaire se contredisent, puisque le premier est politique et contractuel, tandis que le second récuse les idées de communauté politique et le contrat pour leur préférer les solidarités a priori et non négociables, exclusives, fermées et promptes à la « purification »; l'appel citoyen et l'appel transnational ne peuvent pas s'accommoder, puisque le premier suppose le contrôle souverain et le second vise précisément à parfaire l'autonomie des acteurs internationaux non étatiques ; enfin l'appel identitaire et l'appel transnational s'opposent géométriquement, puisque celui-ci vante l'inclusion tandis que celui-là valorise l'exclusion. (Badie 1999 : 289).

Ce jeu de la postnationalité que décrit Bertrand Badié est évoqué ici pour souligner que le mode d'assomption historique des ordres politiques nationaux traverse une véritable turbulence. C'est l'hypothèse de la *transformation d'état* de l'ordre interétatique dans lequel l'État

« autrefois autorisait à titre exclusif l'individu à pénétrer dans l'espace international, muni de son passeport ou de son livret de mobilisation » (Badie 1999 : 289).

L'ordre interétatique postnational est marqué par le déclassement de la position hégémonique de l'État qui *n'est pas non plus agonisant ni nuant*. Il a tout simplement perdu de sa superbe monopolistique s'il n'a jamais possédée. En tout état de cause, le jeu de la postnationalité présente deux points de polarisation qui sont le pôle étatique et le pôle transnational/désétatisé.

Réaffirmation du lien national-étatique dans la société civile transnationalisée
Comment l'étatique et le transnational peuvent se croiser et coexister à l'intérieur du phénomène de la civilité transnationale ? Tel est le niveau d'analyse qu'on voudrait aborder à ce stade de la recherche. Cette posture analytique, convient-il de le souligner, introduit un débat théorique majeur ; à savoir que le transnational n'est nullement l'anti interétatique. Il y a dans le transnational d'une part, un dépassement et un contournement de l'État et d'autre part une centralité ou une prééminence de la sphère étatique dans la régulation de celui-ci. Autrement dit, le transnational régule l'étatique et vice versa. En effet, l'État peut être appréhendé comme le « cadre a priori » de toute transaction trans-étatique. Les actions et les stratégies pour contourner, s'éloigner ou sortir de l'État sont bel et bien des actions et stratégies par rapport à l'État et donc, dans une certaine mesure, étatisées. Il n'y a pas de transnational sans État tout comme il n'y a point d'État qui, structurellement, ne comporte une dimension transnationale. C'est cette imbrication et cette suggestion mutuelle de l'étatique et du transnational qui rendent inéluctables les croisements ou les chevauchements des logiques étatiques et transnationales dans les comportements des acteurs transnationaux.

En tout cas, la civilité transnationale telle qu'elle se déploie dans la modernité négro-africaine est une conjoncture favorable de mise en exergue de la façon dont les logiques étatiques informent et réfractent les dynamiques de circulation et de positionnement des acteurs transnationaux. Plus précisément, les acteurs transnationaux apparaissent comme des acteurs « État-en-tête » ; d'où le phénomène de réaffirmation du lien national-étatique qui s'inscrit au cœur des modes de transaction qu'ils développent. C'est l'hypothèse de l'*habitus* étatique des acteurs transnationaux dans le sens à la fois *élasien* comme ce que, en dépit de leurs différences, les acteurs transnationaux ont en commun en partage ; et dans le sens *bourdieusien* comme une disposition durable et transposable ; comme une structure structurée qui a une prédisposition à agir comme une structure structurante. L'*habitus* étatique des acteurs transnationaux, c'est la « capacité génératrice pour ne pas dire créatrice, qui est inscrite dans le système de dispositions » (Bourdieu & Wacquant 1992) à travers lesquelles ceux-ci se rapportent, s'éloignent, contournent ou tout simplement rentabilisent l'État. La réaffirmation du lien national étatique dans le champ de la civilité transnationale peut être abordée ici à partir de deux cas empiriques à savoir les relais extérieurs des sociétés civiles nationales et les associations des étrangers qui se constituent au sein des États. C'est l'hypothèse de l'exportation de l'État.

Les études existantes sur *l'émergence d'une société civile globale* ne se sont pas beaucoup penchées sur la mise en exergue des créneaux de sa globalisation. Dit autrement la sociologie réflexive de la mondialisation de la société civile semble une dimension oubliée des analyses et études en cours. S'il est vrai que se regrouper pour essayer de résoudre des problèmes communs n'est certainement pas une nouveauté, de tous temps, des hommes se sont regroupés pour s'entraider et se protéger mutuellement, il reste néanmoins que les réseaux d'entraide et de protection mutuelle épousent des physionomies variables selon que ceux-ci se constituent suivant le cadre strictement interne ou transnational. En tout cas, une sociologie de la transnationalisation des cadres civils d'action bénévole en relation avec la posture hégémonique de l'État semble indiquer qu'il ne s'agit pas uniquement d'un phénomène de désétatisation. Les dynamiques transnationales semblent aussi en même temps des dynamiques d'étatisation. Les dynamiques transnationales sont porteuses des logiques d'étatisation. Ici, les acteurs qui contournent l'État ne mobilisent pas moins la ressource étatique à des fins de promotion de leurs intérêts propres. D'où une dynamique de structuration de la société civile régionale ou mondiale à l'intersection de l'étatique et du transnational. C'est l'énonciation des logiques ou dynamiques d'étatisation à l'œuvre à l'intérieur des formules d'émancipation extra-étatiques des acteurs nationaux. C'est ici qu'il convient de relativiser l'optimisme de la citoyenneté planétaire annoncée comme inéluctable conséquence du « renforcement de la société civile mondiale ».

Les références nationales sont au cœur des logiques d'internationalisation des sociétés civiles ; ce qui rétrécit considérablement leur effet de tissage des liens de citoyenneté planétaire. La planétarisation s'avère ici comme une simple mondialisation du national-étatique, comme une mondialisation du local. Dans le cas des sociétés civiles occidentales, leur mondialisation apparaît tout simplement, suivant une lentille conceptuelle de la lecture de la mondialisation empruntée à Serges Latouche (2000), comme une occidentalisation (civile) du monde.

La transnationalisation des sociétés civiles qui se fait par la mobilisation des références stato-nationales est aussi une réalité dans l'espace négro-africain. Elle revêt ici deux dimensions : la régionalisation de la société civile qui a cours dans cet espace géo-politique relève moins de la constitution des ONG et autres associations bénévoles à caractère non lucratif suivant une échelle régionale d'un simple élargissement extra-territorial du cadre d'action des ONG nationales. Dans une deuxième dimension on note que les orientations internationales et/ou régionales des ONG locales suivent les itinéraires migratoires des ressortissants des États qui abritent leur siège. En Afrique noire par exemple, les ONG camerounaises sont principalement représentées au niveau régional par des camerounais soit de la diaspora soit spécialement commis par cette tâche de représentation. D'où les ressorts nationaux de la civilité transnationale.

La tension entre le transnational et l'étatique est bien perceptible dans le regroupement des ressortissants étrangers sur leur territoire d'accueil. Ceux-ci font face à deux types d'appels pour ce qui est du vivre-en-communauté. L'appel du revivalisme étatique et celui de l'inscription ou de la dilution dans la société majoritaire d'accueil. Ces deux appels ne s'excluent pas mutuellement même s'ils sont constamment en concurrence. Ils indiquent cependant le caractère sinon utopique, du moins difficilement réalisable de la citoyenneté mondiale ou planétaire. La nécessité de répondre à ces deux types d'appels font vivre les communautés diasporiques ou les individus en situation d'immigration dans l'entre-deux de l'identification à leur société majoritaire d'accueil et de l'identisation ; c'est-à-dire la réaffirmation du lien national et citoyen avec leurs États d'origine. En tout cas il y a dans les associations nationales formées par les ressortissants étrangers au sein de leurs États d'accueil comme un double phénomène : D'un côté, il y a une tentative et une volonté clairement affichées ressortissants étrangers en situation d'immigration (communautés diasporiques) de se fondre dans la société majoritaire d'accueil, d'en vivre pleinement les valeurs, d'en partager certains usages et d'en épouser quelques normes. De l'autre côté, il y a une formulation concomitante d'une attitude particulariste, une revivification du rattachement citoyen à l'État d'origine. C'est la tentative de combinaison du lieu de provenance et du lieu de fixation. Ici encore, on voit comment le national-étatique vient en réconfort ou en secours aux positions transnationales.

La formation des communautés étrangères dans les pays d'accueil indiquent tout d'abord la propension des acteurs transnationaux à faire vivre leur État d'origine en dehors des frontières et cela dans des contextes qui, pourtant, apparaissent propices à la constitution d'une citoyenneté mondiale/universelle. C'est l'hypothèse de la reproduction de l'habitus étatique des acteurs quasi-émancipés de la tutelle étatique. Dans cette perspective, l'État demeure le principal repère des individus dans leurs dynamiques de déplacement à l'échelle internationale. Il en découle que l'État, non seulement est au fondement de la production de la mondialisation comme le souligne Ian Clark, mais en plus demeure le référentiel territorial et l'horizon des visibilités de *l'être-dans-le-monde* des acteurs transnationaux. D'où la pertinence de cet argumentaire de René J. Dupuy suivant lequel dans le monde actuel dit post-moderne il ne semble pas encore avoir d'alternative viable à l'État.

L'espace socio-politique et géopolitique de l'Afrique noire connaît une prolifération d'associations non-nationales au sein des États. Cette prolifération contribue dans une certaine mesure à la transnalionalisation des espaces nationaux. Mais il s'agit plus exactement d'une transnationalisation qui s'inscrit dans des logiques de constitution des embryons d'États tiers à l'intérieur d'autres États à partir des comportements ayant trait au revivalisme national-étatique des communautés diasporiques ou des populations en situation d'immigration. Ainsi, au Cameroun, il existe toute une association des ressortissants nigérians qui marque l'espace sociopolitique camerounais de quelques références nigériane. La dialectique de l'inscription harmonieuse dans la société majoritaire camerounaise d'accueil et de la reformulation concomitante d'une attitude particulariste est ce qu'il ressort bel et bien de l'observation attentive de la vie quotidienne au sein des multiples *territoires nigérians* dispersés dans les principales villes camerounaises: Douala, Bamenda, Buea et Yaoundé. Il y a une action vigoureuse d'affirmation parallèle de la part des ressortissants nigérians au Cameroun du *droit d'être étranger* qui les conduit à imposer à leur égard une représentation d'un soi collectif, digne de considération et de respect. En effet les milieux *biafrais*[2] sont bel et bien perçus par la population camerounaise comme des *territoires de l'altérité* pour reprendre une expression du *Journal des Anthropologues*, N° 59, Hivers, 1995 qui, malgré la prospérité économique et marchande qu'ils présentent, sont d'abord considérés comme des milieux de contrebande et d'exercice d'activités criminelles. D'où la construction d'une vision quasi-péjorative et suspecte des ressortissants nigérians et une structuration progressive à leur égard d'un imaginaire des *gens à part.*

Dans cette conjoncture de perception péjorative, les ressortissants nigérians, qui ont en commun la conscience d'occuper un espace de la marge vont fournir un effort pour sortir des lieux marginaux de la représentation sociale en faisant irruption et en prenant corps dans l'espace public camerounais en tant que nigérians. D'où leur regroupement dans une association des ressortissants nigérians au Cameroun qui peut se lire comme un regroupement tactique et stratégique destiné à la négociation, à partir de la mobilisation de la ressource de l'État nigérian, de l'accès des ressortissants nigérians à un statut d'acteur social à part entière. Cet accès fonde lui-même la reconnaissance de la singularité nigériane et son respect de la part de la société camerounaise majoritaire. Cette *nigérianisation* symbolique de certains de certains espaces camerounais est un phénomène dans et partir lequel on voit comment l'État nigérian se « diffuse » et s'exporte à travers ses ressortissants.

Référentiel d'identification politico-identitaire

Les communautés camerounaises au Gabon et en Guinée-équatoriale ne s'évaluent pas à l'aune de la « noblesse » des États d'accueil. C'est plutôt le « charisme collectif distinctif » du territoire d'origine qui sert de mesure éthico-axiologique et surtout de référentiel d'identification politico-citoyenne. A l'intérieur de ce double phénomène semble se jouer la dynamique de l'expatriation de l'identité nationale et de l'exportation/reproduction extra-territoriale de l'État. Les dynamiques migratoires camerounaises au Gabon et en Guinée Equatoriale consti-

---

[2] « *Biafrais* » est l'appellation populaire des ressortissants nigérians au Cameroun.

tuent un cadre fructueux d'attestation de la réussite de la formule étatique en Afrique : l'État national reste l'horizon de la représentation des individus. Quoique importé ou plutôt imposé parce que la colonisation « étatisatrice » de l'Afrique fut une conquête violente et le symbole de la victoire des civilisés sur les « indigènes », l'État a connu un processus de réappropriation et de réinvention dans les sociétés africaines. Il y a ainsi eu, par le moyen de la socialisation à la culture d'État, tout un processus de civilisation étatique des mœurs communautaires ayant abouti à l'émergence et à la consolidation de *marottes étatiques*, d'un transcendantal étatique. D'où des acteurs migrants « État-en-tête » qui, bien que revendiquant le droit de vivre partout et forgeant leurs identités sur les routes de la migration, se reconnaissent comme étant « *nés quelque part* » (Beday-Hausser & Bolzman 1997).

L'affirmation d'un soi étatique camerounais distinct de ceux gabonais et équatoguinéen est une dimension forte de l'expression identitaire en contexte d'immigration. Parallèlement à la pénétration des mœurs socio-politiques des États d'accueil, il y a, de la part des immigrés camerounais, une formulation concomitante d'une attitude particulariste, une mise en exergue d'une spécificité étatique s'exprimant sous la forme d'un *droit d'être étranger* ; d'un droit d'appartenir et de participer à un autre *charisme collectif distinctif* opposable à celui des sociétés d'accueil. C'est la reproduction, au-delà des chancelleries, consulats et ambassades du prestige national-étatique du Cameroun en terre étrangère. Deux principales modalités d'exportation de l'État peuvent ici être brièvement développées.

L'État camerounais s'exporte au Gabon et en Guinée Equatoriale par ce qu'on pourrait appeler une *excroissance territoriale*. La concentration des immigrés dans des quartiers précis des villes gabonaises et équato-guinéennes a conduit vers la constitution de véritables *territoires camerounais*. Il s'agit de véritables *territoires de l'altérité* qui prennent progressivement corps à l'intérieur des espaces nationaux. Les flux migratoires procèdent ainsi à une déclôturation territoriale de l'État, à un déplacement des frontières géographiques *déterminables* du souverain territorial dont se réclame l'État.

Les *territoires de l'altérité* que les migrants forment *à* l'intérieur de leurs États d'accueil peuvent représenter une figure des nouveaux imaginaires de la frontière et de la souveraineté. En effet si le territoire peut être considéré comme

> une construction sociale (et politique) consubstantielle et contemporaine de la venue à forme puis à visibilité d'un groupe, d'une communauté, ou de tout collectif dont les membres peuvent employer un « nous » identifiant, (s'il) est condition et expression de la manifestation, de la mise en œuvre du lien social (…) si le territoire est mémoire (…), marquage spatial de la conscience historique d'être ensemble. (Tarrius 1995 : 15-32)

Les communautés camerounaises en situation d'immigration procèdent, sinon à un *ré-enchantement de [leur] tradition* du moins à une actualisation, à une mise en scène du lien social et communautaire d'origine. En effet, le lien social qui fait continuité et mobilisation, dans ces formations mobiles, véhicule bien sûr d'autres valeurs et que celles attachées au charisme collectif distinctif lié à l'État nation. La substitution des formes d'allégeance communautaires et des identités sub-nationales aux logiques et normes d'État en terre étrangère peut avoir partie liée avec le temps national de la remise en cause communautariste de la transcendance de l'État. Même à l'extérieur, l'ethnie et la région pèsent lourdement dans la constitution des associations et la composition des équipes dirigeantes de celles-ci. Ainsi, un parcours attentif des bureaux dirigeants des communautés camerounaises au Gabon fait ressortir le caractère très marqué du recrutement ethno-régional des dirigeants des associations. C'est la reproduction du système politico-administratif national de l'équilibre régional ou de la représentativité des différentes composantes et structures ethno-régionales au sein des divers appareils étatiques. C'est l'ethno-régionalisation de l'État par le haut.

Toutefois, il y a aussi une dynamique d'ethnicisation par le bas qui s'inscrit dans une dynamique de montée en singularité, en spécificité des sociétés locales. La montée en singularité est traduite par le culte de l'autochtonie, de l'ethno-régionalisme ou du fédéralisme identitaire. Ce jeu national de la montée en singularité des ethnies et des régions est reproduit dans les « territoires camerounais » dispersés dans les espaces nationaux gabonais et équato-guinéen. En deçà des macrostructures que peuvent représenter les associations de ressortissants camerounais, nombre d'immigrés au Gabon notamment se réunissent en associations de village ou d'ethnie. On rencontre ainsi la « Grande famille Beti » regroupant comme son nom l'indique, tous les Bétis vivant au Gabon. Cette Grande Famille Beti est à son tour éclatée en une multitude de sous regroupements à l'instar de l'*Association des Ressortissants d'Endom* (AREM); de la « Solidarité des Ressortissants du Département du Nyong et Nfoumou » etc. Des associations civiles camerounaises se constituent aussi en territoire gabonais en fonction des intérêts de groupes et des sensibilités de genre. *L'Association des Femmes Camerounaises au Gabon* exporte dans ce pays la culture vestimentaire du *Kaba Ngondo* et insère la cuisine camerounaise dans « *le champ alimentaire* » gabonais (Clavo 1995 : 48-55) On note également des groupes culturels comme *Les Guerriers Bantous,* de nombreux *clubs de soutiens* aux Lions Indomptables.

Ce qui a assurément cours dans la transformation migratoire du lien citoyen, c'est le redéploiement de la citoyenneté à l'extérieur des frontières nationales de l'État. L'apparition des « *citoyens au-delà de l'État* » (Badié & Perrineau 2000) est sans doute le fait le plus marquant du nouveau « *modèle multiculturel de la citoyenneté* » en cours de consolidation et de banalisation avec sa remise en cause, du lien intime voire constitutif entre État et citoyenneté. L'État, en tout cas, n'est plus le cadre à la fois a priori et fini de détermination de la citoyenneté. Celle-ci intègre une pluralité de postures qui se juxtaposent, s'interpénètrent et parfois s'excluent. En tout cas, le modèle de citoyenneté qui se forge sur les routes migratoires combinent allégeance à la communauté politique d'origine, solidarités transnationales, réinvestissements particularistes et participation au *charisme collectif distinctif* de ta société d'installation. C'est la trame de la *nouvelle citoyenneté* qui se met en œuvre dans l'immigration et dont la marque spécifique est la transcendance de la communauté politique. Contrairement à la citoyenneté dite de « proximité» au lien raffermi mais particularisant à l'échelle subnationale, la citoyenneté migratoire est une citoyenneté à distance ; extraterritoriale. La citoyenneté à distance de l'immigration repose sur des formes d'allégeance en dehors du territoire de l'État d'origine. Celle-ci permet de relativiser quelque peu la thèse qui affirme que la crise de la citoyenneté nationale paye au prix fort l'effet de déterritorialisation de toute forme moderne de décision.

Malgré la réelle *dilution des référents territoriaux* qui a cours dans le monde, il y a une indubitable capacité des États à créer, même à distance, du consentement ou de l'obligation politique. Les États parviennent en effet à imposer l'ordre et l'unité et surtout leur domination sur des individus qui se situent en dehors de leur espace de compétence *rationae loci*. Par un répertoire dense et varié des pratiques, les immigrés camerounais au Gabon et en Guinée Equatoriale entretiennent une attitude, un sentiment ou un lien de loyauté par rapport à l'autorité ou au pouvoir politique camerounais. C'est l'allégeance à distance qui donne de la légitimité au pouvoir politique en produisant du consentement.

Comment les immigrés camerounais exercent-ils leur citoyenneté au-delà du territoire de l'État? Comme il a déjà été souligné, les immigrés exercent leur citoyenneté en mobilisant le « charisme collectif distinctif » de leur État d'origine qui subit ainsi un processus d'exportation. La mise sur pied des communautés et des associations des ressortissants camerounais au Gabon et en Guinée équatoriale participe ainsi de cette réappropriation à distance du charisme national. Elle est une manifestation de la loyauté et de l'allégeance des immigrés camerounais à leur nation. Les immigrés participent aussi à la vie politique camerounaise bien qu'étant à distance. En dépit du fait que les Camerounais de l'extérieur ne soient pas pour l'instant autorisés à prendre part aux exercices de vote, les entreprises partisanes disposent de sections étrangères qui permettent l'internationalisation de l'action politique de leur formation respective. Les immigrés camerounais participent également à la vie économique nationale par des rapatriements de capitaux. C'est la marque de la confiance à l'État par les immigrés. Selon les estimations de la Banque Mondiale, 141 millions de dollars sortaient du Gabon en 1990 pour les pays d'origine des immigrés. Le Cameroun bénéficie d'au moins 15% de ces rapatriements de capitaux par le biais de sa colonie de travailleurs immigrés. Ce chiffre officiel apparaît cependant comme la partie visible de l'iceberg si on tient compte des transferts occultes/directs qui contournent les circuits bancaires et postaux.

L'expérience identitaire des migrants est nécessairement interculturelle en ce sens qu'elle se déroule à l'intérieur d'une tension qui oscille entre la remémoration des lieux d'origine – c'est-à-dire la reproduction du vécu originaire –, et l'assimilation des influences sociales du pays d'accueil. Les migrants vivent un mode d'existence finalement transculturelle qui fusionne le lieu d'origine, les étapes de parcours et le territoire d'installation. L'identité des migrants pourrait être représentée sous la forme d'une *chaologique*, c'est-à-dire un agencement logique d'expériences et d'influences culturelles éclatées. La *réintroduction des continuités face aux discontinuités* créées par les départs des lieux d'origine constitue la trame profonde des dynamiques de réaménagements identitaires. Le monde des migrants est ainsi en quelque sorte un monde qu'on pourrait qualifier *d'interstitiel*. Ainsi, l'immigré camerounais au Gabon est à la fois membre de la *Grande Famille Beti*, ressortissant du Nyong et M'foumou ou d'Endom, autochtone de l'ère géo-humaine Fang et citoyen camerounais. Il en est également du *Fang* qui peut être à la fois camerounais, gabonais et équato-guinéen. Ici c'est le partage du *charisme collectif distinctif* qui Fang permet d'établir la continuité identitaire face aux discontinuités représentées par les frontières des États.

A l'instar de ce que Bertrand Badié et Pascal Perrineau écrivent du redéploiement de la citoyenneté dans un contexte d'émasculation des référents territoriaux les réaménagements identitaires dus à la démonopolisation étatique des moyens de circulation et d'installation recouvrent une diversité de figures qui s'enchevêtrent et s'interpénètrent. On peut donc distinguer la figure d'une *identité de proximité* qui se reproduit à distance par la mise sur pied de nombreuses associations de ressortissants ou de développement du village ou de la région d'origine. C'est dans le cadre de ces associations que se reproduit la mémoire originaire; qu'un *flux* de relations extrêmement denses est maintenu avec *ceux qui sont restés au pays*. L'identité du migrant est aussi une identité transnationale en ceci qu'elle combine plusieurs régimes d'auto-représentation de soi. Le migrant a toujours une partie de lui-même ailleurs que dans son vécu quotidien. La culture stato-nationale des immigrés camerounais au Gabon et en Guinée Equatoriale module une vision de soi de ceux-ci en terre étrangère; vision qui est en transaction à la fois collusive et collusive avec le moule de (re)fabrication identitaire que représente la société d'accueil. Il s'ensuit un réaménagement identitaire qui procède à une conjugaison de références à plusieurs systèmes de vision, de division et d'énonciation du monde, un pareil modèle identitaire ne peut alors que reposer sur la dorsale de l'interculturalité. L'identité interculturelle est celle qui s'émancipe du primordialisme ethno-tribaliste pour faire un clin d'oeil l'expérience humaine universelle. C'est dans cette tension interculturelle que se résout la question existentielle qui se pose aux immigrés de *l'être-soi-avec-autrui-dans-le monde-d'autrui*.

En guise de conclusion :
De la crise globale à la prise du pouvoir local : recomposition transnationale du champ interétatique dans la politique contemporaine négro-africaine

L'illusion stato-centrique de la modernité négro-africaine a vécu tout comme celle de l' « *État omniscient et ordonnateur du socia* » (Sindjoun 1996 : 57-67). L'État comme principe organisationnel de l'espace, centre unique ayant compétence pour ordonnancer la totalité économico-sociale, source unique de sens ; bref le mythe de l'État qui se pose en médiation unique du pouvoir, de l'autorité et des habitus socio-politique semble aujourd'hui, à bien des égards, un leurre politique et une incongruité analytique (O'Brien 1992). De fait, l'État s'est historiquement institué sous la forme d'une tension permanente entre un pôle dur composé de la maîtrise complète du territoire, le « *monopole de la contrainte physique* » (Weber 1968), la mise en œuvre d'une bureaucratie différenciée des autres forces sociales, la construction d'une citoyenneté, l'affirmation d'une souveraineté en tant qu'autorité suprême et un pôle mou renvoyant à la multiplicité des organisations et des groupes qui échappent au contrôle étatique, concurrencent l'État et remettent ainsi en cause de façon radicale et décisive ce qu'on pourrait appeler, dans une perspective bourdieusienne, le « *complexe d'État* » (Bourdieu 1997). L'État s'est historiquement constitué comme une totalité plurielle, un champ pluriel de positions, de divergences et de convergences. L'étatisation s'est donc toujours définie en termes de seuil ou de marge : C'est la marge d'encadrement, de disciplination, de contrôle que dans un contexte pluriel et concurrentiel.

Comme on le voit, les dynamiques politico-identitaires sous fond d'ethnicité qui est considérée ailleurs comme une « anomalie historique » constitue désormais en Afrique noire une ressource épistémique et un moteur politique apte à éclairer et à évaluer les fondements et mécanismes de fonctionnement de l'État en dépérissement dans la politique africaine contemporaine. Celles-ci y trouveraient les raisons de son encrage résiduel – ou radical selon les thèses néo-modernistes – dans la modernité et articuleraient son rapport à la post-modernité négro-africaine autour de ce nœud historique. Comme sus-évoqué, il s'avère que la sociodynamique de l'Afrique noire moderne dans la théorie politique africaine de l'ère post-positiviste, pose des problèmes de rationalité et d'objectivité dans la théorie comme dans la pratique. Après le constat selon lequel le caractère critique/crisique du monde moderne et la dimension multicentrée du monde post-moderne se traduisent par des stratégies de localisations fortes qui mettent en difficulté les dynamiques de la mondialisation, l'Afrique est désormais en présence d'une opportunité politique inédite, d'une chance historique unique. Elle n'en a pas encore tout à fait conscience certainement à cause des traumatismes historiques successifs qu'elle a connus et qui peuvent précisément, faire l'objet d'une psychanalyse post-moderne (Lacan). Tout compte fait, l'Afrique concentre aujourd'hui entre ses mains, l'essentiel de son devenir, le pouvoir de s'ordonner par rapport à soi, de s'assumer comme telle dans une relation nécessaire avec le monde, cet univers éclaté.

La réflexion cosmopolitique ne s'oriente plus, de ce point de vue, vers la paix perpétuelle, l'universalité de la citoyenneté et de la république. Le fameux argument d'inspiration kantienne selon lequel « les démocraties libérales ne se battent pas entre elles » (Doyle 1983 : 3-4) que Hassner rappelle – pour le remettre en question – est du même coup mis en difficulté. Les possibilités et opportunités de paix et de guerre coexistent désormais partout et tout le temps sous des formes diverses des plus perceptibles aux plus insidieuses. *Le retour des tribus* (Maffesoli) et le *Retour de la mobilité de l'histoire* (Parmentier 1990) est entrain d'exorciser le spectre de la *Fin de l'histoire* (Fukuyama 1993), ainsi que les certitudes de ses lointaines modalités constitutionnelles et éthiques du genre *Globalisation de la démocratie et consensus constitutionnel* rendent incontournable la notion de *patrimoine constitutionnel commun* et de *comité mondial d'éthique* pressenti par le penseur camerounais Hubert Mono Ndjana.

Fort heureusement, la furtive sensibilité interculturelle qui se déploie avec intensité dans cette réflexion depuis le début, permet de nous éloigner de la dictature des absolus, notamment de douter des principes de base d'une civilité équitable au niveau planétaire, prend ainsi acte des transformations post-modernes du monde actuel et envisage désormais de s'articuler autour non pas de la trajectoire de l'unité citoyenne universelle, mais de la subsidiarité politique universelle.

Il s'agit ici d'opérationnaliser le potentiel politique africain – analysé antérieurement – aussi infime soit-il, pour en tirer la plus grande efficacité et le « mieux-être » (Aristote) dans la post-colonie et dans le monde. De même les différents rudiments anthropo-politistes ci-dessus articulés doivent permettre la construction africaine d'un espace et d'un temps politique où leur identification plus symbolique que réelle favorisera les croisements et tensions interculturels, et donc trans-étatiques, trans-ethniques, multiculturels de nature à rendre possible l'émergence de cette entité cosmopolitique présentant les éléments de sa subsidiarité ainsi que leur valence/validité épistémologique et politologique.

Peut-être même retrouve-t-il (le passé) un surcroît d'importance et de signification dans un moment où l'identité africaine a tant de mal à se définir en fonction des normes qui ne sont point les siennes et qu'à tort, l'on tient volontiers pour universelles.

TROISIÈME PARTIE

Perspectives nouvelles sur la cohabitation ethnique dans la politique africaine contemporaine : Exigences fondamentales de construction d'un État multinational africain

Le grand ratage de la démocratie africaine, imposée, est qu'elle a engendré un multipartisme épousant les contours de la tribu et de l'ethnie. Dans la lutte hargneuse pour la conquête du pouvoir, les facteurs que chaque tribu va ressortir, de même que ceux qu'elle percevra chez les autres, sont ceux qui sont le moins faits pour construire l'harmonie. L'auto-perception de soi, comme la perception d'autrui, sont perverties par l'ambition et par la haine. Une organisation étatique fondée sur de telles bases est donc factice. L'État lui-même est précaire parce que les forces qui le composent sont remplies de forces négatives, émotionnelles et passionnelles.

L'impératif qui interpelle la conscience africaine aujourd'hui est donc, paradoxalement, celui de redescendre dans nos tribus, dans nos micronations, non pour nous y abîmer dans la négativité, mais, sérieusement, pour y déceler les valeurs positives et complémentaires. Contrairement à celle de Platon, la dialectique de la Nation, ici, est d'abord descendante, puis ascendante en vue d'une édification finale... Les tribus, naturellement, ne vont pas disparaître. Elles seront toujours là, à titre, si l'on veut, documentaire. Quand se sera réalisée cette auto-perception égalitaire de la tribu, l'on atteindra sans faute l'étape d'une conscience nationale, qui construit l'État. Et ainsi de suite, vers une conscience continentale... une bonne législation sur le tribalisme devra normalement y aider, dans la vie de tous les jours.

Hubert Mono Ndjana, « Violence, État-nation et démocratie ou le procès de la différence » in *Démocratie africaine, otage otage du tribalisme ?* INPACT, Yaoundé, 1993 : 23-32.

Liminaire

La problématique de l'État-nation offre aujourd'hui, en raison de son actualité lourde, une opportunité de mise en conjoncture des certitudes constituées sur le rapport théorique/pratique au pouvoir dans un contexte social et identitaire pluralistique pour ne pas dire multi-ethnique. L'État-nation va ainsi procéder, pendant plus de quatre décennies, à une espèce de privatisation du sens de l'Afrique, réalisant ce qu'on pourrait qualifier d'impérialisme téléologique, c'est-à-dire une orientation univoque et clôturante du devenir politique des sociétés. En Afrique, le biais national ou nationaliste a servi de vecteur à la domination post-coloniale. L'État-nation est donc en Afrique, le principal instrument de domination. Comme le souligne Engelbert Mveng (1992),

> L'État africain, dès sa naissance est un instrument de domination, d'oppression, d'exploitation du peuple, qui est passé des mains du colonisateur aux mains des chefs politiques africains. Cet instrument est d'autant plus efficace qu'il est un appareil de paupérisation dont les mécanismes reposent sur deux principes : la privatisation des instruments de la souveraineté, le tissage d'un système de subsistance fondé sur la dépendance absolue.

Toutefois, l'État n'est qu'une fiction juridique animée et incarnée par une composante matérielle (territoire, population) et sociale (la classe dirigeante sous la figure du gouvernement). C'est donc au cœur de l'État qu'il convient de démasquer les mécanismes de violence. La stratégie de domination est le camouflage idéologique, idéologie au sens où l'entend K. Marx : théorie imaginaire destinée à masquer la réalité et à renforcer les privilèges de quelques-uns. La mobilisation se fera alors autour de l'anticolonialisme, la construction nationale, l'unité et l'intégration nationales avec comme envers paradoxal, l'*ethnicisation du politique* et la *politicisation de l'ethnicité*. En fait, l'État contemporain est le produit le plus visible et le plus notoire de la civilisation. Quand on sait cela, on éprouve un certain trouble en entendant Mussolini[1] déclamer avec une suffisance sans égale, comme une découverte prodigieuse faite en Italie, cette formule : « *Tout pour l'État, rien hors de l'État, rien contre l'État* ». Quadrillage plutôt qu'enca-

---

[1] Mussolini, Benito (1883-1945), homme politique de l'Italie (1922-1943), fondateur et dirigeant *(Duce)* du fascisme italien. De 1922 à 1926, Mussolini met en place une dictature légale : il obtient du Parlement les pleins pouvoirs pour un an, après le discours d'intimidation dit « du bivouac » (novembre 1922), et utilisant en même temps violence « squadriste » et mesures gouvernementales, il marginalise ses adversaires, transforme la loi électorale à son profit, couvre de son autorité la mort d'adversaires politiques (comme celle du député Giacomo Matteotti). Il prend ainsi le titre de *Duce*. Puis, en novembre 1926, utilisant habilement une tentative d'attentat contre lui, il promulgue les lois *pour la défense de l'État*, dites *lois fascistissimes* avec pour leit-motiv, *tout pour l'État, rien hors de l'État, rien contre l'État.*

drement du peuple, l'État est une espèce d'*Archipel du Goulag*[2] sous les tropiques. L'étatisme est donc la forme supérieure de la domination qui fait main basse sur la société en Afrique par fractionnement et prolifération de la violence. La distribution abusive de la violence et de la coercition fait fortune. Derrière l'État, machine anonyme, la violence sous toutes ses formes est la principale modalité de régulation sociale ; elle en est l'essence et même le sens ultime. Mais le propre de toute société régie par la violence est qu'elle sécrète l'insoumission c'est-à-dire qu'en son sein, se déploient et se raffinent des technologies d'indocilité qui finissent par éroder ses bases de la domination.

Le pouvoir postcolonial repose sur l'exercice outrancier de la violence dite d'État. Avec les mutations internationales qui voient s'inventer de nouvelles normes de régulation politique, la violence comme mode de régulation sociale devient un archaïsme politique. La puissance se transforme et repose désormais plus sur la capacité de convaincre, de compter que sur l'embrigadement et la caporalisation. Le pouvoir subit une mue profonde et se déplace de la figure d'un gouvernement organisé à la maîtrise de la fluidité et de la divergence techno-politique. La démultiplication des centres de la violence, consécutive à la privatisation de l'usage de la violence d'État, contribua à son inflation. La violence devient un instrument entre les mains de divers groupes d'intérêt qui se battent pour le positionnement politique et économique. C'est ici, qu'il faut situer l'émergence d'une force urbaine et sub-urbaine avec sa culture de l'émeute, de racket et de l'obscénité. Avec des groupes sociaux de plus en plus nombreux qui vont à l'encontre de la violence d'État ou qui exercent la leur parallèlement à celle de l'État, il y a une affectation des bases politiques de la violence et une érosion de sa source de légitimation. L'émasculation des instruments traditionnels de la violence d'État suite à sa critique sociale et politique, modifie les attitudes sociales envers le pouvoir politique. La violence ne fait plus sens, car la raison politique devient une raison démocratique, raison plurielle, critique, représentative. C'est l'avènement de la désintégration du monolithisme. S'il ne s'effondre pas, son ordre s'en trouve tout au moins frappé de caducité. L'irruption des droits de l'homme dans les relations internationales post-bipolaires témoigne de cette époque comme celle d'une (re)fondation des bases idéologico-politiques de la politique mondiale. L'État de droit[3] se pose en impératif catégorique, donc politique. La participation, la représentation, le droit à la critique et à l'opposition entrent dans l'ordre de la normativité politique. Bref, la critique internationale de l'exclusion et

---

[2] *Archipel du Goulag* est un récit-dossier d'Alexandre Soljenitsyne portant sur le fait concentrationnaire en Union soviétique. Dans cet ouvrage, qui comporte sept parties, chacune centrée sur une étape du douloureux calvaire des prisonniers politiques (*Goulag* est en effet l'abréviation de *Glavnoïe Oupravlenie Lagereï*, ou « direction générale des camps »), Soljenitsyne dresse un véritable monument littéraire aux victimes de la fabrique soviétique de déshumanisation. Si *l'Archipel du Goulag* appartient de fait à ce qu'on appelle la « littérature des camps », autrement dit la dénonciation du système totalitaire de répression, il en fournit l'expression la plus complète (dans la saisie du réel historique et géographique), mais aussi la plus idéologique, voire religieuse, marquée par les conceptions nationalistes et antisémites d'Alexandre Soljenitsyne.

[3] État de droit, concept désignant tout État qui s'applique à garantir le respect des libertés publiques, c'est-à-dire le respect des droits de l'homme et des libertés fondamentales, par la mise en place d'une protection juridique. Dans un État de droit, les autorités politiques elles-mêmes sont soumises au respect du droit. De nos jours, l'acception d'État de droit tend à faire davantage référence à un État garantissant, par l'intermédiaire de son système juridique et constitutionnel, les droits individuels de ses citoyens contre l'arbitraire du pouvoir. Dans son acception courante, cette définition dissocie donc d'un côté les démocraties, assimilées à des États de droit et, de l'autre, les États totalitaires, qui nient les libertés individuelles élémentaires.

de la brutalité politique finit par ôter au monolithisme politique son arrière base. Le monolithisme s'éclate, une nouvelle ère politique s'ouvre. S'affirme-t-elle déjà comme l'heureux temps des libertés retrouvées ? Temps de grandes espérances ? En effet, la décennie 1990 a vu le phénomène des conférences nationales (souvent souveraines) cristaller les revendications des peuples africains en faveur d'un changement authentiquement démocratique, changement du système politique hérité de la colonisation. De cet événement historique fondateur, Eboussi Boulaga écrit :

> En revanche et par contraste, les conférences nationales nous sont apparues comme révélation d'un nouvel Esprit, une fusée fulgurante, un signal lumineux que nous lançait l'avenir. Nous avons cru y voir un événement politique et philosophique des plus considérables de notre histoire consciente. (Eboussi Boulaga 1993 : 9)

Cette remise en question populaire de l'État post-colonial se fondait, en dehors de sa justification idéologique et/ou philosophique, sur une triple nécessité : sociologique, politique et historique.

- **La nécessité sociologique** de la conférence nationale découlait de l'incapacité de l'État autocratique néo-colonial à promouvoir une communauté-nationale. Un État nourri à la mamelle de l'ethnocentrisme dans la mesure où il instrumentalise la fibre ethno-identitaire à la fin préférentielle de s'assurer une ceinture de sécurité électorale. Et plutôt que d'encourager les ethnies à édifier une société politique trans-ethnique donc une nation, cet État-là érige le tribalisme en méthode de gouvernement et l'ethnocentrisme, en instrument d'atomisation du peuple quand l'un et l'autre ne servent pas uni(ini)quement à la marginalisation/exclusion politique d'autres groupes ethniques.
- **La nécessité politique** des conférences nationales était tributaire quant à elle, de l'échec du système politique à édifier un État moderne reposant sur sa triple vocation de démocratie, de développement et de progrès.
- **La nécessité historique** de ce forum relevait enfin d'une exigence fondamentale de l'histoire contemporaine, celle d'assigner au processus de démocratisation en cours, un système politique adéquat articulé autour d'un État-nation capable de relever les défis de la modernité.

Notons que pour Hubert Mono Ndjana (1993), cette conférence nationale n'est pas une panacée ; sinon comment endiguer ce mouvement d'émancipation en Afrique noire, autrement qu'en imposant des démocraties suicidaires ? Ecoutons ce qu'en dit le penseur camerounais :

> Elle est indispensable pour stopper net le décollage de l'Afrique tout en affaiblissant ses forces vives au moyen des dissensions que les clivages tribaux, déjà largement estompés par le parti unique, rendront nécessairement explosives. Le néo-colonialisme divise donc pour régner. A preuve, la dyarchie, ou le bicéphalisme qui s'instaure presque partout à la suite de ces conférences nationales. Une fois de plus, l'homme africain n'a pas su apprécier les leçons de l'histoire. Dans aucun pays de vieille démocratie, on a vue s'organiser des conférences nationales sous prétexte que les choses marchaient mal et qu'il fallait changer de régime. Le Portugal de Salazar ou la Roumanie de Ceaucescu sont-ils passés par ces fourches caudines ?

Certes, cette triple exigence de changement est justiciable d'un autre diagnostic, l'échec du modèle étatique jacobin. L'État africain, qualifié à juste titre de République monarchique, se caractérise par une double antinomie. D'abord dans sa genèse, l'État africain est antinomique du contrat social. Ensuite dans sa configuration actuelle il est antinomique de la République. En fait, l'entité étatique africaine est antinomique de la théorie du « contrat social » de Jean Jacques Rousseau. Pour le penseur des Lumières, le fondement de l'État réside dans un pacte social conclu entre chaque individu et la communauté. De plus ce contrat social définit un État politique légitime et juste, un État démocratique moderne dont l'essence anthropo-sociale est la responsabilité de l'homme. Or l'État africain post-colonial a généralement été institué par la puissance coloniale, qui n'a opéré une décolonisation formelle et à contre-cœur, que dans l'optique de la pérennisation de ses intérêts d'État suzerain. D'où la contestation populaire de cet ordre socio-politique qui s'est manifestée avec la revendication d'un changement. Un changement concrétisé par l'édification d'un État de droit, d'une part, et par la garantie de l'exercice du droit imprescriptible du peuple à s'auto-déterminer, d'autre part. En second lieu, l'État africain est antinomique de la République, dans la mesure où sa dépossession populaire le rend étranger à la définition de Cicéron[4]. En substance pour Cicéron, *alias* Scipion l'Africain, la République, c'est-à-dire l'État, est la chose du peuple. Le peuple n'est pas n'importe quel agrégat humain, mais l'ensemble d'une multitude unie par un consentement de droit et une utilité commune. C'est donc avec Cicéron que l'édification de l'État prend appui sur la suprématie du droit. Et partant, l'État de droit s'impose comme une dimension incontournable de l'État moderne. Sans oublier l'appartenance populaire et la vocation d'utilité commune qui forment l'essence de la République. Or, l'africain est d'autant plus frustré par la dépossession de son État que la République s'identifie aussi à une communauté des raisons participant au règne des fins. Elle implique en conséquence des citoyens libres, car conscients de leurs droits et devoirs. Sur ce plan, les violations des droits de l'homme et l'éclatement de la citoyenneté en *allogène/autochtone*, confirment le caractère antinomique de l'État africain, au regard d'une République authentique. Il s'identifie davantage à une République monarchique.

L'un des procureurs du procès historique de l'État africain, Michalon, impute l'échec de la transplantation sur le continent du modèle étatique jacobin à l'élection présidentielle. Il en dénonce les effets délétères dans *Le Monde Diplomatique* n° 526. Ce réquisitoire débute par la caractérisation de la République française qui a servi de greffon. Quant à sa forme, il s'agit d'un État unitaire, fortement centralisé. Son greffon africain en fait une République monarchique formalisée en un régime présidentialiste autocratique.

Le présidentialisme africain est en effet, une dénaturation du régime présidentiel, dans la mesure où il confère au Président de la République la double prérogative du Chef d'État présidentiel et du chef d'État parlementaire. Avec en prime, le caractère autocratique de son pouvoir. Il s'agit en somme, d'un État autocratique dont le chef est assimilé par certains politologues à un monarque républicain. L'élection présidentielle

---

[4] Cicéron (106-43 av. J.-C.), homme politique romain, orateur et écrivain latin. Dans le premier livre de *De la République*, l'écrivain latin Cicéron, inspiré par Platon, fait définir la république par un personnage inspiré de Scipion Émilien. La monarchie, l'aristocratie et la démocratie sont réunies par le fonctionnement même de l'État romain et portent en cela l'organisation politique à son apogée. En identifiant l'État au peuple, Cicéron donne une superbe définition de la société politique : elle implique un nombre de membres assez grand, le consentement donné par tous à une législation commune et une communauté d'intérêt. « La chose publique donc, dit Scipion, est la chose du peuple ; et par peuple il faut entendre, non tout assemblage d'hommes groupés en troupeau d'une manière quelconque, mais un groupe nombreux d'hommes associés les uns aux autres par leur adhésion à une même loi et par une certaine communauté d'intérêts ». In Cicéron, *De la République*, Paris, Garnier-Flammarion, 1954.

au suffrage universel n'arrange pas les choses, bien au contraire. A propos de ce scrutin Th. Michalon écrit :

> Il amène donc et le citoyen et l'homme politique à considérer l'État comme un réseau de relations et non pas un ensemble de fonctions devant être remplies de manière objective. A l'occasion du scrutin présidentiel, il conduit par conséquent les membres des diverses communautés ethniques en présence à se regrouper autour du candidat de leur communauté, leur « frère » dans l'espoir de se partager les retombées matérielles de son éventuel succès. Du coup, il encourage le citoyen africain à voir dans l'État un mécanisme d'accaparement légitime des biens collectifs par le clan du vainqueur. (Michalon 1998)

En première analyse, la forme unitaire centralisée et autocratique de l'État africain, tout en illustrant l'échec de sa greffe sur une société pluri-ethnique, est allée jusqu'à pervertir l'idée même de l'État. Une première question d'importance vient donc tout naturellement à l'esprit : Comment sortir de ce cercle vicieux d'une cohabitation ethnique antagoniste, laquelle fait de l'État africain un enjeu de luttes d'intérêts de clan ?

A première vue, il suffit de s'atteler à l'édification d'un État africain moderne c'est-à-dire ayant la double caractéristique d'État de droit et d'État démocratique. Th. Michalon, quant à lui, préconise une solution à deux volets. Le premier volet en est le *retour aux deux piliers de l'État de droit que sont la démocratie et la République*. Le second volet prône la refondation de la légitimité républicaine, par la rupture avec *les délices et les poisons de régime présidentialiste malencontreusement inspirés du précédent gaullien*. De plus pour Michalon, la démocratie est une procédure d'élaboration des règles de droit sur la base des compromis sociaux ; la République étant porteuse des valeurs qui président à la mise en œuvre égalitaire des normes juridiques ainsi édictées, selon le grand principe révolutionnaire « d'égalité des administrés devant la loi ».

Il se pose ici une seconde question d'importance pratique : Comment refonder l'État africain sur ces deux piliers ? Autrement dit, comment substituer l'éthique institutionnelle ou fonctionnelle à l'éthique relationnelle ? En somme, comment concilier l'idée de l'État dont le fondement est institutionnel avec la domination de la conscience ethnique sur la conscience nationale ? Des éléments de réponses appropriées à ces interrogations essentielles nous semblent résider dans le type idéal d'État africain.

7

Fondements et enjeux d'un État multi-ethnique africain

La forme de l'État africain, propice à une cohabitation ethnique harmonieuse et dynamique, est sans doute tribulaire de l'aptitude des citoyens ou des ethnies à édifier un État-nation moderne. A cet égard, et en toute hypothèse, on peut postuler un contrat social interethnique qui serve à refonder un État sur le modèle de Rousseau. Pour Lucien Ayissi (2008 : 121-140) en effet,

> Formuler l'exigence de refonder l'État post-colonial d'Afrique noire sur l'éthique du vivre-ensemble, prouve que la multi-ethnicité de cet État est critique et que le contrat social et moral autour duquel se fédèrent politiquement les différentes identités ethniques ou culturelles africaines est encore problématique. Il devient donc nécessaire de trouver, comme le recommande Jean Jacques Rousseau (1973 : 72), la « forme d'association qui défende et protège de toute la force commune les personnes et les biens de chaque associé, et par laquelle chacun, s'unissant à tous, n'obéisse pourtant qu'à lui-même, et reste aussi libre qu'auparavant[1].

Mais pour être plausible un tel pacte suppose que soit acquise la capacité juridique des ethnies à former une communauté supra-ethnique. Au sein d'une telle communauté, chaque tribu ou chaque ethnie contracterait avec elle-même et avec le corps social pour former un État pluriethnique. L'opérationnalité d'un tel État ne peut être rendue visible que dans le cadre d'une *gouvernance sous l'arbre*[2] et/ou par rapport à ce que Ayissi (2002 : 218) nomme « la thèse de la verticalité essentielle du Même à l'Autre, telle qu'elle est entretenue dans les ontologies problématiques ». Dans le cadre d'une interrogation sur les fondements de l'autorité politique et sur les modalités qui en garantissent ou non la légitimité, les quatre livres du *Contrat social*[3] développent la thèse selon laquelle il est logiquement impossible que l'être humain soit

---

[1] Ce modèle permet, non pas de nier les traditions et cultures locales, mais de faire émerger les paroles fondatrices.

[2] Le concept de palabre revisité par Bidima m'a personnellement permis d'aller plus loin. Nous nous y étendrons largement dans notre propos conclusif. Il révèle que le but fondamental de la palabre était la paix, la notion de « coopération en conflictualité ».

[3] *Du contrat social* [Jean-Jacques Rousseau], traité de pensée politique, publié en 1762 à Amsterdam sous le titre complet *Du contrat social ou Principes du droit politique*. Le premier jet d'une espèce de « traité théologico-politique » remonte à 1754, époque à laquelle Rousseau, redevenu Genevois et protestant, prend ses distances avec l'Encyclopédie. En 1758, brouillé avec Grimm, Voltaire et Diderot, il trouve asile dans la « demeure enchantée » de Montmorency, où il compose trois œuvres inextricablement liées par la même ac-

dépossédé de sa liberté et de ses pouvoirs. Si tout pouvoir politique est affaire de convention, alors il doit être légitimé, nous dit Rousseau. Une fois écartée la théorie du droit divin, reformulée au XVIIe siècle par Bossuet, au motif que nul n'est *absolument* sujet, on se rend compte que le nœud de la question est identifiable aux théories de Grotius et de Hobbes (Léviathan), et, plus largement, à celle du droit naturel. Car une telle formulation, qui est en soi un « monstre théorique » (comme ses explicitations : « droit du plus fort », « droit de la guerre ») puisqu'elle attelle des notions physiques à des concepts juridiques, montre que ce ne peut être qu'une propagande désastreuse : elle a en effet convaincu les hommes de s'abandonner à l'idée, inacceptable sauf au prix d'une perversion de la langue, d'un droit généré par « l'état de nature » qui ne fait que légitimer l'asservissement du plus grand nombre et générer l'oubli de leur définition originelle qui est liberté.

Les seules conventions possibles, sources d'une autorité légitime, sont donc celles qui font accéder à une conscience de « l'homme en général », que porte en lui chaque individu particulier et qui le rend désireux – et capable – de s'aliéner de son plein gré à un « tout », en estimant n'obéir librement qu'à lui-même. C'est le cœur du pacte ou contrat social, qui seul autorise, par l'engagement libre des volontés, la conciliation entre liberté individuelle et sécurité. On reconnaît le modèle de la « Divine Charité » de saint Paul dans ce don total à un transcendant qui, en retour, met les individus en relation d'égalité citoyenne. D'où le dédoublement singulier, sur lequel s'arrête le livre II, d'un citoyen simultanément sujet et souverain, seule forme d'organisation apte à empêcher les intérêts privés de tuer le corps politique en lui opposant la « volonté générale », inaliénable. Sur cette base, le livre III envisage les lois comme la manière de réguler le « gouvernement », qui doit n'être qu'un simple exécutant de la volonté générale, soumis à la puissance législative, ce souverain lieu et source du lien social. D'où la nécessité d'un contrôle par le peuple de ses institutions, en particulier cléricales, avec, au livre IV, contre les immixtions des religions dans le politique, la définition d'une « religion civile », formulation politique du Dieu « sensible au cœur », celui même que le vicaire Savoyard enseigne à Émile[4].

Cependant, même en concédant aux partisans d'un système démocratique représentatif des ethnies un intérêt théorique, la viabilité d'un État africain pluriethnique restera à prouver. Et l'actualité de l'unité et de l'intégration nationales dans les débats politiques est là pour attester qu'entre les groupes ethniques, la tendance naturelle est à l'altérité plutôt qu'à l'inclination à former une nation. Qui plus est, une preuve historique de la difficulté des ethnies à composer pour la formation d'une communauté supra-ethnique est donnée par l'expérience de l'unité allemande. Comme celle de l'Italie, l'Unité de l'Allemagne a été forgée sous l'impulsion d'une force unificatrice : la Prusse dans ce cas et le Royaume de Piémont pour l'unité ita-

---

tualisation de la République de Platon : la Nouvelle Héloïse, *Émile*, et *Du contrat social*, interdit dès sa parution, à Paris comme à Genève.

[4] Il faut rappeler, avec Henri Guillemin, l'interdiction genevoise du *Contrat social*. Car c'est là où le pouvoir de l'argent a usurpé le pouvoir politique qu'apparaît particulièrement insupportable l'idée selon laquelle des « gueux » peuvent participer à ce pouvoir au titre de citoyens également libres. C'est dire la dimension en soi provocatrice de l'attachement de Rousseau aux énoncés évangéliques, cette invention de l'égalité politique sur le modèle de la fraternité en Jésus, de ses principes calqués sur le schéma de la Charité paulinienne. Car Rousseau veut la « Cité des hommes » réalisant la « Cité de Dieu » de saint Augustin. Ce livre d'un homme « fou et génial », selon le mot d'Éric Weil, va faire de lui un persécuté, recherché par les autorités, trahi par ses anciens amis. Mais il faut ajouter : « livre à refaire », à ses propres yeux, car voulant résoudre « la quadrature du cercle » qu'est l'articulation du général et du particulier, de la liberté et du pouvoir, esquivant les rapports entre les États-nations. Il reviendra à Kant de lire Rousseau « d'un point de vue cosmopolitique », de radicaliser son citoyen en « citoyen du monde », son état social en « société des nations », « administrant le droit de façon universelle ». Au cœur de ce qui sera la formulation achevée de la philosophie politique moderne, le *Contrat social* demeure l'insurrection rousseauiste de la volonté politique contre les prétendues « lois » de l'économie.

lienne. Et ces forces unificatrices étaient au service du nationalisme ou de la volonté politique d'édification d'un État-nation. Une autre preuve de la tendance du fait ethnique à primer sur le fait national nous est donnée par l'histoire contemporaine, à travers les effets déviants de l'ethnocentrisme, qui culminent avec la purification ethnique. La Yougoslavie est le prototype d'État pluriethnique dont la fragilité est avérée, avec le temps certes. Cet État pluri-ethnique n'a pas survécu longtemps après la mort de son fondateur et unificateur, le Maréchal Tito[5]. Son éclatement s'est accompagné des revendications territoriales faites au nom du principe de nationalités. Les guerres civiles subséquentes ont donné la mesure des haines ethniques. La palme d'or revenant aux Serbes qui se sont illustrés avec les génocides qu'ils ont perpétrés au nom de la purification ethnique.

L'État national en revanche, se fonde sur les liens rationnels et juridiques qui unissent les citoyens. Et la citoyenneté, elle, se base sur le principe essentiel de l'égalité de droits civils et politiques des membres de la communauté nationale. Le sentiment de l'État est par ailleurs si inné chez l'homme que certains théoriciens de l'État y ont vu une *donnée immédiate de la conscience*. Le sentiment de l'État donne aussi aux citoyens le sens de l'unité morale et sociale, c'est-à-dire, la conscience de former un peuple. Toutefois, si pour Sergio Panunzio « *l'État se sent, donc l'État existe* », force est de constater que l'idée de l'État a besoin d'être éveillée et éduquée en Afrique. Pour ainsi dire, l'État-nation moderne implique l'existence de citoyens conscients de former une communauté nationale, c'est-à-dire un peuple. Et le peuple souverain est le principe fondateur de la légitimité démocratique. Loin de s'identifier à une multitude démographique, le peuple se saisit ainsi comme un acte d'aliénation positive par lequel chacun s'unit à tous. Qui plus est, la Déclaration Universelle des Droits de l'Homme affirme que « la volonté du peuple est le fondement de l'autorité des pouvoirs publics ; cette volonté doit s'exprimer par des élections honnêtes qui doivent avoir lieu périodiquement au suffrage universel égal et au vote secret ». En d'autres termes, la volonté générale ou principe essentiel de la loi démocratique, signifie que chaque citoyen et non la tribu ou l'ethnie participe sans réserve, à l'acte de formation du peuple. Ainsi, l'État moderne, dans sa double dimension essentielle d'État de droit et d'État démocratique se fonde sur la volonté générale, dès lors qu'il est généré par le consentement de droit donné par le citoyen libre et apte à former un peuple ou une nation.

L'édification de l'État africain idéal requiert par conséquent, comme pierre angulaire, un citoyen libre et l'ethnie. Certes, un citoyen jouissant de toutes ses libertés démocratiques et des droits de l'homme. De plus, l'édifice devra reposer sur la volonté générale prise pour fondation ; celle-ci étant la résultante des contradictions inhérentes à la société politique formée par la nation. Autrement dit, l'État africain moderne, pour être viable, devra inéluctablement se refonder sur une communauté de raison. Celle-ci étant le siège des contradictions, des luttes politiques ou de classes et non un champ d'affrontements inter-ethniques. Le système politique est en effet basé sur la dialectique du pouvoir et non sur l'antagonisme ethnique. En outre, l'idée de l'État doit être cultivée pour être ancrée aussi bien dans les mentalités que dans les institutions et les mécanismes qui concourent à l'expression de la souveraineté démocratique populaire. Les élections libres sont par conséquent essentielles à l'édification de l'État africain moderne. La démocratie est donc si essentielle dans la construction de l'État que pour J. Donnedieu De Vabres (1994),

> la souveraineté de l'État n'est pour elle que l'expression des droits du peuple à disposer de lui-même et de sa destinée ; elle consacre la suprématie de la volonté populaire ; elle scelle l'alliance du nationalisme et de la démocratie.

---

[5] Tito, né Josip Broz (1892-1980), maréchal et homme d'État yougoslave.

Certes, la question fondative demeure posée : quelle forme devra revêtir l'État africain moderne pour neutraliser les tensions interethniques ; tensions qui ne manqueront pas de gêner son articulation avec un corps social, où l'ethnocentrisme tend à prendre le pas sur le nationalisme ? Une réponse appropriée à cette question centrale, nous a semblé nécessiter une investigation sur la genèse et le fondement de l'État. Mais pour être opérationnelle voire complète, notre démarche doit aller au-delà de ses implications anthropologiques, historiques, et sociologiques. Elle exige, en effet, une relecture de la théorie hégélienne de l'État moderne. Le discours de Hegel, ne pouvant que constituer une aide précieuse à l'édification de l'État africain-moderne.

Comment édifier l'État-nation africain ?

La référence à Hegel s'impose, dans la mesure aussi où le maître de la dialectique était un militant de l'unité allemande. Le penseur camerounais Hubert Mono Ndjana (1999 : 9) est hégélien quand il affirme

> Au risque de me répéter, je dirai que je suis hégélien quant à l'État, et darwinien quant à l'ethnie. L'État m'apparaît en effet comme une nécessité objective, et l'ethnie une étape subjective qui attend d'être dépassée vers la modernité. Mais il ne s'agira pas d'une « évolution naturelle » des ethnies comme l'avait pensé le naturaliste anglais à propos des espèces.

Certes, l'unité nationale a servi, en Afrique, de *leitmotiv* à la transformation de l'État postcolonial en un État-parti. L'État monolithique a ainsi cru pouvoir ériger une nation au moyen de l'embrigadement des populations africaines. Toutefois, le retour au pluralisme politique a fait de la refondation de l'État sur la démocratie, une exigence historique. Cette modernisation de l'État africain peut s'inspirer avec bonheur du modèle hégélien de l'État-nation. Voici la formulation qu'en fait Hubert Mono Ndjana (1999 : 9)

> L'État n'est rien d'autre que le résultat de son devenir, et ce devenir traverse les étapes antérieures, dont la tribu et l'ethnie en tant que données naturelles et d'abord subjectives. Si le terme final qu'est l'État moderne s'avère être une perversion des stades antérieurs d'après Engels, notamment par l'effet de la différenciation de la société en classes antagonistes dont les unes exploitent les autres, il constitue pour Hegel, un heureux aboutissement par la réalisation de la moralité objective. Pour illustrer, on peut citer ce fragment 153 des Principes de la philosophie du droit : « Le droit des individus à une destination subjective à la liberté est satisfait lorsqu'ils appartiennent à une réalité morale objective ; en effet, la certitude de leur liberté a sa vérité dans une telle objectivité et ils possèdent réellement dans la réalité morale leur essence propre, leur universalité intime... A un père qui s'interrogeait sur la meilleure manière d'élever moralement son fils, un pythagoricien donnait cette réponse : Fais-en le citoyen d'un État dont les lois sont bonnes.

De fait, l'État moderne est l'instance d'intégration nationale dans la philosophie politique hégélienne de l'État-nation. C. Ruby (1996) nous en donne ci-après la quintessence : « L'État se donne pour l'édifice structurant la collectivité, organise dans des institutions chargées de traduire en actes les principes juridiques inscrits dans des constitutions ».

La problématique de l'État intègre ainsi sa dimension politique fondamentale, avec la constitution. En effet, tout en consacrant la forme républicaine du gouvernement, la constitution fixe le champ de son action et détermine les relations de système, ainsi que les activités qui contribuent à dessiner l'architecture dynamique de l'État. En d'autres termes, la pensée politique hégélienne fait de l'État un système qui correspond à des activités humaines, menées au sein des sous-systèmes que sont la famille, la société civile et la citoyenneté. Ces sous-systèmes s'agencent, afin de former une « unité vivante », composée de relations privées et de contrats publics (droit abstrait), de mœurs et d'action (moralité subjective). Cette unité implique aussi une vie familiale, une vie professionnelle et une série d'institutions politiques ou vie éthique. Sans oublier les relations plus ou moins conflictuelles entre États souverains sous forme de diplomatie ou de guerre. En somme, pour Hegel, l'État moderne est une unité organique où se projette le futur à *advenir* (développement) et où s'affrontent les courants politiques, plus ou moins dominants, en quête du pouvoir (démocratie).

L'État-nation se définit ainsi par sa double vocation de démocratie et de développement. Mais se pose ici une autre question d'importance pratique : Comment articuler cette image de la raison avec une réalité africaine que L.S. Senghor[6] a identifiée au sentiment ? Une réponse judicieuse est proposée par une maxime *Soho*, fort expressive d'une pensée politique africaine dans laquelle l'État ou son pouvoir est incarné par le chef. Un chef non identifiable à un despote de droit divin : « le chef est chef par la volonté du peuple. Et le peuple est peuple à travers le chef ». En dernière analyse, l'État émerge de la Nation et la Nation se reconnaît dans l'État qui en est l'émanation. La communauté ou société, contrôle le pouvoir d'État par le mécanisme des institutions. Le lien dialectique entre l'État et la Nation a amené la science politique à relever l'indissociabilité entre l'idée de l'État et l'idée de la Nation. J. Barthélemy exprime cela par la formule selon laquelle l'État est la forme juridico-politique de la nation. En outre, la nationalité est perçue comme un lien juridique qui donne à l'individu, la qualité de citoyen d'un État. En définitive, l'*idéal-type* de l'État africain se voit assigner des caractéristiques essentielles, compte non tenu de la souveraineté et des fonctions classiques dévolues à tout État-nation reconnu par la communauté internationale. Pour s'identifier à un État-nation moderne, synonyme de démocratie constitutionnelle, l'État africain doit donc être édifié sur les principes fondateurs suivants :

1. La suprématie du droit ;
2. La suprématie de la volonté populaire c'est-à-dire la démocratie dont les principes régiront des institutions (pluralisme politique, élections libres et équitables, décentralisation) placées sous le contrôle du peuple ;
3. Un développement tangible répondant aux aspirations du peuple, au bien-être social et au progrès ;
4. Le respect des droits de l'homme et des libertés du citoyen. Il s'agit aussi de promouvoir un statut de la citoyenneté qui garantisse l'égalité des droits devant la loi ;
5. La promotion de la société civile et sa participation au dynamisme étatique ;
6. Une forme appropriée de l'État ;
7. Un pouvoir judiciaire indépendant et responsable.

Assurément, la forme de l'État sera nécessairement dictée par sa nature de système. Toutefois, si l'État national est édifié par des citoyens, le background socio-anthropologique africain n'en n'impose pas moins les ethnies comme des sous-systèmes culturels et identitaires du système étatique. De même, l'indépendance du pouvoir judiciaire implique une séparation

---

[6] Senghor, Léopold Sédar (1906-2001), écrivain et premier président du Sénégal (1960-1980). Le rythme est au centre de la poésie de Senghor, ce rythme issu des traditions orales africaines et de la « transe des tam-tam » est parfois déconcertant. Alors que ses premiers recueils, bien que bercés par cette musicalité et ces rythmes inspirés de sa terre africaine, s'inscrivent dans une tradition poétique française et non dans la lignée de la poésie « nègre », *Nocturnes* (1961) ouvre une nouvelle ère poétique. Le rythme en tant que richesse des langues et des civilisations d'Afrique noire donne tout son sens à la poésie et au lyrisme. Avec ce recueil « seul le rythme provoque le court-circuit poétique qui transforme le cuivre en or, la parole en verbe », il « engendre non seulement la mélodie, mais aussi l'image par son élan itératif, et, partant, suggestif, créatif ». En 1973, il publie *Lettres d'hivernage* et, en 1979, *les Élégies majeures*. L'ensemble des écrits politiques et essais littéraires de Senghor a été rassemblé dans quatre volumes sous le titre *Liberté*, publiés de 1964 à 1984. Passionné par les littératures orales africaines, il a notamment recueilli une centaine de poèmes sérères (1945). Sa carrière littéraire est consacrée en 1983 par son élection à l'Académie française.

effective des pouvoirs républicains et exige du juge africain la preuve de son émancipation politique et de sa résistance aux tentations de la corruption.

Certes, au regard de la conjoncture actuelle, il peut sembler utopique d'assigner à l'État africain moderne trois impératifs structurels : la double nature d'État de droit et d'État démocratique, ainsi que la forme républicaine du gouvernement. Mais il s'agit d'un idéal vers lequel il faut tendre inexorablement, si tant est que, outre la conquête du plein droit d'autodétermination, il est impératif de rendre aux peuples africains, leur pouvoir d'initiative historique. De plus, à partir du moment où la démocratie est aussi essentielle à l'État-africain que le droit, il convient d'indiquer les moyens concrets d'inscrire, par un processus ininterrompu, cet idéal dans la réalité. Dans cet ordre d'idées, et en raison de la place centrale des élections libres, justes et équitables dans son processus, la démocratie peut être ici caractérisée par un concept opérationnel. Cette définition ayant la vertu de faire de la démocratie une conquête permanente. Cette définition est due au célèbre économiste J. Schumpeter : la méthode démocratique est le système institutionnel aboutissant à des décisions politiques dans lequel des individus acquièrent le pouvoir de statuer sur ces décisions à l'issue d'une lutte concurrentielle portant sur les votes du peuple[7]. Un tel système, loin de bloquer le processus démocratique, potentialise l'action de l'État, notamment dans sa finalité de développement, dès lors que se sera opérée une rupture radicale avec la logique autocratique.

L'État-nation africain moderne doit donc avoir une dynamique intrinsèque de développement. Ici aussi, il s'agit de rompre avec un autre cordon du *statu quo* de la dépendance économique que constitue l'extraversion, transformée en un cercle vicieux par le cycle infernal de l'endettement. En tout état de cause, le nouvel État devra s'atteler à un développement tangible, car conforme au modèle de Le Than Koy (1984) pour qui :

> Le développement est une totalité. Elle inclut l'économique, le social et le culturel, et tous ces éléments agissent les uns sur les autres de façon dialectique, c'est-à-dire contradictoire. Le développement est une totalité dialectique. La croissance économique est la base du progrès social et culturel.

Mais le dynamisme d'État s'entend avec la participation active des citoyens et de la société civile. Le fonctionnement normal, car autorégulateur de l'État-nation africain moderne, requiert la promotion d'une citoyenneté libre et d'une société civile dynamique. L'histoire contemporaine abonde de preuves, pour mettre en exergue, le rôle central de la démocratie dans l'existence et le fonctionnement des États-nations. Qui plus est, la libéralisation politique des pays de l'ancien Bloc Communiste, a mis l'accent sur les rôles décisifs de la citoyenneté et de la société civile dans le développement du processus démocratique ainsi que dans l'édification de l'État de droit. De fait, la révolution démocratique, qui a tour à tour balayé les États totalitaires de l'Europe de l'Est et d'Afrique, a généré des résultats politiques plus tangibles chez les premiers que chez les seconds. Cette disparité est imputable à la différence de maturation et d'implication de la citoyenneté et de la société civile entre les deux régions. Le politologue américain, Stephen L. Elkin (1999), a souligné ces rôles décisifs du citoyen et de la société civile dans l'émergence d'un État démocratique en ces termes :

> La naissance d'un corps civique est la première étape à franchir, et à bien des égards la plus facile, vers la création d'un régime démocratique…La phase suivante, décisive pour la gestation d'un régime démocratique, est la mise en place des moyens qui permettent au peuple de se gouverner lui-

---

[7] L'apport de Joseph Alois Schumpeter à la théorie économique porte sur l'analyse de la fonction de l'entrepreneur, dont il souligne le rôle déterminant dans les processus d'innovation et d'investissement. Il s'attache également à expliquer les fluctuations de l'économie capitaliste. Parmi les principaux ouvrages de Schumpeter figurent *Capitalisme, socialisme et Démocratie*, Payot, Paris, 1965, *Théorie de l'évolution économique* (1912), *Business Cycles* (« Cycles économiques », 1939), *Capitalisme, socialisme et démocratie* (1942) et *Histoire de l'analyse économique* (publié après sa mort en 1954).

même. Des institutions doivent être conçues pour servir au moins à deux fins : Premièrement, elles doivent faire connaître l'existence d'une « *res publica* », de questions d'intérêt public pour le peuple ; Deuxièmement, elles doivent fournir au peuple le moyen de faire savoir ce qu'il pense, quant à ces questions d'ordre public.

La conscience d'une communauté de destin et d'intérêts qui modélise l'État ou la *res publica,* émerge donc de la société civile, quand le peuple ou corps des citoyens, jouit de la liberté d'expression, du droit d'association et de réunions, pour débattre et agir publiquement, en faveur de ses affaires. La république existe certes avec la constitution, mais celle-ci doit être débattue et ratifiée par le peuple pour avoir force de loi fondamentale pouvant attester de l'appropriation populaire de l'État. Pour l'essentiel, l'État africain moderne idéal est une auto-institution du peuple. Ce dernier, tout en consacrant son droit d'autodétermination, se donne le moyen de répondre à sa quête de bien-être. Et si les institutions sont faites pour gouverner au nom du peuple, elles doivent s'autoréguler en fonctionnant comme un système dont les mécanismes servent simultanément à créer et à limiter le pouvoir d'État. Certes, en Afrique, on est loin d'avoir constitué partout et des citoyens et un corps civique capable d'accoucher d'une république authentique. La raison en est que le tribalisme et l'ethnocentrisme constituent des forces centrifuges qui œuvrent en faveur de l'atomisation du peuple. La communauté nationale africaine est d'autant plus difficile à édifier que la démocratie a eu du mal à s'enraciner. On est donc en droit de se demander, si la forme de l'État est le sésame qui renversera la tendance en faveur du courant historique.

Deux cas d'école : la Suisse et les États-Unis
De prime abord, les États décentralisés induisent une participation démocratique populaire supérieure à celle des États unitaires centralisés. Les performances économiques des premiers l'emportent aussi sur celles des seconds. Qui plus est, le fédéralisme, tel qu'illustré par la Suisse et les États-Unis, fournit deux cas d'école pour examiner la corrélation entre la forme de l'État et la cohabitation ethnique. Certes, en dehors des traits linguistiques et culturels, la *Suisse Alémanique* (germanophone), la *Suisse Romande* (francophone) et la *Suisse Italophone* ne se distinguent pas autrement, l'une des autres. Loin donc de présenter l'image d'un État pluriethnique, la Suisse est un État-nation fédéral, fondé sur la citoyenneté et sur une société civile dynamique. Ce pays s'illustre aussi par la pratique de la démocratie directe. Mais il forme une communauté nationale, où cohabitent différents courants politiques dont le dénominateur commun est incontestablement leur nationalisme. L'exemple Suisse démontre aussi la possibilité de confiner les ethnies dans le rôle de sous-systèmes culturels dans un État africain moderne.

Les États-Unis offrent un autre visage de la cohabitation ethnique, une cohabitation bien sûr plus conflictuelle. En effet, l'histoire de cette puissance dominante du monde est riche de guerres inter-ethniques. Elles ont, soit opposé les Blancs aux Indiens, soit mis aux prises les Blancs et Noirs. L'édification de l'État, dans sa configuration actuelle, s'est en outre opérée dans la Guerre de Sécession. En tout état de cause, il s'agit ici aussi d'un État-nation fédéral, fondé sur la citoyenneté et sur une société civile fort dynamique, nonobstant la violence qui y a pris la caractéristique d'une tare congénitale. Cet exemple est d'autant plus didactique, que la lutte historique d'émancipation des Noirs a franchi plusieurs étapes: d'abord dirigée contre le joug de l'esclavage, elle s'est ensuite assignée pour objectif, l'intégration nationale des Américains Noirs. Ces derniers revendiquent la reconnaissance de leurs droits civiques, c'est-à-dire une citoyenneté américaine pleine et égale pour les citoyens Américains d'origine ethnique africaine. Si l'expérience de cohabitation ethnique est globalement concluante avec la forme fédérale de l'État, illustrée par la Suisse et les États-Unis, la forme de l'État est cependant, loin d'être décisive dans l'édification d'un État-moderne africain.

L'État n'est donc rien d'autre que le résultat de son devenir et ce devenir traverse les étapes antérieures, dont la tribu et l'ethnie en tant que données naturelles. On sait que le marxisme-léninisme a considérablement tablé sur le dépérissement de l'État et que les plus grandes thèses de la société civile aujourd'hui s'en prennent à son existence jugée obsédante. Mais il s'agit en fait d'un résultat concret de l'évolution universelle de la société. Mais allons-nous pour autant aboutir à ce que le philosophe Mono Ndjana appelle le *dépassement ethnique*? Le défaut de la théorie philosophique classique[8], c'est que la pensée juridico-politique dominante est tributaire de la vision hellénistique du monde et de l'État moderne qui en résulte. Formalisée par Aristote, cette pensée a servi de repère à l'idéologie de domination historique des peuples nordiques. Il nous est clairement apparu dans les pages précédentes que la philosophie africaine du droit appréhende celui-ci comme une science inférée de la vérité générale de la nature et de fait, comme fondement du sens appliqué à la réalité humaine et non l'inverse, c'est-à-dire, la raison humaine préposée à l'idéalisme comme un aboutissement de la logique du vrai. Le conflit épistémologique est ainsi ouvert, la pensée africaine constituant son objet à partir d'un ordre éthique transcendant, contre le rationalisme occidental. Le professeur Hubert Mono Ndjana (1999 : 9) dit à juste titre

> C'est précisément la séparation abstraite, analytique qui occasionne tous les malentendus entre l'ethnie et l'État. Ces deux instances ne sont pas l'une en face de l'autre, mais deux moments seulement d'une même dialectique. L'essentiel est que l'État, terme final et objectif du mouvement, soit conscient de cette dialectique en induisant une démocratie conforme au pluralisme ethnique tant que les ethnies existent, tout en évoluant vers une démocratie citoyenne quand ces ethnies auront dépéri, aidés en cela par un processus également conscient.

Aussi, contrairement aux sociétés occidentales où le droit est « prescrit » par la logique « rationnelle » émanant du prince, des législateurs et autres juristes, le droit africain vise-t-il un arrimage de la pensée au cosmos objectif. Quant à la science politique, elle ouvre le débat sur l'indispensable intégration d'autres formes de pensée dans la théorie générale du politique. Ce n'est plus la *réduction ad unum* d'Auguste Comte[9] ramenant la diversité des institutions à une unité sociale et humaine au nom du progrès par la science, mais le *tertium datum* (tiers donné) des alchimistes prenant en compte d'autres valeurs culturelles, d'autres données, d'autres espaces de pensée, bref d'autres identités.

Avortement du projet hégémonique de l'État
On se souvient que l'Europe conquérante a tenté d'uniformiser les cultures, les religions et l'éducation au nom de ses seules valeurs prétendues universelles ; c'est l'ambition de la mondialisation *alias* globalisation qui, tentaculaire et rampante, véhicule un souci hégémonique. Même les notions de lignages, de clans, de tribus, sollicitées pour expliquer et interpréter les cultures des sociétés « archaïques », y ont alors justifié l'inaptitude de ces sociétés à s'organiser en États modernes. Contre toute attente, la résurgence des tribus harcèle de nouveau la pensée politique dominante : Corses, Basques, Tchétchènes, Kurdes, Serbes, etc., rivalisent d'adresse pour imposer leurs convictions culturelles, tribales, ethno-identitaires, voire séparatistes. Le sociologue Michel Maffesoli (1995 : 31) analyse la situation tribale dans l'Europe moderne:

> Pour rendre compte de cette manière de se rapporter à l'autre, j'ai proposé le terme de tribu, bien qu'il dénote l'idée de construction et de durée. La tribu intègre des éléments caractéristiques des

---
[8] Cette théorie s'est d'abord approprié les méthodes élaborées par la physique, avant d'y renoncer pour se contenter des traditions cartésiennes de compartimentalité analytique.
[9] Auguste Comte considérait la diversité comme un frein à l'édification d'une culture universelle dont l'Occident serait porteur en raison d'une supériorité congénitale de la race blanche sur toutes les autres et surtout, son aptitude ontologique à l'expression des valeurs du progrès.

sociétés primitives, antiques ou traditionnelles qui curieusement, reviennent sur le devant de la scène.

Mais c'est davantage un euphémisme d'envisager le terme tribu pour ce qui peut aussi être considéré comme un clan. Ce qu'il y a lieu de retenir, c'est bien que le jargon philosophique s'ajuste désormais aux concepts scientifiques du « prélogisme » des sociétés traditionnelles, surtout que les solidarités horizontales européennes prennent le pas sur la verticalité citoyenne de l'individu :

> la solidarité ne semble plus être dictée par le haut, les pouvoirs publics par exemple. Elle s'effectue tant bien que mal par le bas. Tant bien que mal on s'ajuste à l'autre dans le mouvement de solidarité. (Maffesoli 1995 : 31)

Il faut s'attendre, par conséquent, à une révision du concept de citoyenneté et de l'État-nation. Le processus est déjà engagé ; des voix s'élèvent en Occident pour fustiger la philosophie politique dominante. Les leaders du courant communautariste tels Alasdair McIntyre, Charles Taylor, Michael Sandel ou Amitaï Etzioni proposent une alternative au modèle libéral : ils suggèrent de rendre aux communautés leur pouvoir. L'erreur, selon ces derniers, c'est de vouloir construire la société à partir d'un individu supposé libre, rationnel et calculateur. S'il en est ainsi, c'est le rationalisme individuel prôné par l'idéologie de l'État-nation qui est ici remis en cause. Dès lors, le retour des tribus autant en Afrique qu'en Occident marque un sursaut qualitatif de l'idéal organisationnel et l'opportunité est enfin donnée à l'Afrique de consacrer comme par le passé, le rationalisme communaucratique ancestral puis, d'élever au rang de concepts scientifiques, les termes de lignages, clans, tribus, nations, naguère péjoratifs. La pensée dominante, réductionniste et la pensée complexe, dévoilent deux visions du monde confrontées et affrontées. On peut résumer l'esprit du monde occidental à peu près à ceci : « *si donc la nature ne fait rien sans fin et en vain, il est nécessaire qu'elle ait fait tous ces êtres en vue de l'homme* » (Aristote 1976 : 166).

Descartes a prolongé la pensée d'Aristote avec sa théorie des animaux-machines : l'homme, maître et possesseur de la nature, devient aussi porteur d'utopies et de fantasmes pour lesquels il est loin de s'en tirer aujourd'hui à bon compte. L'ordre de la nature, déréglé, et l'être social, atteint, le contraignent à penser autrement la destinée humaine et celle du vivant. A l'opposé, la proposition africaine formule un effort d'appréhension de la Vérité générale de la nature qui sert aussi son code de régulation politique. C'est autour de ce dilemme anthropologique que s'organisent les nouveaux enjeux de la théorie moderne. Mwayila Tshiyembe (2001) écrit à juste titre:

> L'occasion est belle de profiter de cette époque carrefour d'incertitudes, de ruptures et de recomposition générale des sociétés pour donner des repères à l'Afrique et l'orienter avec certitude en cet instant de déclin qui précède la fin d'un temps et la naissance d'un nouvel âge.

C'est une aspiration politique à un idéal de maîtrise de l'existence ; cette conscience instaure un discours à la fois anthropologique et épistémologique sur la connaissance : « si l'homme a appris à voir et à connaître ce qui réellement « est », il agira en accord avec la vérité. L'épistémologie est éthique par elle-même et l'éthique est épistémologie » (Marcuse 1968 : 149).

Ce qui *est*, ce qui est *vrai*, ontologiquement parlant, est vécu par les Africains, en droit comme en anthropologie et justifié par l'État de droit. Le rationalisme axiologique introduit, en plus de l'équité, la paix judiciaire, l'ordre social, les attentes populaires, la légalité (sécurité), la raisonnabilité juridique, l'acceptabilité logique du verdict et l'approbation collective. La philosophie de l'État s'interroge ensuite sur la raison d'être des normes juridiques premières et leur justification rationnelle, mais encore celle des normes secondes inférées ou édictées par le législateur : en Afrique, le droit existe bien avant le politique et l'État. La famille élargie au lignage ou au clan, jouit d'un terroir reconnu où s'organise la vie sociale et juridique. Progressivement, le droit et le politique y constituent un champ d'approfondissement, d'investigation et de systématisation des connaissances juridiques et politiques qui cristallisent avec l'avènement de l'État. Historiquement donc, lignages et clans au sein de l'État sont à la fois sujets et objets de droit : **sujets**, en raison de leurs sites mythiques particuliers, opératoires, heuristiques, d'autonomies productrices, de savoirs organisateurs projetés, mais s'identifiant à l'esprit de l'ordre engageant les fins ; **objets** parce que susceptibles d'être étudiés en tant qu'objets par l'ordre étatique transcendant qui coordonne les finalités particulières à la finalité du Tout. Ainsi donc, chaque entité historique participante se réfère à sa connaissance du monde et agit en conséquence pour réaliser les finalités qui sont siennes, historiquement acquises et consensuellement perçues. L'anthropologie politique est donc objectivement rationalisable, en l'occurrence, celle du droit, du politique et de l'État, qui sont le produit d'une expérience collective liée à l'influence de l'environnement. La neurobiologie de la cognition confirme cet état de fait :

> il y a une trace physique dans notre cerveau de l'empreinte culturelle. C'est tout à fait clair (…) Reste que cette empreinte reflète seulement chez un individu donné, l'impact de l'environnement sur les connexions cérébrales. (Changeux 1993 : 63)

On comprend mieux pourquoi la justice, l'ordre, la vérité sont perçues par tous de la même façon, à tous les niveaux d'organisation lignagère, clanique, tribale ou étatique. Dans l'ensemble, la création des normes prolonge, en résonance avec des sources mythiques de niveaux inférieurs, l'idéal juridique conforme à la réalité perçue par les sens et à la dynamique du pouvoir avec ses mythes, symboles et rites. En effet, l'État démocratique se pose ainsi comme une identité : mythes et coutumes se relaient et se complètent pour élaborer la norme. Cependant, elle devient une et plurielle dans son déploiement vers l'extérieur aux plans social, politique, économique et environnemental. L'État de type occidental affirme le droit dans une perspective autre. Sa structure est verticale ; elle confronte l'État au citoyen en excluant les structures intermédiaires que sont les communautés historiques productrices de droit. Elle traduit une approche protégeant les intérêts de classe des individus. Son essence est l'individualisme anthropologique.

Toutefois, il faut nuancer ces deux thèses dominante et africaine car leur logique est à la fois « outrecuidante » et crisogène. La scientificité du social a changé de camp depuis que la pensée dominante, s'insurgeant contre les *apriorismes idéologiques* du rationalisme « classique », a ouvert les vannes de la connaissance à une exigence toujours plus accrue de la vérité scientifique et d'une socialité plus humanisée. Tout nous persuade, enfin, de la nécessité de reconsidérer à la hausse intellectuelle, la nécessité d'une philosophie complexe de l'État. Celle-ci réalise l'unité des essences dans une combinaison associative des entités, des circonstances et des évènements. La réalité y est corrélation de toutes choses : si les entités historiques sont distinguées, elles ne sont pas pour autant séparées, etc. La totalité signifiante de l'État prend corps avec la dynamique mouvante, spirituelle, matérielle, visible, invisible, unitaire ou diversifiée. Recherchant en toute chose, cette complétude inhérente à la réalité ultime, la pensée complexe organise le politique et l'État avec la même rigueur logique, densifiante et densifiée, qui produit sa texture adaptée aux entités historiques contractantes que l'action politique cristallise en un système de valeurs et de normes d'action. Il apparaît clairement que l'action politique est un véritable système dynamique. A l'analyse, ses éléments constitutifs sont les suivants :

- **les acteurs politiques** : ceux-ci constituent des unités actantes, justifiées et légitimées comme porteuses de devoirs et d'obligations. Les acteurs ici ne sont pas des individus, mais des personnes ou des groupes sociaux de coopération considérés dans leurs rapports

avec les autres et ayant une collectivité politique où ils se trouvent situés, avec une position au sein de celle-ci, accomplissant chacun le rôle ou les rôles qui leur sont assignés.
- **les devoirs**, rôles et sanctions grâce auxquels se structurent les unités politiques liées les unes aux autres (clans, tribus) pour organiser le corps politique observé, mais aussi les guides d'une action commune consensuelle, acceptée et souhaitable pour la survie de la communauté.

Les théoriciens de l'État, précisément de type libéral et productiviste ont, pour la plupart, négligé la prise en compte des institutions politiques africaines et surtout, celle du rôle que le droit est censé résoudre dans les sociétés humaines ; nous pouvons leur adresser les mêmes reproches que ceux que nous adressons aux africains eux-mêmes, encore parfaits zélateurs des modèles dominants. Leur ambition de présenter un schéma purement fonctionnel et déterministe des sociétés humaines, s'est coupée de l'histoire universelle. Nous touchons, de ce point de vue, le domaine sur lequel échouent le plus fondamentalement, les théories qui tendent à présenter l'État comme une machinerie douée de raison. Le spectacle de l'exclusion sociale, de la corruption, du chômage, de la pauvreté, etc., relève du suicide de la raison et d'un rapport non résolu entre l'homme, l'esprit et la matière. Or c'est bien de ce caractère que toutes ces théories, (résolument) engagées tirent une parcelle de leur glorieuse mémoire, mais aussi leur généralité ou, plus exactement encore, ce dont on a voulu déduire de leur généralité. La conception des sociétés sans État ou des *sous-États* se déduit logiquement du modèle africain de l'action politique considérée. L'État diffus peut même parader : « l'homme n'est pas un loup pour l'homme ». C'est ce que témoigne, en fin de compte, la société sans État, tant l'ordre s'y trouve intériorisé, domestiqué. De fait, l'État dit diffus oriente conséquemment la vocation historique de l'État de droit : mettre l'homme devant sa responsabilité historique. Il boude, par conséquent, la trajectoire historiciste du *complexus politico-fonctionnaliste* dominant. Concluons cet intermède qui nous aidera à exposer notre théorie de l'État multiethnique ou multinational.

Les insuffisances des théories politiques (fondées sur l'idée « table rase ») des autres cultures sont apparues clairement comme des manœuvres de distraction de la pensée. De nombreux chercheurs, soucieux eux aussi d'alimenter une théorie moniste de l'histoire, ont choisi de taire l'avance conceptuelle des sociétés qu'ils qualifiaient de « primitives » et dont ils étaient incapables d'expliquer la norme, encore moins de la situer dans leurs propres catégories conceptualisatrices. Bien entendu, le modèle théorique de l'État apparaît alors comme un vaste processus historique. Le *sous-État*, le *non-État*, l'*État diffus* n'est plus un État primitif, mais une mise en berne de l'État, au sens où nous avons perçu son postulat de valeur, à savoir, un territoire, une population et une organisation politique (sous entendue) perfectionnée. Il est question d'une totalité sociale en devenir, en perspective. L'*État diffus* est, en ce sens, une virtualité de l'État, faute d'inflation politique. Avec les migrations et l'essor démographique accentuant les inégalités, s'actualise le corps politique du clan qui prépare l'avènement de l'État. La théorie systémique se constitue ainsi comme un champ d'expérimentation et de confrontation pour toute interprétation (de l'histoire politique) qui se veut dynamique et dépouillée de tout dogmatisme. Elle développe, pour ainsi dire, une conception de la science en tant que science universelle en rendant possibles de nouvelles constructions conceptuelles, méthodologiques et théoriques.

La théorie des systèmes, la théorie de l'information et la cybernétique appréhendent le sens prolongé aux systèmes sociaux et traitent de la production de la Valeur dans l'univers ordonné. Un double mouvement affecte l'organisation du vivant et du social :
- la lutte contre l'entropie et le désordre qui menacent la stabilité et la vie du système dans un environnement donné ;

– l'évolution complexifiante de ce système soumis aux aléas et bifurcations régulateurs d'ordre. En empruntant dans le milieu les éléments qui lui sont indispensables, le système maintient sa structure, se développe, se reproduit, se complexifie. Vue sous cet angle, l'histoire de la société humaine est une histoire politique de structuration de l'ordre social et d'organisation complexifiante. L'augmentation d'entropie est aussi une condition indispensable à la production de plus d'ordre dans le système. Sur le plan politique, celle-ci signifie formation du pouvoir, consolidation, diversification et différenciation du corps politique. L'excédent d'énergie permet alors à tout le système de se complexifier pour gagner davantage en autonomie. L'État africain a éprouvé le caractère multinational et multiculturel de son espace géographique. Il a été le produit d'une élaboration complexe à partir des clans auto-institués, ayant une longue expérience de vie communaucratique.

Il n'est plus possible de faire de manière sérieuse, une anthropologie politique d'actualité sans évoquer la racine historique de la problématique envisagée. Pour que l'interprétation soit cohérente et pertinente, la réalité observée doit prendre acte de l'historicité du phénomène en ses aspects anthropologiques et communicationnels. C'est de cette façon qu'on peut mieux saisir la nature de la crise qui affecte les sociétés modernes. L'interprétation est abstraite lorsqu'elle est dépouillée de ses dimensions mythologiques, historique, et surtout, anthropologique. Les théories qui prétendaient élucider les archaïsmes des sociétés traditionnelles n'ont plus pour seul atout que leurs verves obscurantistes, dégradées. Tarsky et Gödel[10] ont montré l'incomplétude des systèmes qui paradaient les possibilités de leur explication, justification ou élucidation complète. Ces systèmes, on le sait, procèdent d'un métalangage réductionniste qui permet enfin de relativiser l'analyse, et ainsi d'y entrevoir les limites de la connaissance. La relativisation devient une posture scientifique qui anticipe aussi l'auto-distanciation épistémologique. Enfin, le positivisme s'est avéré une construction psycho-culturelle non induite de la réalité scientifique.

En saisissant ce qui, jusqu'ici a fait problème, à savoir les aspects normatifs de la rationalité cartésienne posée en ultime vérité, il nous a été permis d'entrevoir ce qui doit être résolu sur le plan de la théorie politique[11]. L'analyse des sociétés traditionnelles ne saurait correspondre à celle d'une société qui a justifié sur le plan de la pensée et de l'organisation, un « atomisme » anthropologique revendiquant le rationalisme individuel comme seule disposition de la pensée rationnelle. Les phénomènes politiques décrits sont encore aujourd'hui observables, les sociétés traditionnelles étant des ensembles organisés, vivants, et donc susceptibles d'interprétation et de formalisation théorique de leur modèle politique. Etienne le Roy (1980 : 96) soutient relativement ce mode organisationnel :

> Il paraît original par rapport à l'Occident. Là où celui-ci conçoit un rapport dualiste d'unités autonomes entre le concept et la réalité, le sujet et l'objet, la nature et la culture, l'Afrique tentera de découvrir une seule unité de sens, soit par association spécifique (non-dissociation des éléments sémantiques constitutifs), soit par une démarche de type dialectique, qui cherche à dépasser la dif-

---

[10] Gödel, Kurt (1906-1978), logicien né en Autriche, connu principalement pour ses recherches en philosophie et en mathématiques. Il est né à Brünn, dans l'empire austro-hongrois (l'actuelle Brno, République tchèque). Il fit ses études à l'université de Vienne et y enseigna de 1933 à 1938. Il émigra aux États-Unis en 1940 et devint ressortissant américain en 1948. Gödel fut nommé professeur de mathématiques à l'université de Princeton, New Jersey, en 1953. Gödel devint célèbre à la suite de la publication d'un article, en 1931, où il exposait deux théorèmes célèbres, dits théorèmes de Gödel. Il y développait le postulat selon lequel il est possible, pour tout système symbolique formel, de construire une proposition qui ne peut être ni prouvée ni réfutée, dans le cadre du même système. Gödel a également écrit *La Cohérence de l'hypothèse du continuum (The Consistency of the Continuum Hypothesis)* (1940) et *Univers rotatifs dans la théorie de la relativité (Rotating Universes in General Relativity Theory)* (1950).

[11] Notre projet étant de formaliser l'esprit et les fondements d'un État multiethnique ou multinational africain.

férenciation des éléments pour une donnée plus large qui les englobe dans un complexe plus significatif que celui de leur simple addition.

Les tribus contre l'État

L'Occident a légué à l'Afrique politique moderne son sens du pouvoir. Lisons Raymond Aron (1993) qui écrit, au titre d'une option universaliste de cette pensée du pouvoir :

> La politique est action et l'action tend à la réussite. Si la réussite exige l'emploi des moyens moralement répréhensibles, le Prince doit-il renoncer au succès ? Se salir les mains ? Où arrivera-t-il sur la voie qu'il ne peut pas emprunter ? Quel mensonge refusera-t-il s'il précipite sa perte en avouant la vérité ?

Si donc le Prince, contraint d'abandonner la dictature doit justifier ses actions en raison de l'évolution des mœurs politiques et de l'idéal démocratique, la *Raison d'État* peut être considérée à cet égard comme une porte de sortie honorable pour expliquer ses exactions. Le mobile des « mains sales » protège l'élu[12] (Alexis de Tocqueville 1981) du peuple et sa majorité gouvernementale. Dès lors, les principes dits démocratiques s'y trouvent alors menacés. Alexis de Tocqueville[13] y a entrevu les possibilités réelles d'une dictature de la majorité élue contre les beaux principes hégéliens idéalisant par la raison, l'élaboration des termes d'un *contrat social* entre individus libres, supposés égaux et rationnels, déterminés à surmonter les antagonismes de la société grâce aux principes d'une vie éthique. Rebelles aux exactions du pouvoir, les tribus se prononcent désormais contre l'ordre étatique, peu rassurant. Comme dans la Grèce antique, le rationalisme individuel ruse avec le droit. Hegel n'a pas vécu longtemps. Il se serait aperçu combien il est illusoire de rendre les hommes vertueux dans le cadre des libertés individuelles prônées par une idéologie libérale qui corrompt les mœurs et accroît la raison opportune. Toute la spéculation juridiste procède d'un déficit de maturation de la logique du droit et des institutions politiques, étendues par ailleurs au suffrage universel et au pluralisme politique.

Les limites de l'idéal démocratique et organisationnel

Le paradoxe de Condorcet (1785)[14] démontré par le théorème d'Arrow (1951) fixe les limites du suffrage universel : plus le nombre de votants est grand, plus augmente la probabilité

---

[12] Ce même auteur justifie le droit de la guerre et le massacre des Algériens à partir de 1830.
[13] Tocqueville, Alexis de (1805-1859), homme politique, sociologue et historien français, auteur de *De la démocratie en Amérique*. Dans cet ouvrage, il s'est attaché à décrire les conditions et les éléments qui permettent de caractériser la société américaine de son temps de société démocratique. Procédant à la manière de Montesquieu qui dans *l'Esprit des lois* a recensé les causes déterminantes qui permettent de qualifier les régimes politiques, Tocqueville expose les critères qui font de la société démocratique une société libérale. À ses yeux, la démocratie s'incarne dans l'égalisation des conditions au sens où la société démocratique refuse les différences héréditaires de conditions. L'égalité ici est sociale, chacun pouvant accéder à toutes les professions et à toutes les distinctions, et ne s'oppose pas aux inégalités économiques où les plus riches côtoient les plus démunis.
[14] Condorcet, marquis de (1743-1794), philosophe, mathématicien et homme politique français dont l'œuvre s'inscrit dans le courant intellectuel des Lumières. Les recherches de Condorcet en mathématiques *(Essai sur le calcul intégral*, 1765, *Essai d'analyse*, 1768) engendrèrent son projet ambitieux d'une « mathématique sociale » par laquelle il espérait établir des prévisions fiables pour le monde humain en définissant des « valeurs moyennes » des phénomènes sociaux *(Essai sur l'application de l'analyse à la probabilité des décisions rendues à la pluralité des voix*, 1785 ; *Tableau général de la science qui a pour objet l'application du calcul aux sciences politiques et morales*, 1795). En économie, il adopta la doctrine des physiocrates. Son œuvre majeure, *Esquisse d'un tableau historique des progrès de l'esprit humain* (1795), expose une théorie en vertu de laquelle le processus d'émancipation du genre humain, composé de neuf stades successifs, débute par la Réforme et l'invention de la presse et atteint son apogée dans la Révolution. La décadence et le retour

d'incohérence des décisions. Dans un cas sur dix, l'intérêt ne peut être atteint et avec lui la démocratie. Herbert Marcuse (1968 : 149) y saisit le moment de ruse du pluralisme politique :

> si la forme actuelle du pluralisme a une grande influence sur le blocage du changement qualitatif et prévient la catastrophe de l'auto-détermination, il ne le déclenchera pas. S'il en est ainsi, conclut-il, la démocratie est le système de domination le plus efficace

Dans une interview accordée à l'hebdomadaire *Le Nouvel Observateur* du 29 Mai 1997, Jacques Delors, homme politique français et penseur confesse : « compte tenu des attitudes monarchiques détestables et même les risques de confiscation de l'État inhérents aux institutions de la Ve République, il n'est pas sain de donner tous les pouvoirs à la même majorité pendant cinq ans encore ».

L'œuvre de Karl Marx sature cette réalité par des vérités, même si ses détracteurs annoncent pour des raisons évidentes le triomphalisme de l'idéologie libérale. Il a, en l'occurrence permis de comprendre que les formes juridiques de l'État sont solidaires de l'expansion du capital. Des savants en témoignent. Citons quelques-uns : Emmanuel Wallenstein, spécialiste des questions de civilisation envisage le scénario à venir :

> Je constate, d'un côté des pressions structurelles sur les possibilités d'accumulation du capital qui vont s'accentuer dans les vingt à trente ans à venir, d'un autre côté, le début d'une désintégration des structures étatiques parce que le peuple leur retire sa légitimité. Or le capitalisme a besoin des structures étatiques. L'État est essentiel à sa survie.

Telle est la réalité qui commande la résurgence des réflexes identitaires, tribaux ou religieux. Cette résurgence dit les dysfonctionnements de la machine juridico-administrative moderne, si bien que l'avenir présage bien de conflits davantage exsangues. Samir Amin (1997 : 46-50) en traduit les conjonctures en des termes alarmés :

> L'expansion du capitalisme pourrait par conséquent se poursuivre mais d'une manière catastrophique. C'est-à-dire qu'il sera contraint contre son propre discours, dans le but d'assurer l'extension de l'aliénation, à de nouvelles catégories en puisant sur la réserve, de recourir à des formes d'oppression politique de plus en plus violentes et d'aller ainsi non pas dans le sens de la démocratisation du monde, mais dans le sens opposé, y compris en occident. (Amin 1997 : 46-50)

L'enjeu est donc de taille. Les nationalistes émergent et organisent autour du modèle affinitaire pour résister à l'adversité. Les États européens eux-mêmes sont submergés par les options séparatistes Basque, Corse, Tchétchène, Kurde,… Qui eût pensé que la démocratie libérale aurait à sécréter contre son propre projet d'uniformisation des cultures tant de replis identitaires dont elle entrevoyait ailleurs (en Afrique) un trait de caractère prélogique ? C'est dire que la tribalité se pose comme une ressource dans la formulation du droit. Il convient d'en examiner la portée symbolique face au bruit juridique.

Les ressources de la tribalité: assurer la consécration républicaine des micro-nations sociologiques

La pensée et la science modernes sont désormais incapables de produire une théorie pertinente du développement social de l'humanité : la paix, la justice, l'équilibre écosystémique et le bien-être ont été compromis par une gestion désastreuse de l'action humaine. C'est toute la logique scientiste et le culte du rationalisme individuel qui montrent leurs limites. La conscience intellectuelle dominante prend ainsi acte des limites de son mode de régulation politique et socio-écologique dominant. Des voix de plus en plus s'élèvent pour anticiper un

---

à la barbarie continuent cependant à menacer l'humanité si le savoir est détenu par une caste fermée, car seule la diffusion des connaissances scientifiques lui permet d'accéder au stade supérieur du progrès.

changement profond des mœurs. Une certaine Europe et Amérique ouvre même le débat de la nécessaire intégration des autres communautés à l'enjeu national. Ce n'est plus le *reductio ad unum*, ramener la diversité à l'uniformisation des mœurs, mais le *tertium datum*, le tiers-donné des alchimistes, héritiers de la culture égyptienne qui prévaut. La notion de tribu ou de communauté s'y trouve réactualisée pour briser l'homogénéisation des mœurs, de la culture, de la pensée unique et raviver le penchant naturel, affinitaire. Maffesoli précise :

> Pour rendre compte de cette manière de se reporter à l'autre, j'ai proposé le terme tribu, bien qu'il dénote l'idée de construction et de durée. La tribu intègre des éléments caractéristiques des sociétés primitives, antiques ou traditionnelles qui curieusement, reviennent sur le devant de la scène. (Maffesoli 1995 :31)

L'Europe se retribalise. Cela émeut et rassure : la solidarité ne semble plus être dictée par le haut, les pouvoirs publics par exemple. Elle s'effectue tant bien que mal par le bas. Tant bien que mal, on s'ajuste à l'autre dans un mouvement de solidarité. Il faut s'attendre, dans cette optique, à une révision du concept de la citoyenneté, inapte à rendre compte des certitudes ontologiques qui s'y affrontent : la conception « atomistique » du réel dans la pensée dominante et l'intégration « organique » des composantes du réel dans la pensée africaine. L'Afrique moderne doit s'éveiller à cette mue et ses fils, encore enveloppés par la torpeur coloniale, donner le meilleur de sa philosophie politique, sociale et organisationnelle, fondée sur les liens de sang naturel par intégrations successives des niveaux d'organisation de plus en plus complexes (lignages, clans, tribus). Le fonctionnement de la société politique y relève d'une temporalité répétitive suggérée par l'organisation rituelle et mythique dans l'espace et dans le temps, elle-même source de maintien de l'idéal d'harmonie, de paix, d'équité et d'ordre social.

L'organisation spatiale des territoires affectés aux pays africains modernes laisse apparaître des ensembles claniques et tribaux distribués avec une certaine régularité autour des superficies qui reflètent l'ordre organisationnel ancien. Nous avons très modestement fait le reproche à la conférence de Berlin (1884-1885) de n'avoir pas tenu compte de ces particularismes culturels et géographiques qui dessinent aussi la toile historique des migrations (Cf. deuxième partie de cette étude). Bien entendu, la littérature montre aujourd'hui, une recomposition des strates lignagères qui, ayant produit de nouvelles formes ethno-génétiques, rendent compte des brassages intervenus dans l'histoire. On pourrait même parler d'une fiction clanique et tribale tant les luttes renouvelées pour la survie politique et économique égrènent des reconversions effectuées ou en cours. En focalisant notre attention sur ces brassages, on pourrait appréhender non seulement l'ampleur des fictions, mais aussi les stratégies d'assimilation clanique réalisées par le génie africain, aux fins de maîtriser la dynamique espace-temps de structuration de l'État. Le retour des tribus nous offre ainsi une opportunité : assurer la consécration républicaine de l'ethnie, et opposer à la théorie du droit dominant, une alternative juridique compatible avec l'exigence ontologique de la connaissance. Mwayila Tshiyembe (2001 : 2-3) en mesure la portée symbolique :

> L'occasion est belle de profiter de cette époque carrefour d'incertitudes, de ruptures et de recomposition générale des sociétés, pour donner des repères à l'Afrique et l'orienter avec certitude en cet instant de déclin qui précède la fin d'un temps et la naissance d'un nouvel âge.

Il y a de bonnes raisons de penser que la pensée politique africaine est porteuse de pertinence, à nous en tenir à l'émergence du courant philosophique communautariste. Selon les leaders de ce courant soutenu par les hommes politiques comme Bill Clinton, Tony Blair ou Jacques Delors, il est surtout question de corriger l'expression libre d'une société où l'individu rationnel et calculateur, posé en absolu, entraîne la dérive de la société toute entière. C'est toute la pensée libérale qui se trouve remise en cause, ainsi que le juridisme de la pensée dominante, de la rationalité dominante. Alasdair McIntyre, Charles Taylor, Michael Sandel, Amitaï Etzioni et bien d'autres encore sont de ceux-là qui proposent de rendre vie et pouvoir aux communautés « organiques » de la société. En Afrique, la disposition fractale[15] de l'organisation sociale permet l'expression décentralisée du pouvoir si bien que les communautés organiques sont relativement autonomes et indépendantes, à diverses échelles de leur organisation. Des chercheurs avertis et dignes de foi témoignent dans ce sens avec assurance. J.L. Amselle (1992 : 155) écrit :

> Le paradigme société sans État/société n'est pas seulement réversible, elles sont fondées sur un discours du pouvoir, le pouvoir est leur principe organisateur, et rien ne fait obstacle à ce que l'une tienne le discours de l'autre, dès lors qu'elle se trouve en rapport de contemporanéité

Dans les systèmes politiques africains, même fortement centralisés, se mettent en place les innovations de type normatif et institutionnel qui n'altèrent pas de manière fondamentale les finalités conçues, valorisant les différences et les soucis majeurs du droit, à savoir le maintien de l'harmonie et de l'équilibre des parties contractantes. Les autonomies relatives ainsi constituées sont alors solidaires d'une dynamique supra-ethnique. Les structures sociales africaines ne sont pas figées. Elles sont même l'objet d'une vigilance singulière, d'un contrôle social qui tend à endiguer la violence en lui trouvant un exutoire cathartique par le jeu des différences et cette référence constante à la mémoire fondatrice du groupe social, moins pour refuser le progrès que pour s'assurer le maintien des normes qui satisfont à l'harmonie globale du système. Georges Balandier indique :

> Un ordre ne peut résulter que du jeu des différences et de la hiérarchisation (logique, symbolique) effective des éléments différenciés. C'est en raison des différences ordonnées que la société et sa culture se constituent en des ensembles organisés que les hommes peuvent s'y définir – construire leur identité et s'y situer, déterminer leurs positions sociales. (Balandier 1986 : 534-535)

C'est ce à quoi aspire aujourd'hui le modèle occidental certes de manière encore confuse. La culture marchande, expansionniste ne conjure pas la violence. Elle la produit et l'amplifie par la prolifération des objets et leurs destinations anarchiques ou contradictoires, l'appropriation du pouvoir et des biens, la constitution du capital, source de tant d'inégalités, de convoitises et de rivalités aux conséquences logiques : les tensions sociales entre protagonistes et les guerres. Dans cette entreprise, le droit a épousé les contours des intérêts des maîtres, des conquérants esclavagistes, des seigneurs, des monarques et des privilégiés des systèmes politiques ambiants. Dans l'ensemble, le rationalisme individuel a donc produit une société moderne dont les systèmes sociaux, nés de la logique aristotélicienne et des traditions cartésiennes n'ont amené ni plus de bonheur, ni plus de paix et de justice, ni une meilleure gestion de l'écosystème que l'ordre traditionnel africain, et ce, malgré le niveau scientifique et technique atteints par les sociétés dites modernes. En résumant l'esprit philosophique du monde occidental, on arrive à peu près à ce principe de la pensée logique formulée par Aristote qui rend compte de la Raison abâtardie par l'idéal prédateur. Et comme le pense Hubert Mono Ndjana (1999 : 6-7)

> Il est peut-être temps de commencer à penser notre démocratie dans le sens de cette complexité réaliste, empirique, au lieu de l'interroger à travers la simplicité des schémas importés. Nul ne peut entendre le bruit d'une herbe qui pousse. Pour moi, notre démocratie se construit lentement, mais sûrement. Qu'elle soit d'abord ethnique, à travers le pivot de l'administration publique, n'est peut-être qu'une étape qu'il faut savoir intégrer dans notre progression vers la modernité de l'État. Critiquons-en les insuffisances. Mais ne jetons pas le bébé avec l'eau du bain.

---

[15] Fractales, figures géométriques de structure complexe, ayant la propriété de symétrie d'échelle : chacune de leurs parties reproduit leur totalité. De plus, chaque partie d'une courbe fractale a une longueur infinie. Les fractales sont à la base d'un nouveau système de pensée, la pensée complexe.

L'ère de la « démocratie ethnique » a-t-elle sonnée ? Autrement dit, comment penser le « problème du vivre-ensemble entre le même et l'autre dans l'État post-colonial d'Afrique noire » ?

8

L'Afrique dans le temps du monde. Pour un État trans-ethnique dans une espace pan-ethnique

Question de méthodologie

Discourir sur la possibilité et la faisabilité d'un *idéal-type*[1] d'État dans l'Afrique contemporaine de nature à engager, à réguler et à assumer rationnellement les rapports et tensions inter-ethniques en vue d'un mieux-être constitue à la fois un problème et un projet :

Un problème au moins parce qu'il se pose en termes concrets de groupes socio-culturels ou de nations sociologiques souvent antagoniques aux intérêts économiques et aux aspirations politiques différentes et contradictoires alors même qu'ils ont en commun la jouissance du même espace territorial, la protection des institutions, le ministère des gouvernants, la répartition des ressources nationales, la fierté patriotique et *tutti quanti*.

Un projet parce qu'il sous-entend une rupture avec les faits et événements destructeurs relatifs au *statu quo ante* et sous-tend une volonté de reconstruction du présent et de l'avenir à partir de l'institution étatique alors même que celle-ci est en crise.

Toutefois, Il n'est pas exagéré de considérer que le modèle politique africain situe l'homme au cœur de l'univers, en tant que re-créateur de l'ordre divin, tant il procède d'une intégration des éléments considérés comme un *Tout* en équilibre. Le processus de *parentalisation* et d'assimilation des groupes, clans et tribus successifs où tout s'harmonise pour fonder une nation et un État territorialement singularisé, renvoie à chaque niveau d'organisation inférieure, un chef dont la légitimité est reconnue et valorisé. L'État conduit pour cette raison, à une gestion des affaires publiques de manière « démocratique ». De la sorte, le concept d'État

---

[1] Weber, Max (sociologue), (1864-1920), sociologue allemand qui ouvrit la voie à la sociologie comparative et s'interrogea sur les caractéristiques de la civilisation occidentale. Né à Erfurt, Max Weber fit ses études aux universités de Heidelberg, Berlin et Göttingen. Juriste, professeur d'économie aux universités de Fribourg (1894), de Heidelberg (1897) et de Munich (1919), il fut également directeur de la revue allemande de sociologie *Archiv für Sozialwissenschaft und Sozialpolitik*. Sa sociologie, appelée « compréhensive », se propose de saisir les motivations ou les raisons d'agir des individus et d'en rendre compte en choisissant pour point de départ une approche individualiste. Il en vint ainsi à distinguer quatre types d'action sociale : l'action traditionnelle marquée par l'emprise du passé, l'action affective dominée par les pulsions, l'action rationnelle en valeur, guidée par les convictions, et enfin l'action rationnelle en finalité, commandée par le calcul et l'adéquation des moyens avec les fins dont on dispose. Ces formes d'action relèvent de la méthode wébérienne de l'idéal type, qui vise à construire un modèle explicatif de la réalité destiné à être testé à travers différents cas historiques.

ne peut s'accommoder de la lecture sociale occidentale où les peuples se présentent comme des entités atomisées, décomposées en individualités sans liens de sang, mais davantage agrégées sous l'impulsion de la division du travail en corps de métiers ou en classes sociales distinctes. Parce que les lignages se trouvent imbriqués dans les clans et ceux-ci dans les nationalités qui engendrent les peuples d'Afrique, il faudrait qualifier autrement l'État pour lui donner toute sa rigueur scientifique.

Cette lecture politique, problématique en soi, relève de toute évidence d'une excessive présomption épistémologique qui rappelle d'un certain point de vue des constructions idéologiques totalisantes, démiurgiques aujourd'hui frappées du sceau d'obsolescence. Les raisons sont nombreuses et diverses : elles partent de l'impossibilité ontologique liée à la saisi et à l'explication totale d'un phénomène politique quel qu'il soit – en l'occurrence la gestion de la multi-polarisation ethnique par le monopole étatique dans l'Afrique contemporaine – à la probabilité logique d'une connaissance de la « rationalité d'un discours africain sur les phénomènes politiques »[2] dans l'histoire et dans le monde en passant par la non prise en compte et la mise en veilleuse de nombreux paramètres et facteurs inconnus dont nous font parvenir quelques échos lointains et parfois fragmentés : Les systèmes politiques africains ; Sorcellerie et politique en Afrique (Geschiere 1995); La politique par le bas en Afrique Noire (Bayart, Mbembe & Toulabor, 1992) ; Njoya, réformateur du royaume Bamoun ; Um Nyobe, écrits sous maquis ; A. Ahidjo ; Patriote et despote, le bâtisseur de l'État camerounais (Gaillard 1994) ; Réflexions sur la stratégie de la défense en Afrique, etc.…

Il convient ainsi de revenir à des proportions moins ambitieuses pour ne considérer et n'analyser le problème/projet que dans ce qu'il contient d'essentiel et de potentiel valable et justifiable. Car son ambition réside précisément dans sa capacité à se réaliser et à se projeter.

Comment dès lors imaginer la forme de l'État dans sa gestion de *la cohabitation ethnique* sous un angle positif pour l'Afrique aujourd'hui et demain ? Telle est la question thématique fondamentale. En réalité, celle-ci présuppose une autre et implique une autre encore : pourquoi et en quoi la forme de l'État détermine-t-elle fondamentalement les rapports inter et intra-ethniques en Afrique aujourd'hui ? Jusqu'où demain l'État dans le sous-continent africain pourrait-il assumer – contre toutes les modélisations politiques contemporaines – la cohabitation tendue de ses ethnies et à quelles fins ? Ces trois interrogations remises dans l'ordre, structurent d'une façon nette comment le problème/projet peut être abordé, traité et évalué dans son essence et sa puissance avec cohérence et sans défiance sur trois niveaux d'analyse interactifs : *Cohabitation ethnique et formation de l'État* : l'ambiguïté des origines ; *Cohabitation ethnique et forme(s) de l'État* : la réalité des défis ; *Cohabitation ethnique et format de l'État* : la modernité de transit.

---

[2] Pour reprendre – en le politisant- l'intitulé d'une importante initiative épistémologique de Meinrad Hebga étendue à ce qu'il nomme lui-même – et se justifie à sa façon – « les phénomènes paranormaux » In *Rationalité d'un discours africain sur les phénomènes paranormaux*, l'Harmattan, 1998. En effet, l'anthropologie navigue ainsi entre l'univers irrationnel pré-moderne et l'univers post-moderne du cyber espace, nourrissant l'ambition de créer une « humanité hors corps », celle-ci constituant un vieux fantasme qui pointe en direction d'un type d'homme affranchi de son identité sexuée, dans un univers où les corps physiques sont considérés comme de redoutables freins face aux immenses promesses du monde virtuel. Comme l'univers des mages et des sorciers, le monde de la cyberculture veut abolir la prison du corps, vaincre la terreur de la maladie et surmonter les angoisses de la mort. L'époque de la post-modernité cherche à donner de la vigueur à toutes les sciences rêvant d'un monde ré-enchanté. De là, le caractère paradoxal d'une entreprise où les entités surnaturelles sont invitées à coopérer avec le travail de laboratoire, les équations mathématiques et les formules chimiques.

Cohabitation ethnique et formation de l'État : ambiguïté des origines
Sans reconstituer l'itinéraire ethnique de l'État[3] dans la modernité négro-africaine, ni interroger derechef le concept d'ethnie en politique – cela s'est fait plusieurs fois, ailleurs et mieux –, il est nécessaire d'analyser le problème/projet du point de vue de sa genèse sous les deux formes originelles à partir desquelles s'explique l'essentiel et se conditionne le potentiel de la politique africaine.

La première forme peut être considérée comme l'origine historique. Elle est liée au premier moment où l'État dans sa forme moderne actuelle va se constituer pendant la colonisation. De manière arbitraire et aliénante et en totale rupture avec l'héritage de l'anthropologie politique des lieux et du moment, l'État colonial va se construire *manu militari* sur un agrégat hétérogène d'ethnies dont certaines entretiennent entre elle des rivalités ancestrales et irréductibles – l'inverse, il est vrai, est aussi quelquefois vérifié – pendant que d'autres, sinon la plupart, n'ont rien ou si peu de choses en commun (coutumes, us, langues, mythologies, représentations du monde, de l'autre, etc.). De plus, le découpage territorial ne va guère tenir compte des frontières interethniques, d'où l'écartèlement dramatique – encore vérifiable aujourd'hui – des villages entiers sur deux ou trois États différents en même temps. Aussi des relations familiales entre frères et sœurs du même village se sont-elles retrouvées brusquement empreintes d'enjeux géostratégiques et de considérations diplomatiques plus ou moins importantes pouvant parfois déboucher sur l'érection de barrières de barbelés bordées de part et d'autres, de soldats inconnus armés jusqu'aux dents et prêts à en découdre avec ces étrangers « ennemis d'État » d'en face. L'État moderne colonial supra-ethnique fonde ainsi son projet de construction sur l'objectif – relativement atteint dans l'itinéraire politique de l'histoire de l'occident (Ernst Cassirer : 1975) – de la fusion progressive des identités ethniques par l'instrumentalisation des institutions, de l'administration, de la langue officielle et surtout de la représentation de l'identité ethnique considérée comme un niveau de conscience citoyenne primaire dont il fallait nécessairement « s'émanciper ».

Aujourd'hui peu de raisons pourraient laisser croire que l'État colonial, et ses succédanés (l'État post-colonial, néo-colonial, post néo-colonial à l'œuvre en ce moment) a gagné sa bataille contre les disparités ethniques. En fait l'on est même de plus en plus convaincu du contraire avec les extrêmes des hutus et tutsi à Kigali et à Bujumbura, des *banyamulengués* à Ngoma et au Kivu, des *ovimbuundis* à Baïlondo, etc. D'ailleurs ces extrêmes se seraient probablement manifestés dès la fin du système colonial (vers les années 50-60) n'eut été la discipline internationale consécutive à l'affrontement global entre le bloc de l'Est et celui de l'Ouest durant la Guerre froide. Parallèlement à ces extrêmes, il reste des constantes, de véritable tragédies sans visage et sans nom qui fragmentent et fragilisent en permanence l'État en Afrique et que recouvrent les notions telles que le tribalisme – variante non construite du fascisme[4] au niveau de la tribu – le népotisme, les identifications ultranationaliste, infranationale et supranationale, l'instrumentalisation ethnique de l'activité économique et politique, etc. Qu'est-ce qu'il aurait alors fallu faire dès les premiers contacts avec la modernité occidentale ?

---

[3] C'est dire, qu'il existe un compromis entre unité et diversité, tant que circule la valeur, l'information ayant un sens pour les parties en présence et produisant une autonomie croissante de celles-ci. Le passage de l'état diffus à la chefferie, au royaume et à l'empire montre que le système se complexifie, avec une plus grande adaptabilité. L'apparition des inégalités croissantes et l'ampleur des migrations entraînent une fluctuation et la naissance d'un nouvel ordre qui produit des constantes répétitives. C'est donc la mémoire des formes étatiques répertoriées qui nous permet à présent de saisir leur trajectoire commune, de les identifier, d'un point de vue morphologique puis, de leur affecter un qualificatif.

[4] Voir l'analyse du totalitarisme qu'Arendt développe à partir du concept de fascisme et l'étendre *mutatis mutandis* à la tribu dans l'État compte non tenu de la savante justification idéologique préalable à l'action dans l'Allemagne hitlérienne par exemple in *The Origins of totalitarianism*, New York, Meridian Books, 1958.

Répondre à cette question revient sommairement à déconstruire l'origine historique du problème/projet et à reconstruire l'origine logique à partir de laquelle la cohabitation ethnique aurait dû être envisagée dans le cadre étatique sous une forme adéquate, pacifique et performante.

En se situant dans la logique moderne et aujourd'hui post-moderne[5] qui de plus en plus s'impose à tous, l'entreprise coloniale constitue une occasion historique de domination politique, d'exploitation économique et d'expansion culturelle tout à fait compréhensible du point de vue de la nature machiavélique[6] des relations internationales. Mais elle a globalement échoué en Afrique. Cet échec procède de l'inefficacité de la stratégie politique globale du colonisateur vis-à-vis des relations interethniques dues à la méprise ou au mépris de celles-ci, en fait de son instrumentalisation. En effet considérer que les projets politiques doivent s'organiser et s'exécuter compte non tenu des clivages ethniques fut une erreur monumentale et lamentable. L'essence de la politique africaine contemporaine ne se conçoit guère sans ces clivages ethniques ni en dehors. Il faudrait même pouvoir ajouter qu'il est de la nature de la politique africaine d'être une permanente cohabitation ethnique heureuse ou malheureuse selon les aléas de l'histoire, la qualité des institutions et l'intelligence des hommes (gouvernants et gouvernés) en situations politique. Cette étude nous a permis, à travers une remontée génésique, de saisir les implications anthropo-politistes des concepts de chefferie, royaume, ou empire, apparentés ici à l'État dans l'Afrique précoloniale. Ces concepts représentent autant que le concept État, des niveaux de langage adaptés à des contextes expressionnels mouvants, l'un exprimant la réalité de l'autre tant que la perspective généalogico-interprétative de l'histoire n'est pas affirmée. Ils mettent en œuvre une méthode de la complexité.

Compte tenu de ce qui précède, l'État moderne colonial africain aurait dû intégrer l'ensemble des paramètres et facteurs de nature à favoriser non pas la coercitive fusion mais l'adhésive cohésion des identités et des disparités ethniques. Cela se serait traduit par l'élaboration d'un profil d'appartenance politique où sont mis en commun les groupes ethniques présentant des formes anthropologiques similaires ou proches, des vécus historiques semblables ou interchangeables et surtout un rapport au pouvoir compatible. Vu sous cet angle logique et purement théorique – reconstruite après coup il est vrai – l'État colonial africain aurait probablement pu gagner son pari de la modernité et prétendre légitimement à un leadership mondial à l'heure même où la planète entière s'ouvre de plus en plus pour tous sur une concurrence inégale. Comme tel n'a pas été le cas, aujourd'hui, *que faire*[7] ?

Cohabitation ethnique et forme(s) de l'État : la réalité des défis
Le présent permet de tirer les leçons du passé, des origines fussent-elles ambiguës. L'origine historique et l'origine logique du problème/projet doivent être mis ensemble avec pertinence et cohérence pour que la reconstruction théorique puisse corriger la construction pratique et que la pratique, déconstruite à son tour, puisse instruire la théorie. Dès lors, il apparaît clair que compte tenu de la diversité des situations et de la variété des conditions de cohabitation ethnique dans l'État, il n'est point pertinent d'échafauder un nouveau fondement et une nouvelle finalité absolus d'une forme de l'État. A géométrie variable, ces formes de l'État souscrivent simplement à l'essentiel et au potentiel de la politique africaine dont le principe actif est : la gestion de l'équilibre des avoirs et des pouvoirs ethniques par un subtil dosage qui,

---

[5] Il est vrai que le débat sur le caractère postmoderne – ou « surmoderne » selon Balandier – de l'époque contemporaine reste ouvert aussi bien en sciences politiques qu'en sciences sociales. Voir *Sciences humaines*. Dossier « De la modernité à la postmodernité », n° 73, juin 1997, pp. 12-31. Lire également Balandier, Georges, 1985, *Le Détour: Pouvoir et Modernité*. Paris: Librairie Arthème Fayard.

[6] Selon les acceptions à la fois courante et doctrinale de l'épithète.

[7] En référence à la célèbre interrogation politique de Lénine face aux défis présents et à venir.

sans étouffer les performances intrinsèques de quelques-uns ni servir de caution à la médiocrité de quelques autres, doit susciter des contre-pouvoirs hétérogènes et automatiques – instrumentalisables à souhait – à la force ou à la faiblesse de toutes et de chacune en vue du maintien de l'équilibre, du contrôle durable du jeu politique et social, etc.... Cela se traduit concrètement par la mise sur pied d'instruments juridiques et institutionnels autonomes adaptés, l'engagement libre – rationnelle – ou forcé – sous la pression nationale et/ou internationale – du personnel politique en place à s'exécuter dans ce sens et enfin le consentement objectif du peuple à la reconnaissance de l'altérité ethnique comme condition d'une coexistence viable et fiable. La maîtrise de ces éléments du droit, de la politique – active – et de la morale servira de matrice à la généalogie autonome de toutes les formes étatiques possibles et imaginables que chaque nation africaine choisira librement selon sa convenance et sa configuration.

Mais ce choix libre en soi sera objectivement conditionné par l'agenda des nouveaux défis de l'histoire contemporaine dont la mondialisation – et son corollaire contradictoire, la localisation[8] – semble constituer un horizon déterminant ponctuel et probablement durable. Politiquement marquée par la progressive déperdition de la souveraineté étatique[9], cette nouvelle mutation du système international westphalien provoque, du fait même de sa nature – ou de sa prétention – planétaire, des réactions de contestation et de contradiction parfois extrêmes[10] dont les plus significatives sont constitutives des replis identitaires dans les espaces et les temps locaux et la culture immédiate. Du coup, les ethnies émergent logiquement comme les structures de régulation – et d'identification – les moins perméables à la société du *Monde* et dont les principaux points d'ancrage à partir desquels la compétition mondialisée peut s'organiser et se mener du point de vue africain par le canal de l'État.

Ainsi, pour élaborer sa stratégie défensive/offensive face à la bataille mondialisée, l'État africain contemporain et à venir ne saurait entièrement s'appuyer que sur ses propres capacités et mécanismes de réaction et d'actions institutionnelles et diplomatiques de plus en plus affaiblis par ailleurs. La vigilance – à défaut du contrôle – doit rester de mise et l'intelligence calibrée par secteur de pointe face aux fluctuations des marchés financiers internationaux, aux flux financiers transnationaux, aux aléas des cours mondiaux des ressources naturelles, à « l'arbitrage » de l'Organisation Mondiale du Commerce, aux nombreux accords de coopération – et de protection – économique, etc. ; bref face à toutes les clés de la mondialisation dont l'Afrique n'est en réalité qu'une porte donnant sur une impasse que les principaux acteurs ouvrent dans le cas des besoins très précis et ignorent dans le cas contraire – celui-ci beaucoup plus souvent vérifié que celui-là. S'il est vrai comme dit Robert Reich, le brillant Secrétaire au Travail de la première Administration Clinton, que dans le contexte de la mondialisation « les actifs principaux de chaque nation seront les compétences et la perspicacité de ses citoyens » (Reich 1993 :13) alors il faudrait aussi savoir que ses citoyens doivent s'enraciner dans leur propre culture et non se diluer – tout en la domestiquant au demeurant – dans la culture dite mondiale mais en réalité occidentalo-américaine. Car l'alternative actuelle ne laisse

---

[8] Voir entre autres textes qui analysent cette dialectique globalisation/localisation de la mondialisation Benjamin R. Barber, *Djihad versus McWorld. Mondialisation et intégrisme contre la démocratie*. Desclée de Brouwer, 1996.

[9] Cette problématique est articulée autour du débat contemporain « tendance réaliste (et néo-réaliste)/tendance transnationaliste issu du renouvellement théorique de l'épistémologie des Relations Internationales post-bipolaire. Cf. le plus synthétique ouvrage francophone y afférent de J-J. Roche, *Théories des Relations Internationales*, Montchrestien, 1997.

[10] Pour prendre la mesure de la dramatisation de la mondialisation, se reporter au pathétique – et terrifiant ! – ouvrage de Viviane Forrester, *L'Horreur économique*, Fayard, 1997. Sur un ton beaucoup moins alarmiste mais avec des arguments tout aussi tendus, se reporter à la récente confrontation qui suit : « Dueling Globalization. A debate between Thomas L. Friedman and Ignacio Ramonet" in *Foreign Policy*, Fall 1999, n° 110, pp. 110-127.

guère de place à une position intermédiaire : ou bien les ethnies s'organisent entre elles – mission de la nouvelle élite – pour sauver l'État en participant directement à la compétition mondialisée et en retirant un bénéfice tout aussi direct sur le plan local extensible à l'échelle nationale ; ou bien les États africains, à force de se représenter la mondialisation comme une occasion de compétition unique et profitable par défaut, vont irréductiblement se mettre à la remorque de l'Occident-Amérique et comme celui-ci n'a plus « d'états d'âme » des anciens colonisateurs, il va les larguer à terme. Ainsi, il devient clair que « la tâche politique primordiale de chaque nation sera de faire face aux forces centrifuges de l'économie mondiale qui déchirent les liens entre ses citoyens » (Reich 1993 :13) et comme la cohabitation ethnique participe de l'essence de la politique africaine, c'est selon la configuration de sa géométrie et l'équilibre de son jeu que le présent et le devenir de chaque État africain doivent s'organiser et s'assumer comme tels. L'État traverse ainsi les ethnies de part en part, s'agrippe autour de celles-ci plutôt que de les transcender et articule son rapport à lui-même et au monde dans cette position. Une telle immanence multiethnique de l'État africain fait de celui-ci un espace politique trans-ethnique plus apte à juguler tous les types de problèmes liés à l'insertion sociale des minorités ethnique si porteuses de crises en Occident dans le *monde* d'aujourd'hui. Dès lors sous quelle figure historique concrète pourrait-on situer l'État africain dans cette nouvelle mutation ?

Cohabitation ethnique et format de L'État
Aujourd'hui, il est devenu évident que les principaux objectifs autour desquels s'organise le jeu politique en Afrique sont : démocratisation, bonne gouvernance, respect des Droits de l'Homme, etc.… Il est également devenu évident de constater que la polarisation sur ces objectifs entraînent des situations de contradiction et d'égarement parfois graves. Il est enfin devenu évident qu'il ne sert plus à rien – dans le souci d'opérationnalisation des réflexions – de discuter de la légitimité et de la validité de ces objectifs tant il est vrai que leur origine est moderne, occidentale et sous-tend l'historique projet de domination du monde par l'Occident. Le fait est que l'État africain est dominé. Ce qui lui reste à faire c'est de subir aujourd'hui cette domination avec intelligence et dignité. Dès lors, l'État africain doit s'organiser à un rythme dialectique : le sien propre – non pas le rythme des dirigeants réactionnaires – et celui du *monde* afin de construire et vivre sa démocratie en relativisant par exemple le modèle de Rousseau[11] et Montesquieu[12] (et sa forme contemporaine opérationnalisée en Europe) et celui de Dewey[13] et Rawls[14] (et sa forme contemporaine améliorée aux USA). L'équilibre de la

---

[11] Rousseau, Jean-Jacques (1712-1778), écrivain et penseur genevois de langue française, auteur des *Confessions,* l'une des principales figures du siècle des Lumières. Parce que le contrat social a pour but ultime de garantir à chacun la jouissance et la liberté, la société ne saurait être la somme des libertés individuelles, nécessairement incompatibles. En abandonnant une part de sa liberté, l'Homme acquiert une liberté plus grande encore au sein de la société qui lui assure la paix. C'est la première grande leçon du *Contrat social* : les concessions particulières sont le gage de la paix commune.

[12] Montesquieu, Charles de Secondat de (1689-1755), homme de lettres et penseur français, auteur des *Lettres persanes* et De *l'esprit des lois,* qui, en renouvelant l'approche des sciences politiques, a contribué à l'essor des « Lumières ». Dans le livre XII (chapitre 6) de *De l'esprit des lois,* Montesquieu démontre que seule la séparation des trois pouvoirs (législatif, exécutif, judiciaire) garantit la liberté politique ; l'audace de ce propos, qui met en cause la monarchie française, lui impose une formulation prudente : établissant une gradation entre despotisme (où les trois pouvoirs sont confondus) et régime idéal (la monarchie constitutionnelle), l'auteur ne critique pas directement la France, mais plus globalement les « monarchies européennes ». Encore cette critique se fait-elle discrète : ces monarchies (où la liberté n'est pas possible, pouvoirs exécutif et législatif étant confondus) sont présentées comme un moindre mal par rapport au despotisme turc.

[13] Dewey, John (1859-1952), pédagogue américain. John Dewey a profondément marqué l'histoire de la pensée américaine pendant la première moitié du XXe siècle, non seulement dans le domaine de la pédagogie mais aussi dans les questions politiques et économiques.

cohabitation ethnique doit en être le principe directeur. De même la bonne gouvernance n'est telle que si sa conception, son exécution et ses résultats correspondent directement aux aspirations et aux besoins des peuples par groupes ethniques interposés. Il n'en va pas autrement pour les Droits de l'Homme dont il est vrai par ailleurs que la garantie universelle qu'elle comporte ne saurait être remise en cause dans son principe – seules ces conditions et modalités d'application doivent faire l'objet d'un examen minutieux en étroite conscience de la sensibilité politique globale de chaque État.

L'éthique des Droits de l'Homme n'a pas seulement conduit à une restructuration interne de l'ordre international africain. Elle a aussi été, à bien des égards, un facteur de modification et de reclassement – ne serait-ce que symbolique – de la place de l'Afrique dans le concert des nations. Étant donné que la civilisation politique internationale prend en Afrique le sens d'une dynamique processuelle qui marque une évolution qualitative dans l'organisation et le fonctionnement des États, elle ne pouvait être pour le continent qu'un cadre de réaffirmation internationale, d'imposition de sa reconnaissance au sein des « nations civilisées ». La réaffirmation éthique de l'Afrique sur la scène mondiale affecte positivement sa perception et son classement international et renforce dans le même temps la capacité internationale du continent. La conversion de l'Afrique à la civilisation politique libérale a conduit à une révision des imaginaires internationaux à travers lesquels elle était pensée, ainsi qu'à une mutation (relative) des catégories traditionnelles de sa perception et de son classement. De même, sa relation avec le monde s'est restructurée autour de nouvelles pratiques politico-diplomatiques. Sans chambouler totalement le modèle du « dressage » et de la « domination » qui a marqué le commerce de l'Occident avec l'Afrique, ces nouvelles pratiques traduisent néanmoins ce qu'on peut appeler la nouvelle posture internationale de l'Afrique.

L'Afrique fait l'objet d'une mutation symbolique importante sur le plan international. Contre une vision traditionnelle apocalyptique et sauvage que les hypothèses de la *négrologie* et de la *nécro-politique* tentent de perpétuer, une vision plus positive du continent s'affirme et se répand à l'échelle internationale. Il faudrait pouvoir considérer que l'État africain contemporain s'ouvre ainsi au *monde* tout en restant soi-même par l'identité de la cohabitation ethnique afin d'entretenir autant que possible une relation équilibrée, satisfaisante et digne avec l'histoire moderne dominée par l'Occident depuis la Renaissance.

Mais cette situation ne saurait être considérée comme définitive. Bien au contraire, elle doit être envisagée comme une étape médiatrice qui prépare le passage à un nouveau rapport à l'histoire. Ici, l'État africain pourrait vraiment s'auto-déterminer et s'épanouir à sa mesure librement. L'éclatement des pôles de puissance internationale, l'évolution des contenants et des contenus de la communication, l'instrumentalisation de l'intelligence et d'autres paramètres de la même nature sont autant d'occasions que les États africains pourraient saisir, en faciliter l'accès aux citoyens, issus des communautés ethniques afin de se positionner dans la course pour la conquête et la quête du nouvel-âge post-moderne.

---

[14] Rawls, John (1921-2002), penseur politique américain connu pour sa théorie de la « justice équitable ».Pour lui, la première vertu des institutions est la justice. Aux termes de la *Théorie de la justice*, quatre principes sont dégagés pour que le système légal soit véritablement juste, c'est-à-dire que le rapport entre le droit et la liberté soit équilibré. Le premier est le principe de possibilité qui commande d'édicter des règles qui peuvent être respectées. Le second est le principe d'égalité qui commande de traiter également les cas semblables. Le troisième est le principe de légalité qui exige que les lois soient connues et édictées. Le dernier est le principe d'impartialité du procès dont les procédures doivent assurer l'équité et la transparence du règlement judiciaire des litiges.

Normes et politiques internationales africaines : la démocratie de transit

Au moment où l'ordre politique du monde et la nature de l'État-nation en Afrique se métamorphosent sous nos yeux avec des conséquences inédites, le principe d'équilibre ethnorégional à partir duquel l'État du Cameroun a été fondé et qui continue à régir son fonctionnement est frappé d'une certaine obsolescence. En réinterrogeant le sens et la puissance du principe d'équilibre politique en soi, il s'agit aujourd'hui de prendre rigoureusement en compte les nouvelles dynamiques de configuration des équilibres politiques qui émergent avec force. La mise en sens d'une gouvernance intelligente et juste c'est-à-dire mieux équilibrée est à ce prix.

Gouverner c'est identifier, maîtriser et préserver les équilibres politiques en permanence, pourrait-on dire à la suite de toute la tradition réaliste de la pensée politique moderne de Machiavel (1956) à Aron (1992). Ce principe procède de la nature intrinsèque de l'objet de toute politique : administrer[15] de manière relativement cohérente un espace éclaté en plusieurs aires régionales tout en étant constitutif de citoyens différents aux intérêts contradictoires et aux symboles identitaires singuliers. Ce défi politique fondamental tient en une figure : *le multiple dans l'un*. Cette inscription du multiple dans l'un a mis en route une signification politique fondamentale que l'État-nation s'est chargé à la fois d'assumer et de concrétiser.

En Afrique noire, l'État colonial et post-colonial s'est conformé à cette dynamique historique. Au Cameroun particulièrement, l'art de gouverner avant et surtout après l'indépendance s'est investie dans la construction de ce principe politique avec fermeté et une violence qui ont fait la preuve de leur efficacité dans une certaine mesure. C'est tout le sens de discours pratiques et rituels sur la réunification, l'unification ; l'unité et l'intégration nationale dans ce qui tient lieu de grammaire politique au Cameroun. Les équilibres se sont ainsi articulés autour d'un seul critère : l'appartenance ethno-régionale. Ils se sont aussi inscrits dans une trajectoire unique : l'insertion dans les arcanes du pouvoir d'État (Institutions, Gouvernement, Administration et Fonction publique, entreprises publiques et parapubliques, etc....). Les actes de « gouvernementalité »[16] s'instituent et s'évaluent à partir de ce pli au Cameroun.

Or, aujourd'hui avec la crise de l'État-nation ainsi que les multiples et irréversibles ouvertures démocratiques et des Droits de l'Homme consécutives à la métamorphose des ordres et relations politiques internes et internationales dans le monde et particulièrement en Afrique avec la puissance de la dialectique du local (replis identitaires) face au global (mondialisation), avec enfin la mobilité des espaces politiques en Afrique ainsi que la fluidité des personnes, des biens et des symboles[17] auxquelles le Cameroun est fortement soumis, il y a lieu non seulement de constater logiquement – pour l'interroger – l'obsolescence de l'équilibre ethnorégional comme base d'équilibre politique mais aussi de réinterroger la pertinence de ce principe au Cameroun et surtout déboucher sur l'identification des critères d'équilibres émergents. Un nouveau projet politique devrait s'élaborer ou à tout le moins se greffer à partir de cette triple trajectoire d'analyse de la gouvernementalité des équilibres politiques à l'ère dite post nationale.

---

[15] Il n'est pas inintéressant de noter que le terme « administrer » signifie étymologiquement « servir auprès de ».
[16] Voir M. Foucault « la gouvernementalité », leçon donnée en février 1978 au Collège de France, in *Dits et Ecrits*, Paris, Gallimard, 1994, Eté, 1986, pp. 6-15. Nous suivons la trajectoire d'opérationnalisation de ce concept en Afrique tracée par A. Mbembé in *De la post-colonie. Essai sur l'imagination politique dans l'Afrique contemporaine*, Paris, Karthala, 2000.
[17] Voir toute l'intense réflexion que les mouvements migratoires en Afrique et particulièrement le projet de recherche mené par le Groupe de Recherches Administratives, Politiques et Sociales (GRAPS) sur « les flux transnationaux en Afrique : les migrations dans le Golfe de Guinée entre *désétatisation*, *réétatisation* et transformation de la « citoyenneté » sous la direction du Pr. Luc Sindjoun.

L'obsolescence de l'équilibre ethno-régional ou le masque de dissimulation des pratiques politiques décivilisées

Le critérium à partir duquel circulent les acteurs et les enjeux politiques au Cameroun demeure, jusqu'à preuve du contraire, configuré par la dynamique d'appartenance ethno-régionale. De là symptomatiquement, le fameux arrêté n° 010467/MFP/DC du 7 septembre 1982 modifiant et complétant certaines dispositions du décret n° 75/496 du 3 juillet 1975 fixant le régime général des concours administratifs. Il énonce en son article 2 :

> Compte tenu de l'importance démographique et du taux de scolarisation de chaque province, les quotas de places réservées aux candidats originaires de chacune d'elles ainsi qu'aux anciens militaires sont arrêtés comme suit :
> - Province du Centre-Sud   19%
> - Province de l'Est   4%
> - Province du Littoral   12%
> - Province du Nord   30%
> - Province du Nord-Ouest   12%
> - Province de l'Ouest   13%
> - Province du Sud-Ouest   8%
> - Anciens militaires   2%
> - …   …

L'article 4 précise : « Est considérée comme province d'origine d'un candidat, la province dont ses parents légitimes sont originaires ».

Il s'ensuit qu'en dépit de la mobilité régionale et du brassage des populations à travers l'espace et le temps du triangle national, le régime d'identification du citoyen demeure à cette date encore, plutôt que son lieu de naissance et son aire de socialisation scolaire ou professionnelle, un invariant archaïque, la référence à l'origine de ses géniteurs dont le texte de loi refuse de considérer qu'elle puisse être mixte, par exemple. Lucien Ayissi (2008 : 121-140) développe à ce sujet, une prudence rationnelle :

> La politique d'équilibre régional qui se pratique dans certains États africains et les partis uniques auxquels on y recourait naguère à titre d'artifice politique destiné à résorber l'ethnicité dans la perspective d'un meilleur vivre-ensemble, cachent mal le réel équilibre de la terreur dont les ruptures ont pour conséquence l'expression d'une hostilité que la précarité et le délitement du tissu social achève d'exacerber. Amener les diverses identités africaines à acquérir la culture de la citoyenneté, c'est soumettre l'ethnicité aux impératifs de l'éthique du vivre-ensemble. C'est la pédagogie citoyenne qui peut promouvoir une telle éthique en cultivant dans les consciences individuelles et collectives le sens de la citoyenneté. C'est cela qui peut motiver les différentes identités culturelles africaines à transcender leurs particularités pour se fédérer autour de desseins politiques communs.

Mais qu'est-ce donc que ce mot d'ethnie[18], d'autant plus fascinant que, comme l'histoire pour Paul Valery,[19] il chante plus qu'il ne parle, sommant par ailleurs et parfois l'individu de lui complaire même malgré lui ? La recherche alchimiste des équilibres semble inopérante, car elle aboutit à une coquille vide, un mythe ou un fantôme désincarné, à un genre vide de ses différences, à un concept n'offrant qu'une forme sans sujet qu'elle est censée déterminer. Elle est une pratique qui empêche bon nombre de citoyens à s'adapter à la compétition de l'excellence. La pratique de l'équilibre régional qui ambitionnait de mettre toutes les régions

---
[18] Etant donné que ses critères de démarcation sont indécis et changeants. Il faut user d'arbitraire, renchérir sur les différences, en créer même d'arbitraires, les protéger de façon obsessionnelle sur des distinctions constamment menacées de s'effacer. On ne les fixe que par une violence extrême.
[19] Valéry, Paul (1871-1945), poète et essayiste français qui se fixa pour tâche de réfléchir sur le fonctionnement de l'esprit, l'attitude centrale à partir de laquelle les entreprises de la connaissance et les opérations de l'art sont également possibles.

et ethnies du pays au même niveau de développement, a donc montré son inconsistance en abandonnant certaines régions dans l'arriération économique et culturelle chronique, et en enfermant diverses ethnies dans une position subalterne de second ou de troisième zone, après des décennies de doctrine équilibriste et de manipulation des « quotas tribaux ». C'est dans cette perspective que nous pensons que pour faire face à l'injustice ethnique, l'ethnicisme pourrait catharciser notre histoire et favoriser notre accès à la modernité aussi longtemps qu'il s'agit de solidarité de groupe fondée sur la compétition de l'excellence. Il faut choisir selon les seuls critères de compétence. C'est à ce niveau que nous apparaît insuffisante et anachronique la théorie de l'équilibre ethno-régional.

Il faut poser la neutralité axiologico-politique de la tribu. Dans ce contexte, chacun rentrera dans sa tribu pour y puiser des universaux susceptibles de fonder une culture universelle éclectique. Aucune tribu ne sera posée comme absolue ; les valeurs ne se juxtaposeront pas, mais se complèteront. Et si la dialectique de la complémentarité peut se comprendre, il faut néanmoins signaler qu'elle devient utopique si elle n'intègre pas l'antagonisme. Les transformations et les fusions harmonieuses ne font pas grand cas dans l'histoire des idées. Le *face-à-face* est incontournable dans une connivence véridique. C'est du *face-à-face* que naît la convergence et non le *côte-à-côte* qui est simple juxtaposition, simple hypocrisie qui laisse inchangée la structure de l'exclusivisme qui est la dichotomie. Le penseur camerounais Hubert Mono Ndjana quant à lui, parle de la politique du quota comme principe d'une justice distributive qui s'illustre paradoxalement par des « satisfactions quantitatives aux frustrations qualitatives » ; il met ici en relief cette aporie :

> Mais, et comme si c'était une dialectique de la nature, on perd d'un côté ce qu'on gagne de l'autre. Dans le même temps où se structure l'arithmétique des quotas, dans la perspective d'une pacification des ethnies et des tribus, dans le même temps s'accumulent des frustrations inextricables et à tous les niveaux, la pratique des quotas ayant sacrifié la qualité à la quantité (Mono Ndjana 2001 : 16)

En somme, dans un contexte de pluralisme ethnique, l'harmonie et la paix ne peuvent surgir que dans la neutralité mutuelle des ethnies, eu égard aux velléités hégémoniques inhérentes à chacune d'elle. La neutralité fondera la complémentarité et la complicité. Chaque ethnie ou tribu renoncera à une partie d'elle-même pour coïncider avec l'autre. La finalité ici, c'est l'***union différentielle***. Pour la réalisation effective de ce dessein majeur, d'autres canevas d'accès au pouvoir devront être recherchés. Les entrepreneurs ethniques, véritables metteurs en scène du festival tribaliste et prophètes de la foi tribaliste, devront s'empêcher l'instrumentalisation politique et administrative de l'ethnie. L'initiative appartient au politique qui doit désormais gérer et distribuer le pouvoir en tenant compte de l'excellence, du mérite, de l'estime, de la confiance et de la compétence. A défaut, la modernisation restera pour nous un rêve évanescent. La recherche d'une socialité harmonieuse dans la multiplicité tribale, aboutit à la neutralité axiologico-politique de la tribu posée *a priori* comme solution appropriée. Lucien Ayissi propose le concept de « *post-communauté* » qui permet de sortir l'identité de la dictature d'une communauté particulière. Cela revient, pense-t-il, à

> Donner aux diverses préférences ethno-identitaires qui font généralement le lit des conflits politiques en Afrique noire – conflits dont on a eu, par exemple, l'expérience entre les Bahutu et les Batutsi dans la zone des Grands lacs, ou entre les Mbundu et les Ovimbudu qui servent respectivement de fiefs ethniques du MPLA et de l'UNITA en Angola – une configuration qui soit telle que la tonalité de leurs modes d'expression n'entrave pas le vivre-ensemble, gage d'une véritable cohésion sociale, qui peut empêcher qu'il règne, dans l'inter-communauté africaine, une crainte mutuelle et une bellicité cyclique comparables à celles que Hobbes (1982 : 90 ; 1983 : 124) décrit dans l'intersubjectivité critique dans la jungle pré-politique. (Ayissi 2008 : 121-140)

Dans le même sillage des équilibres et sur le plan géo-stratégique notamment, l'avènement des indépendances formelles a été l'occasion de choisir, soit de maintenir indivis ces grands ensembles en intégrant chacun des deux territoires sous-tutelle dans sa mouvance géographique naturelle, soit de les pulvériser en atomes d'États sans grande viabilité, et d'autant plus aptes à la manipulation et à la dépendance post-coloniale qu'ils sont fragiles et jaloux de leurs identités « nationales » récentes. Cette balkanisation semble la plus opératoire et profitable aux intérêts du grand capital international. C'est ainsi que la fin de la période ouvertement coloniale nous laisse en héritage une poussière de pays exsangues, perclus de divisions réelles ou latentes, qui représentent autant de bombes à retardement amorcées sous les pieds des nouveaux « leaders » charismatiques pour la plupart et inféodés au pouvoir politique de l'ancienne métropole. La répartition géopolitique et administrative de ces nouveaux États va se faire, par exemple au Cameroun, sur la base des regroupements ethniques quelquefois harmoniques (*Bulu, Eton, Bassa, Ewondo, Douala, Bamoum*) ou carrément explosif (*Peuhl, Arabes Choa, Kirdi,...*). C'est à gérer ces groupements faramineux que le jeune État va consacrer sa politique originale d'équilibre régionale d'abord, d'intégration nationale ensuite, lorsque les tâches autrement primordiales de dynamisme économique et de démocratie participative seront pour ainsi dire sacrifiées sur l'autel de l'unité nationale. Le triangle national camerounais repose, d'après une grille de déchiffrage géopolitique, sur les trois grands groupes ethno-régionaux : le Grand-Nord musulman et féodal, le Grand-Sud chrétien et lignager et enfin le Grand-Ouest traditionnel et hiérarchisé. Bayart dit : « C'est cette extrême hétérogénéité géographique et culturelle, et son bilinguisme qui caractérisent le Cameroun » (Bayart 1994 : 9). En effet, ses soi-disant grandes régions n'ont rien d'absolument homogènes et participent davantage des mythes fondateurs de l'État du Cameroun. Le Grand-Nord est par exemple divisé en trois provinces dont une, l'Extrême nord, est en majorité constituée de populations christianisées, islamisées ou non appartenant à des tribus différentes et souvent en conflit. De même, dans les deux autres provinces les peuls, les haoussas, les foulbés et les autres ne se confondent guère tout autant qu'ils tiennent, parfois de façon quasi-primaire, à ce que leurs intérêts ne soient jamais confondus. Ce type de raisonnement vaut autant sinon plus encore pour les deux autres grandes régions. Pourtant, pourrait-on objecter avec raison, que la stabilité et l'unité politique du Cameroun ont été acquises et consolidées sur cette base d'équilibre. Pourquoi alors ne plus y croire ? A la réflexion, une réponse s'impose : la force du pouvoir d'État avant et après l'indépendance était telle que rien ni personne ne pouvait faire face à la marche forcée vers l'unité tout autant que les élites politiques servaient à la fois de cautions et d'instruments pour cette opération artificielle. Jusqu'aujourd'hui, les nominations politiques, administratives et militaires, l'accès aux corps d'État et aux écoles professionnelles publiques, la circulation des fonctionnaires, la redistribution des droits sociaux ainsi que l'allocation des ressources nationales continuent à obéir à cette logique. Assez curieusement aussi, les cadres et processus démocratiques tendent à reproduire le même schéma : les élections, la configuration des structures dirigeantes des partis politiques et même les discours du régime au pouvoir ou de l'opposition témoignent tous ensemble d'un relatif équilibrage sur la base ethno-régionale. Ce schéma repose sur une hiérarchie des priorités politiques qui a fait son temps. Ses beaux jours sont désormais derrière lui. Il s'agissait de fonder l'État. Aujourd'hui la phase de fondation de l'État s'est achevée depuis et faute de l'avoir compris à temps, l'art de gouverner et de contester s'est sclérosé. Mais comment comprendre la valence de cette notion ? Comme pratico-inerte, le concept d'ethnicité évoque un réflexe, le réflexe ethnique qui est repliement sur soi, refuge dans la source originelle, instinct de conservation ; besoin de conservation et de maternage dans l'adversité. Comme force d'inertie, le préjugé tribal qui est l'identification négative de l'autre, sans bénéfice d'inventaire, sans autre examen que l'opinion commune du groupe d'appartenance, la doxa.

Il s'agit d'ores et déjà de mettre en forme une nouvelle hiérarchie des priorités politiques qui ne retiennent plus l'appartenance ethno-politique comme unique critère de gouvernabilité des équilibres. Il est établi que cette forme d'équilibre favorise le clientélisme, le népotisme, le despotisme des aînées sur les cadets, la médiocrité et surtout renforce l'idée totalement aberrante selon laquelle l'exercice du pouvoir d'État revient de droit à certains groupes ethno-régionaux et pas à d'autres. Autant dire qu'en termes de richesse lexicale et pragmatique, la positivité de la notion de tribu ne saurait être que la généralisation hâtive d'une conduite d'instinct, somme toute infra-structurelle sinon infra-logique. Cette disposition résiduelle explique, sans doute, la charge de primitivisme, d'an-historicité et d'anti-scientificité, caractéristique d'un système de valeur et d'un code de comportement reposant sur l'absence critique, sur la topique de l'inconscient. Delà, la prédisposition corrélée de l'ethnicisme à fonctionner en idéologie c'est-à-dire en occultation apparente des valeurs d'un groupe au nom de pseudo-valeurs et/ou de valeurs de substitution. Il en découle séparément et/ou en concomitance : l'allergie ou l'hostilité à autrui – la préférence accordée aux membres de son ethnie ou encore la survalorisation de soi et des siens à l'inverse de la dépréciation correspondante de l'autre – l'*ethnocratie*, qui est la gestion hégémonique d'une société pluriculturelle sur la base de justifications aléatoires et/ou précaires identifiables dans la dynamique anthropo-sociale. Une telle perspective est évidemment à dépasser au moment où les défis se multiplient et se complexifient sans que l'État à lui tout seul n'arrive à faire face avec efficacité et justice. Elle appelle d'abord une mise au point sur ce qu'il convient d'entendre par équilibre politique aujourd'hui. S'agit-il de proposer des quotas à l'exemple de la parité française, des lois différentielles à l'image de *l'Affirmative action* aux USA ou alors d'une ordinaire balance de redistribution des dividendes politiques ? A terme, la gestion ethnocratique de l'État comporte les germes d'une guerre civile effective ou larvée susceptible de ramener à l'état de nature, c'est-à-dire aux proto-États initiaux que plus de cinquante années de discours politique sur l'unité nationale n'ont pas réussi réellement à souder dans un même idéal. En termes de sciences politiques, ce serait la manifestation d'incompatibilités et d'intolérances diverses, signe de l'implosion inévitable de républiques artificielles et extraverties.

La pertinence des équilibres politiques

Il ne fait donc aucun doute que la recherche permanente des points d'équilibre s'impose dans un espace politique aussi éclaté et aussi diversifié que les États d'Afrique noire. Seulement, l'idée même de recherche des équilibres repose sur le principe de mouvement permanent. Il s'agit de suivre les disparités et inégalités qui surgissent, de les agencer avec cohérence sans pour autant rider les énergies et les forces de développement dont le pays a grandement besoin. Il se trouve que l'équilibre ethno-régional ne correspond plus du tout à cette dynamique. Il a été fixé et sclérosé au point où aujourd'hui son obsolescence est avérée. La nécessité de remobiliser le principe de la recherche des équilibres politiques devrait donc de ce point de vue, explorer de nouveaux critères d'équilibrage dans leur mouvement de surgissement et de bouleversement. Evidemment le passage de l'ancienne aux nouvelles formes d'équilibre politique transitera par un processus de réadaptation des institutions, des corps d'État et écoles professionnelles publiques ainsi qu'un certain effort de réaménagement de la géométrie des rapports politiques vers cette nouvelle donne qui fait sens ailleurs et produit de la puissance là où sa maîtrise est effective. La sortie des archaïsmes socio-politiques est à ce prix. A quoi correspondent donc ces nouveaux équilibres ?

Emergence de nouveaux équilibres

Les nouveaux points d'équilibre suivent nécessairement les trajectoires de la dynamique socio-politique. Celle-ci est de plusieurs ordres mais il convient de s'en tenir à cinq significations fortes :

La dynamique du genre

Notons qu'il y a prise en compte de la dimension genre lorsque les trois éléments essentiels ci-après interviennent: (1) la reconnaissance que les femmes ont les besoins spécifiques; (2) la reconnaissance du fait qu'elles sont un groupe en situation de désavantage comparativement aux hommes; (3) la reconnaissance du fait que la promotion de la femme permet de renforcer ses capacités et d'encourager l'égalité. A l'examen, l'équilibre entre les hommes et les femmes opère aujourd'hui dans un rapport injustement défavorable à la gent féminine dans la sphère publique alors que toute la société et les consciences individuelles reconnaissent son rôle moteur dans la sphère privée. Le genre est pour ainsi dire, une problématique éthico-axiologique, politique, de développement et finalement anthropologique. Sans forcément réclamer la parité à la française, il convient tout de même d'assurer une répartition égale des possibilités, des ressources et des bénéfices. Il ne s'agit pas ici, loin s'en faut, de faire de la programmation. Toute décision, quel qu'en soit le niveau, doit obéir à l'analyse sexo-spécifique ; à défaut il s'agit d'une discrimination sexuelle, d'une exclusion, d'une inégalité. Ignorer cette dynamique, c'est manquer le point focal de la modernité.

La dynamique de la jeunesse

« La jeunesse est le fer de lance de la nation » est un slogan inscrit dans la symbolique des pouvoirs africains. Or, ni la famille, ni l'école, ni l'église, ni l'État ne parvient effectivement à jouer son rôle d'encadrement de cette frange importante de la société dans nos pays[20]. Cette classe d'âge doit logiquement être prise en compte et surtout représentée de manière forte dans la gestion des affaires de l'État et à des niveaux non plus marginaux et insignifiants mais plutôt centraux et décisifs. Même si, de manière globale, elle est incapable de construire elle-même sa propre échelle de valeur et, en *démi-urge*, l'incarner et la suivre.

La dynamique de la société civile

Dans son ouvrage fondamental sur l'espace public, Habermas[21] soutient que la civilité est la base d'une culture de la délibération publique, de l'intervention et de la participation active des sujets publics dans le champ politique. La société civile étant devenue la figure dominante du processus démocratique, les pays africains doivent suivre ce mouvement en intégrant les logiques et acteurs de la société civile dans l'élaboration et la conduite des affaires publiques[22]. Les corporations, les réseaux d'intérêts et de coalitions sociales devraient de plus en plus être étroitement associés à la gestion du pouvoir d'État dans la mesure où ils présenteront

---

[20] Lire une communication d'Achille Mbembe, « Les jeunes et l'ordre politique en Afrique noire : les nouveaux « drivers », inédit.
[21] Habermas soutient que les progrès techniques et le développement de la bureaucratie qui l'accompagne n'ont servi qu'à maintenir les institutions de l'État tout en dépolitisant les citoyens. C'est ainsi que la raison et la science sont devenue des instruments de domination et non d'émancipation. Habermas prévoit une époque où raison et connaissance pourraient contribuer à l'amélioration pratique de la société. Il envisage aussi une époque où la communication humaine serait libérée de la domination de l'État. Les principaux ouvrages de Habermas sont l'*Espace public* (1959-1962), *Théorie et pratique* (1963), *la Technique et la science comme idéologie* (1968), *Raison et légitimité* (1973) et *Théorie de l'agir communicationnel* (1981).
[22] Jean – Gatsi propose une intéressante lecture du processus d'émergence et de construction de la société civile au Cameroun dans une communication présente au Centre d'Etudes Nolanga en janvier 2001.

des garanties de compétence et d'honnêteté. Par conséquent, une société civile ne se conçoit qu'avec l'existence effective des lieux institutionnels et des espaces d'autonomie, de représentation et de pluralisme où se forment des sujets juridiques capables de soutenir un combat contre l'arbitraire de l'État et des groupes primaires. L'emprise des administrateurs civils formés à L'ENAM (Ecole Nationale d'Administration et de Magistrature) au Cameroun, est de ce fait appelée à s'amoindrir comme c'est le cas dans toutes les sociétés avancées y compris en France où *l'Enarchie* est vigoureusement battue en brèche. La lecture habermassienne fait de la société civile un instrument exclusif, porteur du potentiel émancipateur de la modernité.

La dynamique de la diaspora[23]

Le monde est actuellement confronté à un triple questionnement: Quelle sécurité ? Quelle organisation économique ? Quel équilibre entre les valeurs communes et l'affirmation des différences? Avec la fluidité et l'intensité des mouvements migratoires du Cameroun vers l'Europe et l'Amérique du nord, le Cameroun possède aujourd'hui l'une des communautés immigrées la plus étendue, la plus entreprenante dans la plupart des domaines et pourquoi pas le dire – au risque d'apparaître chauvin – la plus compétente de toute l'Afrique subsaharienne[24]. Toute élaboration et toute conduite de la politique gouvernementale moderne, devrait situer cette nouvelle dynamique à l'interface de l'administration territoriale et des relations extérieures, quitte même à créer un secrétariat d'État pour lui assurer un cadre institutionnel autonome et approprié pour la prendre en compte, l'impliquer et tirer tout le grand bénéfice possible au profit de la nation toute entière. La fondation du système global, en pleine construction, ouvre et implique nécessairement ces enjeux diasporiques. C'est un enjeu de progrès et de civilisation.

La dynamique de l'Union Africaine

L'ordre international, qui peut se comprendre comme l' « ensemble des principes d'organisation intelligibles qui régissent ou qui doivent régir les rapports entre les nations » par la magie de la fin des repères idéologiques, accélère les bouleversements avec l'entrée en vigueur de l'Union Africaine. Cette dernière annonce et charrie du même coup, une série de modifications et d'ajustements – il ne saurait s'agir de bouleversements – dans la conduite des affaires politiques internes et internationales. L'État du Cameroun doit renforcer son implication dans ce processus. Le fait est que c'est désormais une réalité qui s'impose. Il s'agit maintenant d'en tirer le meilleur parti. Le gouvernement camerounais pourrait s'inscrire dans ce *temps mondial* caractérisé par la mondialisation technique, économique et financière. Car – et c'est un principe politique bien connu – c'est dans la fondation d'un processus politique que se

---

[23] Diaspora, mouvement de dispersion d'une ethnie ou d'un peuple possédant des traits identitaires forts, sous l'effet d'une migration forcée. On distingue les diasporas « historiques » (juive, arménienne, grecque) et les diasporas récentes du XXe siècle, pour lesquelles ce terme est souvent utilisé par les migrants eux-mêmes ou par les spécialistes qui les étudient. Ce concept qui repose sur l'idée de violence faite à un peuple déplacé, chassé de sa terre, ne doit cependant pas être étendu sans discrimination à toute forme de migration, en particulier aux migrations d'origine économique. Associée au concept de diaspora est l'idée que les populations déplacées conservent, en dépit de la distance et du temps, des liens culturels, affectifs, éventuellement politiques, avec leur berceau d'origine, réel ou mythique. La visibilité des diasporas est tantôt due à leur militantisme, tantôt à leur concentration spatiale, tantôt à leur spécialisation dans certaines activités (travaux agricoles, commerce, activités financières, professions culturelles…). La présence de diasporas nombreuses renforce l'aspect multiculturel des sociétés contemporaines.

[24] Cf. les statistiques proposes par l'Office des Migrations Internationales (OMI) au site Internet suivant www.omi.int; Voir aussi à titre d'illustration singulière le taux élevé d'occupation des postes à l'Unesco par les ressortissants camerounais. Cf. www.unesco.org.

décide et se dessine l'essentiel de ce qui adviendra plus tard. Un Secrétariat d'État dans la structure gouvernementale pourrait également faire ce travail avec intérêt et efficacité en prenant bien entendu toutes les précautions nécessaires pour éviter les errements qui pourraient en découler. En d'autres termes, il s'agira pour le Cameroun, de maîtriser, de contrôler et de déterminer l'agenda de la politique internationale, tout en structurant par tous les moyens, le camp des possibles dans un cadre multilatéral.

En somme, ces cinq dynamiques et d'autres de moindre envergure[25] qui tracent les lignes d'inscriptions des nouveaux équilibres politiques dans l'espace de l'État devraient à terme mobiliser toute la réflexion et toute l'action gouvernementale du Cameroun. La viabilité de sa « gouvernementalité » des défis à venir est à ce prix. Or les tribus quand elles sont organisées, sont fonctionnelles et productrices par elles-mêmes de leurs moyens d'existence et de production. Hors des frontières héritées de la colonisation, elles peuvent colloquer en bonne intelligence avec leurs excroissances ou leurs analogues.

Aussi, plutôt que de rêver d'une politique d'unité et d'intégration que les faits démentent au quotidien comme c'est le cas au Cameroun, n'y aurait-il pas lieu de désintégrer nos avortons d'États actuels pour favoriser de réelles intégrations ethniques et régionales, lesquelles auraient de surcroît l'intérêt de servir de socles culturel et politique à l'édification de l'Union africaine à l'ère des grandes révisions géostratégiques dans le monde ? Et toute pensée peu ou non avertie sur l'Afrique, sera condamnée à l'errance anthropologique et épistémologique sans cette dimension ethno-tribale. La thèse anthropologique mérite donc un plus large approfondissement susceptible d'éclairer l'ensemble des sciences sociales, puis de changer le discours dominant sur la situation de l'homme dans l'univers du négro-africain en particulier. C'est là le lieu possible d'un redéploiement de la pensée africaine en des termes qui soient véritablement anthropologiques. Autant envisager aussi le point de vue constitutionnel en vue d'un développement humain durable.

Le « power-sharing » comme technologie d'ordonnancement de la pluralité sociale?

L'*homo tribulis* est une dimension irrépressible de *l'homo sapiens* africain, peut-être tout simplement de *l'homo sapiens/demens* où qu'il soit dans le monde. Naturellement, cela n'emporte nullement que les ethnies soient génétiquement porteuses de la propension à la guerre. L'ethnicité n'est pas en soi un facteur belligène; c'est la mobilisation de l'ethnicité qui en fait un élément de paix ou un facteur belligène. C'est le cas avec ce que nous avons nommé dans les chapitres précédents, l'ethnicisme d'imposture, sous forme d'idéologies imaginaires de la minorité ou de la majorité. Construit sur une identité ethnique bricolée en vue de braconner dans le maquis des strapontins de l'État, l'ethnicisme d'imposture met en scène des faux adversaires, qui sont en réalité de véritables jumeaux idéologiques au regard du scrutateur averti. On a vu des intellectuels – bien souvent à l'avant-garde de lobbies ethnicistes concourant au pouvoir d'État – investir l'entreprenariat politico-ethnique au Cameroun d'une manière curieuse : d'une part, il s'est agi d'inventer de soi-disant minorités ethniques menacées d'invasion dans leur terroir ancestral par des prétendus allogènes, ce au mépris de l'exigence supérieure d'une république cosmopolitique débarrassée des crétinismes du sang, d'une république camerounaise enfin égalitaire, méritocratique, anti-discriminatoire, pluraliste, solidaire, écologique et prospère.

---

[25] Nous faisons précisément référence à la formation des classes sociales, à la gestion des formes d'autorité et d'élitisme traditionnelles et modernes, la pluralisation des identités nationales, la complexification de la croissance démographique, la fragmentation du paysage médiatique, etc.

Revenant à la bellicité de l'ethnie, le Tutsi par exemple n'est pas, par ontologie, un être belliqueux. Mais le Tutsi incité à la guerre, soit par l'attitude de guerre de ses autres concitoyens, soit par l'impératif de survie physique et politique du groupe théorisé par les leaders de son groupe ethnique, devient un être belliqueux, susceptible des comportements les plus barbares. Il n'y a, par conséquent, pas d'ethnies belligènes, ni d'ethnies pacifiques par nature. Tout groupe humain, poussé par la volonté de survivre et de résister à la logique de marginalité, de servitude et d'avilissement dans laquelle on voudrait le confiner, peut se révéler belliqueux, dans l'exercice du droit naturel de résistance à l'oppression. De même, tout groupe victime d'un matraquage de la part d'élites aveuglées par l'ambition politique, matraquage qui aboutit à la cristallisation d'une mentalité d'état de siège et d'encerclement, est un sujet potentiel de réactions incontrôlées. Il y a donc un mouvement dialectique entre les entreprises de mobilisation de l'ethnicité par les acteurs du jeu politique à des fins qu'ils sont souvent seuls à maîtriser, et la disposition des mobilisés à se ranger derrière les entrepreneurs politiques de leur ethnie. L'on ne peut, en effet, mobiliser le vide. L'on ne mobilise que ce qui est susceptible d'être mobilisé. Mais il s'agit là, à notre sens, moins d'une réaction belligène que de la manifestation d'une culture de *followership* grégaire, pour le meilleur et pour le pire. L'idée d'ethnies belligènes est en effet particulièrement suspecte.

Elle comporte un déterminisme ontologique, génétique, qui n'est pas loin d'une théorisation raciste *version soft*. De l'ethnie africaine belligène à l'ethnie sauvage et barbare, il n'y a qu'un pas qui peut être rapidement franchi. Si les guerres civiles procèdent d'un gène de la guerre, déterminant le comportement des acteurs, comment peut-on espérer conjurer un mal dont il est certain que la résurgence à court ou moyen terme est inévitable, tant que seront en vie les protagonistes, les africains eux-mêmes? Comment donner un sens aux entreprises diverses d'apaisement et de construction de la confiance entre les peuples si tout espoir d'extirper le virus de la guerre est *a priori* vain ? Il faut le dire sans équivoque : le défenseur de l'existence des tribus belligènes est l'afro-pessimiste parfait et accompli, car il est le négateur par excellence de l'aptitude de l'africain à accéder à la civilité et à l'assumer, le négateur de son humanité.

La politique africaine post-totalitaire offre aujourd'hui une opportunité de mise en conjoncture des certitudes constituées sur un rapport théorique et pratique au pouvoir dans un contexte social et identitaire plural pour ne pas dire pluralistique. Le consociationisme (Lijphart 1968) ou la démocratie du consensus a dominé les savoirs sur le pouvoir dans les sociétés plurielles tandis que le *power-sharing* (partage du pouvoir) a déterminé sa pratique. De même le consensus pathologique est resté la lentille conceptuelle et le modèle d'intellection à partir desquels s'est appréhendée l'organisation dans un contexte pluriel de la conquête et de la conservation du pouvoir politique d'État dans le cadre d'une sélection électorale basée sur les règles du jeu équitables. Ainsi bon nombre de politistes, d'anthropologues, d'analystes, de politiciens ont émis de sérieuses réserves par rapport à la technologie de partage du pouvoir du « *Winner Take All* » (le parti victorieux d'une élection forme seul le gouvernement) en arguant de sa nature conflictuelle du fait justement de la pluralité des segments qui compose la société politique (Moukoko Mbonjo' 1996). Lucien Ayissi (2008 : 121-140) fait valoir, pour sa part, un argument éthico-axiologique, la justice :

> Lorsqu'on soumet à la sanction analytique les entraves au vivre-ensemble, telles qu'elles survivent encore à l'association que les nécessités de l'histoire ont imposée aux diverses communautés d'Afrique noire, on s'aperçoit que leurs causes sont beaucoup moins le fait de l'hétérogénéité de ces groupes que la conséquence politique des déficits de justice qui caractérisent généralement l'État post-colonial d'Afrique noire…

> Vivre ensemble dans ce cas, c'est tout au plus coexister à la manière des monades leibniziennes, sauf qu'elles ont au moins le privilège de participer à une coexistence harmonieusement préétablie

par Dieu, la « Monade Suprême », qui, « en réglant le tout, a eu égard à chaque partie des choses » (Leibniz 1947 : 29). Lorsque les identités peuvent tout au plus coexister parce qu'il n'y a rien qui puisse les motiver à étendre, comme le dit David Hume (1973 : 638-639), leur partialité ou leurs préférences sympathiques à des identités autres, cela les prédispose à une dangereuse juxtaposition qui risque de déboucher sur la guerre ou le chaos, tant leurs appétits ne sont pas régulés par un principe à la fois transcendant et fédérateur comme la justice.

Une contrainte éthico-axiologique de modernisation politique
La bipolarisation du jeu politique de l'État sur la base d'une majorité qui gouverne et d'une opposition qui critique et propose des alternatives est très peu cotée à la bourse des valeurs politiques contrôlée par les chantres du « power-sharing ». Le jeu politique ouvert et hautement compétitif est ici péjorativement investi et inscrit dans les trajectoires de la dé-civilisation de la vie politique. C'est plutôt le « power-sharing » qui civilise et pacifie les mœurs politiques. Le « power-sharing » est par conséquent construit comme une contrainte axiologico-politique dont dépend la modernité politique *via* la réalisation de « l'équilibre des tensions » internes. Le système de partage du pouvoir a, à plusieurs égards des vertus sociabilisatrices. Mais le grand malaise que distillent ses partisans, c'est la dichotomisation sociale dont il procède. Dichotomisation somme toute artificielle et reposant sur l'illusion homogène de certaines sociétés. Selon les adeptes du « power-sharing », il existerait d'une part des sociétés plurielles s'offrant sous la forme des *«prêt-à-enflammer »*, des *« prêt-à-exploser »* dans lesquelles la démocratie compétitive est non soluble et d'autre part des sociétés homogènes connaissant un espèce d'harmonie préétablie et structurellement vouées à la démocratie libérale/compétitive. Sublime hérésie qui n'a d'égal que l'artificialité de l'appréhension des dynamiques et des échanges ayant lieu dans des contextes pluriels. Ce rectificatif qu'apporte le professeur Luc Sindjoun (2006) est salutaire à cet égard parce qu'il permet d'ébranler de vielles certitudes :

> Les sociétés plurales ne sont pas des sociétés totalement divisées, elles sont aussi traversées par des dynamiques d'interdépendance créatrice d'une certaine homogénéité : d'où vient que les segments tiennent ensemble et que le choc des clivages ne débouche pas nécessairement sur une scissiparité étatique?

En réalité dans une conjoncture *sociale plurale*, il y a au fondement une quasi-unité politique qui rend possible le jeu de la pluralité ; cette quasi-unité est au cœur de la pluralisticité, c'est-à-dire des dynamiques d'échanges et d'affectation mutuelle des divers segments qui composent la société plurielle. La démocratie libérale/compétitive est par conséquent susceptible d'enracinement dans la société plurielle pourvu que les entrepreneurs politico-ethniques reconsidèrent radicalement les modalités traditionnelles à partir desquelles ils construisent l'offre sociale des représentations du pouvoir. Le pluralisme social n'est pas en lui-même un explosif politique ; ce sont ses usages politiques qui parfois comportent une dérivée conflictuelle. D'ailleurs la démocratie, dans un contexte pluri-ethnique, apparaît comme une tentative de transcendance de la pluralité / diversité en ce sens qu'elle instaure un noyau axiologique et politique commun.

Les principes et les règles de la démocratie au Cameroun par exemple ne sont le reflet des valeurs d'aucune ethnie. On note ici un dépassement des *valeurs sultaniques* communes aux Peulhs et aux *Bamouns*, une transcendance de la domesticité des Bantous ainsi que des valeurs d'obséquiosité et de soumission observables dans la tradition des populations *Grassfields*. La démocratie prend surtout corps ici comme une tentative de régulation et de pacification de la pluralité en surplombant les valeurs politiques spécifique susceptibles de s'entrechoquer et de s'affronter pour instituer des valeurs politiques trans-ethniques pour ne pas dire supra-ethniques. Quelle ethnie au Cameroun, aux Congo, au Gabon, en R.C.A, etc. peut vouloir aujourd'hui organiser le commerce politique national à partir seulement de ses us et coutumes politiques ?

La théorie du « power-sharing », une impasse du point de vue de l'anthropologie politique ?
Dans une perspective anthropo-politiste, la pluralité ne doit pas coloniser le pouvoir ou le subvertir comme il est donné de le constater un peu partout aujourd'hui. C'est plutôt au pouvoir qu'il appartient d'ordonner la diversité/pluralité. Balandier montre ainsi à propos que le pouvoir est nécessaire à toute société qui aspire un tant soit peu à son unité, à sa survie et à son devenir historique. Tout pouvoir procède par ordonnancement du multiple en recourant au besoin à des formes théocratiques (Balandier 1967). Dans le même ordre d'idées, G. Ruffolo, pour expliquer les fluctuations socio-politiques modernes a avancé l'idée selon laquelle le pouvoir était entrain d'être submergé par la puissance. Partant du postulat selon lequel la puissance est la somme des pulsions innovatrices de la société et le pouvoir la faculté d'ordonner, d'orienter et de gouverner ces pulsions et que toute société se caractérise par une tension entre le pouvoir et la puissance, cet auteur conclut que les sociétés modernes se caractérisent par une augmentation sans cesse de leur puissance rendant les pouvoirs incapables de remplir leur rôle, leur fonction de régulation de la diversité sociale, de maîtrise de la synergie sociale (Ruffolo 1998 : 154).

Le « power-sharing » peut bel et bien être une technologie d'ordonnancement de la pluralité sociale mais les logiques qui constituent son cadre d'émergence et de consolidation en Afrique le prédisposent plutôt à être une conjoncture fluide de fortes déperditions de légitimité et de l'efficacité du pouvoir d'État. Quel segment ethnique doit tenir et/ou partager le pouvoir ? Pourquoi ? Au nom de quoi et à quelles conditions ? Pour quelle finalité ? Bien météore qui trouveraient des réponses adéquates et consensuelles à ces questions décisives. Faute d'avoir répondu à ces questions préalables et nécessaires à toute légitimation du « power-sharing », les adeptes de cette technologie de gestion du pouvoir politique se confortent dans des *pétitions de principe* qui couvrent et découvrent une idéologie d'inélégante facture. Car le segment ethnique dans pareille situation ne fera que l'objet d'une mobilisation stratégique. L'observation attentive de la pratique du « power-sharing » dans les arènes politiques africaines fait apparaître que celui-ci conduit plutôt à une conjoncture de démultiplication ethnique. La démocratie de partage du pouvoir procède assurément à une mise en crise des *sociétés plurales* en ce sens qu'elle contribue – sans le savoir (?) – à aiguiser les différences lorsqu'elles étaient en voie de disparition ou à les créer de manière purement artificielle. L'aiguisement ou la création des différences identitaires se fait en prélude à la compétition pour l'obtention d'un morceau de pouvoir dans des contextes fortement marqués par la « politique d'affection » ; c'est-à-dire la mobilisation de la ressemblance à des finalités d'accession au pouvoir (Sindjoun 1988). Dans la plupart des sociétés plurales africaines notamment gabonaise, congolaise, camerounaise et autres ivoirienne, la démocratisation semble interagir avec la prolifération des revendications identitaires dont la virulence et l'articulation peuvent emmener à douter de l'existence du sens de la communauté.

Dans les sociétés tropicales où le « projet national étatique » de l'État théologien a permis la production des formes de conscience en inculquant à tous le principe de vision légitime (...) des catégories de perception (...) les structures cognitives, l'équipement mental à partir duquel voir et dire le monde le « power-sharing » a plutôt contribué à favoriser l'avènement d'une conjoncture revivaliste : redécouverte et revalorisation des spécificités ethniques.

Le « power-sharing » ou l'émergence d'une conjoncture revivaliste
Au Cameroun par exemple le grand groupe *Béti* a éclaté : *Etenga, Mvele, Ntumu, Eton, Fon, Ewondo...* et ont ré-émergé comme des ethnies à part entière devant nécessairement, en tant

que telle, prendre part au partage du pouvoir. Dans le Sud on parle de plus en plus de *Bulu* de Sangmélima et de *Bulu* d'*Ebolowa* ! A l'Ouest du pays c'est à la faveur des élections législatives de mars 2002 qu'un candidat a battu campagne à la télévision nationale en « tenue traditionnelle *Bafoussam* » tout en critiquant l'envahissement, l'annexion des *Bafoussam* dans leur propre territoire par les *Bamboutos* et consorts ! Au Nord, la *kirditude* ne réussit nullement à empêcher le réveil et l'aiguisement des différences entre autres *Toupouri*, *Guisiga*, *Moundang*, etc ! Au Congo-Brazzaville, *Laris*, *Mbochis*, *Bakongo* etc. ont (ré)découvert leurs différences lors de la crise de partage du pouvoir survenue à partir de 1995. Dans ce pays on a connu la création de l'ethnie « Nibolek » tout comme au Cameroun on a vu l'ascension sociale de trois ethnies politiques : les *Haoussa*, les *Anglo-bami* et les *Béti*. Le « power-sharing » a conduit ici à une conjoncture de tripolarisation ethnique de la vie politique. Les ethnies, au détriment des individus sont devenues comme au Cameroun, au Congo, au Rwanda, etc., les principaux protagonistes du jeu politique. Partout en Afrique, le champ national est un champ désarticulé par les convoitises politiques, convoitises de pouvoir des différentes ethnies. C'est le lieu ici de rendre grâce à J.F. Bayard (1996) pour qui « il n'y a que des stratégies identitaires rationnellement conduites par des acteurs identifiables (...) et des rêves ou des cauchemars identitaires auxquels nous adhérons parce qu'ils nous enchantent ou nous terrorisent ».

En somme dans la démocratie de partage du pouvoir, l'ethnie est moins une spécification anthropologique qu'un tremplin politique, une ressource de pouvoir. En « power-sharing », le pouvoir crée l'ethnie. Le « power-sharing » constitue une opportunité politique de visibilité des groupes ethniques, des communautés dotées d'importantes élites, de réactivation des habitus communautaires et partant de fragmentation de la communauté politique. La fin du « power-sharing » pourrait assurément voir l'effacement de certaines ethnies aujourd'hui trop visibles.

> Le problème qui se pose dans ce cas, est celui de concevoir le nouveau fondement politique à donner à l'État post-colonial d'Afrique noire pour que la gestion de l'hétérogénéité ethno-identitaire ne légitime l'injustice et l'exclusion ni ne prédispose à l'affrontement les diverses identités ethniques qui le composent généralement. Autrement dit, comment pouvoir refonder politiquement l'État post-colonial d'Afrique noire de manière à articuler l'ethnicité à la citoyenneté démocratique (Mbonda 2002 : 21), ou à transformer l'espace politique africain en un véritable espace public propice à la discussion entre des identités différentes dans la perspective d'un vivre-ensemble juste et pacifique ? (Ayissi 2008 : 121-140)

Se poser cette question, revient à s'interroger sur le type de contrat moral et social susceptible de refonder et de repenser les rapports inter-communautaires dans une Afrique post-coloniale où chaque entité a tendance à imposer la nécessité de sa particularité ethno-tribale à la politique globale de l'État.

Repenser l'État et préserver la tribalité

En effet, formuler l'exigence de repenser l'État post-colonial et valoriser la tribalité, revient à affirmer que la naissance des États modernes en Afrique noire, n'a pas pu s'organiser autour d'un principe fédératif pouvant instaurer la cohésion dans l'irréductible réalité multi-tribale de l'État. Il y a eu en effet ici préséance de l'État sur la Nation ce qui rend encore aujourd'hui problématique l'émergence d'une conscience nationale dans la modernité négro-africaine. Toujours est-il que la naissance de l'État moderne dans la société post-coloniale s'est accompagnée comme paradoxalement d'un renforcement des micro-sociétés tribales. A ce stade, force est de constater que l'étendard ethnique est le meilleur moyen de dévoyer et d'avilir une guerre civile qui, autrement, pourrait être noble et compréhensible ; la fracture ethnique ne peut conduire, dans une guerre civile, qu'à l'épuration et au génocide des plus faibles par les plus forts du moment. Dans cette ambiance de solution finale, on ne peut escompter ni renouveau économique, ni révolution démocratique, ni consolidation du sentiment national et républicain transcendant les solidarités ethniques de base. Les guerres civiles qui secouent les États africains, pour autant qu'elles concernent les ethnies engagées en tant que telles, doivent être une occasion de réflexion profonde sur l'*éthique du vivre-ensemble*.

L'Afrique doit élever ses fils à la conscience de leurs intérêts, réprimer en eux cette propension aux débordements incontrôlés d'animalité, élargir l'horizon d'une réflexion souvent bornée à l'instrumentalisation abusive d'un pouvoir généralement usurpé, inciter à une projection lucide d'un avenir commun. Une symptomatologie de cette réalité me conduit à émettre deux hypothèses :
– L'État paraissait une réalité désincarnée et donc éloignée de l'individu ; ce qui a provoqué son rejet et le repli dans une société où on est plus enraciné et reconnu personnellement comme individu.
– L'africain n'a pas pu renoncer à la solidarité mécanique qu'obturait un État qui allait plutôt développer un individualisme remettant en cause la sécurité de la personne.

On voit là que toutes nos hypothèses ont une même racine : le rapport de l'individu à la totalité. La nouvelle société tendait à confirmer cette affirmation de Nietzsche[26] d'après laquelle l'État est le plus froid des monstres froids. En effet, si l'État ne peut pas nous apporter la sécurité socio-économique, nous nous retournons vers la « société » où on peut nous écouter, où on peut prendre en compte nos malheurs ; bref où on peut nous accorder assistance et attention. Ce « où », c'est la tribu qui est proche de nous quand l'État est un éternel absent. Et pourtant, nous ne pouvons pas, au vu de l'évolution actuelle rejeter l'État. Il y a donc là une irréductible interdépendance de notre avenir, de nos aspirations dans la mesure où on ne peut plus vivre cloisonné dans le ghetto tribal. C'est alors que l'urgence se fait sentir d'organiser c'est-à-dire de décider ensemble car désormais l'enjeu du regroupement est vital dans un contexte où « l'ère des destinées singulières est révolue ».

Inventer une grammaire de l'action devient une nécessité. J'entends par grammaire de l'action l'ensemble de règles, des normes permettant d'agir de concert, dès lors qu'il est découvert que l'action est un langage. Mon propos semble donc aboutir à cette conclusion : repenser l'État et préserver la tribalité. En effet, s'il y a eu, comme le soulignait l'une de mes hypothèses, rejet de l'État et embrassement de la tribu ou de l'ethnie, c'est à cause de la « froideur » du premier et de l'attachement à la « chaleur » du second ; mais il faut reconnaître que la tribu ne nous permet pas d'épuiser notre humanité, c'est-à-dire l'ensemble des possibilités humaines. Que doit donc être l'État pour que la tribu cesse d'y être un facteur limitatif et dé-créatif ? Bien comprise, cette question veut dire : que doit être l'africain appartenant à une tribu, pour qu'il puisse tout en ayant le sentiment d'y appartenir, se reconnaître comme citoyen inséré dans un État. La mise en évidence pratique de ce qui en l'homme est le plus humain me semble être une voie pour sortir de l'impasse tribal et entrer dans le règne de l'humain, dans le strict respect de la tribalité. Ce qu'il y a de plus humain en l'homme, c'est la capacité de mener une action, mieux une action commune et la voie qui y mène c'est le lan-

---

[26] L'homme refoule sa révolte et la retourne contre lui-même, empêchant ses instincts de se libérer. Les puissants imposent ainsi facilement leur justice : l'origine de l'État n'est donc pas un contrat. Nietzsche souhaite que l'homme retrouve sa « grande santé » dans la spontanéité d'une vie où l'agressivité naturelle ne serait plus entièrement refoulée, mais exprimée positivement. En fait, ce sont les hommes puissants (les aristocrates) qui, en désignant leurs actes comme « bons », s'arrogent le droit de créer des valeurs imposées aux plus faibles. Les prêtres luttent avec des idées et des mots contre ces puissants, faisant des faibles les « vrais bons » ! Le ressentiment des esclaves crée de nouvelles valeurs, qui ne font qu'entériner leur soumission plutôt qu'elles ne les libèrent du joug. Cette « nouvelle » morale est alors celle de la misère, de la pitié et du renoncement.

gage, le *langage concertatif, discursif et réflexif*. Que cette voie soit possible, l'histoire l'atteste. C'est le lieu de réfuter d'abord toutes les thèses qui ont fait des noirs un peuple an-historique, puis toutes celles qui ont développé une idéologie marquée du sceau de la science en soutenant le caractère autoritaire des pouvoirs précoloniaux africains.

En réalité, le rapport du pouvoir et de la sujétion était un rapport souple qui laissait une certaine marge de participation des individus à la gestion du pouvoir. Certes, il y a eu des États « autoritaristes », mais il y en a eu des « démocratiques ». Et dans l'Antiquité grecque, cette voie, celle du langage a pris la figure de la démocratie telle qu'elle est apparue dans la cité athénienne. Ici, la citoyenneté de chacun est reconnue par sa capacité à participer à la gestion de la *res-publica*, par son droit réel de dire, de choisir. Dès lors, le pouvoir est posé comme commun quand la force est individuelle. Le langage semble, je le précise, le terrain d'espoir qui permettra à chacun, quelle que soit sa tribu, son ethnie de reconnaître l'autre comme autre et d'inaugurer ainsi l'ère de la « démocratie » c'est-à-dire de la gestion com-mune du pouvoir. Et l'État ne sera alors que la réalisation d'un consensus obtenu grâce à l'application de la grammaire de l'action. En fait seul le consensus nous empêchera d'être étrangers « chez nous », dans nos États. C'est ici certainement que chacun pourra s'élever au-delà de son individualité, de sa tribalité, de son temps personnel pour voir l'avenir de l'homme, le devenir de l'humain. On passera ainsi de l'enveloppement tribal au développe-ment, c'est-à-dire à la promotion de l'humain, de ce qu'il y a de trans-ethnique. Ce n'est que lorsque ce qui nous entoure cesse de nous être étranger que nous accédons à la pleine cons-cience de la citoyenneté conférée par l'appartenance politique et juridique de l'État.

L'institution de la communauté politique est la mise en vacance définitive et expresse de l'étrangeté. Voilà un ensemble de Valeurs dont seule peut rendre compte de l'utilisation du langage (réalité trans-ethnique donc humaine) qu'il ne faut pas rabaisser à la langue (pure-ment ethnique). L'avenir de l'Afrique et des États africains se jouera à mon sens dans la capa-cité de leurs composantes à se déterminer en *unités concertatives*. En effet, se concerter c'est agir ensemble au sens où M. Mauss[27] dit que le langage est toujours un instrument d'action. Ce dont l'Afrique a besoin aujourd'hui, ce n'est pas tant des slogans et des mots (maux) d'ordre, mais des tâches communes à réaliser. Ceci nécessite un investissement humain et un investissement dans l'humain. L'africain doit redécouvrir aujourd'hui les vertus du langage. S'interroger ainsi sur le mode du *vivre-ensemble* cohérent pouvant assurer un langage concer-tatif, revient à affirmer la nécessité de refonder politiquement l'État multi-ethnique africain suivant les principes susceptibles de garantir à la fois l'expression de la libre citoyenneté des Africains au-delà et par-delà leur diversité ethno-identitaire et y allant, la stabilité et la renais-sance politique en post-colonie.

---

[27] Mauss, Marcel (1872-1950), anthropologue et sociologue français qui a contribué à la création de l'école ethnologique française. Moins désireux de développer un système théorique qu'Émile Durkheim, Marcel Mauss ne s'en inscrit pas moins dans la continuité de la sociologie durkheimienne. Illustrant l'idée de « fait social » par des études concrètes, il s'attache à montrer comment un seul phénomène significatif donne à voir les structures sociales sous-jacentes dans leur totalité. Le « social » (et les formes qu'il prend en un lieu pré-cis) n'est donc plus une donnée, mais une catégorie qui mérite bel et bien d'être conceptualisée en tant que telle. Cette posture permet à Marcel Mauss d'appréhender de façon fine les rapports entre le collectif et l'individuel, entre la contrainte et la liberté, et donc de traiter de questions tant anthropologiques que psycho-logiques. C'est là d'ailleurs son principal point de rupture avec Émile Durkheim qui, traitant « les faits so-ciaux comme des choses », établit une différence de nature qui fonde la spécificité de l'objet sociologique.

9

Vers la formation d'un patrimoine constitutionnel commun dans les sociétés multi-ethniques ?

Les fondements constitutionnels

La pensée politique doit enfin assumer la part « compréhensive » de cette exigence de progrès et de civilisation. Les réflexions qui vont suivre ne sont que des *propositions* reflétant les conclusions logiques de notre analyse. C'est à juste titre qu'on peut se demander, *in fine,* si le courage politique ne doit pas inclure une ré-interrogation des constitutions modernes dont les stigmates de l'appauvrissement réflexif animent encore l'aventure politique nationale en post-colonie.

Si l'idéal républicain est proclamé par la fondation d'une nation juridique, il ne peut que prendre à témoin les nations sociologiques (tribus), auto-instituées, qui constituent la texture anthropo-historique de l'ordre politique. Il nous a été donné de souligner l'importance croissante des revendications socio-politiques dont la toile de fond tisse les grandes lignes de fracture identitaire ou affinitaire. Ainsi, le préambule stipulerait que « l'Afrique dispose dans son histoire et sa culture de sources juridiques pertinentes et susceptibles d'orienter son destin ». Il aurait pour référence normative, les sentiments juridiques que véhiculent les nations sociologiques toutes productrices du droit, en même temps qu'elles en sont l'objet.

Parce que le préambule fait partie de la constitution, sa visée programmatique doit rencontrer les représentations scientifiques et culturelles de la réalité telle que perçue par les nations sociologiques auto-instituées aux fins d'y vitaliser leurs intérêts matériels et immatériels dignes de protection juridique. Vu sous cet angle, la concrétisation de cet idéal ne peut que cristalliser dans la républicanisation des chefferies traditionnelles, c'est-à-dire l'affirmation de leur légitimité et légalité, institutionnelles et constitutionnelles. D'où les critiques qui vont suivre.

De l'État et de la souveraineté

Si la République, *la chose publique,* est un État unitaire qui se dit décentralisé, cette décentralisation, pour être effective, doit épouser les contours des nations sociologiques auto-instituées auxquelles seront associées des sources de pouvoirs légaux et légitimés. De fait, la Nation n'est nation que parce que constituée de communautés historiques auto-instituées, douées de particularismes culturels, religieux, symboliques, sociaux et politiques qui entendent les conserver, les valoriser et en réaliser les finalités. Les élus du peuple qui engagent leurs responsabilités dans la défense des intérêts de ces communautés doivent être désignés par celles-ci. Ce n'est qu'en ce sens bien compris que la souveraineté appartient au peuple qui l'exerce. Aussi le Parlement doit-il être constitué de deux chambres : l'Assemblée nationale des citoyens (élus par le biais des partis politiques) et le Sénat des nations sociologiques auto-constituées ou reconstituées. Le suffrage universel s'effectuerait en vue de l'élection des députés. Quant au Sénat, ses membres seraient constitués d'Autorités désignées par les nations sociologiques. Les principes de démocratie y seraient le consensus, la participation, l'argumentaire et la délibération dans les bonnes traditions de la sagesse ancestrale. L'autorité de l'État serait alors exercée par le Président de la République et le parlement, comme ce fut le cas avec le roi africain entouré de son conseil.

Du pouvoir exécutif

Le Président de la République est le Chef de l'État. Son élection ne saurait se faire par les citoyens, la réalité africaine reposant sur une disposition socio-affinitaire. Le cas du Rwanda et du Burundi inspire une réfutation du principe de démocratie fondé sur le suffrage universel. Les Hutu constituent une majorité beaucoup trop forte pour que les Tutsi et les Twa fassent le poids. Les premiers (85% environ de la population) ne laisseraient aucune chance aux Tutsi dont les différends historiques ont laissé des séquelles socio-politiques. Il est possible de donner le privilège électif au Sénat, voire aussi à l'Assemblée si ceux-ci représentent effectivement les grands ensembles socio-politiques. De plus, le président élu effectuerait sa prestation de serment rituel en présence des Autorités traditionnels légitimes, reconnus par leurs pairs comme dépositaires de la connaissance profonde.

Pour que le Sénat puisse valablement jouer son rôle, le Président de la République ne saurait prononcer sa dissolution. Une telle disposition peut être prolongée à l'Assemblée Nationale. De même, le Premier Ministre ainsi que les membres du Gouvernement une fois nommés par le Président ne sauraient être révoqués sans l'aval du Sénat et/ou de l'Assemblée Nationale.

Le Gouvernement serait alors responsable de la mise en œuvre de la politique de la Nation et responsable devant l'Assemblée Nationale et le Sénat.

Du pouvoir législatif

Il est exercé par le Parlement doté des deux chambres précitées. Le Parlement légifère et contrôle l'action du Gouvernement. Il reçoit les serments, entend les messages du Président de la République et se prononce sur tout ce qui met en péril l'intégrité du territoire. Le Président ne saurait, à lui tout seul, avoir ce privilège. Le Sénat peut aussi se prononcer sur un projet ou une proposition de révision constitutionnelle, voire élire le Chef de l'État, ou présider à son élection.

De l'Assemblée Nationale

Les Députés sont élus au suffrage universel. Mais cette disposition répond davantage au souci de préserver un certain « style » de modernité. En raison des tournures démagogiques et des exactions qui entourent les élections, les règles d'organisation et de fonctionnement de l'Assemblée, il est important que les textes soumis à son examen soient adoptés ou rejetés par le Sénat. Le véritable rôle de l'Assemblée Nationale consisterait, outre le vote du budget, en l'harmonisation des propositions de loi et amendements entre l'État et les nations sociologiques.

Du Sénat
Le Sénat doit représenter, de manière convenable, les nations sociologiques. Le Sénat n'adopte pas les lois à la majorité simple des sénateurs. C'est une instance qui doit opérer par consensus. En cas de contradictions graves, le bureau du Sénat peut trancher. Le Sénat apporte des amendements ou rejette tout ou partie des textes soumis à son examen par l'Assemblée Nationale. Les textes adoptés ou rejetés sont transmis à l'Assemblée Nationale et au Président de la République, accompagnés des motifs du rejet.

Du pouvoir judiciaire
Le pouvoir judiciaire doit avoir recours aux autorités traditionnelles et autres professionnels du droit africain concernant les problèmes dont la nature a trait aux coutumes, à l'état civil, aux droits de possession ou de propriété, aux mariages, à la législation tribale, aux conflits tribaux, aux droits de la femme, des enfants, des handicapés sociaux, à la question foncière, etc.

L'organisation, le fonctionnement, la composition, les attributions des cours d'Appel, des tribunaux de l'ordre judiciaire, des tribunaux administratifs et des juridictions inférieures des comptes doivent intégrer l'esprit du droit africain qui vise la conciliation et non la sanction, l'équilibre social, l'équité, la réinsertion des coupables dans la société, etc. ; en d'autres termes, le droit africain doit sortir du domaine « coutumier » dans lequel le positivisme juridique l'avait cantonné. Pour cette raison, les chefferies doivent être réhabilitées et républicanisées pour servir de tampon à la dérive du droit. Leur pouvoir doit être indépendant et affranchi de la simple autorité que leur confère le modèle sociologique dominant.

Du Conseil Constitutionnel
Si le rôle du Conseil Constitutionnel est de veiller à la régularité de l'élection présidentielle, des élections parlementaires et de la proclamation des résultats, il représente, avec le Sénat, les instances régulatrices de l'ordre national. Ses membres ne peuvent qu'être des personnes recommandables, légitimées par le Sénat et responsables devant celui-ci. Ils ne peuvent qu'être nommés par le Président.

De la Haute Cour de Justice
Le recours à une Haute Cour de justice pour le jugement des actes accomplis par le Président de la République, le Premier Ministre, les membres du Gouvernement et autres assimilés ayant reçu délégation des pouvoirs suppose un principe de responsabilité des personnes ayant ces charges et contrôlés par le Sénat.

Des collectivités territoriales décentralisées
Les collectivités territoriales décentralisées doivent prendre la configuration des nations sociologiques et leurs terroirs. Pour jouir d'une saine gestion des intérêts de groupes sociaux, il convient de s'en tenir aux vertus ancestrales du pouvoir, avec ses rétrocontrôles et ses harmonies rituelles toujours fonctionnelles. La création des collectivités territoriales décentralisées sur proposition du Parlement doit alors s'accompagner d'une légitimation du pouvoir traditionnel et sa républicanisation. L'enjeu c'est la restauration d'une cohérence entre tradition et modernité. Il apparaît clairement que le Sacré africain, avec ses chefferies, ordres et valeurs, mérite enfin d'être réhabilité. Ainsi pourrait-on résumer toute l'œuvre de reconstruction attendue par le continent noir.

Pré-conditions pour une base de discussion sur les arts de gouverner dans les sociétés plurales aujourd'hui

L'étendard ethno-tribal et la décentralisation traditionnelle comme bases de restructuration du continent noir ?

La pensée positiviste, cumulant fantasmes scientifiques[1] et rationalisme universaliste pour justifier l'ordre politique dominant, se trouve désormais contraint de réviser ses fondements idéalistes. Le modèle juridico-politique dominant montre en effet ses limites après que s'en sont emparés les substrats humains et culturels de la planète comme gage de développement. La colonisation y a accompagné la diffusion du modèle capitaliste contre les intérêts des peuples soumis et dominés, avec l'aval de l'élite politique et intellectuelle locale bureaucratisée et corruptible jusqu'à la moelle, prête à tout pour faire valoir ou conserver ses intérêts de classe.

Malgré les « indépendances » politiques intervenues, l'idéologie du développement a accentué un état de dépendance chronique raccordé à l'importance croissante des relations politiques et économiques internationales, avec leurs exigences toujours accrues de modernité, et par conséquent demandeuses de performance scientifique, technologique et financière, malheureusement contrôlées par l'ex-métropole davantage assoiffée de puissance et de prestige.

Parallèlement se sont développés des contradictions et paradoxes sociaux, économiques, politiques, environnementaux et scientifiques dont l'humanité actuelle subit une crise multidimensionnelle aux racines se prolongeant à l'être moral et social désormais atteint. L'ampleur paroxysmale des conflits fratricides et leurs cortèges de haines, de violences et de génocides, les désordres économiques qu'accompagnent les inégalités, les injustices, la pauvreté, le chômage, la famine, l'exclusion sociale, l'impersonnalité des relations humaines, les indifférences affectives, les déviances sexuelles et mentales, etc., traduisent les limites du modèle sociologique de l'État-nation dans l'Afrique moderne.

A tout cela s'ajoutent la crise de l'environnement, le réchauffement de la planète, les manifestations de l'ozone stratosphérique, les vaches folles, le VIH SIDA, la fièvre aphteuse, qui sont autant de facteurs qui sollicitent une autre vision du monde et des valeurs, condensée en un projet politique nouveau. Pour lutter contre l'entropie, la science doit désormais prendre en compte la version africaine de la réalité politique telle que nous l'avons envisagée dans les chapitres précédents.

Aussi ces phénomènes ne doivent-ils pas éclipser des aptitudes réorganisatrices, latentes, inconscientes ou virtuelles, à l'intérieur de systèmes affectés. Les perturbations génératrices de ces crises révèlent, tout au moins sur le plan politique, l'actualisation des ordres politiques nouveaux, à tendances nationalitaires, tribalistes ou sectaires, où se déploient des revendications socio-politiques, voire séparatistes. Les systèmes de valeurs et normes établis continuent donc d'opérer : les modèles politiques locaux ou traditionnels subsistent, sous des formes pures, syncrétiques ou compréhensives (subjectives)[2] et ne demandent qu'à être rationalisées, surtout qu'elles procèdent de vérités sur l'Etre admises par la science. Reste la question de savoir si les mutations en cours en Afrique peuvent être d'un apport positif en vue d'une éventuelle restructuration du continent. Cette interrogation est délicate.

---

[1] Auguste Comte, Karl Marx, Emile Durkheim appartiennent au courant positiviste recherchant des lois susceptibles d'éclairer la nature et l'évolution des sociétés humaines.

[2] Au sens de Weber, *L'Ethique protestante et l'esprit du capitalisme*, Paris, Plon, 1964, avant-propos, p. 11, pour mettre en valeur l'intentionnalité sociologique des acteurs ; et de fait, dans l'esprit de Weber, les lois sociologiques ne sauraient être comparables à celles des sciences de la nature. Max Weber valorise ainsi les intentions humaines, individuelles.

Une guerre civile ne peut être un facteur de transformation de l'ordre des choses que si elle procède d'un mouvement d'indocilité de la masse déterminée à ébranler et à modifier le cours politique et socio-économique de la communauté, déterminée à faire triompher une idée élevée de la dignité humaine ou de la civilité de la collectivité. Les guerres civiles qui, dans l'histoire, ont marqué à leur terme un saut qualitatif pour un groupe humain avaient pour enjeu un principe, une idée, une cause noble, transcendant l'ornière rétrécie de la conquête du pouvoir politique, dans sa dimension la plus brute et rudimentaire d'instrument de violence et de prédation.

Si la guerre civile américaine, à l'époque du Président Lincoln, a constitué une étape charnière dans l'évolution de la démocratie aux États-Unis, c'est parce qu'elle avait pour enjeu la dignité du peuple noir qui devrait être libéré de l'esclavage pour accéder à l'égale citoyenneté.

Si la guerre civile espagnole en 1936 a pu constituer un moment de vibration d'espoir, avant la victoire de Franco, c'est parce qu'elle avait pour enjeu non pas le pouvoir brut, mais la République en tant que mode d'organisation de la vie politique.

Dès lors, les mutations africaines ne peuvent être des bases de restructuration sociale que si elles sont des explosions respiratoires de sociétés longtemps étouffées dans le carcans idéologiques et politiques ; si elles traduisent la revendication d'une meilleure gouvernance démocratique et sociale pour tous : d'abord de meilleures pratiques de gouvernement, ensuite une meilleure répartition non pas des fruits de la croissance (mystification technocratique des masses) mais du coût social de la déprime économique générale ; si elles constituent un appel en faveur de la constitution de véritables nations, au-delà du discours démagogique cinquantenaire en la matière. A cette aune-là, par rapport à cette exigence de la lutte pour un idéal politique, pour la justice sociale, peu de conflits civils semblent porteurs de projets de restructuration, si l'on fait abstraction dans une certaine mesure du conflit soudanais. La plupart des autres guerres civiles, sinon toutes, ont pour enjeu immédiat et exclusif le pouvoir dans sa brutalité ; l'enrobage théorique et idéologique, lorsque du reste l'on daigne s'en procurer par respect pour la communauté internationale, ne peut abuser que les naïfs. La plupart des guerres civiles sont des revendications de démocraties ethniques et *quotataires*, le fruit des réactions désespérées d'*apparatchiks* évincés par le nouveau cours des choses et qui n'espèrent converser une chance de survie politique (et même physique) que dans une tactique du terrorisme, de la terre brûlée et du *jusqu'au-boutisme* militaire. De telles guerres n'ont d'issues, au mieux, que le maintien du *statu quo*, au pire, le recul dans l'évolution démocratique, sauf à considérer comme un progrès, un ordre politique reconnaissant des rentes de situation à des acteurs.

La guerre civile est alors un véritable moment de confusion délibérément organisée pendant lequel sont absous des criminels politiques, économiques et autres de tous bords. Au soir de l'armistice, des accords de cessez-le-feu ou des accords de paix, dans l'enthousiasme pour la tranquillité enfin retrouvée et la lassitude d'une guerre à laquelle la population n'entend généralement pas grand'chose (n'en maîtrisant ni les enjeux ni les objectifs), seule résonne la trompette suspecte et quelquefois injuste de la réconciliation, au détriment des éclairs de la justice et de la vérité ou des exigences de la responsabilité politique et pénale.

A ce stade du développement, force est de constater que le paradigme ethnique ne peut que brouiller l'intelligibilité recherchée de la guerre civile et ne peut qu'en empêcher la manifestation de l'éventuelle dimension ré-structurante et reconfiguratrice. L'étendard ethnique est le meilleur moyen de dévoyer et d'avilir une guerre civile qui, autrement, pourrait être noble et compréhensible ; la fracture ethnique ne peut conduire, dans une guerre civile, qu'à l'épuration et au génocide des plus faibles par les plus forts du moment. Dans cette ambiance de la « solution finale », on ne peut escompter ni renouveau économique, ni révolution démocratique, ni consolidation du sentiment national et républicain transcendant les solidarités ethniques de base.

Au 21e siècle, la démocratie n'a pas de tâche plus urgente à poursuivre que d'engendrer une vision plus noble et plus viable de l'objectif de la vie et de la société. Mais il doit aussi affronter la tâche consistant à générer un consensus interculturel qui rendrait possible le règlement des conflits sans coercition. Aussi suggérons-nous le concept d'État suivi de la marque anthropologique qui serait sienne, à savoir État de type *clanique* (chefferial), *ethnarchique* (royal), *castarchique* (impérial), soit à peu près l'équivalent de ce que Prince Dika-Akwa (1982) désigne aussi par *chefferies lignagères, claniques, ethnarchiques* ou *royales*. La méthode ainsi considérée peut servir d'instrument d'analyse.

Dans toute l'Afrique moderne, ces catégories apparaissent clairement sous la forme de cantons, chefferies ou royautés enserrés dans l'État-nation moderne. Le processus de démocratisation libérale engagé rend compte de leurs permanences et de leur vitalité. Les partis politiques, l'administration étatique, le football, l'organisation spatiale des quartiers etc., montrent combien il est illusoire de les soustraire à l'ordre étatique moderne. Les guerres civiles en portent l'empreinte et, dans bien des cas, on devine, aujourd'hui encore, qu'elles tendent à fracturer l'espace politique en unités irréductibles.

Le modèle occidental et africain de développement, désormais voué aux échecs cumulatifs que révèlent l'état de pauvreté dans le monde, l'exclusion sociale, les déséquilibres de l'environnement, la tribalisation de l'espace politique, les guerres fratricides, les génocides, etc., justifie la nécessité pour l'Afrique de reconsidérer le mode de décentralisation traditionnel dont les résultats nous commandent de situer avec objectivité, l'avance que les sociétés africaines, sans doute favorisées par un écosystème accueillant, ont eu sur le reste de l'humanité.

De fait, il semble peu objectif de juger l'histoire du continent noir à partir des faits anodins et des incidents historiques si on ne recentre pas le contexte des analyses. Celles que nous avons effectuées prouvent, à bien d'égards, la nécessité de considérer l'action politique traditionnelle comme un système d'action politique plutôt que de nous égarer en conjectures qui nous éloignent du lien ombilical depuis longtemps rompu entre nous et notre culture scientifiquement comprise et pas seulement vécue.

Il convient, pour ainsi dire, de donner aux concepts de lignage, clan, tribu, une dignité épistémologique, politique et juridique ; ces concepts doivent devenir objet de droit. Ceux-ci fondent l'idée d'une profondeur historico-généalogique où les liens de fraternité, matérialisés par l'existence d'un ancêtre commun, finissent par s'altérer progressivement, en raison de la complexité du jeu des alliances matrimoniales, rituelles ou parentales. Perdues, retrouvées ou revivifiées, ces alliances subissent, pour ainsi dire, les lois de l'entropie. Généalogies légitimées, réelles ou fictives, ces alliances permettent aussi d'affirmer, l'intégration, la parentalisation, voire l'assimilation des individus ou des groupes sociaux dans un cadre davantage pacifié, opératoire, répondant aux besoins de la sédentarisation. Désintégrés, recomposés, complexifiés, lignages, clans, tribus et nations utilisent les canaux de l'information en vue de leurs organisations ou réorganisations.

La société globale est donc informationnelle. Si l'opération cognitive ainsi effectuée valorise l'internalité affective et affinitaire, c'est précisément pour mieux saisir le sens de l'ajustement à effectuer. Le passage du lignage au clan, à la tribu et à la nation selon une échelle réversible n'a d'importance que du fait de sa normativité. Il obéit au principe de l'antagonisme organisateur devenu une règle du jeu politique, de la théorie politique. *L'État africain est, pour ainsi dire, multi-lignager, clanique, tribal ou national* : il est à l'instar de tous les systèmes sociaux complexes, politisés et étatisés, toujours soumis à l'entropie, donc dégradable ou politico-dégradable. Les sites de régulation ainsi désignés par les concepts lignages clans, tribus, nations, s'inscrivent par conséquent, dans une théorie des systèmes politiques, comme des référents scientifiques. Ils justifient le recours à la rationalité africaine comme modèle opératoire intégrant l'organisation complexe des niveaux systémiques disposés en marches autonomes, en interaction dans le Tout social devenu une notion juridique : l'État. Toutefois, l'occidentalisation de l'Afrique est un fait pratique et concrètement vécu, et pas seulement un projet, ne doit-on pas penser le rapport à l'Occident sur cette base de la présence du monde occidental au cœur même de l'Afrique, des Africains ? La volonté de vérité qui gouverne les canons concrets et les principes de structuration scientifiques de la pratique discursive des négro-africains s'organise à un triple niveau :

Le niveau de l'idéologie identitaire : ici la culture négro-africaine est conçue comme un espace historique dans l'antagonisme avec la trajectoire de la culture occidentale ;

Le niveau de la pratique scientifique : qui rend possible une conception énergétique des rapports entre l'Afrique et l'Occident, conception à partir de laquelle l'Occident demeurerait un moment interne du débat de l'Afrique avec elle-même ;

Le niveau de la prise de conscience que nous pouvons, nous Africains d'aujourd'hui, avoir du hiatus entre l'idéologie identitaire et la pratique discursive en cours. C'est au creux de cet écart que la culture apparaît véritablement comme enjeu : *l'enjeu de l'avènement d'un sens qui soit fertilité d'existence pour l'Afrique sans être antagonisme idéologique à l'égard de l'Occident*. C'est le sens même de l'épistémologie interculturelle qui garantira la conclusivité de cette thèse. Un tel enjeu comporte une double dimension : rechercher une nouvelle *cohérence de la théorie* et une nouvelle *fécondité de la praxis* selon le mot de Senghor repris par V.Y. Mudimbe[3].

Nous ne pouvons présenter la problématique de l'État africain et sa culture en éludant les sciences humaines africaines en rapport avec la question du développement ; cette problématique a été abordée en relation avec le fond culturel négro-africain par Axelle Kabou, Daniel Etounga-Manguelle et Baenge Bolya. Par la manière dont ils articulent leur réflexion sur les structures et dynamismes fondamentaux de la modernité négro-africaine, ces auteurs ont reposé sur des bases concrètes la préoccupation qui est au centre de cette étude : celle des travers de la culture africaine face aux défis actuels du continent. Nous présentons ici le contenu de leurs essais avant de mettre en lumière leurs enjeux dans les débats culturels de nos pays.

La culture du « vendredisme » chez Axelle Kabou
Considéré par beaucoup comme le livre-événement du début de la décennie 1990 en Afrique, l'essai d'A. Kabou : *Et si l'Afrique refusait le développement* ? (Paris, Editions de L'Harmattan, 1991), mérite d'être interrogé sereinement dans notre effort pour fixer les contours du débat intellectuel et politico-culturel qui prend corps dans nos pays et repose à nouveaux frais la question de notre culture. Parce qu'elle a donné à ce livre la forme d'un pamphlet caustique qui remet en question les certitudes les mieux établies dans nos pays aujourd'hui ; parce qu'elle articule sa problématique selon une stratégie de provocation manifeste destinée à agacer les sensibilités et à irriter les intelligences ; parce qu'elle frappe la conscience de l'élite africaine au point le plus sensible de son arrogance théorique et de son impuissance pratique, A. Kabou suscite un débat de fond sur une question de fond : oui ou non l'Afrique

---

[3] Cf. Mudimbe, V.-Y., *L'odeur du père. Essai sur les limites de la science et de la vie en Afrique noire*, Paris, Présence Africaine, 1982, p. 37. Lire également du même auteur, *L'autre face du royaume. Une introduction à la critique des langages en folie*, Lausanne, L'âge d'homme, 1973. Mudimbe a également publié *The invention of Africa. Gnosis, philosophy and the order of knowledge* (Indianapolis, Bloomington Press, 1988), ouvrage où il reprend, pour le public de langue anglaise, les grandes intuitions théoriques de ses essais précédents.

veut-elle le développement ? Sous cette formulation, l'interrogation peut être précisée et affinée en une problématisation plus pointue :
- Les attitudes, les comportements, les modèles de pensée et les stratégies d'action des Africains vont-ils dans le sens d'une volonté du développement ou sont-ils des signes manifestes du refus de tout sens du progrès culturel et social ?
- Comment peut-on expliquer l'état actuel du continent malgré ses richesses innombrables et ses discours exaltants sur la promotion humaine?
- Quelles sont les exigences les plus fortement requises pour une mutation profonde des mentalités de nos peuples, si ceux-ci décident vraiment d'entrer de plein pied dans les impératifs de notre époque et les enjeux de notre temps ?

Face à ces interrogations, la thèse d'A. Kabou nous semble claire : l'Afrique refuse le développement et se cache à elle-même ce refus par des mécanismes multiples qui hypothèquent ses chances de réussite économique, politique, sociale et culturelle. Pour étayer et défendre cette thèse du refus du développement, A. Kabou mobilise toutes les ressources de pensée, de style et d'investigation théorique. Avec jouissance et jubilation, elle démonte les mécanismes du mal africain, en déroule les dimensions, en manifeste les enjeux et en fixe la portée dans la réalité de notre situation. De page en page, de chapitre en chapitre, avec une passion obstinée et une ferveur insolente, elle décrit le cancer de nos esprits, la maladie mortelle de notre culture aujourd'hui. Mortelle dans nos esprits, cette maladie l'est parce que c'est dans les têtes des Africains mêmes qu'elle se développe avant de gangrener le tissu social tout entier.

> Pour comprendre pourquoi ce continent n'a cessé de régresser malgré ses richesses considérables, il faut d'abord se demander comment cela fonctionne au niveau micro-économique le plus élémentaire : dans la tête des Africains. (Kabou 1991 : 22).

Comment cela fonctionne-t-il, effectivement ? La réponse à cette question a des facettes multiples dans la pensée de la pamphlétaire camerounaise. Dans un catalogue fort vaste où les méfaits de l'esprit africain sont décrits avec délices et férocité intellectuelle, l'analyse n'y va pas de main morte pour dénoncer le refus du développement dans les mentalités et dans les attitudes.

> On ne peut s'empêcher d'être frappé par l'acharnement avec lequel les Africains refusent la méthode, l'organisation. Ils gaspillent leurs maigres ressources, sabotent tout ce qui pourrait fonctionner durablement au profit du plus grand nombre. Ils détestent la cohérence, la transparence, la rigueur. A tous les échelons (et c'est ce qui imprime à la dérive de l'Afrique son côté inquiétant), la faveur va systématiquement au bricolage, hormis l'espoir d'une intervention étrangère, considérée du reste comme un dû historique (Kabou 1991 : 22).

Aux yeux de notre penseur, cette mentalité partout visible en Afrique est nocive pour le destin de notre continent. Elle nous met hors des exigences de notre époque et nous place en situation de déficit d'imagination et de créativité devant les impératifs de notre avenir. Alors que notre époque exige une mentalité qui sache gérer avec rigueur les ressources humaines et matérielles, l'Afrique déploie des attitudes entièrement contraires à un tel type d'esprit. Elle est une « grande gaspilleuse de temps, d'argent, de talents, d'énergie ». Elle se complaît dans une inertie mentale qui bloque tout sens de création fertile, tout esprit d'inventivité. Elle « se distingue chez elle par un mépris souverain pour la créativité, la diffusion du savoir technique, par une absence terrifiante d'imagination et un conformisme meurtrier ». Ses seules méthodes pour vivre sont l'improvisation, l'endettement et la mendicité. C'est un continent à la dérive par sa faute, par la faute de la structure d'esprit qu'il entretient et dont il est entièrement responsable.

Les malheurs du continent deviennent désespérants quand on sait que les Africains eux-mêmes font tout pour se cacher les faiblesses, les inerties, les pesanteurs et les endémies du type d'esprit qui les caractérise. Au lieu de regarder les réalités en face et de considérer leur situation en dehors de toute passion et de toute complaisance, ils préfèrent développer une attitude que A. Kabou nomme, en référence à un très célèbre livre de Daniel Defoe, le « vendredisme ». Il s'agit d'un procédé psychologique et d'un comportement de fond qui consiste à se satisfaire de compensations illusoires et de rêveries futiles devant notre incapacité à affronter les vrais enjeux de la situation. C'est « le propre d'une conscience humiliée inapte à s'affirmer avec dignité et dans les faits, et usant de subterfuges divers pour transformer la honte, la lâcheté, la médiocrité et la paresse en objets d'admiration ».

Ce mal psychologique gangrène l'Afrique et anémie tout son espace mental. Sa concrétisation la plus manifeste est l'idéologie de l'identité culturelle. Celle qui, au lieu de considérer les défis du temps présent et notre incapacité à y faire face, s'enchante de valeurs culturelles éternelles des sociétés africaines et s'enferme dans des explications approximatives, réductrices ou fausses, de notre situation actuelle : la traite négrière, la colonisation, le néo-colonialisme. Ainsi leurrée sur la signification réelle de sa propre situation, le continent africain ne voit pas qu'il a à chercher les réponses là où elles sont : dans *une révolution mentale et culturelle exigeante*, capable de libérer l'Africain de tous les blocages dont souffre notre société aujourd'hui. La lutte à mener pour changer les mentalités africaines devra donc être centrée sur la pensée « vendrediste » et ses séquelles mentales. En même temps, il convient de prendre conscience du fait que le vendredisme se nourrit d'une logique manichéenne qui tend à diaboliser l'Occident et à maintenir ainsi, en Afrique, une attitude d'accusation du monde occidental là où il aurait fallu voir exactement ce qui a fait la force de ce monde dans le passé comme aujourd'hui ; et ce qui fait notre faiblesse face à sa puissance.

A la place d'un mode de pensée critique et analytique qui nous ferait comprendre ce qu'est exactement l'Occident, nous nous perdrons dans un « culturalisme » foncier, « une attitude mentale régressive » de valorisation de nos traditions, alors que celles-ci se sont révélées inaptes à affronter le monde dans lequel nous vivons. Actuellement, le « meurtre de Vendredi » est une nécessité impérieuse et absolue. De lui dépend la révolution mentale qui nous rendrait critiques par rapport à nous-mêmes et suffisamment créatifs pour sortir du sous-développement.

Tuer Vendredi, c'est en même temps mettre à mort son allié spirituel : le « Babélisme ». Ce terme désigne chez A. Kabou la théorie des conseillers étrangers de tous bords qui orientent l'Afrique vers la fuite du monde scientifique, technique et industriel d'aujourd'hui. Avec l'espoir que du sein de nos pays jaillirait un développement bucolique, paisible, loin des machines et des risques nucléaires, loin des menaces de destruction de la couche d'ozone et de l'ensemble de notre environnement. Selon A. Kabou, les prophètes du babélisme ne font que confiner l'Afrique dans un « culturalisme » meurtrier et irresponsable. Ils l'enferment dans son refus du développement et dans la naïveté d'un monde autre capable de faire l'économie des exigences et des impératifs de la modernité. En l'éloignant de grandes batailles de notre temps, ils l'éloignent du lieu même dont dépend l'invention de l'avenir et la solution aux problèmes cruciaux aujourd'hui. L'analyse conduite par Axelle Kabou ne fait pas que constater le refus du développement et les ruses par lesquelles ce refus se rend visible. Elle ouvre des issues pour une révolution mentale et culturelle à accomplir. En quoi consiste cette révolution de la culture et des mentalités africaines aujourd'hui?

Avant tout, elle devra être une prise de conscience des réalités en dehors desquelles il ne peut y avoir de développement. Plus exactement, elle consistera pour l'Afrique à comprendre que son développement ne dépendra pas de quelqu'un d'autre que d'elle-même et de sa capacité de travail et de transformation de son monde. L'Afrique devra aussi se défaire de son complexe « face à la notion même du développement » et promouvoir une attitude de combativité qui l'enracinerait pleinement dans la civilisation technicienne, hors des tabous qui pèsent sur les mentalités de nos pays quant aux faiblesses culturelles qui sont les nôtres. Plus exactement, « la survie de l'Afrique dépendra de son aptitude à s'organiser rationnellement et à regrouper ses forces ». « L'Afrique du XXIe siècle sera rationnelle ou ne sera pas », prévient A. Kabou. Cette conscience de bâtir l'Afrique sur l'esprit rationnel entraîne une conséquence importante pour les Africains : ne pas poser le problème de leur colonisation par l'Occident en termes moraux, mais en termes d'exigences intellectuelles et techniques pour éviter totalement et combattre en profondeur les tares qui nous ont conduits à la sujétion de l'Afrique par les Occidentaux. Cette manière de poser les problèmes aiderait l'Afrique à saisir la question du développement de façon précise et pratique, loin des théories nébuleuses et des querelles de clocher qui caractérisent les discours des intellectuels africains.

La certitude qui compte vraiment est celle-ci :

> Le développement n'est pas une course contre l'Occident, mais contre les maux croissants et multiples de l'Afrique. Il devait donc se poser en termes qualitatifs autocentrés et actualisés. L'étonnement n'est pas que l'Afrique n'ait pas encore mis au point des navettes spatiales ou des fusées, mais qu'aucun pays africain n'ait, au bout de trente ans d'indépendance, créé les conditions permettant de sortir de la misère par soi-même. (Kabou 1991 : 112).

Cette incapacité de nos pays à répondre aux maux de notre continent est le problème réel qui détermine l'attitude que nous avons à prendre pour opérer révolution mentale qui convient : pour ne pas nous embourber dans des mentalités culturelles désuètes ; pour ne pas nous complaire dans une théorie vendrediste mortelle, mais pour nous ouvrir radicalement et vigoureusement aux forces des autres civilisations, de réalisations et de leur esprit pour devenir nous-mêmes créatifs et responsables de notre destinée.

Selon Axelle Kabou, c'est cette révolution des mentalités et de la culture qui impulsera des nouvelles dynamiques du développement aujourd'hui : « un tour d'esprit créatif opérant dans un contexte susceptible d'amplifier les résultats de l'inventivité, de l'ingéniosité, de l'emprunt à d'autres civilisations ».

Un programme d'ajustement culturel pour l'Afrique

Dans le même esprit que sa compatriote Axelle Kabou, mais avec une vision plus économique et plus financière des réalités mondiales, Daniel Etounga-Manguelle (1991) pose une question décisive : « l'Afrique a-t-elle besoin d'un programme d'ajustement culturel ? ». Cette question structure toute sa pensée et détermine les conclusions auxquelles il aboutit dans sa réflexion. Il n'est pas de doute pour lui : il faut à l'Afrique une grande mutation culturelle qui puisse la mettre à la hauteur des exigences de notre temps.

Si aujourd'hui les économies africaines sombrent dans le chaos; si nos systèmes politiques ont basculé dans l'inhumain et versent dans la cruauté indescriptible; si nos sociétés se meurent dans la misère et périssent du sous-développement, la cause unique qui explique notre situation est dans notre culture. On a beau invoquer l'esclavage ou la colonisation, on a beau accuser la domination extérieure et la brusque irruption de la modernité dans nos espaces sociaux, on a beau critiquer l'aliénation des élites et leur mépris des masses paysannes, toutes ces explications ne peuvent pas rendre compte du fond des problèmes. Elles ont certes un fondement comme approche parcellaire de la réalité africaine, mais elles restent à la surface des choses, à la périphérie des enjeux de la situation africaine.

Daniel Etouga-Manguelle et son plan d'ajustement culturel pour l'Afrique

> La cause unique, celle qui est à l'origine de toutes les déviations, c'est la culture africaine ; caractérisée par son auto-suffisance, sa passivité, son manque d'ardeur à aller à la rencontre des autres cultures avant que ces dernières ne s'imposent à elle et ne l'écrasent, son incapacité, une fois le mal fait, à évoluer à leur contact, sans tomber dans un mimétisme objet. (Etounga-Manguelle 1991)

Tous les autres éléments d'explication de la situation du continent noir dépendent de cette cause unique du mal de l'Afrique : la culture africaine.

Devant la thèse ainsi formulée, une question surgit impérativement : qu'est-ce la culture en tant que telle ? En quoi consiste la culture africaine que Daniel Etounga-Manguelle considère comme l'unique responsable du chaos et du désastre de l'Afrique contemporaine ? D'après notre penseur fortement nourri d'anthropologie culturelle et d'économie politique, la culture désigne le « condensé des programmes mentaux transmis de générations en générations avec une telle obstination que beaucoup de gens ont du mal à comprendre qu'il s'agit de caractéristiques apprises et non héritées ». Ces programmes mentaux ont un tel impact sur les consciences et les esprits qu'ils composent une sorte d'inclination collective qui fait agir tout l'ensemble social et détermine les actions des individus. Dans le cas de l'Afrique, ces programmes caractérisent la culture africaine de la manière suivante.

- C'est une culture qui cultive fortement la distance hiérarchique, à travers un système qui ignore généralement « l'autorité légitime (basée sur les lois) et l'autorité de compétence (ou d'expérience) » au profit de « l'autorité référence (le charisme personnel d'un individu) » et « l'autorité de contrainte ou de récompense ».
- C'est une culture dont la gestion des incertitudes est liée à la soumission à des puissances invisibles qui enserrent toute la communauté dans un étau des préceptes et des tabous innombrables. Ce système est dominé par les éléments que voici : « une soumission totale à l'ordre divin », « le refus de la tyrannie du temps », le lien indestructible entre le pouvoir politique qui gère l'espace quotidien et le pouvoir magico-religieux qui fonde tout dans l'invisible, « l'effacement de l'individu face à la communauté », une convivialité excessive et un refus épidermique de tout conflit ouvert », « l'autorité de contrainte ou de récompense ».
- C'est une culture dont la gestion des incertitudes est liée à la soumission à des puissances invisibles qui enserrent toute la communauté dans un étau des préceptes et des tabous innombrables. Ce système est dominé par les éléments que voici : « une soumission totale à l'ordre divin » « le refus de la tyrannie du temps », le lien indestructible entre le pouvoir politique qui gère l'espace quotidien et le pouvoir magico-religieux qui fonde tout dans l'invisible, « l'effacement de l'individu face à la communauté », une convivialité excessive et un refus épidémique de tout conflit ouvert », « un piètre *homo economicus* ».
- A travers ces composantes culturelles, il est clair que la culture africaine se caractérise par « l'enflure de l'irrationnel », un système de vie où s'épousent, dans une exubérance pathologique, la magie, la sorcellerie, le fétichisme, le commerce avec les divinités et les morts, les sacrifices rituels, etc.
- Bloquées en elles-mêmes par cette enflure de l'irrationnel, les sociétés africaines sont des sociétés « cannibales » et « totalitaires » : elles refusent la nouveauté, la créativité, le risque de l'innovation. Elles sont, par conséquent, incapables d'affronter efficacement les défis nouveaux dans des mutations fertiles et bienfaisantes. Ce sont des sociétés fatalistes, soumises à la tradition et incapables de décoller dans un utopisme de novation qui les changerait de fond en comble. Délestées de toute possibilité de se remettre en question pour aller vers l'avant, elles meurent de leur propre immobilisme quand la situation histo-

rique change et évolue. Pour résumer la manière dont il perçoit la culture africaine, Daniel Etounga-Manguelle use d'une métaphore qui nous paraît fort éclairante.

> Les Japonais aiment à dire que leur culture est celle de l'eau : elle prend spontanément la forme du récipient que les réalités lui imposent, en épousant les formes de ce récipient, mais sans changer de nature. S'il nous fallait caractériser la nôtre, nous dirions que c'est une culture à l'image de l'huile de palme froide. Elle est figée par définition et ne peut redevenir fluide que si on la réchauffe. Chez nous, les rapports entre groupes sont réglés une fois pour toutes, et se répètent indéfiniment. C'est sans doute ce qui fait croire à certains que nos sociétés étaient mortes, sans histoire, hors de l'histoire. (Etounga-Manguelle 1991 : 90)

Si telle est la situation, quelles mutations fondamentales nos sociétés doivent-elles subir pour sortir de nos impasses actuelles ?

Pour D. Etounga-Manguelle, il nous faut de nouveaux choix de société. Une révolution qui consisterait d'une part à « nous insérer dans le monde tel qu'il a été bâti par deux révolutions industrielles successives, qui se sont faites sans nous, hors de nous, et d'autre part apprendre des erreurs commises par les autres au cours de cette période pour bâtir avec eux un monde différent ». La révolution à faire devrait s'opérer dans quatre secteurs indispensables pour notre vie dans l'Afrique d'aujourd'hui : éducation, politique, économie et vie sociale. Dans le domaine de l'éducation, il s'agit à la fois de mettre l'accent sur les matières exigées par le progrès de la science, sur le développement de l'esprit critique et sur les méthodes rationnelles de travail. Cela exige in tissu des valeurs à développer d'urgence : « L'imagination, le non-conformisme, la créativité, le professionnalisme, la compétence, le sens des responsabilités et des devoirs, l'amour du travail bien fait » (Etounga-Manguelle 1991 : 90). Dans cette perspective,

> l'école africaine doit désormais former des futurs créateurs d'entreprises et donc d'emplois, et non plus simplement des diplômés qui attendent qu'à la sortie des Facultés et des Ecoles l'État leur offre des sinécures. (Etounga-Manguelle 1991 : 90).

A l'échelle de la vie politique des nations africaines, D. Etounga-Manguelle propose à la fois la force de l'individu comme acteur social capable d'adapter « son environnement institutionnel aux exigences du progrès de la communauté », et la puissance d'une Afrique dont les nations soient intégrées dans un grand espace pluraliste fonctionnant comme un ensemble politique cohérent.

> Avoir le courage politique de prôner l'unité africaine là où des intérêts égoïstes à courte vue plaident pour le nationalisme sans nation, c'est-à-dire faire un pari gagnant sur l'avenir du continent. (Etounga-Manguelle 1991 : 90)

C'est à partir de la logique de l'intégration politique que l'Afrique peut penser ses nouvelles bases économiques. Celles-ci devraient être nourries par une nouvelle théorie du rapport à la terre, une nouvelle manière de penser le travail et de l'assumer, et une nouvelle manière de vivre les relations économiques entre nations africaines. Tant que notre rapport à la terre ne sera pas celui d'une volonté de rentabiliser tous nos espaces naturels en donnant au travail des paysans son caractère décisif dans le développement, nous ne sortirons pas du tout de notre sous-développement actuel. Il est normal que nous ne fassions pas produire nos terres à leurs capacités optimales, de manière à assurer à tous nos pays une véritable autosuffisance alimentaire. Il n'est pas normal non plus que les prix des produits agricoles des paysans soient si bas et n'encouragent personne à travailler la terre en donnant le meilleur de lui-même. Pouvoir intégrer notre rapport à la terre dans une pensée globale de rentabilité et de travail performant qui puisse nous aider à créer un grand marché économique entre nos pays et à être présents sur le marché mondial de l'économie dans son ensemble, tel est le défi.

> Révolutionner notre culture économique, c'est comprendre finalement qu'au lieu de dépendre uniquement d'un marché mondial dont nous sommes virtuellement exclus, il nous faut d'abord, entre nous, des échanges équilibrés qui favoriseront notre commun progrès. C'est accepter le profit comme moteur du développement. (Etounga-Manguelle 1991 : 90)

En même temps que cette révolution économique, l'Afrique a à opérer une révolution sociale fondée sur des nouveaux comportements et une nouvelle mentalité. Daniel Etounga-Manguelle définit ainsi le contenu de cette mutation :

> La société civile africaine n'émergera pas sans des changements qualitatifs dans nos comportements : entre nous d'abord, et ensuite vis-à-vis des autres. Une plus grande confiance en soi et en ses ressortissants, une volonté tenace de plier le futur à nos désirs, grâce à une cohésion sociale accrue, qui suppose au niveau des États une juste réparation des fruits de la croissance économique. Plus de rigueur et d'esprit systématique dans l'élaboration des stratégies et dans la mise en œuvre des décisions arrêtées, quoi qu'il en coûte : voilà les conditions d'un avenir meilleur. Nous n'aurons pas de salut si, par complaisance, nous tournons le dos à ces exigences qui sont celles de toute civilisation véritable. (Etounga-Manguelle 1991 : 90)

En opérant des changements radicaux dans les domaines que nous venons d'indiquer, les Africains pourront aborder l'avenir avec confiance et sérénité. Ils auront accompli la conversion culturelle capitale : celle qui leur assurera les chances d'être de plain-pied dans les enjeux cruciaux du 21e siècle. Une telle conversion ne signifie pas pour autant que le continent renonce aux valeurs humanistes qui l'ont façonné pendant des siècles. Ce que propose l'économiste camerounais,

> c'est de garder ces valeurs humanistes qui ont pour nom : la solidarité par-delà les classes d'âge et les catégories sociales, la convivialité, l'amour du prochain quelle que soit la couleur de sa peau, la sauvegarde de l'environnement et bien d'autres encore. Mais il faut tuer en nous ce qui s'oppose à la maîtrise de notre avenir, c'est-à-dire, non seulement à l'amélioration de nos conditions de vie, mais surtout à l'éclosion des sociétés africaines saines au plan des institutions, viables économiquement et résolument tournées vers le progrès et l'épanouissement des individus qui les composent. (Etounga-Manguelle 1991 : 91)

Baenge Bolya et le modèle culturel japonais

Alors qu'avec les réflexions de A. Kabou et de D. Etounga-Manguelle, nous nous trouvions dans l'espace d'une remise en question radicale de la culture et des mentalités africaines comme frein au développement, le livre de Baenge Bolya, *L'Afrique en Kimono, repenser le développement* (Nouvelles du sud, Paris, 1991), élargit les perspectives et la vision du problème en ouvrant son espace sur un modèle de développement déjà existant, qui semble constituer aux yeux de l'auteur une voie pour l'Afrique d'aujourd'hui : le Japon.

A. Kabou et D. Etounga-Manguelle s'inscrivent principalement dans la problématique de l'ajustement culturel pour l'Afrique B. Bolya pose essentiellement la question du « redéploiement culturel extérieur » qui permettrait à notre continent d'entrer dans la modernité de manière rapide et créatrice. Dans cette mesure, il reprend à sa façon les questions posées par A. Kabou et D. Etounga-Manguelle, pour les redéfinir dans un sens et selon des exigences qui lui sont propres : celles du modèle nippon comme projet économique et culturel pour le continent africain. Présentée comme une relecture fertile des articles du Pasteur malgache M. Raveloana publiés en 1913, 14 et 15 et tombés depuis lors dans un oubli immérité, la pensée de Baenge Bolya est, en réalité, une tentative de donner à l'Afrique contemporaine « un modèle autre, précis et novateur, de ce qu'elle a à faire pour sortir de la misère, de la dépendance et du sous-développement ». Ce modèle que le japon moderne représente depuis qu'il a opéré sa révolution Meiji en 1868 jusqu'à la stature actuelle qu'il a acquis dans l'ordre mondial, peut être une leçon pour l'Afrique. A deux titres : D'abord parce qu'il est l'exemple vivant d'un peuple non européen « qui a su se moderniser sans perdre son âme, se développer sans renier son identité culturelle » ni l'originalité de sa civilisation. Un peuple qui a su donc se créer une identité nouvelle par une « stratégie efficace et cohérente de renaissance, une réorganisation de tous les éléments et de toutes les relations de l'ensemble de son système ». Ensuite parce que, dans le modèle nippon, nous disposons d'un cas fort intéressant d'un pays qui est parvenu à entrer dans la modernité avec une étonnante rapidité, sans suivre les rythmes lents et incontrôlables auxquels le modèle du développement historique de l'Occident risque de condamner l'Afrique. L'enjeu est clair. Il est dans la question suivante : comment l'Afrique en instance d'ajustement culturel peut-elle entrer rapidement dans la modernité sans perdre son âme ni son identité propre ?

Pour B. Bolya, la réponse à cette question ne fait aucun doute : c'est le redéploiement culturel en direction du Japon. Ce pays qui, manifestement, a inventé l'idée même du développement et la méthode pour passer de son concept à sa réalisation pratique. Comment notre continent peut-il opérer ce redéploiement ? Que signifie exactement cette exigence pour nos peuples et pour nos pays ? Essentiellement, il s'agit de voir comment ce modèle s'est imposé historiquement.

Avant 1868, affirme B. Bolya, il n'était écrit nulle part que le Japon deviendrait une grande nation moderne, riche et puissante, porteuse « d'un projet économique et culturel à vocation universelle ». Bien au contraire, comme dans les relations entre les nations européennes et le reste du monde à l'aube des temps modernes, ce pays n'avait pas d'autre destin que d'être inféodé au nouvel ordre du monde mis en place par les puissances occidentales. Dès le début de ses relations avec l'Europe moderne, le Japon a vite perçu ce danger. Il s'est vite fermé à l'Occident et à sa religion. Cela dura jusqu'au moment où par la supériorité militaire et la force des impératifs commerciaux inhérents à l'Eur-amérique, il fut contraint de s'ouvrir de nouveau et de laisser l'Occident pénétrer sur ses propres terres. Cette défaite déclencha un conflit interne entre les partisans de l'ouverture au monde occidental et les inconditionnels de l'honneur national et de la gloire d'un Japon pur et fermé sur sa propre puissance spirituelle et culturelle. C'est dans le désordre d'un pays déchiré que la révolution Meiji de 1868 fut déclenchée.

Qu'est-elle, exactement, cette révolution ? Une prise de conscience, par la nouvelle direction du pays, « des faiblesses propres » à leur système militaire et aux structures fonctionnelles de l'ensemble de la société.

> L'archaïsme militaire n'était finalement que l'expression de l'archaïsme général de la société tout entière. La jeune équipe dirigeante aurait pu se contenter d'une modernisation de son armée et rejeter toute réforme de structure dans les autres compartiments de la société ». Il n'en fut pas ainsi. C'est l'ensemble de la structure sociale qui fut revu, repensé et réorganisé selon de nouvelles perspectives. « Le Meiji va être une guerre déclarée contre tous les archaïsmes et toutes les rigidités : une entreprise de modernisation du politique », comportant d'immenses réformes sociales, économiques et administratives. (Bolya 1991 : 52)

Toutes ces entreprises de modernisation obéissaient à un principe de base clairement et méthodiquement élaboré : « prendre chez l'autre ce qu'il a de meilleur parce qu'il est le meilleur dans le domaine en question ». L'autre étant, en l'occurrence l'Occident, le Japon s'engagea à lui prendre son savoir-faire dans les domaines scientifique, technologique, industriel, politique, social et intellectuel.

C'est de cette décision historiquement repérable que le Japon moderne a surgi, construisant une culture spécifique qui s'est avérée, par les valeurs mêmes qui la fondent, la culture du développement au sens moderne du terme. Quelles sont les caractéristiques constitutives de cette culture? D'après Baenge Bolya, il y en a cinq :

La culture de l'éthique

Il s'agit de la force morale comme « matrice des nouveaux comportements indispensables à la modernisation et à la croissance économique. » Plus exactement, il s'agit d'une structure de société fondée sur des attitudes individuelles et des comportements collectifs qui vont toujours dans le sens « du combat pour la survie économique » perçue comme exigence éthique.

La culture de l'innovation

Elle consiste à la fois a savoir absorber les innovations des autres et à développer le sens de l'invention pour pouvoir aller au-delà de ce que les autres ont déjà fait. Il convient de dire que l'innovation et l'inventivité dont il est question ici sont vécues comme des phénomènes couvrant la société dans sa globalité. Loin de n'être qu'une tournure d'esprit propre à une classe de génies ou une élite du savoir, elles concernent tout le monde et tous les domaines de la vie. C'est un phénomène social d'ensemble, nourri et entretenu en tant que tel dans une mentalité de « destruction créatrice » pour l'avènement du nouveau. Parce qu'il s'agit d'un phénomène social global, c'est dans le processus de cumulation des innovations techniques, scientifiques, institutionnelles, culturelles et sociales que s'opère la modernisation.

La culture de l'intelligence

Pouvoir mobiliser toutes les ressources pour mettre sur pied un projet pédagogique qui fasse de l'intelligence la clé du développement. « Cette mobilisation des intelligences vers la conquête de l'intelligence est le trait le plus original du système japonais ». Elle donne à l'acquisition des connaissances et des compétences une dimension capitale pour créer du nouveau et ouvrir de nouvelles voies. La société étant dans son ensemble articulée sur ce culte de l'intelligence, le mérite devient une valeur recherchée par tous dans le concret de la vie de tous les jours.

La culture de la perfection et de l'excellence

Elle donne à chacun le sens de sa propre responsabilité dans ce qu'il fait, à tout le pays la conscience que seul le travail bien fait, accompli dans les moindres détails, permettra au Japon de se maintenir « au grand banquet de la puissance » et « d'échapper au risque d'être remplacé par un autre pays dans la compétition économique internationale (...), cette course qui ne finit jamais ».

La culture de la culture

C'est à dire de l'effort, de la discipline, de l'héroïsme et du dépassement de soi. Cette culture

> inculpe et développe des attitudes déterminantes pour la vie professionnelle : le désir d'apprendre à apprendre ; la maîtrise de la langue ; le sens de l'exactitude (grâce aux mathématiques) ; la passion de l'information ; le développement de soi par la lecture ; la formation permanente ; la volonté de vaincre et l'esprit de compétition sans lequel le Japon disparaîtra... (Bolya 1991 : 45)

C'est le ferment de cette force de la culture consciemment vécue, désirée et assumée en tant que telle qui conduit la stratégie japonaise dans l'ordre mondial actuel. Il est sa force, son arme de combat et le secret de sa réussite. Si Baenge Bolya a mis en lumière ces caractéristiques de la culture nippone, c'est pour mieux faire voir, en contraste, les faiblesses des attitudes, des comportements et des inclinations de l'imaginaire social de l'Afrique contemporaine. Pour notre auteur, le continent africain devra apprendre du Japon la force d'esprit qui manifestement lui manque, l'orientation de vie qui lui permettrait d'avoir une vision globale du monde dans lequel nous vivons et d'élaborer des stratégies d'action conformes aux exigences d'aujourd'hui pour se hisser à l'échelle d'un développement qui serait le « banquet de la puissance ».

Perçu à la lumière du progrès nippon, le développement devient le défi essentiel du destin de l'Afrique contemporaine : le défi d'inventer notre avenir avec le Japon comme source d'inspiration au plan de la méthode. Pour B. Bolya, le continent africain peut aujourd'hui relever ce défi car le sous-développement africain est beaucoup plus le fait d'énormes erreurs de stratégies économiques, du manque d'information sur l'état réel du monde, et d'un mauvais choix de modèle du développement. S'il en est ainsi, il n'est pas opportun de situer les problèmes au niveau de l'« essentialisme culturel » qui ferait croire que la faillite de l'Afrique est liée à des gênes propres aux Africains. Nous sommes à un moment du choix crucial, où il faut rompre avec tous les immobilismes, toutes les inerties et toutes les pesanteurs qui nous empêchent d'entrer fertilement et de manière créative dans la modernité. « Maintenant, il est temps de mettre l'Afrique à l'heure du XXIe siècle, c'est-à-dire à l'heure du Japon : l'horloge universel du troisième millénaire » (Bolya 1991 : 45).

Le modèle nippon comme horizon du redéploiement culturel africain, telle est la thèse centrale de Baenge Bolya : une voie ouverte aux exigences d'ajustement culturel et de transformation des mentalités dont nous venons de voir les enjeux dans la pensée d'A. Kabou et dans les réflexions de D. Etounga-Manguelle.

Un contre- discours pour une contre-culture
La critique de la raison culturelle africaine que nous venons de présenter suppose et implique deux formes d'attitudes critiques. La première concerne le caractère de généralisation abusive qui affecte énormément la rigueur scientifique des analyses et réduit la portée générale des affirmations. Si l'Afrique telle que la perçoivent nos auteurs est la photographie d'un certain nombre de problèmes auxquels notre continent est confronté, il convient de dire que ce regard est extrêmement partiel et qu'il falsifie, par sa partialité, l'objet même qu'il veut saisir. Comme l'a montré Aaron Tolen dans une contre-analyse qui situe le problème de nos pays non pas dans la faiblesse de nos cultures, mais dans la volonté du monde occidental de nous maintenir dans la domination, la crise actuelle de l'Afrique ne peut être comprise sans cette dimension structurelle de notre position dans l'ordre du monde. Selon A. Tolen

> la crise était prévisible. Elle a même été prévue. Des symptômes qui ne trompent pas étaient apparents depuis un moment. Il s'agit, entre autres de l'accroissement de la dette du Tiers-Monde, la diminution du financement pour le développement, le flux négatifs des ressources financières au détriment des pays pauvres, l'absorption des ressources disponibles par les États-Unis, l'instabilité des marchés, le déclin des cours des produits de base, la montée du protectionnisme des pays riches, la faiblesse des stocks des denrées alimentaires ainsi que leur inaccessibilité pour les pauvres, et la dégradation de l'environnement. La structure de la production et des échanges mondiaux a continué d'évoluer au détriment de la production du secteur primaire et au profit des articles manufacturés, et encore plus des services. (Tolen 1991)

S'il n'y avait que ces indices pour montrer que la crise était prévisible et qu'elle a été prévue, le doute pourrait encore subsister dans les esprits. Mais il y a plus. Lorsque le Président français François Mitterrand affirme à la conférence de la Baule (19-21 juin 1990) qu'il n'y a pas de développement sans démocratie, il fait un aveu fort éclairant, selon A. Tolen. Si le lien entre démocratie et développement est tel que le présente F. Mitterrand, ceux qui pendant des années ont soutenu des régimes politiques non démocratiques, dictatoriaux et sanguinaires, ont agi, en connaissance de cause, contre le développement de l'Afrique. On a assisté à l'exclusion des populations dans les décisions fondamentales concernant l'avenir de leur pays. Des régimes autocratiques ont été mis au pouvoir avec le soutien de la théorie d'un développement sans démocratie. Il y a eu une situation voulue pour que l'ascension à l'indépendance ne remette pas en question les intérêts coloniaux et l'ordre du monde qu'ils sécrètent. Pour que cela fût possible, les directives nécessaires furent données. D'après A. Tolen, l'Ecole de Chicago les a bien formulées à l'aube des indépendances africaines :

> Pour que les capitaux américains et ceux des autres pays occidentaux industrialisés investis dans un pays sous-développé soient rentables, il faut qu'il existe dans ce pays, d'une part, un régime politique répressif qui empêche tout mouvement revendicatif des travailleurs, et d'autre part, une bourgeoisie nationale comprador qui adore et fait adopter à la population de ce pays le mode de consommation occidental. (Tolen 1991 : 2)

C'est cette situation qui a été créée en Afrique. Elle a été planifiée et entretenue dans une stratégie consciente et cohérente. Elle est la vraie source de la crise africaine, et non un quelconque mal culturel inhérent à l'Afrique. Ce mal que présupposent tant de penseurs africains et que manifestent les injonctions de la Banque mondiale et du fonds monétaire international dans leurs programmes d'ajustement structurel.

Pour certains intellectuels d'Afrique qui raisonnent comme A. Tolen, c'est pour n'avoir pas intégré leurs analyses dans la dimension géopolitique d'aujourd'hui qu'A. Kabou, D. Etounga-Manguelle et Baenge Bolya posent un regard négatif sur la culture africaine. Ils y seraient sensibles qu'ils auraient vu que c'est l'esprit même qu'ils reprochent à l'Afrique qui a jusqu'ici permis à notre continent de survivre, de faire face à l'hostilité du système mondial et de respirer encore dans une situation où les marges de leur liberté sont de plus en plus réduites. Sans l'économie d'affection et l'ensemble de valeurs d'affectivité et d'ouverture à l'invisible qui structurent la raison culturelle africaine, sans la volonté farouche de vie et de la foi inébranlable dans l'esprit communautaire et le tissu de la tradition, il y a longtemps que les peuples africains auraient perdu l'énergie profonde de l'existence et qu'ils se seraient laissés mourir ou massacrer, comme ce fut le cas d'autres peuples que le monde occidental n'a pas épargnés. Il convient donc, selon certains milieux intellectuels, de mesurer bien à quel jeu nous jouons lorsque nous commençons à toucher aux valeurs profondes de notre civilisation, au nom des impératifs d'une modernité que l'on n'approche pas de manière critique et responsable.

La deuxième critique adressée à A. Kabou, D. Etounga-Manguelle et Baenge Bolya concerne l'usage que l'on peut faire de leurs pensées dans les milieux hostiles à l'Afrique. Dans la mesure où ils ont tendance à déculpabiliser l'Occident et à concentrer leurs attaques sur l'esprit des Africains eux-mêmes, ces auteurs servent aux détracteurs de l'Afrique et aux théoriciens de la néo-colonisation des armes intellectuels dont ils ont besoin pour se livrer à l'auto-justification et à l'auto-défense. L'Afrique n'a-t-elle pas besoin d'autre chose, de vraies raisons d'espérer, au lieu de cette espèce de cruauté masochiste que Kabou, Etounga-Manguelle et Baenge Bolya affectionnent ? A quoi sert ce pessimisme profond étalé en arguments « scientifiques » au moment où l'urgence est de bien saisir les exigences de notre combat contre l'ordre néo-colonial?

Pour avoir souvent entendu ces critiques dans les conférences et lors des émissions radiodiffusées ou télévisées, nous savons qu'elles n'invalident pas les réflexions des auteurs à qui elles sont adressées. Elles ne font que dévoiler la profondeur de notre mal et de notre ruine, cette profondeur que nous aurions intérêt à discuter entre nous, dans une stratégie de sincérité sans complaisance, sans nous livrer nous-mêmes en pâture aux ennemis réels ou potentiels de notre cause, à travers des livres écrits plus pour le public occidental qui les lit que pour le public africain qui ne peut pas se les procurer, faute de moyens. Ce que l'on rappelle souvent à A. Kabou, D. Etounga-Manguelle et Baenge Bolya concernant l'ordre mondial n'est pas une réalité qu'ils auraient oubliée. Comment le pourraient-ils, dans une situation aussi viciée et aussi inhumaine que celle dans laquelle nous vivons en Afrique ?

Leurs prises de position ne remettent pas en cause le monde tel qu'il est mais la soumission à ce monde qu'il convient de changer à partir des nouvelles structures de vie, de pensée et d'action au cœur de notre être. Pour aborder cette tâche, la conscience que l'on a des déséquilibres géopolitiques et des stratégies d'impérialisme ne suffit pas. Il faut une nouvelle volonté d'être et une nouvelle anthropologie, dans la perception de soi de l'Africain. Il faut aussi une nouvelle ligne politique fondée sur le refus de nos faiblesses et sur la nécessité des transformations institutionnelles radicales. Le problème devient éthique, anthropologique et politique. Il nous ramène à l'ontologie de la créativité culturelle et à l'énergétique de la liberté.

Libérer l'horizon de l'ontologie de la créativité culturelle et l'énergétique de la liberté

Face à la dimension de profondeur qui se révèle ainsi à nos yeux, l'arsenal critique que nous venons de déployer peut paraître, à certains égards, très stériles. Comment, en effet, invoquer l'horizon bienheureux du possible lorsque les priorités concernant le présent sont bloquées ? Comment prendre de la distance à l'égard de l'idéologisation des questions scientifiques quand le concret est structuré sur des violences radicales : celle de l'espace économique, des rapports politiques et du champ représentationnel ? Peut-on s'embarrasser des interrogations iréniques quand l'espace social est un champ de batailles ? Peut-on se permettre de déployer des questions d'allure rhétorique quand la vie de millions de personnes est constamment en jeu, quand les hommes et les femmes sont brisés et étouffés dans l'immense camp de concentration que constitue, le vécu des peuples négro-africains ?

Sans fécondité pratique apparaissent, ainsi les critiques à l'égard d'A. Kabou, D. Etounga-Manguelle et B. Bolya. Que gagne-t-on aux analyses et contre-analyses que l'on peut faire pour savoir si la culture africaine est une force ou une faiblesse ? A quoi servent les abstractions sur des questions que nous vivons concrètement sous forme de misère, de dénuement, de désarroi, de sous-développement chronique et d'errance mortelle ?

Pour comprendre la portée des considérations critiques que nous avons présentées dans cette réflexion, ainsi que celles que nous avons reprises à certains intellectuels du Continent, il convient de les lire comme des questions destinées à libérer l'horizon de l'ontologie de la créativité culturelle et l'énergétique de la liberté. Sans cette ontologie, sans cette énergie, ces questions sont vaines et naïvement idéalistes. Mais elles cessent de l'être lorsqu'on prend conscience du fait que la pratique des sciences humaines en Afrique n'a pas à s'enfermer dans les conflits qui opposent l'Afrique à l'Occident, mais qu'elle doit déboucher sur des problèmes inhérents à la structure d'existence et aux structures de conscience à épanouir pour que l'homme négro-africain pense et réalise sa destinée autrement que sous forme de *croix*.

Dans ce sens, l'avènement des sciences sociales et humaines africaines n'est pas uniquement un effort d'objectivation de soi, mais aussi un effort d'invention et de production de soi. C'est là sa portée théorique qui ouvre des perspectives pratiques très fertiles :

Objectivation

Il s'agit, pour l'Afrique, de se voir tel que l'histoire de ces cinq derniers siècles l'a pensée : Comme une chose, comme un néant. Il s'agit d'analyser les structures de cette chose, les dimensions de cette néantisation. Il s'agit de s'éprouver dans le *Rien* que l'Afrique est devenue, pour voir jusqu'à quel fond d'abîme le chemin de croix a conduit l'homme négro-africain.

Invention

C'est la *reprise* abstraite de soi comme sujet. Un sujet historique qui articule sa propre histoire dans toutes ses valeurs, qui la pense à la fois comme fécondité axiologique et comme destinée, au sens de lutte entre les forces de la vie et les forces de la mort. Un sujet qui se réimagine dans les négativités de son historicité comme dans les permanences glorieuses de ses raisons de vivre et d'espérer. Qui croit en l'étoile de l'avenir de son peuple et avance, courageux, porté par sa foi en la plénitude qui vient.

Production

C'est le passage de l'idéal au concret, du désir à la réalité, des vœux pieux aux tâches prioritaires du vécu. Ici les conflits, des débats, les impasses, et les contradictions sont regardés dans ce qu'ils sont concrètement : des nœuds où se décident le visage même de l'avenir, le lieu crucial où un peuple accède à la plus haute idée qu'il a de lui-même et décide de s'accomplir par des actions concrètes qui transforment son destin subi en une destinée construite.

Dans l'énergétique de l'objectivation, de l'invention, et de la production de soi, l'Afrique tente au fond de passer du *Rien à l'Utopie*, de ce comprendre et de structurer sa conscience autour de ces deux pôles. D'où ce caractère à la fois scientifique et idéologique des recherches en sciences humaines. D'où l'ambiguïté du recours à l'Occident dans une volonté du refus de l'Occident. D'où le souci de déconnexion, de meurtre du Père là même où la *raison* « paternelle » fonctionne comme une figure tutélaire. Dans cette mesure, toutes nos remarques critiques ne désignent que l'ambivalence d'une situation tendue, les déchirures d'un espace vital qui ne peut se vivre autrement que comme conflit et espoir, articulation de soi, entre le *Rien* et l'Utopie, distance dont l'objectivation, l'invention et la production de soi rendent compte à la fois comme concepts et comme réalités. En prenant ces concepts comme grille de lecture de la place des sciences humaines dans les sociétés africaines contemporaines, nous découvrons que, dans l'exigence du passage de *Rien* à l'Utopie, toute l'ontologique de la créativité culturelle se dévoile en tant qu'impératif de vivre l'existence africaine comme une existence libre. C'est le contenu de cette existence que nous tenterons de penser maintenant.

Les structures de l'objectivation de soi

Le processus d'objectivation de soi que rythment les sciences humaines en Afrique peut être présenté, dans ses résultats, autour de certaines structures d'être qui apparaissent tout au long de cinq derniers siècles de l'histoire négro-africaine. Les premières structures relèvent de la colonisation comme entreprise « d'oedipalisation », pour reprendre un mot de V.Y. Mudimbe. A ce niveau, la conscience de l'homme négro-africain entre dans la configuration où la *disciplination* et l'arrangement de l'espace vital de l'Afrique par la société occidentale aboutissent à donner à l'Occident le statut de père symbolique, institué et sacralisé par la parole de la colonisation. Dans ce mouvement de symbolisation, le père s'offre dans une sorte de puissance qui réduit le fils au silence, au mimétisme, jusqu'au moment où le meurtre du père apparaît inéluctable en tant que force de structuration de la personnalité négro-africaine. Seulement, ce meurtre se vit plus sous le mode optatif d'une parole inoffensive que sous la forme d'un affrontement concret. Chaque fois qu'il y a affrontement concret, le fils est soit écrasé, soit manipulé, soit récupéré. La symbolique du meurtre fonctionne alors dans la conscience du fils comme une structure d'impuissance. D'une impuissance qui paralyse l'imaginaire dans son pouvoir de créativité, de décision et d'initiative. On peut donc dire que dans sa dynamique interne, l'oedipalisation de la conscience négro-africaine par les endémies coloniales est un vertige non encore maîtrisé. Du fait que le Négro-africain n'affronte son complexe d'Oedipe culturel que sous le mode optatif, dans une impossibilité radicale de faire retentir cette conscience sur les forces d'un inconscient spirituel qui pourrait déclencher une énergétique de transformation de soi en profondeur, il est englué dans l'impuissance. Il ne peut pas tuer le père. Il ne peut assumer en lui-même la sémantique du complexe de Tirésias. Par contre, le père l'obsède, l'étouffe, l'émascule. Ici ce n'est pas le fils qui tue le père, c'est le père qui tue le fils. La symbolique oedipale s'exerce ainsi dans une situation tragique qui peut être présentée de la manière suivante.

Dans la phénoménologie de surface, le discours sur le meurtre du père déroule agréablement sa volonté de liberté, un peu comme Oedipe triomphe du sphinx et entre glorieusement dans la ville. Toutes les illusions sont libérées. Tous les délires deviennent possibles.

En profondeur cependant, une sorte de fatalité implacable exacerbe l'impuissance du fils et le conduit vers une fin qu'il ne maîtrise pas. Tout concourt alors à élargir la distance entre la surface et la profondeur, conduisant ainsi *Oedipe* non pas à tuer le père, comme c'est le cas dans le récit mythique, mais à se faire tuer par le père.

La dialectique de la surface et de la profondeur ainsi présentée constitue la structure concrète de la conscience négro-africaine quand elle s'objective et se découvre comme aboutissement d'une dynamique d'oedipalisation. A l'oedipalisation est lié le processus de réification. Le père n'est pas seulement celui qui peut mettre le fils à mort, qui a le droit de *pater familias* au sens romain du terme, mais le maître qui instrumentalise son esclave en faisant de lui une pure chose entre ses mains, au service de sa volonté. Il n'est plus seulement le père symbolique, mais le Père Tout-Puissant devant qui la parole du Fils n'a aucun poids. Vidé de cette capacité de parler, c'est-à-dire de se situer comme sujet face à son père, le fils vit d'une conscience d'esclave, d'un être réduit à un simple instrument. Entre en jeu la dialectique du maître et de l'esclavage, non pas selon la sémantique hégélienne où la situation va se renverser au profit de l'esclavage, mais dans une sémantique tragique où l'esclave perd son être et sa vie. Ici la conscience de l'esclave s'évapore en tant que conscience, c'est-à-dire en tant que pouvoir intentionnel face à un monde qu'elle peut organiser, structurer et finaliser selon ses propres dynamiques. Choses, elle n'est conscience que sous le mode d'une figure de style. De même que la dialectique de l'oedipalisation tournait à l'avantage du père, la dialectique du maître et de l'esclavage tourne à l'avantage du premier. De même que la mort du fils n'est pas un fait physique et objectif, mais une structure de conscience faisant partie du devenir d'une histoire, l'impuissance de l'esclavage et sa réification ne doivent pas se réduire à des purs faits objectifs, ce sont des éléments constitutifs de la conscience négro-africaine aujourd'hui, de ses signalisations représentationnelles et de sa grille d'interprétation du monde (Ka Mana 1993).

Mais il n'y a pas que ce problème d'oedipalisation et la dialectique du maître et de l'esclave. Ceux-ci s'inscrivent dans un cadre plus général, celui d'une *néantisation* progressive de l'espace vital négro-africain tout entier. A l'échelle symbolique et de structures de conscience qui est la nôtre ici, l'acte de « néantisation » concerne avant tout le système représentationnel, la manière dont l'homme négro-africain se perçoit lorsqu'il s'objective dans la pratique théorique des sciences humaines. Ace niveau, la néantisation n'est pas seulement une réduction à rien dans la vie politique, économique et culturelle, mais une mise en face du *Rien*. Elle est éveil à la difficulté d'être, à l'angoisse de vivre au bord de l'abîme de son propre cœur livré à l'épreuve de sa propre mort. La néantisation conduit alors à la terrible question où Hamlet s'est abîmé : *To be or to be*. S'ouvre ici l'espace où l'esclavage réalise que le maître est non seulement maître, mais bourreau. L'odeur du père cesse d'être celle du cadavre paternel pour être celle du fils lui-même sur la pente de sa propre mort, englouti dans le gouffre de la toute-puissance du Père. L'horizon du dépassement de l'antagonisme Maître-Esclave dans une reprise de soi de l'esclavage s'obscurcit, se ferme, se meurt. Le « Rien » se fait dynamique d'interpellation de l'être. Se produit alors dans la conscience un renversement de situation : l'émergence d'une volonté d'anti-oedipalisation, le refus de la mort non pas seulement au plan de la surface, mais dans les profondeurs du système représentationnel. Possibilité d'une « metanoïa » de l'ensemble de l'imaginaire. Utopisme d'une résurrection possible au cœur de cette situation-limite. L'ontologie de la créativité culturelle négro-africaine ne peut avoir sa source qu'à ce niveau, de même que la dynamique de liberté d'où devra surgir la pratique de la science en Afrique.

Les structures d'invention de soi
Par structure d'invention de soi, nous désignons les composantes de la conscience qui rendent possible l'utopisme de la métamorphose complète de soi. Il s'agit ici d'un double dynamique. Avant tout, une dynamique d'insertion des derniers siècles de l'histoire négro-africaine dans énergétique d'un sens en amont. C'est le moment où la conscience se structure sur la durée de l'histoire africaine depuis ses sources les plus lointaines jusqu'à l'ère coloniale et néo-coloniale. Ce que la conscience découvre comme essence d'elle-même à ce niveau, ce n'est pas un ensemble des valeurs figées à ré-capturer, mais la puissance de l'esprit à l'œuvre dans l'histoire. La conscience se découvre comme esprit, dans l'objectivité idéalisée des figures de l'avoir, du savoir et du valoir qui ont jalonné la durée du vécu négro-africain. Elle n'est pas une chose, mais une dynamique de célébration de soi, qui se projette en amont d'elle-même pour pouvoir mieux se penser comme pouvoir de créativité en aval. A ce nouveau, elle triomphe abstraitement des endémies dues à l'oedipalisation, à la réification et à la néantisation. Nageant dans une sphère idéalisée où elle s'éprouve un peu comme pouvoir absolu qui surplombe l'histoire, elle se nourrit des mythes de grandeur qu'elle s'inventent pour assurer une certaine cohérence entre passé, présent et avenir. De ce point de vue, le monde qu'elle découvre est celui-là même qu'elle enfante par sa capacité, fabulatrice. Elle est conscience idéologique, idéalisatrice. Comme réalité imaginale qui fertilise les forces d'invention de soi, l'Egypte antique fait partie de cette conscience idéologique. Elle a un caractère mythique plus prégnant que son statut scientifique. Ainsi perçue, elle est structure de l'invention de soi de l'homme négro-africain aujourd'hui. Il en est de même du mythe de la tradition africaine, cette réalité obscure et prégnante dont le pouvoir d'ensorcellement de la conscience opère plus que le contenu vécu, objectif de la discursivité traditionnelle, c'est-à-dire l'ensemble dynamique du discours des ancêtres. Lorsque V.Y. Mudimbe dit de la tradition qu'elle n'est pas derrière nous, mais en nous, il définit fort bien le caractère imaginal et l'énergétique englobante de cette profondeur de la conscience. L'invention de soi, c'est le pouvoir d'idéalisation qui, pour le Négro-africain, présentifie la discursivité traditionnelle comme des pouvoirs actuels de la conscience. De là la projection idéalisatrice d'un âge d'or à venir, l'Arcadie toujours désirée où l'Africain vivra pleinement sa liberté retrouvée, son épanouissement total, sa béatitude ontologique. Il existe ainsi toute une temporalité fantasmagorique qui, de l'Egypte imaginale à l'âge d'or à venir, lui aussi imaginal, constitue le pouvoir d'invention de soi de l'Afrique. Dans l'ontologie de la créativité et l'énergétique de la liberté, cette temporalité est décisive : elle est le lieu d'utopisme qui maintient l'Afrique hors du désespoir.

Les structures de la production de soi
De l'invention de soi à la production de soi, la distance est celle qui sépare les représentations idéales de la réalité vécue. Là où l'invention opère par des projections scintillantes de

son propre être, la production de soi met en œuvre des stratégies précises, qui sont des réponses à des défis précis. Ce n'est pas le défi d'un autre monde abstrait ou d'une autre qualité d'être purement imaginative que l'on vise à ce stade, mais la volonté de transformer ce monde-ci, d'en faire le lieu d'avènement d'un systèmes représentationnel destiné à l'action, au travers des conflits toujours recommencés et toujours assumés en tant que conflits La production de soi est le mouvement par lequel la société prend conscience que son devenir lui appartient, qu'il ne relève pas du bon vouloir des entités métaphysiques, mais de la décision de donner chair, de donner figure à ce que l'invention représentationnelle de soi ouvrait comme horizon, comme utopie.

La production de soi a donc comme structure fondamentale la capacité de décision et d'initiative. Pouvoir prendre l'initiative de se produire dans les conflits et les défis de l'existence, pouvoir décider d'inventer dans la réelle force de production de soi. Il s'agit ici d'une capacité et d'un pouvoir : la capacité, le pouvoir qu'a la conscience de se projeter dans un monde qu'elle instaure, qu'elle fonde et qu'elle organise à travers des mécanismes concrets de gestion des conflits au sein du vécu. La conscience dont il est question n'est pas seulement la conscience individuelle, mais l'espace collectif de prise de conscience des grands défis du présent et des moyens d'y répondre. C'est là que la société et ses membres récapitulent les forces qui les constituent historiquement et pré-réflexivement, les forces qui les ont imaginés en amont et qu'ils imaginent aujourd'hui en fonction de l'utopie, cette imagination en aval.

Cela veut dire ceci. En tant que capacité et pouvoir d'initiative, en tant que possibilité et puissance de décision, la production de soi s'articule sur les trois moments de l'imagination dans sa durée temporalisatrice *: l'imagination en amont* (nous voir en fonction des valeurs de notre passé historique) ; *l'imagination présente* (nous voir tels que nous voulons vivre ici et maintenant) *et en aval* (la dynamique de projection dans le futur). Cette triple imagination dont nous parlons, ce n'est pas le pur écoulement linéaire du temps, mais la créativité propre à l'être-humain en tant qu'il est être-au-monde, toujours déjà imaginé concrètement, toujours déjà projeté dans un avenir indéfini et toujours déjà constitué pour créer lui-même un monde représentationnel où il s'invente et qu'il cherche à réaliser dans un temps qu'il temporalise lui-même en le vivant comme le lieu de la créativité personnelle et collective. Le temps ainsi vécu et imaginé devient la structure de la conscience des changements à opérer. Il est fécond de toute la tradition, non pas abstraitement, mais concrètement : c'est le temps des permanences essentielles, des institutions et des sagesses, des paroles de vie qui donnent à l'être humain ses raisons de vivre et de mourir, c'est un temps éthico-mythique qui s'épanouit dans des réalités concrètes de la vie vécue. C'est le temps de fertilité de l'homme au présent, dans sa tension vers des figures de l'avoir, du pouvoir et du valoir qu'il veut instaurer comme espace de sa destinée. Ce n'est pas le cours fatal des choses, mais la mainmise sur la fatalité par la puissance normative du sens.

C'est, au fond, la normativité du sens qui constitue la troisième structure de la production de soi. Se produire revient non seulement à gérer les conflits à la lumière des structures de l'invention de soi ou à assumer l'imagination dans sa force temporalisatrice, mais à faire du vécu un espace sensé, le champ d'avènement du sens. Se produire, c'est spatialiser l'invention de soi dans le concret des rapports sociaux. Imaginer le sens et le vivre dans le concret des rapports sociaux. Le sens ici désigne non pas l'extériorité des instances méta-historiques qui pourraient jouer un rôle normatif à l'échelle du social, mais les dynamiques qui donnent à la société ses raisons de vivre et d'espérer ; qui, de ce fait, oriente en profondeur les décisions à prendre dans la sphère de l'avoir, du valoir et du pouvoir. Tel quel, le sens sous-tend tout le processus de production de soi et organise l'articulation de l'imagination en aval sur les réalités à vivre dans le concret d'aujourd'hui. Il est le cœur de l'ontologie de créativité et de la dynamique de liberté.

Au regard de ces considérations sur l'objectivation, l'invention, la production de soi, nous sommes à la fin de notre analyse sur les pré-conditions pour une base de discussion sur les arts de gouverner dans les sociétés multiethniques, qui est le nœud gordien de cette troisième partie. Nous avons voulu montrer en quoi ces débats, dans la multiplicité de leurs aspects, concernant le pouvoir de créativité et la volonté de liberté de la conscience négro-africaine prise aujourd'hui entre le *Rien* et l'*Utopie*. Dans ces débats comme dans ceux qui se sont noués autour de la négritude, de l'ethno-politique et de la pensée critique, c'est de l'imaginaire qu'il est question, de son pouvoir d'instauration d'une nouvelle dynamique d'être à partir de trois dimensions de l'imaginaire créatrice : l'imagination en amont, l'imagination au présent et l'imagination en aval. Dans les rapports des forces actuels entre l'Occident et l'Afrique (rapports dont les sciences humaines et sociales négro-africaines dénoncent avec virulence le caractère mortifère), il s'agit de redonner à l'imagination son pouvoir de créer d'autres possibles, fertiles et engageants. D'où la thèse républicaine sur la multi-ethnicité.

Vers un pacte républicain rénové de la multi-ethnicité

La réorganisation sociopolitique et géopolitique des sociétés africaines donne lieu à une nécessité du remplacement des modèles de l'État-nation par celui de l'État-multinational. Dans cette optique, la gestion des sociétés africaines exige d'abandonner l'État-nation qui suppose le « monopole » sur : *le politique* (chasser le politique de la société en séparant le public et le privé et s'accaparer la totalité de la violence légitime) ; *sur l'économique-propriété* exclusive des ressources du sol et du sous-sol ; *sur le social-fusion* de l'État avec la ou les nation(s) du pays qu'il régente ; *sur le culturel* absorption de l'identité culturelle de la ou les nations(s) en cause ; *sur la territorialité-propriété* du sol et du sous-sol. Lucien Ayissi résume ici, la thèse de Mwayila Tshiyembe sur le pacte républicain rénové de la multi-nationalité :

> Mwayila Tshiyembe recommande d'abord de désarticuler l'État africain du paradigme politique occidental, en créant par exemple, un nouveau concept de nationalité fondé sur les perspectives communes telles qu'elles peuvent résulter de la « républicanisation » des différentes structures sociales traditionnelles de telle sorte que les diverses nationalités puissent facilement se réconcilier avec la citoyenneté. Il recommande ensuite l'articulation nécessaire de l'efficacité économique et de la cohésion sociale. (Ayissi 2008 : 121-140)

Le génie de la gestion étatique en Afrique noire ne consiste-t-il pas d'ailleurs, à veiller à la protection de ses survivances contradictoires tout en travaillant à leur dépassement ? Pour répondre à cette question, le professeur Lucien Ayissi convoque l'ethnologue Robert Ndebi Biya :

> Ndebi Biya (2003 : 33) propose une approche qui évite à la fois l'écueil du différentialisme et de l'identitarisme. Pour être fort, pacifique et prospère, pense-t-il, l'État post-colonial d'Afrique noire doit substituer à la tendance à la phagocytose politique des identités, celle qui consiste à les développer et à les rapporter dialectiquement de manière à réaliser, sur la base de la justice, une bonne harmonie sociale…La fonction de cette heureuse dialectique consiste précisément à donner à l'ethnicité africaine multiple et hétérogène une dimension politique, en la soustrayant à sa partialité naturelle, sans pour autant aliéner sa personnalité. L'ethnicité africaine ne peut effectivement avoir de statut politique véritable que si elle n'exprime pas son identité de façon narcissique ou totalitaire. (Ayissi 2008 : 121-140)

Post-national, l'État multi-national africain doit correspondre à un imaginaire de la souveraineté partagée opposée à la souveraineté confisquée de l'État-nation et territorial, d'origine européenne, il s'agit d'un mode de gouvernement attentif au rapport de la frontière et du territoire avec un cadre de vie basé sur des réseaux et des flux d'échanges trans-étatiques. Cette formule de pouvoir permettrait de mieux gérer les flux transfrontaliers et pluri-territoriaux comme ceux existant entre le Nord-Nigeria et le Nord-Cameroun (Peul-haoussa-Kanouri) ou entre l'Est de la République démocratique du Congo, le Rwanda et le Burundi (Tutsi-Hutu) parce que ce pouvoir s'exerce d'abord sur les hommes puis sur le territoire.

La gestion politique des relations transfrontalières dans l'État multinational postcolonial doit remettre en question le modèle impérial de l'État nation en Afrique qui a soulevé de nombreux problèmes. Dans cette optique, l'État multinational peut créer des relations de complémentarité entre le droit de l'État et le droit des Nations (droit à la terre au kivu, à l'Est de la RDC ou dans les Grass Fields au Cameroun) peut rééquilibrer le partage des ressources entre l'État et les peuples (répartition des ressources pétrolières dans la région Sara du Sud-tchadien, dans le Sud-ouest anglophone du Cameroun ou la région Ogoni dans le Delta du Niger au Nigeria), peut réguler des tensions liées aux problèmes transfrontaliers de conscience nationale (contestation de nationalité des Banyamulengue dans l'ex-Zaïre, contestation de la citoyenneté de l'actuel Président Alassane Ouattara en Côte d'Ivoire) ou d'identité (rivalités autochtones-allogènes Haoussa-Yoruba au Nigeria, Beti-Bamiléké ou Foulbé-Kirdi au Cameroun. Lunda-Luba dans l'ex-Zaïre). La mise en place d'un État multinational attentif aux revendications communautaires, peut prévenir ou contenir la régionalisation des insurrections (la rébellion en RDC ou dans le Sud du Tchad) ou de désobéissance civile (opérations villes mortes ou boycott fiscal au Cameroun ou en Centrafrique).

Les mutations sociétales de l'Afrique exigent que le nouvel ordre politique surgisse des entrailles du chaos Africain, à travers la réinvention de l'État multinational et de la société civile multiculturelle qui ouvre la perspective de l'innovation constitutionnelle politique et conceptuelle des sociétés plurinationales au XXIe siècle que ces nations soient sociologiques (ethnies) ou juridiques (États-nations). Le modèle politique de l'État multinational doit permettre d'évacuer la « problématique de la fin du territoire et du monde sans souverainetés », peu adapté pour la compréhension et la résolution de la crise du politique en Afrique. Il doit aussi aider à récuser la lecture en termes de néo-patrimonialisme qui, faute de découvrir l'État-nation (spécifique à l'histoire et à la culture européenne) et ses vertus en Afrique, s'est arc-bouté sur « la politique du ventre », censée décliner par le bas, la spécificité africaine du politique. Le modèle juridico-politique dominant montre en effet ses limites après que s'en sont emparés les substrats humains et culturels de la planète comme gage de développement. La colonisation y a accompagné la diffusion du modèle capitaliste contre les intérêts des peuples soumis et dominés, avec l'aval de l'élite politique et intellectuelle locale bureaucratisée et corruptible jusqu'à la moelle, prête à tout pour faire valoir ou conserver ses intérêts de classe. Malgré les « indépendances » politiques intervenues, l'idéologie du développement a accentué un état de dépendance chronique raccordé à l'importance croissante des relations politiques et économiques internationales, avec leurs exigences toujours accrues de modernité, et par conséquent demandeuses de performance scientifique, technologique et financière, malheureusement contrôlées par l'ex-métropole davantage assoiffée de puissance et de prestige.

Parallèlement se sont développés des contradictions et paradoxes sociaux, économiques, politiques, environnementaux et scientifiques dont l'humanité actuelle subit une crise multidimensionnelle aux racines se prolongeant à l'être moral et social désormais atteint. L'ampleur paroxysmale des conflits fratricides et leurs cortèges de haines, de violences et de génocides, les désordres économiques qu'accompagnent les inégalités, les injustices, la pauvreté, le chômage, la famine, l'exclusion sociale, l'impersonnalité des relations humaines, les indifférences affectives, les déviances sexuelles et mentales, etc., traduisent les limites du modèle sociologique de l'État-nation. A tout cela s'ajoutent la crise de l'environnement, le réchauffement de la planète, les manifestations de l'ozone stratosphérique, les vaches folles, le VIH/SIDA, la fièvre aphteuse, qui sont autant de facteurs qui sollicitent une autre vision du monde et des valeurs, condensée en un projet politique nouveau. Hubert Mono Ndjana est de cet avis :

> Au plan politique en effet, il importe de voir, analogiquement comment s'est opéré la dissolution des négativités qui différaient constamment l'avènement d'une société harmonisée telle aux États-Unis ou en Afrique du Sud par exemple. Une telle observation montre que racisme, entendu comme la lutte violente des races différentes n'a pu être enrayée que par une vigoureuse législation anti-raciale. Cette législation réprimait de façon nettement sensible les comportements ou les règlementations dénotant quelques traces de racisme, tant dans les écoles, les restaurants, les entreprises ou même les auto-cars. C'est donc une réelle volonté politique qui s'exprimait ainsi pour enrayer un mal fondamental. Un volontarisme analogue devrait caractériser le législateur de l'État africain récemment constitué par-delà les réalités ethniques encore grimaçantes. Ainsi ne devrait-on pas hésiter à inscrire dans nos lois fondamentales et particulières une sévère répression de l'ethnisme ou du tribalisme qui se manifeste quotidiennement dans nos actes administratifs comme dans la vie privée. L'une des manifestations les exécrables de cette ethnisme a fait récemment jour au Cameroun dans l'un des domaines les plus insoupçonnables, à l'occasion de la nomination, par la Pape, d'un prélat Bamiléké en zone Béti, et d'un prélat Béti en zone Bamiléké. Balayant tous les pronostics basés sur un géo-tribalisme primaire et attristant, cette nomination épiscopale croisée a montré combien l'intelligence spirituelle est généralement en avance sur les balbutiements temporels. Il suffira peut-être désormais, que le temporel emboîte le pas, pour faire résolument l'omelette étatique en cassant les œufs tribalistes. Il suffira de poser l'État comme le bon port visé par la société, et décrété comme un délit tout comportement ou tout acte cherchant à différer ou à dévoyer cette finalité sacrée. (Mono Ndjana 1999 : 11)

Pour lutter contre l'entropie, l'anthropologie politique doit désormais prendre en compte la version africaine de la réalité politique telle que nous l'avons envisagée dans les chapitres précédents. La stabilisation sociopolitique et géopolitique des sociétés plurinationales africaines passe par une réorganisation du pouvoir, fondé sur le néo-fédéralisme ou le fédéralisme intégral qui remplacerait le fédéralisme territorial, par un nouveau mode de distribution du pouvoir correspondant à une triple fédération des nations, des citoyens et des terroirs dans l'État multinational. Celui-ci s'entend comme un appareil de plusieurs nations, disséminées sur plusieurs terroirs qui permettrait de corriger les imperfections du fédéralisme territorial comme au Nigeria. Le nouveau pacte social et politique qui fonde l'État multinational s'appuie sur le double consentement des nations et des citoyens afin de réconcilier la citoyenneté (individualisme) et la multi-nationalité (communautarisme). Il s'agit de la démocratie multinationale en tant que synthèse de la démocratie libérale et de la démocratie républicaine, correspondant à une démocratie combinatoire. Elle est fondée sur le «principe gagnant-gagnant » et se distingue de la démocratie majoritaire à l'occidentale, basée sur le « principe gagnant-perdant ».

L'organisation du pouvoir dans la multi-nation doit mettre simultanément en mouvement le principe de la double représentation des ethnies (Chambre des nations, Sénat) et citoyens (Chambre des citoyens, Assemblé Nationale). La structure politique de l'État néo-fédéral, constitué des nations fondatrices de l'État multi-national, devra institutionnaliser le principe de divisibilité de la souveraineté ou souveraineté partagée avec une répartition au profit, soit des nations et des citoyens sur le plan interne (compétence des chefferies communes et régions autonomes), soit des États souverains sur le plan externe (dans la perspective de l'intégration régionale).

Une telle architecture institutionnelle requiert de mettre en place un *partenariat tripartite État-citoyens-nations* afin de jeter les bases d'une nouvelle politique de redistribution des richesses. Il s'agit en effet, de garantir la renaissance de la société civile multiculturelle par un *ordonnancement de la citoyenneté politique, de la citoyenneté économique et de la citoyenneté culturelle* comme réponse aux difficultés d'accès aux droits économiques, sociaux et culturels qui favorisent la déstabilisation des société africaines. La perspective de la consolidation de l'État multinational implique alors de promouvoir la renaissance du *capitalisme africain, comme socle d'une politique de développement durable, axé sur la liberté d'initiative, la responsabilité, la créativité et la solidarité*. Encore faut-il tenir compte de la mutation de l'économie de subsistance vers l'économie d'accumulation combinant efficacité économique et cohésion sociale, mobilité du travail et mobilité du capital, vertus de la libre-entreprise. Le renouveau du capitalisme africain nécessite des mesures comme l'incitation à l'implantation d'entreprises dans des provinces et communes autonomes, des villes et des quartiers, la protection de l'environnement, l'optimisation des ressources du sous-sol, la mise en valeur des zones frontalières ainsi que la modernisation de l'économie vivante abusivement qualifié d'économie informelle, par l'accès au crédit, aux nouvelles technologies, au management moderne, à la fiscalité compétitive, à la législation du travail, souplement appliquée.

Le modèle de l'État multinational permet de reconstruire les relations de pouvoir en Afrique dans une oblique plurielle. Dans ce registre l'État ne dispose pas d'un monopole territorial parce qu'il n'est pas propriétaire exclusif des terres ancestrales, posées en droit traditionnel comme biens publics inaliénables appartenant aux nations qui en sont les éléments constitutifs. L'État est également un espace public mixte car il ne détient pas le monopole du bonheur public. Si bien que la politique officielle doit être complémentaire de la politique de la société civile, selon un ordonnancement de pouvoir différent de celui imposé par la culture européenne de l'État territorial. Ce faisant, il s'agit de construire un modèle politique pouvant prendre en charge les problèmes communautaires d'autonomie régionale à l'exemple de ceux existant dans le Kivu (de l'Est de la République Démocratique du Congo).

Le modèle de l'État multinational postcolonial permet d'adopter des statues politiques et juridiques prenant en compte les préoccupations du pouvoir central et de la citoyenneté légale attachées à l'État territorial et ses préoccupations historiques insérées dans des frontières coloniales préservées par les États africains. L'État multinational postcolonial doit combiner les droits économiques, sociaux et culturels (droits de l'homme, droits des peuples et droits de l'État) en tant que socle de la citoyenneté. Il pourrait s'appuyer sur le fédéralisme intégral comme formule institutionnelle et mode de distribution du pouvoir capable de prendre en compte des différentiations ethno-régionales comme celles du *Pool* au Congo-Brazzaville. Il suivrait les règles du régime présidentiel encéphale (avec fonction de coordination stratégique des gouvernements autonomes de l'État, de la région et de la chefferie). A travers des modes de légitimation (citoyenneté et multi-nationalités) et une nouvelle démocratie locale (républicanisation du pouvoir traditionnel ou néo-traditionnel, officialisation du civisme communautaire dans les instances municipale et régionale), il poserait les clauses d'un nouveau pacte républicain.

Certaines formulations constitutionnelles ou légales encore imparfaites comme celles du fédéralisme communautaire ou néo-communautaire au Nigeria et en Ethiopie, ou celles relatives à la protection des minorités et à l'équilibre inter-régionale, donc à la régionalisation au Cameroun, empruntent les techniques du modèle de l'État multinational sans pour autant en épouser l'esprit démocratique et juridique, c'est-à-dire, sans la refondation du pacte démocratique. Il s'agit de mettre en place des techniques appropriées pour la gestion politique, économique et sociale de la poly-centralité des sociétés africaines postcoloniales en vue de maitriser leur demande de régulation politique et sociale, de territoire et de frontière. L'État serait alors le pouvoir central et ses nations constitutives, les pouvoirs locaux. L'idéologie de l'État distinguerait les nationalismes communautaires du patriotisme humaniste. L'État multinational est un modèle approprié pour la gestion de la territorialité politique des sociétés africaines composées de nombreuses communautés souvent dotées de références historiques et culturelles, allant au-delà des frontières et des espèces délimités par la souveraineté de plusieurs États.

L'architecture des institutions de l'État multinational doit être coulée dans un néo-constitutionalisme démotique (de « demos » ou peuple) permettant de restituer aux ethnies, leur statut de nations sociologiques et de pouvoir constituant primaire qui établit la légitimation de l'État et de participation au pouvoir au même titre que les citoyens. A ce modèle correspond un type particulier de constitutionnalisme que j'appelle le constitutionnalisme démotique dont l'objet est de fonder la triade nation sociologique/ État/citoyens. Il s'agit de jeter les bases d'un néo-constitutionnalisme adapté à la nature plurinationale des sociétés africaines par-delà le multipartisme. Ainsi renouvelle-t-il de fond en comble le constitutionnalisme classique exclusivement articulé sur les valeurs et les systèmes de droits occidentaux, excluant ainsi leurs valeurs et les systèmes des droits africains du champ de la formation des normes constitutionnelles et légales, exception faite des principes généraux du droit. Ainsi appréhendé, le modèle l'État multinational permettrait aux pays d'Afrique noire de se doter d'un État de tous les peuples et de tous les citoyens et de continuer par cette originalité politique à la maîtrise des enjeux et des défis de la mondialisation.

En guise de conclusion

L'Afrique à l'ère des interdépendances

Quelles peuvent être les exigences fondamentales d'une reconstruction de l'État africain par la cohabitation ethnique ? Ces préalables ont été présentés plus haut et l'échantillonnage des thèses décrites dans cette partie, a permis de faire du temps historique, diachronique, un temps analytique; il convient dès lors de dégager des traits observés, un caractère permanent déterminant, à partir duquel les mutations marqueront la succession des étapes. Si une telle méthode d'analyse se justifie, l'évolution n'est pas pour autant déterministe, même à travers l'esquisse projetée. Dans cette voie, si diverses propositions ont ainsi été faites, la plupart d'entre elles n'offrent pas une explication satisfaisante de la rationalité politique africaine, ce qui la différencie, fondamentalement et naturellement, du phénomène politique européen[4]. C'est ce à quoi nous nous sommes attelés. Notre approche de la problématique de l'État-nation africain moderne ne saurait faire l'impasse sur les questions de la viabilité de l'édifice de la paix. Et ceci, d'autant plus que les douloureux problèmes de génocides, de guerres civiles et leurs dramatiques cortèges de réfugiés servent de toile de fond à l'afro-pessimisme. A l'instar de ceux dont la Région des Grands Lacs, du Mali, du Soudan, de la République centrafricaine, etc. sont en ce moment les théâtres, ces événements cauchemardesques continuent, malheureusement, à étoffer l'histoire africaine contemporaine. Leur incidence sur la paix et la viabilité de l'État-africain est prouvée par la déstabilisation de ces pays. Analysant la construction de l'État africain sous l'éclairage du paradigme de la paix et

---

[4] Effectuant une synthèse des données de l'anthropologie politique avec Nadel (Nupé), Apter et Fallers (Buganda), Vansina (Rwanda ancien), Balandier (Kongo), Glucksmann (Nguni), Bettie (Nyoro), etc. Georges Balandier, *Anthropologie politique*, 4e édit. Quadrige, 1999, p. 230, avoue : « *Les progrès ultérieurs exigent une meilleure connaissance de la nature et de l'essence du politique.* » C'est bien celle-ci qui fonde les différences observées entre l'Europe et l'Afrique.

de la réconciliation, Hiskia Assefa en vient à remettre en cause le principe de sa souveraineté.

Le paradigme de la paix et de la réconciliation a aussi des implications pour le processus de construction de l'État qui est en cours en Afrique depuis les indépendances. Le modèle suivi par ces pays a été celui de l'État-nation souverain doté de toute l'autonomie et de l'indépendance d'actions assumées dans le cadre du droit international traditionnel. Cependant, tout comme pour les processus de liberté et de participation, la création d'une nation souveraine et l'exercice de l'indépendance nationale ont échappé à de nombreux États africains. Les raisons de cette frustration ont été aussi bien structurelles que conceptuelles. (Assefa 1998)

Sur le plan conceptuel, Assefa estime que la recherche de l'indépendance est en soi, une illusion. Il affirme que, « *le modèle obligatoire de tous les systèmes existant dans cet univers est l'interdépendance* ». Dans cette logique de primauté de la supranationalité sur la nationalité de l'État, la recherche de l'interdépendance des États africains prend rang parmi les priorités historiques continentales. Cette option pouvant, en soi, constituer un facteur de coexistence pacifique et de coopération entre les ethnies. Les égoïsmes de clan pourraient, en effet, céder le pas à la solidarité ; celle-ci étant par ailleurs encouragée par la réunification des ethnies que le hasard de la colonisation avait séparées. Une chance supplémentaire de cohabitation ethnique harmonieuse est ainsi apportée par l'intégration de l'État dans un espace supranational, régional ou continental. Le panafricanisme étant ainsi revalorisé par la théorie de l'interdépendance universelle, la refondation de l'État africain devrait aussi viser à en faire un sous-système d'un ensemble régional ou continental, au même titre que les ethnies ont vocation à être des sous-systèmes de l'État-nation moderne. En tout état de cause, la quête du bien-être commun et de l'harmonie sociale est indissociable de la paix. Celle-ci étant perçue par les différentes ethnies comme une condition *sine qua none* de leur coopération dynamique dans l'édification de l'État moderne, national ou supranational. En effet, on reconnaît volontiers avec Assefa, que

> comme il existe des liens qui unissent les gens en tant que membres d'un État-nation, il existe également des liens quelquefois d'importance égale, voire supérieure qui les unissent en tant que membres d'une région, d'un continent et en fin de compte, membres de la famille humaine. (Assefa 1998)

10

Conclusion générale

Pour une ontologie de l'altérité et d'intégration interculturelle comme dialectique normative de liberté, de responsabilité et de paix

> Nous ferons du dialogue des cultures le lieu éthique et scientifique primordial auquel il faut se référer désormais. Il faut mettre fin aux replis identitaires comme monologue à tous les niveaux, et affirmer de nouveau avec force : l'ère des cultures closes est close, et l'ère des cultures ouvertes est ouverte. (Bwele 2009 : 159)

A présent, il faut se résoudre à tenter un bilan-synthèse, sachant d'avance qu'il pèche par simplisme ; car il y a quelque chose comme une « conscience malheureuse » de l'impossibilité pratique de parvenir à une délimitation théorico-méthodologique de ce champ d'étude sur le paradigme ethnique en crise, en rapport avec l'institution étatique elle-même en crise dans la modernité négro-africaine. Tant de (ré)production de fictions dans le vécu historique négro-africain, l'inflation et la dépravation des mots, la mystification démagogique issue du cynisme technocratique, l'extorsion, jamais avouée, mais en tout cas continue de la plus-value du continent noir, l'ajournement *sine die* de la promesse du bonheur, la conflictualité instituante due au chauvinisme ethnique d'État (CEE) ou tribalisme d'État, l'ethnicisation du politique et la politisation de l'ethnicité, etc., convoquent le sujet négro-africain à réévaluer sa *présence-dans-le-monde*. Comment dès lors imaginer la forme de l'État dans sa gestion de la cohabitation ethnique sous un angle positif pour l'Afrique aujourd'hui et demain ? Telle est la question thématique fondamentale. En réalité, celle-ci présuppose une autre et implique une autre encore : pourquoi et en quoi la forme de l'État détermine-t-elle fondamentalement les rapports inter-ethniques en Afrique aujourd'hui ? Jusqu'où demain l'État dans le sous-continent africain pourra-t-il assumer – contre toutes les modélisations politiques contemporaines – la cohabitation tendue de ses ethnies et à quelles fins ? Quelles peuvent être les exigences fondamentales d'une reconstruction de l'État africain par le biais ethnique ?

Ces questions théoriques et méthodologiques afférentes à cette particularité de l'Afrique, nous a motivé à soutenir la thèse de la nécessaire restructuration politique de l'État africain qui se présente comme un véritable tas incohérent, tant les contraintes liées au partage de l'Afrique à Berlin lui ont imposé leur nécessité en termes de balkanisation des peuples et d'agglutination forcée des micro-nations n'ayant presque rien en commun.

En effectuant notre analyse des fondements théoriques de la pensée politique africaine, il nous a paru indispensable de situer les origines de la crise du politique dans la greffe de deux rationalités: la rationalité individualiste et libérale héritée du modèle politique dominant et la rationalité communaucratique africaine. Leur juxtaposition en Afrique et l'emprise du capitalisme ont cristallisé une crise multidimensionnelle: la première faisant des contradictions engendrées, la manifestation de l'échec des sociétés africaines dans l'organisation politique de leur développement; la deuxième cause montrant le modèle capitaliste comme le produit de l'histoire singulière des peuples occidentaux adoptant à l'égard du reste du monde des comportements de domination et d'exploitation. Il va sans dire que dans le contexte africain, il y a une crise à la fois de la volonté, de la capacité et de l'action redisbutrice de l'État. En un mot, c'est la crise de sa « mission civilisatrice[1] » dont la politisation de l'ethnicité et l'ethnicisation du politique participent pleinement de sa construction de la domination, de l'hégémonie de l'ordre politique. Par crise de l'État, on entendra, à la suite de Fabien Eboussi Boulaga (1993 : 91), la « défaillance d'une fonction ou d'un processus vital essentiel (…), un état caractérisé par l'imminence d'un bilan d'adaptation négatif que la mort sanctionne à terme ». C'est dans ce type de défaillance que s'inscrit la conjoncture critique de l'ethnicité dans l'État postcolonial africain et que s'imposent la possibilité et la faisabilité d'un *idéal-type* d'État dans l'Afrique contemporaine. Mais avant, quel bilan?

Bilan de la dissidence étatique dans la modernité négro-africaine

Essentiellement ethnique, l'Afrique est néanmoins confrontée à la nécessité de la démocratie qui, théoriquement, implique la fin des ethnies. Peut-on pour autant disculper le tribalisme d'être un danger pour la démocratie ? Est-ce la quadrature du cercle ? Une impossibilité radicale ? Pour Eboussi Boulaga (1996 : 13) en effet,

> Un jugement négatif à son endroit est l'effet de la domination culturelle dévaluant notre héritage, nos valeurs ou tout simplement nos réalités. On inverse les rôles du bourreau et de la victime : c'est la tribu qui est à l'épreuve de la démocratie occidentale, abstraite, faussement universelle. La nôtre sera une démocratie ethnique ou ne sera pas…

Ma thèse est la suivante. Le nationalisme du 19e siècle européen a érigé la nation ethnique comme idéal ou la valeur politique suprême et conduit à l'État-nation par création de nouvelles entités ou recomposition de vieux États formés selon une tout autre génératrice. *La Nation ethnique a miné l'État.* La faillite de l'État-nation s'est soldée par des guerres cruelles et des cataclysmes totalitaires et sanguinaires. *Les États-nations africains sont ces contradictions incarnées qui affirment et nient l'État tout à la fois et au même égard. Il s'agit d'un je-ne-sais-quoi, qui n'est ni État, ni Nation. La singularité africaine est de vouloir une Nation des nations, en tenant ses ethnies pour des micro-nations ou nationalités,* tout en s'appuyant sur le principe sacro-saint de l'idéologie nationaliste selon lequel chaque Nation est une réalité irréductible qui a le droit imprescriptible de se pouvoir d'un État et que ce dernier n'a de légitimité que s'il est l'État d'une Nation.

L'État africain, malgré son laborieux travail d'imposition de ses signifiants par un torpillage psychologique des individus dans le cadre des politiques d' « unité », de « construction », de « développement national », ou d' « intégration nationale » comme au Cameroun sous la dictature de Paul Biya, a rarement incarné le sens commun. L'État post-colonial a fait l'objet

---

[1] Nous remobilisons ici, à nouveaux frais, le concept de « mission civilisatrice » cher à Rudyard Kipling, (1865-1936). Écrivain britannique, auteur de romans, de poèmes et de nouvelles qui ont essentiellement pour toile de fond l'Inde et la Birmanie à l'époque de la domination britannique. Son œuvre, fortement politisée, développe trois thèmes principaux : le patriotisme fervent, le devoir des Anglais vis-à-vis de leur pays et la destinée impérialiste de l'Angleterre. Son nationalisme radical a d'ailleurs nui à sa réputation, notamment dans les milieux intellectuels ; en fait, son colonialisme idéaliste était bien loin de la réalité de la colonisation telle que la menaient les Anglais, et il en avait tout à fait conscience.

de réceptions différenciées et d'investissements variés de la part des sociétés locales. De manière générale, il apparait une faible adéquation et une convergence relâchée entre les configurations étatiques issues des « décombres indépendantisants de la conférence de Berlin » et les *idiosynchrasies*, les particularités saillantes des groupes ethniques et communautaires africaines. Il s'ensuit donc, dès l'origine, une condamnation populaire de l'État post-colonial du fait de sa reconduction de l'organisation illégitime des particularités géographiques et humaines du continent. Eboussi Boulaga (1993 : 90) souligne fort à propos que « les indépendances africaines ont été la ratification et la reconduction d'un régime d'hétéronomie. »

Ce moment historique semble capital dans la compréhension de la distanciation progressive prise par les individus par rapport à l'État. Le paradigme de l'État en dissidence semble ainsi un cadre fructueux pour la compréhension des relations État/société en Afrique. Dans cet enfermement de l'univers politique, il y a une identification obligatoire de la majorité sociale à la totalité étatique et non une identification de l'État à la majorité sociale[2]. Pour reprendre une formulation de J. Copans (1987 : 2-4), l'État dissident, « c'est un non-État, un pseudo-État. Il doit en effet tout faire et en même temps il n'arrive à rien, car il ne représente aucune classe digne de ce nom. » Néanmoins, ceux qui contrôlent l'appareil étatique post-colonial ont fini par constituer un véritable « bloc historique », conscient de ses intérêts et travaillant à leur maintien[3].

Le fondement historique de la dissidence de l'État africain semble assurément être la ratification et la reconduction du « cadastre étatique » colonial. Les lignes artificielles et arbitraires de démarcation des territoires coloniaux ont fissuré les alliances et les fédérations communautaires traditionnelles. En fracturant les communautés, en divisant les villages et en séparant les familles, les frontières coloniales ratifiées par l'ordre d'Addis-Abéba de 1963, ont fait le lit de leur propre illégitimité et de leur condamnation par les peuples. Condamnation d'abord en secret à cause de l'omniprésence du commandement colonial, ouverte avec l'avènement des indépendances, puis virulente à la faveur du « passage à la démocratie ». Dans ces conditions, on ne pouvait que s'attendre à une crise de sens de l'État ainsi que son inscription sur le registre de l'obscénité[4] et de la banalité.

L'État en dissidence, c'est aussi un État qui ne respecte pas les suffrages des citoyens (Kombi Mouelle II 1994 : 41-50). Par des simulacres de scrutins, des régimes honnis confisquent le pouvoir. Dans la plupart des cas, les urnes parlent un langage miraculeux (Bangui-Rombaye 1999) ; ce qui a amené T. Bakary (1998 : 9-15) à avancer l'hypothèse d'une « ère post-électorale » en Afrique. L'État en dissidence c'est en définitive, le divorce entre les choix politiques des classes dirigeantes et les aspirations citoyennes. Ce divorce ne pouvait conduire qu'à une crise de sens de l'État car aucun peuple ne peut satisfaire ses intérêts en dehors de ses significations et aspirations propres. Et l'État en dissidence, pour reprendre une tournure d'esprit de F. Eboussi Boulaga (1991), investit les expressions de démocratie, de liberté, de participation, de représentation et de développement de sens ésotérique, qui ne sont que « le secret d'une véritable maçonnerie».

---

[2] Une relecture des textes des partis uniques est édifiante à cet égard. De S. Toure à L. S. Senghor, d'A. Ahidjo à N. Eyadema, etc., il ressort que le peuple devait se confondre, s'identifier au Parti-Etat, « creuset de l'unité nationale en dehors de laquelle aucune œuvre de durable ne pouvait être réalisée ».

[3] La prédiction de l'effondrement des régimes autoritaires à parti unique de la période d'après indépendance à l'aube des années 1990 par la plupart des africanistes de tous bords se fondait sur un non prise en compte de cette réalité capitale. Et l'extraordinaire reconsolidation des bases internes et des soutiens extérieurs de ces régimes témoigne de leur degré d'autonomie par rapport au peuple pourtant détenteur de *jure* de la souveraineté nationale.

[4] Sur la dimension obscène du commandement en post-colonie, voir A. Mbembe, « Notes provisoires sur la post-colonie », *Politique Africaine* 60.

Le bilan de l'État post-colonial témoigne ainsi d'un contentieux permanent avec la société et d'une incapacité chronique à réaliser cette symbiose idéale que recherche tout État. L'histoire contemporaine oscille entre une négation de l'État par les forces centrifuges périphériques qui en menacent l'existence et une aspiration de ces forces à l'intérieur de l'État, avec pour contrepartie une dénaturation de sa rationalité. Cette configuration du champ étatique donne une idée de la profondeur de la crise qui affecte les bases de l'État post-colonial. Cette crise de sens, voire d'essence de l'État post-colonial a eu pour effet visible, une dynamique de reconstruction des structures alternatives de sécurisation, de construction politique et de survie. De ces structures multiples et variées, les plus visibles sont les replis ethno-identitaires et ce que la littérature dominante nomme « le retour des civilisations [5] ». En réalité, la mobilisation identitaire comme ressource d'auto-positionnement des groupes sociaux dans une situation d'incurie chronique des *utopies étatiques post-coloniales*[6] et de réification structurelle d'un néo-libéralisme à prétention mondiale qui renforce les aspérités économiques et la paupérisation des couches sociales les plus nombreuses, semble la technologie de riposte la plus utilisée des sociétés africaines aux incertitudes actuelles. L'ascension politique et symbolique de l'identitaire en tant que « repère structurant et point de stabilité » (Thual 1995) des communautés, conduit à une « banalisation paroxystique » de l'État. L'ethnie connaît une véritable ascension et devient l'ultime référentiel pour la pratique sociale, politique et culturelle. On le constate dans la plupart des pays africains où les contributions et l'allégeance que les individus doivent à l'État sont transférées à des structures infra-étatiques. De plus en plus, le caractère libre et volontaire de la contribution ou de la participation de l'individu aux charges communautaires se trouvent ailleurs que dans la sphère de l'État.

Dans la présente conclusion, nous voudrions nous méfier d'un syncrétisme vulgaire qui consisterait à associer des constructions théoriques dont les rationalités sont anthropologiquement opposées. La mise en relief de leurs oppositions théorique, conceptuelle et méthodologique a provoqué une réflexion plus fructueuse qui a justifié notre plaidoyer pour une ontologie de l'altérité et d'intégration interculturelle comme dialectique normative de liberté, de responsabilité et de paix dans les arts de gouverner aujourd'hui. Nous n'avons aucune prétention à la penser complète et définitive, même si elle rassemble, pour l'essentiel, les conclusions de notre analyse. C'est la raison d'être de celle-ci qui a animé une telle démarche prospective. Il est indispensable de reposer la question initiale concernant l'intérêt et l'originalité de notre projet intellectuel et épistémologique. Nous la reprenons ici, en d'autres termes : dans le cynisme ambiant du nouvel ordre international et du réveil brutal des nationalismes, en cette période niaise où la pensée africaine semble démissionner dans sa lutte contre la misère et la désespérance collective, ne peut-on pas, d'un point de vue fondamentalement anthropologique et politique, penser une autre volonté d'être d'où cette violence serait absente et exclue comme base des relations sociales ? Les ethnies en Afrique permettent-elles un regard autre que le réductionnisme tribal ? L'État ethnique a-t-il quelque avenir en Afrique du moment que l'avenir des conflits ethniques est assuré ?

Nous avons évoqué notre scepticisme à l'égard d'un concept d'État qui renvoie davantage, dans la pensée courante, aux caractéristiques du modèle dominant et son suffrage décrétés universels. A l'opposé, nous voulons montrer que la démarche interculturelle constitue un phénomène historique et original qui correspond aux attentes des intuitions rationnelles de la

---

[5] C'est l'une des thèses les plus discutées de la conjoncture internationale post-bipolaire. Voir S.P. Huntington, The clash of Civilization and the remaking of World Order. Sur une réception de ce texte, voir A. Aly Dieng « La guerre des civilisations » in *Démocraties africaines*, N° 13, Janvier/Mars, 1998, p.89.

[6] Que ce soit l' « Authenticité » de Mobutu, le « Libéralisme planifié » de A. Ahidjo, le « libéralisme dirigé » de O. Bongo, le « Socialisme africain » de L.S. Senghor, l' « UJUMA'A » de J. Nyerere ou encore le « Libéralisme communautaire » de P. Biya, etc., aucune de ces idéologies n'a conduit à la croissance et au développement.

pensée qui se veut complexe aujourd'hui. Parce que les sociétés africaines sont vivantes, ce modèle est encore à l'œuvre dans nos chefferies, tribus et clans relativement conservés. Le tribalisme, les conflits fratricides et les génocides sont, à divers degrés, les manifestations de l'état d'entropie dans le système étatique. Ils traduisent le caractère rigide et obsolète des institutions. De l'antiquité à nos jours, ils se révèlent comme des marqueurs de l'ordre politique défaillant, ou ceux d'un État régenté par un mode de régulation contre-nature et contre-culture des sociétés humaines.

Nous sommes là en face de deux perspectives qui nous ont conduits à admettre l'existence de deux réalités, occidentale et africaine, anthropologiquement opposées. Ainsi sommes-nous en désaccord avec les thèses européocentristes qui tendent à organiser la réalité politique et étatique uniquement sous l'angle du rationalisme individuel et de la démocratie libérale hérités du modèle dominant. La multiplicité des formes de résistance observées qui ont survécu à l'épreuve coloniale justifie la flexibilité du modèle africain dont les manifestations, en termes de replis identitaires, confirment les dysfonctionnements de l'État moderne. La résurgence des tribus, partout dans le monde, préfigure l'ordre des changements à venir. La tripartite constitutionnelle, *État / nations sociologiques (ethnies) / citoyens* devient ainsi une réalité. Mais elle doit aussi prendre possession de la rationalité politique traditionnelle afin que celle-ci serve de fondement à une anthropologie politique postmoderne attendue par la pensée désormais complexe. Mais toujours, la réalité africaine manifeste un *continuum* qui se veut intégrateur entre ethnie et État complexifié. Celui-ci est un ordre supra-clanique ou supra-ethnique qui a pour objet de fédérer les pouvoirs locaux. Le fait fondamental pour expliquer le déficit du modèle de fonctionnement du champ politique africain est le conflit de deux systèmes : colonial et pré-colonial, occidental et africain.

Epilégomènes : des axiomes contre l'incurie générale

Nous avons conscience que nos recherches nous ont engagés dans un espace interstitiel de précarité, où rien n'est donné ni d'avance, ni définitivement, le moindre acquis de naguère devant être régulièrement actualisé, compte tenu du caractère instable et fluctuant de la réalité anthropo-sociale. Cette situation de crise de société implique une crise de l'épistémologie « dans une perspective dynamique dans laquelle la société n'est jamais considérée comme clôture ». Que faut-il donc retenir en dernière analyse?

Actuellement qu'une certaine vogue libérale s'installe, faisant croire, à la suite de la déconfiture du marxisme autoritaire que le libéralisme représente le point culminant, « la fin de l'histoire », nous voulons faire valoir la démarche interculturelle, qui ruine l'édifice de la pensée classique en soumettant l'ordre des choses à une logique égalitaire, de complémentarité, d'interdépendance, d'autonomie relative, d'harmonie, de vie et d'existence. L'idéalisme des épigones de l'hégélianisme avec cet accent modernisant et pseudo-scientifique a ainsi vécu. La vérité dans cette aventure navrante de l'intellection routinière, c'est qu'elle érode l'esprit déjà considérablement appauvri de bien d'intellectuels africains. L'illusion d'une parfaite neutralité du discours dit scientifique entretient encore, dans bien des cas, le *statut quo ante* et la logique questionnante de l'histoire. Comme, on l'a vu, point de salut dans le cadre du patrimoine constitutionnel dominant, pour l'Afrique, comme pour l'humanité ; qu'il nous suffise, pour l'instant, de constater avec Fabien Eboussi Boulaga que l'ethnie est une réalité : « insaisissable » susceptible de développer des excroissances incontrôlables, et des débordements dangereux en ce qu'ils s'inspirent du droit naturel sur fond de singularités fatales.

Poser la nécessité et/ou l'urgence d'un axiome contre l'incurie généralisée en Afrique, ne prend dès lors son sens que dans l'optique d'une expression des potentialités maximalement répertoriées. La question ethnique doit être posée aujourd'hui sur la base d'un déblaiement continue et co-extensif de nos potentialités. Le « tribalisme » inhumain qui meut et émeut le continent noir peut servir dans la lutte contre l'histoire car, notre Histoire bien comprise, nous épargnera de bien d'histoires, si tant est que nous tenons à vivre en hommes assumés dans les lendemains en parturition. La seule sécurité recherchée par la « tribaliste » à travers son exclusivisme vindicatif et malicieux est le signe que dans la tribu même, c'est d'abord de sa sécurité individuelle qu'il se veut défenseur ; la spirale transactionnelle du « tribaliste » bien examinée, nous conduit à la découverte d'une forte tendance pathologique et morbide à nourrir sa subjectivité. Le « tribaliste » décrit ainsi le parcours d'un doigt qui, après avoir indiqué le ciel, indique l'État, puis l'association, la tribu, le clan, la famille, enfin soi-même ; souvent d'ailleurs le processus peut être inverse avec malgré tout, la même origine et le même point d'arrivée : l'Ego. Le « tribalisme » est donc le signe d'une tentative massive de panser une plaie narcissique liée à la rupture de notre mémoire historique. Le tribalisme manifesterait par là, un élan logique qu'il nous appartient de récupérer et d'orienter. L'âme historique d'un peuple, charcutée par des fragilisations de toute sorte manifeste ou se manifeste dans le désir d'unicité miniaturisé du « tribaliste ». De cela, on peut conclure que la crise d'identité en Afrique noire trouve dans la tribu, un point sensible par lequel on pourrait la juguler. Ainsi, le « tribalisme », bien envisagé et exploité, serait la voie par excellence vers sa propre fin. Etrange chemin qui apparemment ne mène nulle part ; l'idée que le « tribalisme » pourrait catharciser notre histoire peut reposer sur le levier suivant : la structuration active de nos modèles de transmission culturelle sur la base de la vérité de l'histoire de notre peuple, peut constituer un début de dédramatisation de notre pratique anthropologique. Ensuite, la favorisation des solidarités ethniques basées sur le travail et la culture des valeurs rationnelles et interculturelles. Deux points qu'il nous appartient d'aborder dans ce propos conclusif avec beaucoup plus de rigueur.

Nous avons aussi souligné que la notion du tiers-exclu d'Aristote et à sa suite, la compartimentalité de la pensée cartésienne dont les principes exclusivistes et réductionnistes ont contribué pour une grande part aux drames sociaux de l'humanité actuelle, le retour triomphaliste des tribus procède d'une réorganisation des systèmes identitaires face au chaos social. Celle-ci participe d'une réaction face aux perturbations et à l'anomie. En Afrique comme partout ailleurs, elle reproduit l'instinct de survie et un ordre par fluctuations comme par ailleurs tous les systèmes macroscopiques ouverts et hors de l'équilibre.

La dynamique ethnique participe de l'émergence de la nation et en conditionne l'existence. Nous avons souligné qu'en Afrique noire, la nation procède de l'amplification de la famille étendue et de l'ensemble des clans qui la constituent. Chaque clan ou chaque tribu est représenté dans un système de monarchie constitutionnelle avec des contre-pouvoirs traduisant des principes démocratiques suffisamment éprouvés pour avoir engendré des empires. La seule démocratie possible en Afrique est celle qui prendra en compte les données de la réalité anthropologique et socio-historique. Aussi le retour à la théorie africaine pré-coloniale de gouvernement s'impose-t-elle déjà comme le modèle de régulation des sociétés du XXIe siècle. Les chercheurs occidentaux se penchent de plus en plus sur les modes de régulation qualifiés de « cosmo-relatifs » et dont l'Afrique Noire a été le maître d'œuvre des millénaires durant. L'auto-institution des communautés historiques s'impose comme critère d'émergence de la nation et comme facteur surdéterminant de la paix. Rien ne rend mieux compte de cette réalité que la place que tient la paix dans l'anthropologie africaine. *Ci jam la yeep sceej* : cette expression *wolof* qui signifie la paix, renferme d'innombrables promesses, fait de celle-ci la condition obligée de la stabilité sociale et de l'équilibre politique, de la prospérité économique et du progrès matériel et moral. Dans une société que sa longue histoire a exposée pendant des siècles aux vicissitudes des guerres de conquête et de défense des aristocraties locales, avant qu'elle ne connaisse la traite négrière et l'oppression coloniale, l'aspiration à la paix était ressentie comme un besoin vital. *As-tu la paix*, dit-on, en manière de salutation, lorsque deux personnes se rencontrent. *La paix seulement !*, répond-on dans des oraisons traditionnelles que l'on psalmodie en Afrique noire comme si l'harmonie née de l'entente de tous, dans la diversité des origines et des options anthropologiques, religieuses ou politiques, procurait un calme intérieur, une espérance, constituant une valeur supérieure à toutes les autres formes de richesse que la vie peut offrir à l'homme. Perçue comme l'élément régulateur par excellence des rapports interpersonnels et intercommunautaires, la paix devient l'impératif qui ordonne toute vie sociale. La paix, c'est, dans certaines sociétés africaines, le refus de méfiance vis-à-vis de l'autre. C'est renoncer à toute forme de crainte et d'*a priori* à l'encontre de ce qui est nouveau, inconnu, inhabituel, extra-normatif.

Dit autrement, l'Afrique oppose à l'histoire dominante, une logique anthropo-politique où la diversité culturelle s'impose comme une loi de la survie humaine, autant que la diversité biologique l'est pour les autres espèces, végétales et animales, avec leurs ordres organisationnels respectifs. Le politologue Mwayila Tshiyembe en mesure la portée :

> Revanche de l'histoire, elle donnerait une leçon à l'Europe poussée vers l'hétérogénéité des nations, des langues, des religions, des cultures, des normes, des terroirs, etc., par la crise de l'État-nation et l'élargissement de l'Union européenne.[7]

Force est alors de reconnaître qu'une scientification de la praxéologie endogène a fait défaut, quand il ne s'agissait pas de confiner les vécus et les conçus juridiques et politiques au prisme des opinions les plus diverses, sans rapport avec la nature profonde des sociétés africaines. La pensée moderne a besoin, pour se constituer, de se saisir des sommes d'expériences qui ont cristallisé la sagesse des temps anciens. On peut lire le très distingué penseur Edgar Morin :

> Aujourd'hui, à mon avis, l'une des prises de conscience les plus fécondes dans le domaine de l'anthropologie, c'est qu'on se rend compte que l'homme des civilisations archaïques n'est pas un pauvre enfant, un pauvre diable, mais qu'au contraire il a des développements sur le plan personnel, sur le plan de ses sens, de sa psychologie, de son savoir-faire, beaucoup plus riches que n'importe quel individu spécialisé de notre société…[8]

Pour ces sociétés, si l'homme est un dans son essence, il est pluriel dans sa manière de vivre, de se comprendre, de s'assumer et de percevoir les autres. Sur de telles bases, ces sociétés traditionnelles ont fait de l'être humain, le *nitt*, la référence principale. Donnée générique, saisie indépendamment du temps et de l'espace, incarnant au plus haut point la manifestation du divin sur la terre, cette essence de l'humain fut ainsi débarrassée de toute connotation morale ou politique, pour accéder au rang d'un idéal sublimé, auquel chacun doit considération et déférence. Au sein d'une telle logique, les différences, loin d'être entretenues, exaltées comme autant de barrières à la compréhension et à l'entente entre les hommes, sont tellement relativisées dans la conscience collective, tellement minorées, qu'elles perdent finalement tout ou partie de leur signification et de leurs aspérités, s'estompent et se polissent avant de s'émousser au point de devenir inoffensives. C'est alors que l'intégration s'opère, non point par la négation de l'autre – nous voulons dire par l'assimilation sournoise, qui n'est rien d'autre qu'une mutilation – mais par la conscience intériorisée et librement acceptée de la complémentarité symbiotique qu'elle tisse avec les autres, dans l'union et la fusion des essences, là où se forgent les convergences et les alliances indéfectibles.

Un patrimoine précieux gît donc sous les ruines encore fumantes du césarisme colonial. L'Afrique actuelle doit vite renouer avec cet héritage. Pour créer des espaces de paix, de liber-

---

[7] « Le défi de la renaissance africaine au XXe siècle » in *Impact Tribune*, Bulletin trimestriel d'analyses et de débats de la Fondation Panafricaine de lutte contre le tribalisme, n° 018, premier trimestre 2001, p. 4.

[8] *Sociologie*, Edition revue et augmentée par l'auteur, Fayard, 1994, p. 450. Coll. Points. Série Essais.

té et d'harmonie sociale où s'épanouissent enfin pleinement chacun de ses fils. Cette action doit se construire à partir des espaces indociles et des marges d'autonomie dont disposent les États africains. Sortir des Afriques assiégées, des espaces dominés, redescendre dans les zones de résistance, y réorganiser le processus d'autonomisation en s'appuyant sur les marges d'autonomie laissée par l'idéologie marchande conquérante et un juridisme qui assure partout dans le monde l'escalade de la violence et le perte de l'existence, peut être une piste. C'est une stratégie de gouvernance pouvant aboutir à un retournement copernicien afin que l'Afrique tourne autour d'elle-même et pour elle-même. Il est question pour l'Afrique en quête d'elle-même, de déserter les espaces occupés, les univers carcéraux et de pénétrer dans les zones de résistance en ébullition créatrice. Telle peut être une des stratégies de l'Afrique dans un monde où la résurgence de la violence ethnique tient essentiellement à l'échec des systèmes juridico-administratifs et étatiques d'intégration nationale hérités de la bourgeoisie coloniale et néo-coloniale conquérante.

Un gouvernance, c'est-à-dire l'ensemble des modalités idéologico-éthiques institutionnelles, juridiques, administratives qui président à la gestion harmonieuse et rigoureuse de l'ensemble économico-social[9] qui consiste à restituer l'initiative décisionnelle aux sociétés africaines qui se sont déjà appropriées l'initiative créatrice dans un contexte où la *rébellion critique* combine à la fois les *armes de la critique* et la *critique des armes*.

Au-delà des apparences, les « dynamiques du dehors », en ce qui concerne l'ordonnancement de la socialité africaine, ne l'ont jamais définitivement emporté sur les « dynamiques du dedans ». « L'Afrique n'est pas morte, » rappelle le sociologue Jean Marc Ela (1994), « elle est une marmite qui boue ». L'affirmation de la réceptivité passive par l'Afrique des influences du dehors doit ainsi être relativisée. Les cultures africaines sont porteuses des *manières de voir*, des modes d'agir, des codes de savoir, des rationalités qui garantissent la pérennité de l'Afrique dans l'histoire des peuples et des civilisations (Hountondji 1994 : 346). Le raffinement des techniques de pénétration et de sujétion du continent africain par les « maîtres du monde » s'accompagne d'un renouvellement, de la part des damnés, des stratégies/technologies d'indocilité et de riposte. Ce récurrent réajustement de soi dans la dépendance est révélateur de la capacité des sociétés africaines à renouveler, en fonction des circonstances, leurs rapports au monde. A l'ère du triomphe de la liberté, les peuples africains ne sont plus obligés de faufiler entre les choses pour se dérober des agressions multiformes. Ils affrontent, dans un duel décisif les forces de réification. La reprise de l'initiative par les peuples, les « gens d'en bas » semble irréversible. Aussi importe-t-il de saisir ces libertés en genèse, de repérer ces zones de création et d'invention.

Par-delà les brevets de « bonne gouvernance » distribués par les gardiens de l'ordre libéral, brevets qui fonctionnent comme de véritables sources d'allocation de légitimité, les populations africaines revendiquent encore l'exclusivité de la compétence en ce qui concerne la détermination et l'allocation de la légitimité politique. Ce sont ces zones d'autonomie, ces « Afriques indociles » qu'il convient de transformer en tremplin, en foyer de bouleversement du système-monde liberticide et aliénant. Avec la mondialisation, le XXIe siècle voit renaître et se développer en Afrique la perspective endogène, contestatrice, conflictuelle et souvent

---

[9] Précisons encore que nous entendons gouvernance au sens de quelques hypothèses qu'a donné Hyden « la gouvernance suppose une intervention créatrice des acteurs politiques, visant à modifier les structures qui entravent l'expression des possibilités humaines ». La gouvernance est un concept relationnel, qui met l'accent sur la nature des interactions entre l'Etat et les acteurs de la société. La gouvernance se rapporte à des genres de relations particulières entre les acteurs politiques. C'est-à-dire ceux que la société peut sanctionner et dont le comportement n'est pas arbitraire » cf. M. Bratton et D. Rothchild « Bases institutionnelles de la gouvernance en Afrique » in G. Hyden et M. Bratton, *Gouverner l'Afrique. Vers un partage des rôles*, London, Lynne Rienner Publisher, 1992, 144 p.

explosive. L'Afrique profonde dit son mot ; elle exprime son être et y mobilise d'autres configurations perceptives de la réalité politique.

Il faut par conséquent, installer une *gouvernance légitime,* celle qui, loin des palais luxueux et des bureaux climatisés s'élabore dans la coude à coude solidaire et fraternel avec les forces sociales profondes, avec les gens d'en bas. Gouverner et gérer l'Afrique à partir du bas, pour le bas, c'est restituer l'initiative décisionnelle aux communautés locales; c'est concevoir l'Afrique comme le lieu de (ré-)création, de (ré-)invention, de perfectionnement des créativités endogènes. Il faut une gouvernance de promotion des aspirations et des prouesses du bas et non d'imposition au bas, des recettes transnationales d'aliénation et de strangulation. Cette gouvernance de paix, *gouvernance légitime*, est une espèce de *gouvernance sous l'arbre* où l'État est gouverné et géré à partir de la multitude, par la multitude et par le biais de représentants démocratiquement désignés. Il s'agit de (ré-)concevoir l'État comme cadre de réinvention, de promotion et d'encadrement de l'intérêt de chacun et de tous. Tel est l'indice qui pourrait modeler le divers social en vue de la *réalisation de l'humain dans la paix* et non de *la paix dans la déréalisation de l'humain* et vice-versa.

Le paradigme de la *gouvernance sous l'arbre* que je propose, ne peut être mise en œuvre que dans une *éthique de la Responsabilité*. Parce que l'État est un instrument d'action, un mode de satisfaction des besoins humains, l'éthique de la Responsabilité consiste en ce que chaque État s'auto-conscientise et se sache comme *dépositaire de la survie de la planète, de son développement et des valeurs construites comme universelles* (Badie : 1999). La thèse de la responsabilité recoupe sensiblement l'impératif catégorique kantien de l'universel comme unité de mesure d'une action légitime ou d'un comportement humain. L'émergence des peuples et des États à la sphère de la conscience et de *l'éthique de la responsabilité* peut assurément être considérée comme le gage de la réalisation maximale du « projet de paix perpétuelle » kantien. Il convient ainsi de sortir de l'illusion anthropo-politiste de la paix comme harmonie pré-établie pour saisir cette dernière dans sa concrétude sociale comme construction d'un cadre socio-politique viable (État), gouvernance légitime (Assefa 1998), responsabilité sans omettre de garder à l'esprit les multiples récupérations stratégiques dont fait l'objet la paix. C'est cet ensemble de considérations et d'éléments d'analyse qui constituent aujourd'hui tout comme hier, le prétexte de la réflexion africaine en faveur de l'édification d'une paix durable en Afrique susceptible de faire émerger des pôles de puissance. L'Afrique faisant face à des défis transnationaux, seule une mise en commun des États africains peut permettre de soutenir le grand combat. Une mise en commun des ressources et des intelligences est une urgence en Afrique à l'heure de la construction des grands ensembles géo-stratégiques dans le monde. Aussi espérons-nous que la présente recherche éclairera d'une autre lueur la société civile, les dirigeants, les décideurs, les détenteurs d'enjeux et les diverses autres organisations qui se préoccupent de la paix sociale en Afrique.

Cette *gouvernance sous l'arbre* s'allie à la pensée qui cesse d'être une « hypocondrie » pour le pouvoir politique. La pensée en Afrique, contrairement à ce qu'affirme la plupart, est en marche quoiqu'en marge des forces et décisions politiques profondes. De sorte que ce dont l'Afrique a besoin, ce n'est pas tant d'une *urgence de la pensée* en tant que production intellectuelle visant l'élucidation conceptuelle des problèmes existentiels concrets, mais plutôt d'une *pensée de l'urgence* dans l'information des décisions de l'économie politique internationale. Il faut un brisement des chaînes de la marginalisation de la pensée afin qu'elle puisse envahir et annexer le lieu d'exercice du pouvoir politique tant il est vrai que le politique est la science architectonique du social. La révolution africaine proviendra de la pensée car les « empires de l'avenir sont les empires de l'esprit », pour reprendre Churchill. Mais comment échapper à une civilisation universelle abstraite et sauver de la disparition des cultures singulières ? Telle est la question à laquelle nous sommes présentement confrontés.

Dans cet esprit, ce travail s'inscrit d'abord dans la perspective de la production des savoirs interculturels, domaine qui, d'un point de vue global, n'a pas toujours représenté une urgence pour la recherche locale dominante, notamment en anthropologie politique pour notre cas. Les auteurs qui ont été mobilisés tout au long de ce travail, indiquent, au-delà des objets de recherche qui ont longtemps séduits l'anthropologie institutionnelle, les nouvelles orientations théoriques, méthodologiques et épistémologiques qui aujourd'hui doivent retenir l'attention des chercheurs et tous ceux qui prétendent à la science. La modernité négro-africaine dans laquelle s'élabore ou doit s'élaborer la production des savoirs interculturels est le *topos* de la conflictualité, de la bellicité, de l'abomination et de la désolation : – Abomination d'une Europe aux dents longues (*confer* la berlinisation du continent africain ou le découpage de l'Afrique à Berlin), qui érige la domination en principe axiologique sous le silence complice/conspirateur des politiques et épiscopes. – Désolation devant l'échec des tentatives de démocratie vite étouffées par les courants réactionnaires. En ce sens l'échec de l'État-nation dit moderne, l'échec de la *démocratisation des conférences nationales*, c'est-à-dire celui de la démocratisation à la va-vite, est en fait l'échec de la standardisation mondialiste et des catégories occidentales importées, imposées et diffusées au reste de l'humanité. Pour moi, ce que l'on appelle ethnicisme est en fait, un retour ethnocentrique aux solidarités primitives. Ce retour se fait obscurément contre l'ethnocentrisme occidental, contre la domination de l'économie-monde et ses médiations. Cet ethnocentrisme peut produire des effets pervers en hétérogénéisant encore davantage les États post-coloniaux, en instrumentalisant de façon pernicieuse les concepts de démocratie, de liberté, d'égalité, de droits de l'homme … qui ne sont alors qu'un paravent masquant habilement un autre enjeu : l'auto-affirmation et l'hégémonie ethniques. Quand l'ethnocentrisme prend cette forme délétère, il est lourd de périls les plus graves et peut conduire à la *yougoslavisation* à terme des États. Mais l'ethnocentrisme peut aussi conduire à la valorisation des communautés, à la prise en charge du cosmos communautaire par la revalorisation des valeurs de partage, de l'effort co-assumé, de la solidarité, de la perpétuation de la lignée et des valeurs de vie stérilisées par une idéologie non réellement comprise et assimilée et qui ne laisse pas d'être historiquement et socialement constituée, donc qui n'a rien ni d'indépassable, ni d'absolu. A quelles conditions l'ethnocentrisme peut-il être fécond ? A la condition que certains éléments en fassent non plus un ethno-centrisme, mais une ethno-centricité, ferment et terreau d'une nouvelle modernité, d'une nouvelle historicité.

Le rappel de l'hétérogénéité comme principe actif de la démocratie, nous amène à sortir de l'exotisme de la réflexion sur la démocratie dans les sociétés plurales à travers le paradigme de la *gouvernance sous l'arbre* qui revient ici, dans une perspective wébérienne, à rechercher son sens concret et effectif tel qu'il se dégage de l'action socio-politique ; il s'agit d'une gouvernance en situation concrète, une valeur anthropo-sociale légitime qui structure, influence et même domine la gestion de la *res-publica*. Contrairement à ce qu'affirme Stanley Hoffman à propos de l'incompatibilité entre l'éthique et la gouvernance, *l'arbre à palabre,* parangon de la gouvernance sous l'arbre intègre, dans ses bases de structuration, les principes éthiques et moraux. Elle a pour enjeu majeur, le triomphe des valeurs. Cette gouvernance, parce qu'elle est conduite par des acteurs infra-étatiques ou sur-étatique inaugure l'avènement de la démocratie par le bas. Cette diplomatie dite parallèle, clandestine ou informelle constitue un projet moral, un processus historique rare et fragile de développement d'une morale collective. Elle renvoie en fait à ces assemblées où sont librement débattues nombres de questions et où sont prises des décisions importantes concernant la communauté. Le principe est, comme pour l'agora athénienne, que chaque participant a droit à la parole. Ici *le principe de véto mutuel* est une modalité supplémentaire de protection des intérêts vitaux des minorités ; il offre à chaque segment une garantie complète de la protection politique.

En cela l'anthropologie politique est un discours *anatreptique,* c'est-à-dire un discours qui s'annonce et s'énonce comme une réalité en cours de fragmentation. C'est un discours qui ne se veut pas figé en catéchisme, en discours professoral et épidictique. Ici l'affirmation n'est qu'un moment transitoire et sa construction est impliquée dans une processualité qui empêche toute hypostase. L'anthropologie politique n'est pas une écriture sacerdotale c'est-à-dire qui critique sans montrer en quoi elle-même peut être une impasse. Elle semble instaurer une tradition discursive et concertative où la participation semble être son essence même ; cette participation peut prendre plusieurs variantes. En imposer une seule variante au mépris des spécificités locales marquées par l'hétérogénéité ethnoculturelle, est une imposture et en même temps, une posture hégémonique à condamner massivement et frontalement. De ce point de vue, il me semble que le retour ethnocentrique aux solidarités primitives doit se déchiffrer et non être condamné. La tribu ou l'ethnie deviennent donc le référentiel naturel pouvant fonder l'appartenance. Et c'est ici et là seulement qu'il faut trouver une forme d'État et de démocratie pouvant conduire les individus de la solidarité primitive et négative, à la solidarité d'idées et de modèle de société. Cet État et cette forme de médiation interculturelle reste à inventer, imaginer et non à imposer. C'est ma conviction et j'ai voulu la partager ici selon une perspective fondamentale : celle d'une refondation de notre imaginaire pour une réorientation globale de l'anthropologie et de la pensée politique de notre existence africaine dans ses besoins, ses désirs, ses quêtes, ses attentes, et ses espérances.

Enrichissement théorique de l'État et de l'ethnicité[10] dans l'ordre politique de l'immanence négro-africaine

Du point de vue heuristique, l'opérationnalisation de la méthode phénoménologique a permis de transcender les frontières ou les territoires des paradigmes scientifiques. Il a ainsi rendu possible l'engagement d'un dialogue entre Pierre Bourdieu et les analystes et théoriciens des relations interethniques. Ce que Jean D. Loïc Wacquant a appelé « l'irrespect des frontières disciplinaires » de Pierre Bourdieu a comme bénéfice épistémique, l'établissement des passerelles entre différents champs du savoir. Le cadre analytique du champ permet une *défrontiérisation* du savoir. Ainsi, l'anthropologie juridique comparée, l'histoire, l'anthropologie politique, la science politique, la sociologie des influences culturelles et des nouvelles ethnicités … ont été convoquées pour objectiver la réalité de la pensée africaine. Chacune de ces disciplines a permis d'éclairer une facette de cette réalité. Nous n'avons pas la prétention d'avoir épuisé la démarche. Il est évident que la linguistique, l'économie, la psychologie, la neurobiologie cognitive, la théorie des systèmes par exemple, ont leur part dans la connaissance du social.

Le modèle d'analyse du « champ » bourdieusien a également permis d'analyser la réalité anthropo-sociale du sous-continent noir à partir d'une triple posture notamment celle de la structure, de l'acteur et de la conjoncture. La structure renvoie à la configuration toujours changeante des inter-relations qui existent entre acteurs régionaux hétérogènes et inégaux. La dynamique de ces acteurs et la configuration de leurs inter-relations déterminent l'état de la conjoncture du champ. Et c'est à chaque fois l'état ou plutôt la balance des rapports de force entre les différents acteurs qui déterminent la surface d'expression des uns et des autres qui peut être résiduelle (comme les acteurs non-étatiques au cours de la période des autoritarismes politiques) ou considérable (comme la montée des réseaux transnationaux dans l'actuelle séquence historique dite post-nationale et/ou post-souverainiste et qui favorise l'émergence de nouvelles arènes du pouvoir et du politique). Le paradigme du « champ » a aussi conduit vers

---

[10] Le paradigme de l'ethnicité en crise semble être un cadre fructueux dans la pratique politique et épistémologique aujourd'hui en Afrique.

une approche de l'inter-étatique au point d'intersection ou de jointure de l'étatique et du non-étatique, du public et du privé, du local et du global. Il a par conséquent rendu possible une compréhension décentrée du monde inter-étatique régional et révélé que la fermeture des *barrières d'entrée* dans le jeu inter-étatique global à nombre d'acteurs *hors souveraineté* dans l'analyse classique des relations africaines internationales a été le fait d'analystes prisonniers de la pensée et de la culture westphaliennes d'État.

A bien d'égards, il s'agit d'une opposition entre deux modes d'appréhension du réel, le premier, atomistique de la réalité et le second, participativiste. Le conflit est anthropologique et fait écho de cette disposition au niveau épistémologique de la rationalité : *là où l'Europe dichotomise pour généraliser ensuite, l'africain oppose une vision globale du monde pour singulariser après coup* (Prince Dika-Akwa nya Bonambela 1982 : 117). Le dualisme cartésien a pensé le monde en objets séparés, sans rapport de dépendance, sous l'emprise des lois éternelles, invariables, consacrées par la logique newtonienne. Cette méthode d'appréhension du Réel alors qualifiée de rationnelle a légitimé la mesure, la catégorisation, la simplification, la compartimentation, comme méthode analytique. A cette logique de fragmentation a correspondu l'atomisation de la société en individus isolés, aux intérêts différents, autant séparés que les nations, sans liens communs, sans destins communs. Ainsi se sont aussi constituées les oppositions forts / faibles, dominants / dominés, égaux / inférieurs, civilisés / indigènes, mais aussi esprit / matière, nature / culture, sujet / objet, etc. D'où notre plaidoyer pour une anthropologie interculturelle et inter-critique.

Plaidoyer pour une « alternative interculturelle » et pour un « interculturel radicalement alternatif »

La pensée interculturelle, appelée à supplanter les catégories déterministes et réductionnistes de la logique cartésienne, nous invite à saisir la dimension complexe du Réel et expérimente le monde comme un réseau de relations intégrées, complexes, s'imbriquant en sous-unités hiérarchisées, relativement autonomes et en interdépendance, se complexifiant aussi dans le temps et dans l'espace pour gagner davantage en autonomie. Le monde est ainsi *unité dans la diversité* des choses et des êtres aux finalités complémentaires.

La production des savoirs interculturels implique, par conséquent, l'émergence des nouveaux fondements de la connaissance. La méthode interculturelle renvoie ainsi à l'approche du *dialogue dialogal* entre cultures radicalement différentes : aborder les problèmes humains à la lumière de plusieurs cultures ou univers culturels non seulement au niveau des réponses, mais des questions elles-mêmes. Ainsi, je défends comme principe directeur, un *ordre culturel autonomique* basé sur le pluralisme de la vérité et de la réalité. Elle rejette la conception interculturelle définie comme l'intégration et la socialisation des cultures à la culture dominante. Elle fait la promotion d'une *interculturalité de l'existence nue ou existentielle* sans vouloir réduire cette dernière à la non-intelligibilité : Il s'agit là précisément des rudiments de la *gouvernance sous l'arbre fondée sur l'interculturalité*. Peut-être doit-on rappeler à ce niveau que l'Afrique a toujours été préoccupée d'ouvrir à tous les jeunes son patrimoine scientifique, technique comme l'attestent, au cours des soirées au village, les jeux éducatifs où, à travers les contes, les devinettes, les proverbes et les énigmes, les savoirs « endogènes » sont transmis par les voies de l'oralité. Cette expérience constitue une base pour mettre les « sciences en scène » en montrant comment les savoirs se sont construits et comment ils sont le produit d'une aventure humaine. De fait, pour enseigner la science, il convient de redécouvrir la *science-entrain-de-se-faire*. L'enseignement des sciences ne saurait donc devenir une école de soumission où la parole du maître joue un rôle essentiel. Pour rendre les sciences plus « sociables », la formule de Kant est plus que jamais d'actualité : « Ose penser par toi-même ».

A l'ère des mutations africaines, on voit l'obligation de réinventer la tradition kantienne afin de promouvoir une culture des sciences dans un contexte historique et social où vivre, c'est combattre l'exclusion, la misère et la pauvreté. Dès lors, il est urgent de repenser les nouvelles conditions d'éducation à la science dans l'enseignement en Afrique noire. Ce travail nécessite de renouveler la formation et le recyclage des enseignants dans la perspective d'une rééducation scientifique. Il est donc clair que les changements s'imposent dans les programmes et les méthodes pédagogiques dont les objectifs doivent viser l'éveil et la formation de l'esprit scientifique en sortant des quatre murs académiques pour aller dans la nature ou sur le terrain afin de préparer les jeunes à la discrimination rationnelle, en redonnant toute sa place à la « leçon des choses ». Si pour nous l'anthropologie n'est pas une somme de connaissances, de règles, d'énoncés ou de citations à mémoriser mais un processus, développer l'intérêt des jeunes pour la production des savoirs interculturels notamment, c'est mettre à l'épreuve leur créativité, leur imagination, leur capacité d'innover et de réaliser. Il nous semble dès lors, inévitable d'indiquer quelque *piste* au terme de cette étude.

Thèses minimales sur le statut de la théorie interculturelle

L'analyse du corpus théorique qui a constitué l'essentiel de cette étude montre que la « Rencontre de l'Autre ou le choc de *la différence* » (Bwele 1990 : 117) est une question éternelle. Le débat entre *ressemblance* et *différence*, *altérité* et *universalité* est certes ancien, mais d'une actualité brûlante. C'est par rapport à ce débat que la *théorie interculturelle* peut avoir une démarche progressiste et égalitaire. L'universalité est considérée comme l'« extension de soi » à l'ensemble de l'humanité ; cette *extension* étant considérée comme porteuse de civilisation, de progrès, de liberté et donc, de rationalité. L'universalité est ici conçue comme « extension de soi ».

Les dégâts de la colonisation d'une part et le développement de l'ethnologie d'autre part, conduiront à une critique de la prétention à la supériorité de la culture du colonisateur. Elle conduira par endroit à inverser le discours et à conclure à la supériorité des cultures des pays et peuples colonisés :

> Ils mettent en accusation le vieil ethnocentrisme et construisent ainsi de manière ethnocentrique une image artificielle de ce que l'on appelle civilisation primitive. Il est significatif, d'ailleurs, de voir qu'ils réhabilitent le vieux terme « primitif » pour désigner les sociétés traditionnelles … Ils font renaître une métaphysique plus ancienne, celle du « bon sauvage ». (Lanternani 1978)

Ces quelques assertions indiquent l'ancienneté du débat, mais en soulignant également son actualité. En matière d'interculturalité également, certaines pratiques s'en revendiquant poursuivent, consciemment ou non, une logique civilisatrice alors que d'autres naturalisent l'Autre dans la figure d'un « bon sauvage » primitif. Au discours de la ressemblance d'un « universalisme » colonisateur, s'oppose un contre-discours tout aussi simplificateur et réducteur, celui d'un *différentialisme protecteur*.

Au sein des États-nations contemporains, la diversité culturelle est et sera de plus en plus la règle. Deux écueils et dérives guettent en conséquence les rapports entre « cultures » dans l'espace national. *Le premier est la volonté d'assimiler l'Autre, le second consiste à le renvoyer dans une différence absolue*. La *démarche interculturelle* est ainsi rendue nécessaire pour éviter ces deux écueils et permettre le dialogue entre les cultures sur un pied d'égalité. L'espace situé entre la reconnaissance de la particularité de l'exigence d'une universalité commune traduit en principes et règles politiques communs, est, selon nous, celui de l'interculturalité. Cette démarche suppose *qu'aucune culture particulière ne peut prétendre à elle seule répondre à la question de l'universalité,* dans la mesure où il s'agit de faire émerger un *corpus* de valeurs capables de *rendre le dialogue des cultures possible et fécond pour chacune d'entre elles et pour le collectif national dans sa globalité.* C'est dire que l'universalité ne se décrète ni ne s'impose, c'est-à-dire qu'elle est affaire de conscience. Or, s'il est quelque chose qui puisse caractériser l'homme, ce n'est ni une origine, ni une nature, ni une rationalité commune, mais bien sa capacité à la « conscience de soi ». L'inter- culturalité dans ses différents champs d'application : « recherche, formation, mise en œuvre des politiques, méthodologie», etc., présuppose un certain nombre de conditions, de possibilités. Sans être exhaustif, nous pouvons repérer les exigences suivantes, en réalité les pré-conditions ou les conditions de possibilité de la démarche interculturelle. D'où l'ensemble des propositions générales suivantes que nous déclinons sous la bannière de nos « sept thèses minimales sur le statut de la théorie interculturelle » :

1. Rompre avec les mythes de « l'unité originelle de l'Homme », de la « naturalité » de l'Homme, etc. L'inter-culturalité ne va pas de soi. Elle est une construction consciente de l'Homme. Elle suscite des chocs, du conflit, des remises en cause ;
2. Abandonner les habitudes qui découlent de la vision naturaliste : commensurabilité des cultures, prétention des cultures particulières à s'universaliser, *culte de la ressemblance négateur des différences, culte de la différence les absolutisant,* etc. ;
3. Acquérir une conscience de la limite pour permettre l'ouverture à une *praxis* sur celle-ci ;
4. Elaborer un *corpus* de valeurs permettant la constitution d'une *inter-culture* potentiellement *trans-culture,* capable de constituer le terrain du dialogue entre les différentes conceptions du monde ;
5. Centrer ce *corpus* sur la valeur « égalité », afin d'éviter que des relations de domination ne transforment l'universalité en mystification idéologique ;
6. Y inclure la valeur « liberté », c'est-à-dire considérer qu'on ne décrète pas et qu'on n'impose pas l'universalité et l'inter-culturalité pour les autres, mais qu'elles se construisent sur la base de la conscience de soi et des autres ;
7. Y faire figurer comme valeur[11] non contradictoire les deux dimensions d'existence de l'être humain, l'individu et le collectif, en cessant d'exiger qu'il choisisse entre les deux.

Tels peuvent donc être les axes d'une réforme de la pensée en Afrique noire. Telles sont par conséquent aussi les conditions minimales d'une contribution de l'anthropologie à l'essor du développement et de la pensée politique en Afrique noire. Mais ce qui s'impose avec force et sous la pression du sens, c'est l'urgence de la pensée et la mise en place d'une énergétique de l'espoir en Afrique pour en faire un élément dynamogène, intégré dans la lutte de l'Afrique pour sa dignité anthropologique et son intégration à part entière, à côté des autres nations du monde.

Au bout de ce parcours qui rend raison des rapports dialectiques et complexes à l'œuvre, après avoir évalué le rôle émancipateur que la production des savoirs interculturels peut jouer en Afrique et compte tenue de la mission de la pensée en tant qu'élément central d'un projet historique africain de transformation sociale non-violente et de changement des mentalités, il est permis d'affirmer que la démarche interculturelle est, pour ainsi dire, consubstantielle à la réflexion sur la démocratie dans les sociétés complexes c'est-à-dire plurales et donc multiculturelles/multiethniques :

La démocratie s'institue et se maintient dans la dissolution des repères et des certitudes. Elle inaugure une histoire dans laquelle les hommes font l'épreuve d'une indétermination dernière quant au

---

[11] Il s'agit ici d'instaurer une socialité humanisante, c'est-à-dire la conscience des droits et des devoirs humains, la maîtrise humanisante du réel, la convergence pan-humaine de la visée de l'universel par le dépassement du particularisme et de la limitation.

fondement du pouvoir, de la loi et du savoir et au fondement de la relation de l'un avec l'autre, sur tous les registres de la vie sociale. (Lefort 1986 : 24)

En définitive, c'est dans ce cadre que la perspective interculturelle devient non seulement crédible mais surtout devient un lieu de créativité permettant de passer de la culture « produit » à la culture du « procès » (Vinsonneau 1997 : 154), qui contribue à la création d'un certain type de

> lien social et ... politique susceptible de concilier la globalisation avec le besoin de communauté à taille humaine et qui permet de concilier l'universel et le particulier, le global et le local. (Verbunt 2001 : 10)

Devant cette situation, si la théorie interculturelle est liée au processus de rationalisation qui fait partie intégrante de la modernité, comment repenser la production scientifique et notamment anthropologique de telle manière qu'elle participe à un projet émancipateur et s'articule avec la vie, en réponse aux enjeux importants des nouvelles générations africaines confrontées aux effets pervers des vagues néo-libérales aliénantes, liberticides et finalement sociétacides ? En procédant par approches successives, j'ai voulu très modestement, présenter quelques *éléments d'analyse anthropo-politiste sur les structures et dynamismes fondamentaux de la modernité négro-africaine*[12], tout en me laissant habiter par cette question. Alors seulement, et après cela seulement, peut-on envisager *le comment*, c'est-à-dire la modalité stratégique et opérationnelle de sa mise en perspective historique et ce, dans le cadre d'une convergence pan-humaine de la visée de l'universel, par le dépassement du particularisme et de la limitation.

Cette étude ouvre ainsi la perspective d'une innovation épistémologique, constitutionnelle, politique et conceptuelle sur les sociétés pluri-nationales au XXIe siècle, que ces nations soient sociologiques (ethnies) ou juridiques (États-nations). A l'ère globale, le modèle politique de l'État multi-ethnique doit permettre la mise en perspective d'un *néo-constitutionnalisme* de type *démotique* (de *demos* ou peuple) permettant de restituer aux ethnies, leur statut de nations sociologiques. Tel est l'enjeu de l'heure qui est avant tout, celui de *jeter les bases d'une renaissance politique africaine adossée sur la nature pluri-nationale des sociétés africaines par-delà le multipartisme*. Ainsi appréhendé, le nouveau pacte social et politique qui fonde l'État multi-ethnique permettrait aux pays d'Afrique noire de se doter d'une démocratie fondée sur le principe « gagnant-gagnant » et non sur le principe « gagnant-perdant » qui consacre la faillite de la politique ethnique des pouvoirs néocoloniaux et aujourd'hui endo-coloniaux. Cette étude nous place finalement au cœur de la modernité qui a pour référent normatif l'Ethnie, la Nation, l'Interculturalité, comme destin, comme données immédiates de la conscience humaine. En définitive, *il y a urgence d'une nouvelle anthropologie et d'une pensée politique africaine neuve*, à la mesure de l'économie mondialisée et des savoirs actuels, notamment la production des savoirs interculturels.

---

[12] Titre éponyme (sous-titre) de la présente étude.

Références bibliographiques

Ouvrages généraux

AMIN, S. (1986), *La déconnexion. Pour sortir du système mondial*. Paris : La Découverte.
AMIN, S. (1989), *La faillite du développement en Afrique et dans le Tiers monde*. Paris : L'Harmattan.
AMIN, S. (1991), *La déconnexion. Pour sortir du système mondial*, 2ᵉ édition. Paris : La Découverte.
AMSELLE, J.-L. & E. M'BOKOLO, eds. (1992), *Au Cœur de l'ethnie. Ethnies, tribalisme et Etat en Afrique noire*. Paris : La Découverte.
ANDERSON, B. (1983), *Imagined communities. Reflections on the origin and spread of nationalism*. London : Verso Editions.
APPADURAÎ, A., ed. (1993), *The social life of things. Commodities in cultural perspectives*. Cambridge : Cambridge University Press.
APPADURAI, A. (2001), *Après le colonialisme. Les conséquences culturelles de la globalisation*. Paris : Payot.
APPIAH, K.A. (1992), *In my father's house. Africa in the philosophy of culture*. New York : Oxford University Press.
ARENDT, H. (1972), *Le système totalitaire*. Paris : Seuil.
ARISTOTE (1976), *Anthropologie*, textes choisis et traduits par J.C. Fraise. Paris : PUF.
ARON, R. (1962), *Paix et guerre entre les nations* (2ᵉ éd.). Paris : Calmann-Lévy.
ARON, R. (1968), *Paix et guerre entre les nations* (8e éd.). Paris : Calmann-Lévy.
ARON, R. (1990), *Mémoire. 50 ans de réflexion politique*. Paris : Julliard.
ASSEFA, H. (1998), *Le paradigme de la paix et de la réconciliation la philosophie de la paix et ses implications sur les conflits, la gouvernance et la croissance économique en Afrique*. Yaoundé : Clé.
ATTALI, J. (1981), *Les trois mondes. Pour une théorie de l'après-crise*. Paris : Fayard.
BACH, D. (dir) (1988), *Régionalisation, mondialisation et fragmentation*. Paris : Karthala-CNRS.
BADIE, B. & M.-C. SMOUTS (1999), *Le retournement du monde. Sociologie de la Scène Internationale*. Paris : PFNSP/Dallos.
BADIE, B. & P. PERRINEAU (2000), *Le citoyen. Mélanges offerts à Alain Lancelot*. Paris : Presses de Sciences po.
BADIE, B. (1945), *La fin des territoires. Essai sur le désordre international et sur l'utilité sociale du respect*. Paris : Fayard.
BADIE, B. (1994), *Le développement politique*. Paris : Economica.
BADIE, B. (1999), *Un monde sans souveraineté. Les Etats entre ruse et responsabilité*. Paris : Fayard.
BALANDIER, G. (1955), *Sociologie actuelle de l'Afrique Noire*. Paris : PUF.
BALANDIER, G. (1967), *Anthropologie politique*. Paris : PUF.
BALANDIER, G. (1985), *Le Détour. Pouvoir et modernité*. Paris : Libraire Arthème Fayard.
BALENCIE, J.-M. & A. DE LA GRANGE (1996), *Mondes rebelles. Acteurs, conflits et violences politiques 1 : Amériques, Afrique*. Paris : Ed. Michalon.
BANGUI-ROMBAYE, A. (1999), *Symétries ethniques de l'islam en Afrique noire*. Yaoundé : Sopecam.
BARBER, B. (1996), *McWorld Versus Djihad. Mondialisation et intégrisme contre la démocratie*. Paris : Desclée de Brouwer.
BAVEREZ, N. (1990), *Mémoire. Cinquante ans de réflexion politique*. Paris : Presse Pocket.

BAVEREZ, N. (1993), *Raymond Aron. Un moraliste au temps des idéologies*. Paris : Julliard.
BAYART, J.-F. (1984), *La politique africaine de Mitterrand*. Paris : Karthala.
BAYART, J.-F. (1989), *L'Etat en Afrique. La politique du ventre*. Paris : Fayard.
BAYART, J.-F. (1996), *L'Etat en Afrique*. Paris : Fayard.
BAYART, J.-F., A. MBEMBE & C. TOULABOR (1992), *La politique par le bas en Afrique noire. Contributions à une problématique de la démocratie*. Paris : Karthala.
BEDAY-HAUSER P., BOLZMAN C. (dir.) (1997), *On est né quelque part mais on peut vivre ailleurs. Familles, migrations, cultures, travail social*. Genève : Les Editions IES.
BEN ARROUS, M. (1996), *L'Etat, ses dissidences et leurs territoires. La géographie par le bas en Afrique*. Document de travail 3/36. Dakar : Codesria.
BENSAID, D. (1997), *Le pari mélancolique. Métamorphoses de la politique, politique des métamorphoses*. Paris : Fayard.
BIDET, J. & J. TEXIER (1994), *Le nouveau système du monde*. Paris : PUF.
BIDIMA, J.G. (1993), *Théorie Critique et modernité négro-africaine. De l'Ecole de Francfort à la docta spes africana*. Paris : Publications de la Sorbonne.
BINET, J. (1958), *Le groupe pahouin: Fang-Bulu-Beti*. Paris : PUF.
BOISVERT, Y. (1996), *Le monde postmoderne. Analyse du discours sur la post-modernité*. Paris : L'Harmattan.
BOLYA, B. (1991), *L'Afrique en kimono, repenser le développement*. Paris : Nouvelles du Sud.
BOUAMAMA, S., A. CARDEIRO & M. ROUX (1998), *La citoyenneté dans tous ses états. De l'immigration à la nouvelle citoyenneté*. Paris : Ciemi-L'Harmattan.
BOURDIEU, P. (1987), *Choses dites*. Paris : Editions de Minuit.
BOURDIEU, P. (1997), *Méditations pascaliennes*. Paris : Seuil.
BOURDIEU, P. (2000), *Les structures sociales de l'économie*. Paris : Seuil.
BOURDIEU, P. & L. WACQUANT (1992), *Réponses. Pour une anthropologie* réflexive. Paris : Seuil.
BWELE, G. (1990), *Ouvertures du logos: de l'éloge de la différence*. Paris : Ed. ABC.
BWELE, G. (2009), *Du logos vivant. Essai sur une ontologie de l'altérité et d'intégration interculturelle*. Yaoundé : Clé.
CASSIRER, E. [1946] (1961), *The myth of the State*. New Haven : Yale University Press.
CASSIRER, E. (1975), *The philosophy of symbolic forms*. New Haven : Yale University Press.
CHABAL, P. & J.P. DALOZ (1999), *L'Afrique est partie. Du désordre comme instrument politique*. Paris : Economica.
CHANTEBOUT, B. (1996), *Droit constitutionnel et science politique* (2e éd.). Paris : Armand Colin/ Masson Editeurs.
CHIRAC, J. (1996), *Appel de Brazzaville*, 18 juillet 1996.
CHIRAC, J. (1996), *Discours de Franceville/Gabon*, 17 juillet 1996.
CICERON (1954), *De la République*. Paris : Garnier-Flammarion.
COQUERY-VIDROVITCH, C., D. HEMERY & J. PIEL, eds. (1988), *Pour une histoire du développement. États, sociétés et développement*. Paris : L'Harmattan.
DARCY DE OLIVIERA, M. & M. TANDON (1995), *Citoyens du monde ou le renforcement de la société civile mondiale*. Washington D.C. : Civicus.
DELEUZE, G. (1990), *Pourparlers*. Paris : Les Editions de Minuit.
DELMAS, PH. (1995), *Le bel avenir de la guerre*. Paris : Gallimard.
DERIAN, J. & M. SHAPIRO (1989), *International/intertextual relations: Postmodern readings of world politics*. Lexington : Lexington Books.
DEUTSCH, K.W. (1953), *Nationalism and social communication*. New York : MIT Press.
DIKA-AKWA NYA BONAMBELA, P. (1982), *Problèmes de l'histoire et de l'anthropologie africaines*. Yaoundé : Clé.
DIOP, C.A. (1959), *L'unité culturelle de l'Afrique noire. Domaine du patriarcat et du matriarcat dans l'antiquité classique*. Paris : Présence africaine.
DIOP, C.A. (1967), *Antériorité des civilisations nègres : mythe ou vérité historique ?* Paris : Présence Africaine.

DIOP, C.A. (1981), *Civilisation ou Barbarie. Anthropologie sans complaisance*. Paris : Présence Africaine.
DIOUF, M. (1998), *La société civile en Afrique : histoire et actualités. Notes provisoires. Contribution au Programme Acteurs sociaux, société civile et transformation de l'espace public en Afrique*, 14-18 déc. Dakar : Codesria,
DOBRY, M. (1992), *Sociologie des crises politiques*. Paris : PENSP.
DONNEDIEU DE VABRES, H. (1994), *La politique criminelle des Etats autoritaires: la crise modern du droit pénal*. Paris : Dalloz.
DOYLE, M. (1983), *New thinking in international relations theories*. Boulder : Westview.
DUFRENNE, M. (1977), *Subversion/perversion*. Paris : PUF.
DURKHEIM, E. (1930), *Le suicide*. Paris : PUF.
EBOUSSI BOULAGA, F. (1991), *A contretemps. L'enjeu de Dieu en Afrique*. Paris : Karthala.
EBOUSSI BOULAGA, F. (1993), *Les conférences nationales en Afrique noire*. Paris : Karthala.
EBOUSSI BOULAGA, F. (1996), *La démocratie à l'épreuve du tribalisme*. Yaoundé : Gerddes.
EBOUSSI BOULAGA, F. (1999), *Lignes de résistance*. Yaoundé : Clé.
ELA, J.-M. (1994), *Afrique : L'irruption des pauvres. Société contre ingérence, pouvoir et argent*. Paris : L'Harmattan.
ELA, J.-M. (1994), *Restituer l'histoire aux sociétés Africaines. Promouvoir les sciences sociales en Afrique Noire*. Paris : L'Harmattan.
ELIAS, N. (1991), *La société des individus*. Paris : Fayard.
ENZENBERGER, H.M. (1995), *La grande migration. Vues sur la guerre civile*. Paris : Gallimard.
ETOUNGA MANGUELE, D. (1991), *L'Afrique a-t-elle besoin d'un programme d'ajustement structuel ?* Paris : Nouvelles du Sud.
FANON, F. (1961), *Les damnés de la terre*. Paris : Maspero.
FERREOL, G., ed. (1998), *Intégration, lien social et citoyenneté*. Paris : Presses universitaires du Septentrion.
FICHTE, J.G. (1992), *Discours à la nation allemande*. Paris : Imprimerie nationale.
FORRESTER, V. (1997), *Une étrange dictature*. Paris : Fayard.
FRIEDMAN, D. (1999), *Un chercheur dans tous ses états*. Paris : Métraillé.
GAILLARD, P. (1994), *Amadou Ahidjo, patriote et despote, bâtisseur de l'Etat camerounais*. Paris : JA Livres.
GARVEY, M. (1983), *Un homme et sa pensée*. Paris : Editions Caribéennes.
GELLNER, E. (1994), *Nations et nationalisme*. Paris : Payot.
GESCHIERE, P. (1995), *Sorcellerie et politique en Afrique. La viande des autres*. Paris : Karthala.
GESCHIERE, P. & P. KONINGS (1993), *Itinéraires d'accumulation au Cameroun*. Paris/Leiden : Karthala/Afrika-Studie centrum.
GICQUEL, J. & M. HAURIOU (1984), *Droit constitutionnel et institutions politiques*. Paris : Montchretien.
GÖDEL, K. (1940), *La cohérence de l'hypothèse du continuum*. Microsoft Encarta 2009.
GÖDEL, K. (1950), *Univers rotatifs dans la théorie de la relativité*. Microsoft Encarta 2009.
GZEMPIEL, E. & J. ROSENAU (1997), *Along the domestic foreign frontier: exploring governance in a turbulence world*. Cambridge : Cambridge University Press.
HABERMAS, J. (1963), *Théorie et pratiques*. Paris : Gallimard.
HABERMAS, J. (1968), *La technique et la science comme idéologie*. Paris : Gallimard.
HABERMAS, J. (1973), *Raison et légitimité*. Paris : Gallimard.
HABERMAS, J. (1981), *Théorie de l'agir communicationnel*. Paris : Gallimard.
HABERMAS, J. (1997), *Droit et démocratie*. Paris : Gallimard.
HEBGA, M. (1997), *Rationalité d'un discours africain sur les phénomènes paranormaux*. Paris : L'Harmattan.
HEBGA, M. (1998), *Afrique de la raison, Afrique de la foi*. Paris : Karthala.
HEGEL (1970), *Précis de l'encyclopédie des sciences philosophiques*, 1ere édition 1817. Microsoft Encarta 2009.

Hermet, G., et al. (1994), *Dictionnaire de la science politique et des institutions politiques.* Paris : A. Colin.
Hibou, B. & R. Banegas (2000), *La privatisation des Etats.* Paris : Karthala.
Hobsbawm, E. (1992). *Nations and nationalism since 1780 programme, myth, reality.* Cambridge : Cambridge University Press.
Huntington, S.P. (1996), *The clash of civilization and the remaking of world order.* New York: Simon & Schuster.
Hutchul, E. & A. Bathily (1998), *The military and militarism in Africa.* Dakar : Codesria.
Jankelevitch, V. (1986), *L'imprescriptible. Pardonner ? Dans l'honneur et la dignité.* Paris : Seuil.
Jonas, H. (1990), *Le principe de responsabilité. Une éthique pour la civilisation technologique.* Paris : Les éditions du Cerf.
Ka Mana (1993), *L'Afrique va-t-elle mourir? Bousculer l'imaginaire africain. Essai d'éthique politique.* Paris : Cerf.
Kabou, A. (1991), *Et si l'Afrique refusait le développement ?* Paris : L'Harmattan.
Kamto, M. (1993), *Pouvoir et droit en Afrique noire. Essai sur les fondements du constitutionnalisme dans les Etats d'Afrique noire francophone.* Paris : LGDJ.
Kamto, M. (1999), *L'urgence de la pensée. Réflexion sur une précondition du développement.* Yaoundé : Mandara.
Kant, E. (1986), *Fondements de la métaphysique des mœurs.* Paris : Librairie Delagrave.
Kennedy, P. (1994), *Préparer le XXIe siècle.* Paris : Odile Jacob.
Kindengue N'Djok (1958), *Kel'lam, fils d'Afrique.* Paris : Alsatia. *L'Observateur,* 51 du 13 janvier 1999.
Laburthe-Tolra, P. (1981), *Les Seigneurs de la forêt.* Paris : Sorbonne.
Laïdi, Z. (dir) (1998), *Géopolitique du sens.* Paris : Desclée de Brouwer.
Laplace, S. (1796), *Exposition du système du monde.* Paris : Fayard (Edition de 1984).
Lash, S. (1990), *Sociology of postmodernism.* London : Routledge.
Latouche, S. (2000), *La planète uniforme.* Castelnau-le-31 : Ed. Climat.
Le Chevoir, P. (1999), *Les premières heures d'Abéché 1966-1967. Les prémisses du Frolinat.* Paris : L'Harmattan.
Lefort, C. (1986), *Essai sur le politique du XIXe et XXe siècle.* Paris : Serf.
Leonhardt, L. (1998), *The culture of development in Bakaland : the apparatus of development in relation to Baka hunter gatheress,* Dissertation Princeton University.
Levinas, E. (1971), *Totalité et infini. Essai sur l'extériorité.* La Haye : Martinus Nijhoff, Coll. Biblio Essai.
Levinas, E. (1974), *Autrement qu'être ou au-delà de l'essence.* Microsoft Encarta 2009.
Levi-Strauss, C. (1970), *L'anthropologie structurale.* Paris : Plon, deuxième édition.
Levi-Strauss, C. (1973), *Anthropologie structurale deux.* Paris : Plon.
Lijphart, A. (1968), *Politics of accommodation. Pluralism and democracy in the Netherlands.* Berkeley: University of California Press.
Lyotard, J.-F. (1998), *La condition post-moderne.* Paris : Minuit.
Maffesoli, M. (1995), *La conquête du présent. Pour une sociologie de la vie quotidienne.* Paris : Fayard.
Marcuse, H. (1965), *Culture et société,* Paris : Les éditions de Minuit.
Marcuse, H. (1968), *L'homme unidimensionnel. Essai sur l'idéologie de la société industrielle avancée,* traduit de l'anglais par Monig Wittig et l'auteur. Paris : Les éditions de Minuit.
Mbembe, A. (1988), *Afriques indociles, christianisme, Etat et pouvoir en société post-coloniale.* Paris : Karthala.
Mbembe, A. (2000), *De la post colonie. Essai sur l'imagination politique dans l'Afrique contemporaine.* Paris : Karthala.
Michiels, J.P. & D. Uzunidis (1999), *Mondialisation et citoyenneté.* Paris : L'Harmattan.

MORGENTHAU, H. (1945), *Scientific man versus power politics.* Chicago: University of Chicago Press.
MORGENTHAU, H. (1985), *Politics among nations. The struggle for power and peace.* New York : Alfred Knoff.
MORIN, E. (1994), *Sociologie*, Ed. Revue et augmentée par l'auteur (2ᵉ éd.). Paris : Fayard.
MORIN, E. (2000), *Sept savoirs nécessaires éducation futur.* Paris : Seuil.
MORRIS, D. (1999), *The new prince.* Los Angeles : Renaissance Books.
MOUCTAR BAH (1985), *Architecture militaire traditionnelle et poliorcétique dans le Soudan occidental du XVIIIe à la fin du XIXe siècle.* Yaoundé : Editions Clé/ACCT.
MUDIMBE, V.-Y. (1973), *L'autre face du Royaume. Une introduction à la critique des langages en folie.* Lausanne : l'Âge d'homme.
MUDIMBE, V.-Y. (1982), *L'odeur du Père. Essai sur des limites de la science et de la vie en Afrique noire.* Paris : Présence Africaine.
MUDIMBE, V.-Y. (1988), *The invention of Africa. Gnosis, philosophy and order of knowledge*, Bloomington/Indianapolis : Indiana University Press/London : James Currey.
MVENG, E. (1990), *L'Afrique sans l'église. Paroles d'un croyant.* Paris : Karthala.
NIETZSCHE, F. (1985), *Le crépuscule des idoles*, Trad. H. Albert. Paris : Flammarion.
NZEMEN, M. (1997), *Monnaie, francs CFA et tontines. La monnaie dans les réalités africaines.* Yaoundé : Ed. Mandara.
O'BRIEN, R. (1992), *The end of geography. Global financial integration.* Londres : Pinter.
OLAWALE, E.T. (1961), *La nature du droit coutumier.* Paris : Présence Africaine.
PARMENTIER, G. (1990), *Le retour de l'histoire. Stratégies et relations internationales pendant la guerre froide.* Bruxelles : Editions Complexes.
PASSET, R. (1996), *L'économique et le vivant.* Paris : Economica.
PHILONENKO, A. (1976), *Essai sur la philosophie de la guerre.* Paris : Vrin.
RAWLS, J. (1971/1987), *Théorie de la justice* (Trad. Catherine Audiard). Paris : Seuil.
REICH, R. (1993), *L'économie mondialisée.* Paris : Dunod.
ROCHE, J.J. (1994), *Le système international contemporain.* Paris : PUF.
ROCHE, J.J. (1997), *Théories des relations internationales.* Paris : Montchretien Eja.
ROSE, R. (1998), *The postmodern President. The White House meets the world.* New York: Chatham House Publishers.
ROSENAU, J. (1991), *Postmodernism and the social sciences: Insights, Inroads and Intrusion.* Princeton: Princeton University Press.
RUBY, C. (1996), *Introduction à la philosophie politique.* Paris : La Découverte.
RUFFIN, J.C. (1991), *L'empire et les nouveaux barbares.* Paris : J.C. Lattes.
RUFFOLO, G. (1988), *Puissance et pouvoir. Les fluctuations géantes de l'Occident.* Paris : Bernard Coutaz.
RUPERT, M. (1995), *Producing hegemony. The politics of mass production and American global power.* Cambridge : Cambridge University Press.
SCHUMPETER, J.A. (1939), *Economic doctrine and method: an historical* sketch. New York: Oxford University Press.
SCHUMPETER, J.A. (1942), *Capitalisme, socialisme et démocratie.* Paris : Petite bibliothèque, Payot.
SCHUMPETER, J.A. (1972), *Impérialisme et classes sociales.* Paris : Minuit.
SINDJOUN, L. (1988), *L'Etat ailleurs. Entre noyau dur et case vide.* Paris : Economica.
SINDJOUN, L. (1998), *Formation du patrimoine constitutionnel commun des sociétés.* Dakar : Codesria.
SINDJOUN, L. (2006), *L'opposition politique au Cameroun : un nouveau jeu politique parlementaire.* Dakar : Codesria.
SMITH, A.D. (1986), *The ethnic origins of nations.* Oxford : Blackwell.
SMOUTS, M.-C. (1998), *Les nouvelles relations internationales. Pratiques et théories.* Paris : Presses de la Fondation nationale des sciences politiques.

TAP, P. (1980), *Identités collectives et changements sociaux. Production et affirmation de l'identité*. Toulouse : Privat.
TCHUNDJANG POUEMI, J. (1980), *Monnaie, servitude et liberté*. Paris : Ed. J.A.
THUAL, F. (1995), *Repères géopolitiques*. Paris : La documentation française.
THUAL, F. (1995), *Les conflits identitaires*. Paris : Ellipse.
TIMBAL, P.C. & A. CASTALDO (1985), *Histoire des institutions et des faits sociaux*. Paris : Dalloz.
TOCQUEVILLE, A. (1981), *De la démocratie en Amérique*. Paris : Garnier-Flammarion.
TÖFFLER, A. (1990), *Les nouveaux pouvoirs. Savoir, richesse et violence à la veille du XXIe siècle*. Paris : Fayard.
TOUOYEM, P. (2011), *Conjoncture sécuritaire en zone frontalière Cameroun, Tchad, République Centrafricaine. Eléments d'analyse anthropo-politiste du phénomène des coupeurs de route*, Stockholm, Edition CIPAD/SIPRI.
VAN BINSBERGEN, W. (2003), *Intercultural Encounters. African and anthropological lessons towards a philosophy of interculturality*. Mûnster : Lit Verlag.
VAN BINSBERGEN, W. & P. GESCHIERE (1985), *Old modes of production and capitalist encroachment*. London/Boston : Kegan Paul International.
VERBUNT, G. (2001), *La société interculturelle, vivre la diversité humaine*. Paris : Ed. Seuil.
VON CLAUSEWITZ, C. (1955), *De la guerre*. Paris : Minuit.
VON CLAUSEWITZ, C. (1976), *De la révolution à la restauration. Ecrits et lettres*. Paris : Gallimard.
WALTZ, K. (1979), *Theory of international politics*. New York : McGraw Hill.
WALZER, M. (1987), *Interpretation and social criticism*. Cambridge: Harvard University Press.
WALZER, M. (1997), *Sphères de justice. Une défense du pluralisme et de l'inégalité*. Paris : Seuil.
WALZER, M. (1998), *Guerres justes et injustes*. Paris : Belin.
WEBER, M. (1964), *Economy and society. An outline of interpretative sociology*. Berkeley/Los Angeles/London: University of California Press.
WEBER, M. (1968), *Simulating sovereignty. Intervention, the State and symbolic exchange*, Cambridge: Cambridge University Press.
WEIBEL, E. (1988), *Machiavel. Biographie politique*. Fribourg : Editions universitaires Fribourg Suisse.
WESSELING, H. (1996), *Le partage de l'Afrique 1880-1914*. Paris : Denoêl.
ZARTMAN, W. (1995), *L'effondrement de l'Etat. Désintégration et restauration du pouvoir légitime*. Boulder : Lynne Rienner Publishers.

Articles de revues et chapitres d'ouvrages

ALY DIENG, A. (1998), L'abolition de l'esclavage dans les colonies françaises : d'une commémoration à l'autre. *Présence africaine* 157.
AMEYIBOR, E. (1994), Ghana – politics, Illegal immigrants to be evacuated from Gabon. *Interpress Third World News Agency*, 6 February 1994.
AYISSI, L. (2002), The question of peace in the contradiction between 'Self' and 'the Other' in Africa. *Dialogue and Reconciliation* 2(2) : 209-215.
AYISSI, L. (2008), Le problème du vivre-ensemble entre le Même et l'Autre dans l'Etat post-colonial d'Afrique noire. *Quest, An African Journal of Philosophy* XXII (1-2) : 121-140.
BAKARY, T. (1998), Afrique, l'ère post-électorale ? *Bulletin du Codesria* 3/4 : 9-15.
BALANDIER, G. (1986), La violence et la guerre : une anthropologie. *Violence et sécurité collective* 110 : 534-535.

BAYART, J.-F, S. ELLIS & B. HIBOU (1997), De l'Etat kleptocrate à l'Etat malfaiteur ?
In : J.-F. BAYARD, S. ELLIS & B. HIBOU, *La criminalisation de l'Etat en Afrique*, pp. 17-54. Bruxelles : Ed. Complexes.

BRATTON, M. & D. ROTHCHILD (1992), Bases institutionnelles de la gouvernance en Afrique.
In : G. HYDEN ET M. BRATTON, *Gouverner l'Afrique. Vers un partage des rôles*. London : Lynne Rienner Publisher.

BURCH, K. (2000), Changing the rules: reconceiving change in Westphalien system. *International Studies Review* 2(2) : 181-210.

CHANGEUX, J.P. (1993), Entretien accordé à Guitta Pessis-Pasternak en compagnie d'Axel Kahn, Stephen Jay Gould et Henri Atlan. *Sciences et Vie* 910 : 63.

CLAVO, E. (1995), Toujours africains et déjà français : la socialisation des migrants vue à travers leur alimentation. *Politique Africaine* 67 : 48-55.

COLONOMOS, A. (1998), L'acteur en réseau à l'épreuve de l'international. In : M.C. Smouts (dir), *Les nouvelles relations internationales. Pratiques et théories*, pp. 203-226. Paris : Presses de Sciences Po.

COPANS, J. (1987), Une crise conceptuelle opportune. *Politique Africaine* 26 : 2-4.

DEVIN, G. (1999), Les Ongs et les pouvoirs publics : le cas de la coopération au développement. *Pouvoirs* 88 : 65-78.

DIACKHOFF, A. & C. JAFFRELET (1998), De l'Etat-Nation au post-nationalisme ? In : M.C. SMOUTS (dir), *Les nouvelles relations internationales. Pratiques et théories*, pp. 59-74. Paris : Presses de Sciences Po.

DOUDOU DIENE (1999), La route de l'esclave, interview. *Jeune Afrique Economie* du 3 au 16 mai 1999 : 131-132.

DUPUY, R.J. (1996), Le dédoublement du monde. *Revue générale du droit international public* 96(2) : 313-321.

EBOZO'O, M. (2002), Insécurité au Gabon. Idriss Ngari à rude épreuve. *Le Temps* 58 : 1.

ELKIN, S.L. (1999), Le citoyen et la Démocratie. *Dialogue* 93(3).

ETZIONI, A. (1962), A paradigm for the study of political unity. *World Politics* 15(1) : 45.

FERNANDES, R.C. (1995), La trame de la citoyenneté planétaire. In : M. DARCY DE OLIVIERA & R. TANDON, *Citoyens du monde ou le renforcement de la société civile mondiale*, pp. 1-19. Washington D.C. : Civicus.

FOUCAULT, M. (1986), La gouvernementalité. Leçon donnée en février 1978 au Collège de France. In : M. FOUCAULT, *Dits et Ecrits*, pp. 6-15. Paris : Gallimard.

FUKUYAMA, F. (1993), La fracture Etats-Unis/Europe. *La Vespérale* 002, Novembre-Décembre.

GESCHIERE, P. (1999), Les géographies de l'autochtonie. *Bulletin du Codesria* 3-4 : 105-106.

GHARBI, S. (2002), La plus forte croissance de la zone franc. *Jeune Afrique L'intelligent* 2187 : 33.

GLUCKSMANN, A. (1994), Les guerres à venir... *Politique Internationale* p. 65.

HABERMAS, J. (1987), La scène de la terreur (trad. C. Chauvin). *Esprit* 12.

HIBOU, B. & H. BANEGAS (2000), Société civile et espace public en Afrique. *Bulletin du Codesria* 1 : 40-47.

HOUNTONDJI, P. (1994), La démocratisation aujourd'hui. *Afrique 2000* 05.

KOMBI MOUELLE II, J.N. (1994), Constitution électorale et respect de l'expression des citoyens. *Afrique 2000* 16 : 41-50.

LANTERNANI, V. (1978), Altérité extérieure et altérité intérieure. In : A. ASOR ROSA, *En marge l'Occident et ses « autres »*. Paris : Montaigne.

LE ROY, E. (1980), L'expérience juridique de l'Afrique Noire. In : B. RIBES, *Domination ou partage ? Développement endogène et transfert des connaissances*, p. 96. Paris : UNESCO.

LE THANH KHOI (1984), Culture et développement. *Revue Tiers Monde* 97 : 9-28.

MAFFESOLI, M. (1995), Entretien avec Jean-Claude Ruano-Bordelan. *Sciences Humaines* 48 : 31.

MBEMBE, A. (1999), L'Etat en voie de privatisation. *Politique Africaine* 73 : 6-15.

MBEMBE, A. (2000), Vers une nouvelle géopolitique africaine. Manière de voir, Afrique en Renaissance. *Le Monde Diplomatique* 51 : 10-15.
MENYOMO, E. (2003), Qu'est-ce que la paix ? *Revue Dialogue & Réconciliation* 1(2).
MICHALON, TH. (1998), Pour la suppression de l'élection présidentielle en Afrique. *Le Monde Diplomatique*.
MONO NDJANA, H. (1993), Violence, Etat-nation et démocratie ou le procès de la différence. *INPACT, Démocratie africaine, otage du tribalisme ?* 23-32.
MONO NDJANA, H. (1999), Administration publique et fonction tribale. Frein ou levier pour l'avènement de l'Etat ? *Inpact Tribune* 9 : 6-7.
MONO NDJANA, H. (1999), L'Etat nécessaire et l'ethnie temporaire. *Inpact Tribune* 8 : 9.
MONO NDJANA, H. (2001), Le rôle des quotas dans la gestion d'une société multiethnique. *Inpact Tribune* 16 : 16.
MOUKOKO MBONJO, P. (1996), La culture démocratique en Afrique. *Le Messager Africain* 001.
MVENG, E. (1992), Paupérisation et développement. *Terroirs* 001.
NKENE, J.B. (1999), Les immigrés nigérians à Douala. Problèmes et stratégie d'insertion sociale des étrangers en milieu urbain. *Polis* 7 : 113-138.
NUTTAL, S.J. (1998), The future of cultural studies. *Symposium on globalization and social sciences in Africa*, 14-18 september 1988, Hsrc/Rgn – Codesria.
ONDOUA, P. (1988), Le socialisme-négritude de L.S. Senghor. Notes critiques. *Annales de la Faculté des Lettres et Sciences Humaines, Série Sciences Humaines* IV(1) : 2-36.
OWONA-NGUINI, M.E. (1995), La controverse Bikutsi, Makossa : Musique, politique et affinités régionales au Cameroun (1990-1994). *L'Afrique Politique* 267-276.
PERSON, Y. (2005), L'Etat-nation et l'Afrique. *Le mois en Afrique* 190-191, Coll. Etudes politiques, économiques et sociologies africaines.
PLAMENATZ, J. (1973), Two types of nationalism. In: E. KAMENKA, *Nationalism: the nature and evolution of an idea*, pp. 23-36. London : Edward Arnold.
RAMONET, I. (1994), *Monde Diplomatique, Manière de voir,* Septembre.
RENAN, E. (1882), Qu'est-ce qu'une nation ? Conférence faite à la Sorbonne, le 11 mars 1882.
ROBINSON, R. (2000), The Debt: what America owes to Blacks. *Jeune Afrique l'Intelligent* 2042 du 29 février au 06 mars 2000.
SALAZAR, P.-J., S. OSHA & W. VAN BINSBERGEN, eds. (2004), Truth in politics: Rhetorical approaches to democratic deliberation in Africa and beyond. Special issue of *Quest: An African Journal of Philosophy/Revue Africaine de Philosophie*, vol. xvi.
SALL, B. (1996), Les groupes problématiques comme forme socialisée du besoin d'Etat. *Politique Africaine* 61 : 29-38.
SAMIR, A. (1997), Propos recueillis par Mamadou Alpha Barry. *Jeune Afrique Economique* 242 : 46-50.
SAMULESON, P. (1954), The pure theory of public expenditure. *Review of Economics and Statistic* 36: 387-389.
SEGUIN, PH. (1996), *Le Monde*, 18 Décembre 1996.
SINDJOUN, L. (2000), La Démocratie est-elle soluble dans le pluralisme culturel ? Eléments pour une discussion politiste de la démocratie dans les sociétés plurales. *Démocratie et sociétés plurielles*, Séminaire conjoint Francophonie-Commonwealth, Yaoundé, Cameroun, 24-26 janvier 2000.
SUR, S. (1993), Sur quelques tribulations de l'Etat dans la société internationale. *Revue Générale de Droit International Public*, T97/1993/4, pp. 899.
TARRIUS, A. (1995), Territoires circulatoires des entrepreneurs commerciaux maghrébins : du commerce communautaire aux réseaux de l'économie souterraine transnationale. *Journal des Anthropologues* 59 : 15-35.
TAUBIRA, CH. (1999), L'indicible, l'innommable et l'irréparable. *Jeune Afrique Economie* 286 : 132.
TAUSSIG, K.S. (1997), Calvinism and chromosomes: religion, the geographical imaginary and medical genetics in the Netherlands. *Science as Culture* 6(4): 495-524.

THABO MBEKI (1998), 'Eloge de la rébellion', discours prononcé en Aout 1998 à Midland en Afrique du Sud, alors qu'il était vice-président de l'Afrique du Sud. *Jeune Afrique* 1970 : 26-27.
TOLEN, A. (1991), Parlons autrement de l'Afrique. *Document du Conseil œcuménique des Eglises* 415.
TOUOYEM, P. (2000), L'Etat hanté, les fantômes de la société civile. *Inpact Tribune* 17 : 3-4.
TOUOYEM, P. (2000), Preventive diplomacy and the question of a (limping) peace. *Dialogue & Reconciliation, Review of the Ecumenical Service for Peace* 1: 117-122.
TOUOYEM, P. (2002), State, violence and ethnicity. An outline sociology of turbulences in the post-colony. *Dialogue & Reconciliation, Review of the Ecumenical Service for Peace* 2: 153-166.
TSHIYEMBE, M. (1990), Le défi de la renaissance africaine au XXIe siècle. *Revue Enjeux* 5.
TSHIYEMBE, M. (1999), *L'Autre Afrique* 101 : 30-33.
TSHIYEMBE, M. (2001), Le défi de la renaissance africaine au XXe siècle. *Inpact Tribune* 18 : 4.
TSHIYEMBE M. (2000), Ambitions rivales dans les Grands Lacs. *Manière de voir* 51 : 22-23.
VAN BEEK, W.E.A. (2003), African tourist encounters: Effects of tourism on two West-African Societies. *Africa: Journal of the International African Institute* 73(2): 251-289.
VAN BINSBERGEN, W. (2012), Production, class formation, and the penetration of capitalism in the Kaoma rural district, Zambia, 1800-1978. In: C. PANELLA, ed., *Lives in motion, indeed. Interdisciplinary perspectives on social change in honour of Danielle de Lame* (Series Studies in Social Sciences and Humanities, vol. 174), pp. 223-272. Tervuren : Royal Museum for Central Africa.
VINSONNEAU, G. (1997), Fièvre identitaire. *Esprit* 1, Janvier.
WALLERSTEIN, I. (1992), Ethnicity and national integration in West Africa. *Cahiers d'Etudes Africaines* 13: 129-139.
WOLTON, D. (1995), Les contradictions de la communication politique. *Hermès* 17/18 : 110-111.
WRIGHT MILLS, C. (1981), Les publics et la société de masse. In : J. PADIOLEAU (dir), *L'opinion publique, examen critique, nouvelles directions*, pp. 164-177. Paris : Mouton/EHESS.

Thèses et Mémoires

BIDIMA, G. (1993), *Théorie critique et modernité négro-africaine. De l'école de Francfort à la 'docta spes africana'*, Publication de l'Université de Paris I, Panthéon-Sorbonne.
SCHILDER, C.L.N. (1994), *Quest for self-esteem. State, Islam and Mundang ethnicity in Northern Cameroon,* Aldershot Avebury, ASC Research Series 3. PhD thesis, Leiden University.
TOUOYEM, P. (2000), *L'Afrique entre ethnies et mondialisation ou l'ambivalence subversive des pratiques politiques postmodernes*, Mémoire de Maîtrise, Université de Yaoundé I.

Sitographie

www.shikanda.net;
www.monde-diplomatique.fr/2000/3/;
www.quest-journal.net/2002.htm;
www.tamu.edu/8000/pomo.html;
www.omi.int;
www.unesco.org.

Annexe

Table 1 : Données ethno-identitaires en Afrique noire : Revue de quelques cas

Pays	Composition de la population		Langues		Religion
	Principaux groupes	*Nombres d'Ethnies*	*Officielles*	*Autres*	
Angola	Ovibundus : 37% Kimbundus : 25% Bakongos : 13% Métis : 2% Européens : 1% Autres : 22%		Portugais	Langues bantoues	Animistes : 47% Catholiques : 38% Protestants : 15%
Cameroun	Peuls Bamilékés Fangs Betis Bassas Sawa Pygmées	250	Français Anglais	Langues soudaniennes (Nord) Langues bantoues (Sud)	Chrétiens : 53% Animistes : 25% Musulmans : 22%
République Démocratique du Congo	Mongos Loubas } 45% Kongo Hamites Nilotiques Pygmées	250	Anglais Français	Lingala Kikongo Tchilaba Souahéli	Catholiques : 50% Protestants : 20% Kimbanguistes : 10% Musulmans : 10% Autres sectes et croyances traditionnelles : 10%
Congo-Brazzaville	Bakongos : 48% Sanghas : 20% Mbochis : 12% Batékés : 17% Autres : 5%		Français	Kikongo Lingala Sangho Toba Etc.	Catholiques : 50% Animistes : 48% Musulmans : 2%
Gabon	Fangs : 40% Myénés, Pounous, Echiras : 25% Mbedés : 15% Bakotas : Mbakwelés, Batékés : 15% Autres : 5%		Français	Batéké Fang Etc.	Catholiques : 5,2% Protestants : 18,8% Animistes : 15% Musulmans et Autres : 1%
Guinée Equatoriale	Fangs : 80% Bubis : 15% Autres : 5%		Espagnol	Anglais Pidjin Fang, Bubi, Ibo Creolé Fernandino	Chrétiens romains (essentiellement)
Nigeria	Haoussas Fulanis } 65% Yorubas Ibos Autres : 35%		Anglais		Musulmans : 50% Chrétiens : 40% Croyances indigènes : 10%
Sao Tome & Principe	Metis Angolares Forros Tongas Européens		Portugais	Fang	Catholiques Animistes

Sources : Réalisé par l'auteur à partir des données recueillies dans Atlas Mondial Microsoft ; Edition 2013

www.ingramcontent.com/pod-product-compliance
Lightning Source LLC
Chambersburg PA
CBHW080357030426
42334CB00024B/2908